Kultur-Reiseführer in der Reihe DuMont Dokumente

Zur schnellen Orientierung – die wichtigsten Orte und Sehenswürdigkeiten in Kanada auf einen Blick:

(Auszug aus dem ausführlichen Ortsregister S. 396 ff.)

In der vorderen Umschlagklappe: Übersichtskarte Kanada

In der hinteren Umschlagklappe: Die bedeutendsten National- und Naturparks

Fredrik DeWiel

DuMont Buchverlag Köln

Kanada

Großartige Landschaften und lebhafte Städte
in den Weiten Nordamerikas

Umschlagvorderseite: Waterton Lakes National Park mit dem Prince of Wales Hotel, Alberta
Vordere Umschlaginnenklappe: Straßenszene in Ottawa, Ontario
Hintere Umschlaginnenklappe: Die Niagara-Fälle
Frontispiz: Port Hope, Ontario
Umschlagrückseite: Totempfähle im Albert Bay-Reservat auf Vancouver Island, British Columbia

Über den Autor: Fredrik DeWiel, geboren 1920 in Thüringen, studierte Geologie, Geschichte und Völkerkunde in Hamburg. Der promovierte Geologe lebt seit 1953 mit seiner Familie in Calgary.

Die Deutsche Bibliothek – CIP-Einheitsaufnahme

DeWiel, Fredrik:
Kanada : großartige Landschaften und lebhafte Städte in den Weiten Nordamerikas / Fredrik DeWiel. – Köln : DuMont 1994
(DuMont-Dokumente : DuMont-Kultur- und Landschaftsführer)
ISBN 3-7701-2807-9

Satz und Druck: Rasch, Bramsche
Buchbinderische Verarbeitung: Bramscher Buchbinder Betriebe

Printed in Germany ISBN 3-7701-2807-9

Inhalt

Die Prärieprovinzen Manitoba, Saskatchewan und Alberta

Die Nationalparks in den Rocky Mountains

British Columbia

Yukon und die Northwest Territories

Das Land

Geologische Grundlagen

Kanada nimmt mit rund 10 Mio. km^2 fast den gleichen Raum ein wie Europa und ist nach Rußland das zweitgrößte Land der Erde. Es erstreckt sich über 5500 km von Osten nach Westen und über 4600 km von Norden nach Süden. Fast die Hälfte dieser Landoberfläche besteht aus Granit, Gneis und ähnlich unwirtlichen Gesteinen.

Von einem Küstenstreifen wechselnder Breite abgesehen, hat Nordamerika ein kristallines Grundgebirge, einen sogenannten Kraton zum Fundament, den man Laurentia nennt. Dessen Oberfläche tritt im Norden des Kontinents zutage und ging deshalb als Kanadischer Schild in die Literatur ein. Der Kanadische Schild verlor seine Form erst im Pleistozän unter der Last seiner Tausende von Metern dicken Eishaube. Nach dem Abschmelzen entstand das seichte Becken der Hudson Bay, dessen radiales Flußsystem 40 % des kanadischen Festlands entwässert.

Der laurentische Kraton taucht nach Süden und Westen unter die Sedimentdecke der Interior Plains und die Rocky Mountains ab. In British Columbia endet er nicht etwa an

Abendstimmung im Banff National Park

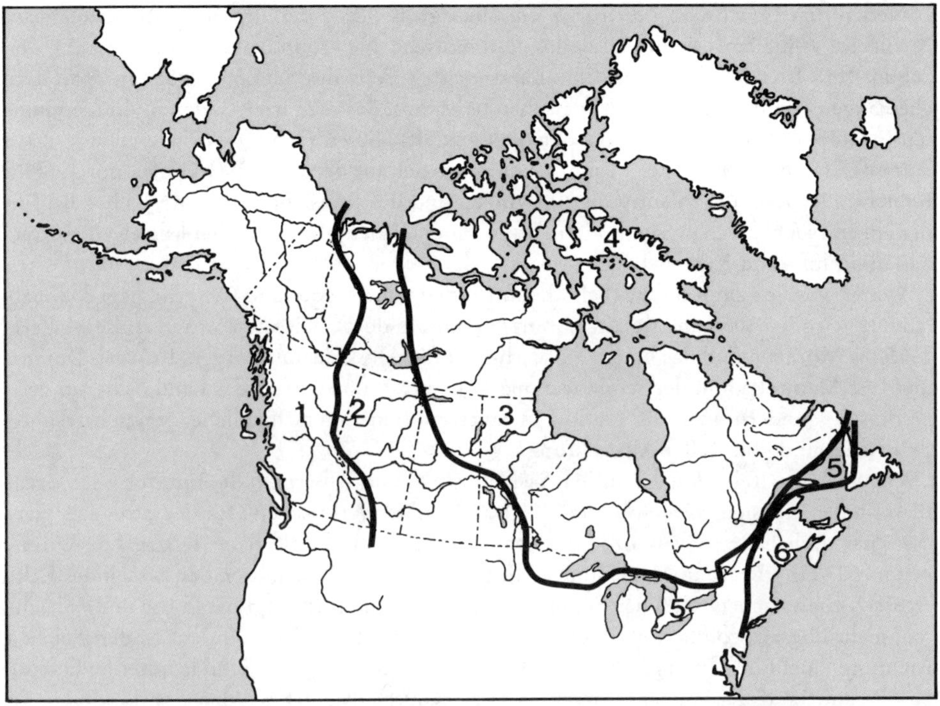

1 Kordilleren 2 Great Plains 3 Kanadischer Schild 4 Arktische Inseln 5 St-Lorenz Tiefland 6 Appalachen Hochland

der Küste, sondern 500 km landeinwärts. Der Westen der Provinz wurde dem Kontinent erst in den letzten 200 Mio. Jahren gewissermaßen angeschweißt, ein Vorgang, dem wir die Entstehung des Felsengebirges verdanken. Die geologischen Provinzen südöstlich des St. Lorenz-Stroms sind etwas älter. Sie entstanden vor rund 250 Mio. Jahren bei der Kollision zwischen Nordamerika einerseits und Europa sowie Nordafrika andererseits und blieben am Westufer des Atlantik haften, als dieser sich später zu öffnen begann. All denen, die Nordamerika zuerst durchwanderten, wies der Kontinent mit dem Schild die gleiche breite, kalte Schulter, die bis heute als abweisend und menschenfeindlich empfunden wird.

Was auf dem Kanadischen Schild und in dessen Umgebung vor der Eiszeit an topographischem Relief existierte, wurde bei der wiederholten Ausdehnung und Schrumpfung der Gletschermasse weitgehend eingeebnet. Die Ränder des Uhrglases, dessen Zentrum die Hudson Bay mit ihren Nebenbecken bildet, sind so flach, daß dort die meisten Seen keine fließende Verbindung miteinander haben und allmählich versumpfen. So erklärt es sich, daß Kanada zwar gut mit stehenden Gewässern versorgt ist, nicht aber so reichlich mit energie- und landwirtschaftlich nutzbaren, wie allgemein angenommen wird.

Neben den Northwest Territories entfallen große Teile der Provinzen Saskatchewan, Manitoba, Ontario, Quebec und das festländische Newfoundland (Labrador) auf den Schild. Im Osten wird die maritime Landschaft jenseits des St. Lorenz-Stroms von dem ehemaligen Kettengebirge der Appalachen bestimmt, das man nach Süden in die Vereinigten Staaten verfolgen kann. Von den Faltenzügen dieses Gebirges existieren nur noch Rümpfe, deren höchster, der Mount Jacques Cartier auf der Halbinsel Gaspé, nur 1268 m erreicht. Der Reiz der atlantischen Provinzen und des translaurentischen Quebec liegt in der engen Nachbarschaft von breiten, oft in Hochebenen übergehenden Mittelgebirgsrükken und Fluß- und Küstenebenen.

Weiter westlich am Rand des Schildes, im Süden von Quebec und Ontario, liegt das Tiefland der Großen Seen und des St. Lorenz-Stroms, in dem die Reste von Vulkankegeln, eiszeitliche Moränen und das Niagara Escarpment für Abwechslung sorgen. In West-Ontario und Ost-Manitoba holt der Schild weit nach Süden aus und zerlegt das Land nicht nur geographisch, sondern auch als Nation in zwei Hälften unterschiedlicher wirtschaftlicher, politischer und kultureller Ausrichtung.

Obgleich nur Teile von Manitoba, Saskatchewan und Alberta in die Interior oder Great Plains fallen, die sich vom Golf von Mexiko bis an den Arktischen Ozean erstrecken, werden diese drei als Prärieprovinzen bezeichnet. Ihr tiefster und flachster Teil, in dem Winnipeg nur 238 m über dem Meeresspiegel liegt, war bis vor 7500 Jahren der Boden des Lake Agassiz, eines nacheiszeitlichen Schmelzwassersees. Von dort steigt die Prärie in drei leichten, nicht überall wohldefinierten Stufen nach Westen bis auf 1000 m an. In der gleichen Richtung taucht im Untergrund das kristalline Grundgebirge des Schilds unter Sedimente ab, die am Rand der Rocky Mountains über 4000 m mächtig werden und besonders in Alberta reiche Öl- und Gasvorräte bergen.

Während das östliche Nordamerika und der Kanadische Schild bis auf die Hudson Bay seit dem Ausgang des Paläozoikums, also seit mindestens 250 Mio. Jahren, nur stellenweise und sporadisch von Salzwasser bedeckt war, stand der Golf von Mexiko noch vor rund 70 Mio. Jahren mit dem Arktischen Ozean in Verbindung. Bei der endgültigen Verlandung dieses Meeresarms entstanden besonders in Alberta ausgedehnte Flußebenen und Sümpfe, in denen Dinosaurier vor ihrem Aussterben eine letzte Blütezeit erlebten. Die heutigen Flüsse haben ihre Täler stellenweise tief in die jungen und deshalb wenig verfestigten oberflächlichen Sedimente eingekerbt und dabei einen Reichtum an Dinosaurierskeletten freigelegt, der in der Welt seinesgleichen sucht.

Junge Kettengebirge begrenzen die Prärie nach Westen. Sie werden zwar von einem Vorgebirgsgürtel, den Foothills begleitet, von Osten kommenden Reisenden scheinen sie sich aber wie eine abrupt aus der Ebene aufsteigende Felsfront in den Weg zu stellen. Die Rocky Mountains nehmen nur den verhältnismäßig schmalen, östlichsten Strang der Kordilleren ein, welche die Great Plains vom Pazifik trennen. In Kanada sind sie einschließlich der Foothills nur 80 bis 150 km breit.

Die Rockies bestehen aus alten, vom Westhang Laurentias stammenden Sedimenten, die vor weniger als 100 Mio. Jahren in der letzten Phase einer vom Pazifik ausgehenden Kettenreaktion verfaltet und schuppenartig nach Osten verfrachtet wurden. Sie haben durch Erosion so an Höhe verloren, daß keiner ihrer Gipfel 4000 m erreicht. Ihr Bau ist weniger kompliziert als jener der Alpen, aber gerade wegen ihrer schier endlosen Längstäler und ununterbrochenen Kalksteinmauern wirken sie massiver und undurchdringlicher.

Das längste aller Täler, der Rocky Mountain Trench, gehört nicht mehr zu den Rockies, sondern bildet deren scharfen Abschluß nach Westen. Zwischen ihm und dem Pazifik liegen vier küstenparallele Streifen mit Gebirgen und Hochebenen unterschiedlicher geologischer und landschaftlicher Natur.

Klima

Es läßt sich nicht leugnen, Kanada ist ein Land des Nordens. Der magnetische Nordpol befindet sich in seinem Hoheitsbereich. Edmonton, die nördlichste der kanadischen Großstädte, liegt zwar auf dem Breitengrad von Hamburg und Toronto auf jenem von Florenz, aber das läßt keine Rückschlüsse auf das zu erwartende Wetter zu. Wenn es um das Klima

Winter am Moraine Lake

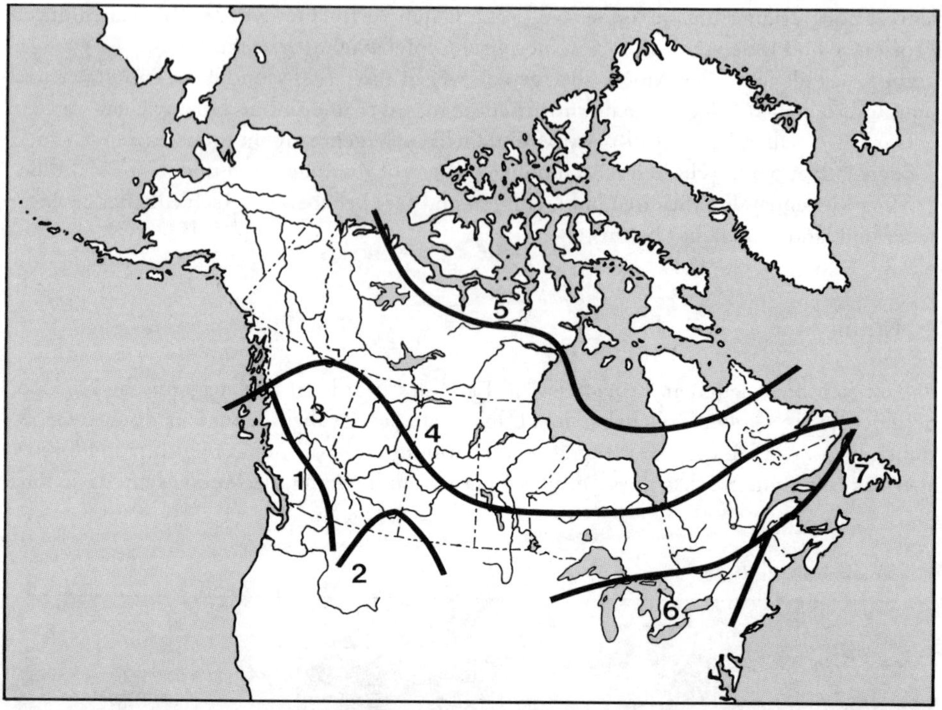

Klimazonen 1 Gemäßigt ozeanisch 2 Steppenklima 3 Gemäßigt kontinental 4 Subarktisch kontinental 5 Arktisch 6 Laurentisch 7 Atlantisch

geht, muß Toronto mit Krakau und Winnipeg mit Novosibirsk verglichen werden, Calgary könnte in Finnland liegen und Vancouver im Süden von Irland. Außer an der Westküste sind die kanadischen Winter sehr viel strenger als die westeuropäischen, und wer einen Skiurlaub in Kanada plant, muß das in Rechnung stellen. In der Hauptreisesaison gibt es allerdings keine Extreme, denen man nicht auch in Europa begegnen kann.

Die Klimate in Kanada stehen unter dem Einfluß von großen arktischen und subarktischen, mehr oder weniger stationären Zellen atmosphärischen Drucks, des Arktischen Hochs im Norden, des Aleuten-Tiefs im Westen und des Island-Tiefs im Osten. Alle drei sind im Winter stärker ausgebildet als im Sommer, und sie machen sich deshalb nicht zu jeder Jahreszeit gleich deutlich bemerkbar.

Das Klima im kanadischen Süden wird vor allem von den nach Osten treibenden Tiefdruckzellen oder Zyklonen und gelegentlich von Einbrüchen von Süden bestimmt. Im Norden des Landes überwiegt der Einfluß des Arktischen Hochs. Bis auf die atlantischen Provinzen, wo die Isothermen vorwiegend den topographischen Höhenlinien folgen, nehmen die Durchschnittstemperaturen von Süden nach Norden ab. Der weitaus größere Teil des Landes entfällt deshalb in breitenparallele Klimazonen, die von den Rocky Mountains bis fast an den Atlantik reichen.

Ganz unter dem Zeichen des Kanadischen Hochs steht die arktische Zone, zu der die Arktischen Inseln und der benachbarte Festlandstreifen gehören. Keine der mittleren monatlichen Temperaturen steigt über 10° Celsius. Die geringen Niederschläge sind vor allem auf die wärmere Jahreszeit beschränkt, wobei die westliche Arktik noch trockener ist als die östliche. Nördlich des Polarkreises geht die Sonne im Winter nicht auf und im Sommer nicht unter. Die anschließende subarktisch-kontinentale Zone wird im Winter stark vom Arktischen Hoch beeinflußt, im Sommer aber auch von anderen Zyklonen beschickt. Sie hat längere Tage, kürzere Nächte und ein geringeres Feuchtigkeitsdefizit als die Arktik. Die mittleren Monatstemperaturen steigen im Sommer auf 18° Celsius und fallen im Winter auf –22° Celsius.

Der dichter besiedelte und am häufigsten besuchte Teil von Kanada fällt in gemäßigt-kontinentale und maritime Klimazonen. Da in diesen Breiten westliche Luftströmungen vorherrschen, hat das Aleuten-Tief hier die größte Tragweite. Man kann mit einiger Sicherheit damit rechnen, daß Wettersysteme, die sich in British Columbia entwickeln, wenige Tage später durch die Prärieprovinzen nach Ontario unterwegs sind. Die stetig ostwärts wandernden Ableger des Aleuten-Tiefs bringen den Inseln und der Küstenkordillere das pazifische Klima, das sich winters wie sommers durch hohe Niederschläge und milde Temperaturen mit geringen Schwankungen auszeichnet.

Die kordillerische Klimazone im Innern von British Columbia ist verhältnismäßig trokken, wobei die Entfernung vom Pazifik und die Orientierung der Höhenzüge jedoch örtlich eine Rolle spielen. Im Regenschatten der Küstengebirge herrschen strichweise semiaride Verhältnisse. Die Temperaturen bilden einen Übergang von ausgeglichenen Werten im Westen bis zu den kontinentalen Extremen der Prärie. Eine Sonderstellung nehmen die Rocky Mountains und die westlich vorgelagerten Gebirgszüge ein, an deren Westhängen sich die aufsteigenden Luftmassen der letzten überschüssigen Feuchtigkeit entledigen. Im Winter können hier nur die wichtigsten Straßen und Pässe schneefrei gehalten werden.

In der gemäßigt kontinentalen Klimazone nimmt die ›Kontinentalität‹ von Westen nach Osten zu. Am Osthang der Rocky Mountains und in der benachbarten Ebene sorgt ein immer wiederkehrender warmer, föhnartiger Fallwind für tagelange Unterbrechungen der strengen Winter. Dieser sogenannte Chinook kann innerhalb weniger Stunden die Luft um 20 bis 30° Celsius erwärmen. Weil er den Schnee zu verdunsten scheint, ohne ihn vorher zu schmelzen, ist er bei den Indianern als *snow eater* bekannt. Trockene, oft sehr starke westliche Winde sind auch im Sommer normal. Die Fronten hohen Luftdrucks, die gelegentlich von Norden vorstoßen, sind ebenfalls trocken, und so entstand in Süd-Alberta und Südwest-Saskatchewan ein semi-arides Dreieck, das Mitte des vorigen Jahrhunderts nach dem Expeditionsleiter John Palliser benannt wurde. Vor Palliser's Triangle hat die Besiedlung der Prärie lange haltgemacht.

Unter den Prärieprovinzen, die alle lange, kalte Winter und kurze, heiße Sommer haben, sind Manitoba und Teile von Saskatchewan insofern in einer glücklichen Lage, als Einbrüche feuchter Luft vom Golf von Mexiko gerade dann Regen bringen, wenn der Weizen ihn am nötigsten hat. Andererseits ist der Juli der einzige Monat, in dem in Manitoba seit Menschengedenken kein Schnee gefallen ist. Die Winter sind aber keineswegs schneereich, sie scheinen nur so, weil der einmal gefallene Schnee von Mitte November bis Mitte April liegen bleibt. Ganz allgemein wird Schnee in der Prärie nur dann zum Problem, wenn der Wind ihn zu haushohen Wehen zusammentreibt.

Weiter im Osten üben die Wassermassen der Großen Seen einen dämpfenden Einfluß auf das im ganzen noch kontinentale Klima aus. Dies trifft vor allem auf den von drei Seen umgebenen, südlich des 45. Breitengrades gelegenen Teil von Ontario zu. Der Wind weht auch hier vorwiegend von Westen, doch sommerliche Einbrüche tropischer Luftmassen sind häufig. Die Seen sind alles andere als stille Gewässer, aber über ihren Ufern kann drükkende Schwüle lasten. Im Lee der Seen sind die Winter sehr schneereich.

Dem Klima von Quebec gewähren die Großen Seen keine mildernden Umstände mehr. Dem Süden der Provinz und dem weiten St. Lorenz-Tal wird zu jeder Jahreszeit warme Luft von Westen zugeführt, aber wenn die Hudson Bay zufriert, machen sich kalte Luftmassen von Nordwesten bemerkbar. Von Nordosten kommen hin und wieder Einbrüche atlantischer Luft und bringen feuchtes, im Sommer kühles und im Winter mildes Wetter mit sich.

Selbst das atlantische Klima bleibt im wesentlichen kontinental. Die von den Aleuten kommenden Störungen versagen dem Atlantik eine beständige Einwirkung auf sein kanadisches Ufer. Gelegentliche, von dem Azoren-Bermuda-Hoch ausgehende, feuchtwarme Luftströme werden von den appalachischen Mittelgebirgen nach Nordosten abgelenkt. Ihr Zusammentreffen mit den Luftmassen von Westen führt an der Küste von Nova Scotia und Newfoundland im Winterhalbjahr oft zu gefürchteten Stürmen.

Vegetation

Die Flora, für Fortpflanzung und Verbreitung weitgehend auf vorherrschende Luftströmungen angewiesen, hat sich auf den fast zusammenhängenden Landmassen der Nordhalbkugel in weltumspannende Breitengürtel angeordnet. Was in Kanada wächst, weicht auf den ersten Blick kaum von dem ab, was in den gleichen Breiten auch in Europa und Asien anzutreffen ist.

Wie nicht anders zu erwarten, lehnen sich die Vegetationszonen an die Klimazonen an. Auf den dünnen, humusarmen Dauerfrostböden der Arktik herrschen Flechten, Moose und Heiden der Tundra vor. Baum- und Strauchwuchs fehlen im Landschaftsbild, man findet jedoch geduckte Zwergformen von Weiden und Birken. Im Sommer sorgen genügsame Pflanzen wie Silberwurz, Arktischer Mohn, ein moosartiges Nelkengewächs, das breitblättrige Weidenröschen und Labrador-Tee farblich für Abwechslung.

Im subarktisch-kontinentalen Klimabereich erstreckt sich der immergrüne Gürtel der borealen Waldregion ununterbrochen von Alaska bis Labrador. Von dort stammt der

Riesen-Thuja

Banks-Kiefer

Schwarzfichte

Engelmannfichte

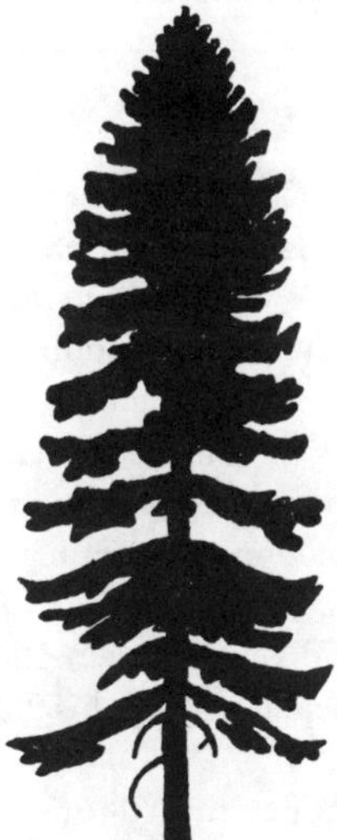

Weißfichte

Tamarak-Lärche

größte Teil des Nutzholzes, mit dem Kanada so reich gesegnet ist. Am weitaus häufigsten sind Fichten, unter ihnen nimmt die allgegenwärtige Schwarzfichte den ersten Platz ein. Sie ist nicht nur wegen ihres langfaserigen, für die Herstellung feiner Papierwaren besonders geeigneten Holzes gesucht, sie genießt auch gegenüber anderen Arten gewisse natürliche Vorteile. Anstatt sich für ihre Vermehrung allein auf Aussaat zu verlassen, läßt sie ihre bodennahen Zweige Wurzeln schlagen und sorgt damit für Nachwuchs wie auch für Schutz gegen Windbruch. Außerdem ist sie nicht auf wohldrainierten Boden angewiesen und gedeiht in den zahlreichen ausgedehnten Sümpfen, dem *muskeg* der Algonkin-Indianer. Gesuchter von diesen allerdings, solange sie noch Kanus bauten, war die Weiß- oder Schimmelfichte, mit deren geschmeidigen Wurzeln Birkenrinde vernäht wurde. Zu den Fichten gesellt sich mit fast der gleichen geographischen Verbreitung die Amerikanische oder Tamarak-Lärche.

Der boreale Wald führt überall außer im Yukon große Bestände einer zweinadligen Föhre, der Banks-Kiefer. Deren Holz ist härter und kommt für die in Kanada übliche Bauweise in Frage, wird aber auch für Eisenbahnschwellen und im Bergbau für Stempel ver-

Bergwald im Banff National Park

wendet. Nicht ganz so winterfest wie die anderen Koniferen und wegen ihres flachgründigen Wurzelsystems windempfindlicher ist die Balsamtanne im Osten der Zone. Zu den Laubbäumen des borealen Waldes gehören zwei Pappelarten, die in der nördlichen Hemisphäre zu Hause sind – die Balsampappel und die Espe oder Zitterpappel. Die Espe ist deshalb wichtig, weil sie sich vorzugsweise vegetativ fortpflanzt und nach Kahlschlägen sowie Waldbränden aus ihren Ausläufern stets die ersten Bäume erwachsen. Nicht wegzudenken aus dem nordischen Wald und aus den Bildern kanadischer Landschaftsmaler ist die Papierbirke. Hätte sie ihre Rinde nicht für die Kanus der Indianer und Pelzhändler hergegeben, wäre die kanadische Geschichte wahrscheinlich anders verlaufen.

Die dem borealen Wald im Westen und Süden vorgelagerten Vegetationszonen sind kleinräumiger, ihre Flora hängt fast nur davon ab, wieviel Feuchtigkeit zur Verfügung steht. Der pazifische Küstenwald mit mildem Klima, reichen Niederschlägen und langer, frostfreier Wachstumsperiode hat einen außerordentlich üppigen Pflanzenwuchs. Unter den vier Koniferen, die das Landschaftsbild beherrschen, ist die Douglastanne als Kanadas

Vegetationszonen 1 Kordillerische und Küstenwälder 2 Prärie 3 Parkland 4 Mischwald 5 Borealer Nadelwald 6 Subarktische Übergangszone 7 Arktische Tundra 8 Laurentischer Wald 9 Akadischer Wald

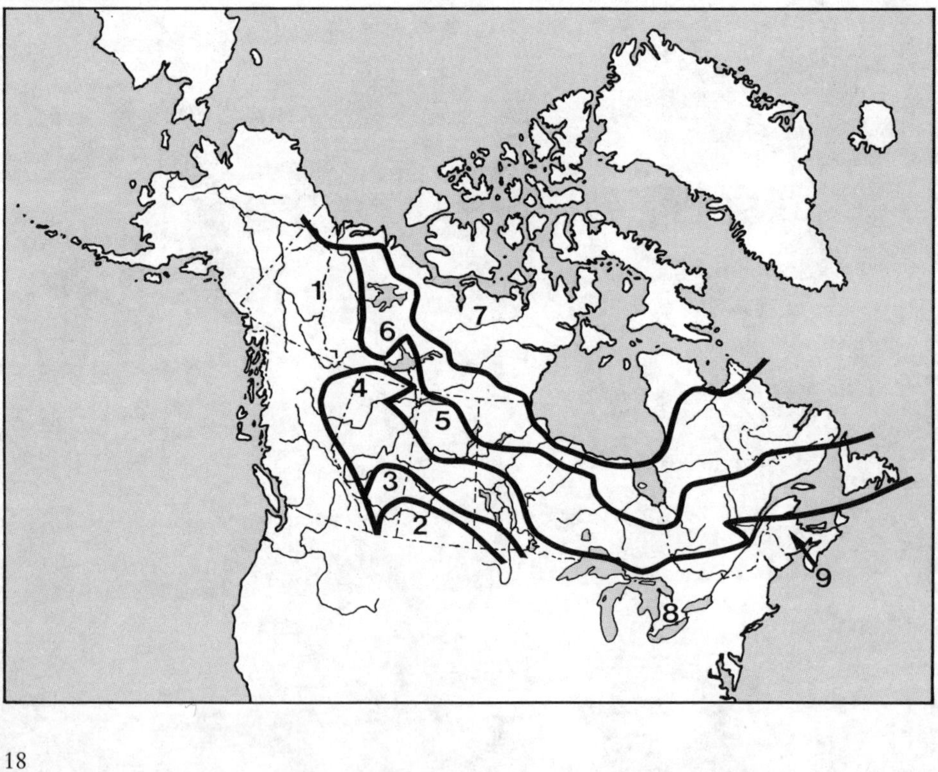

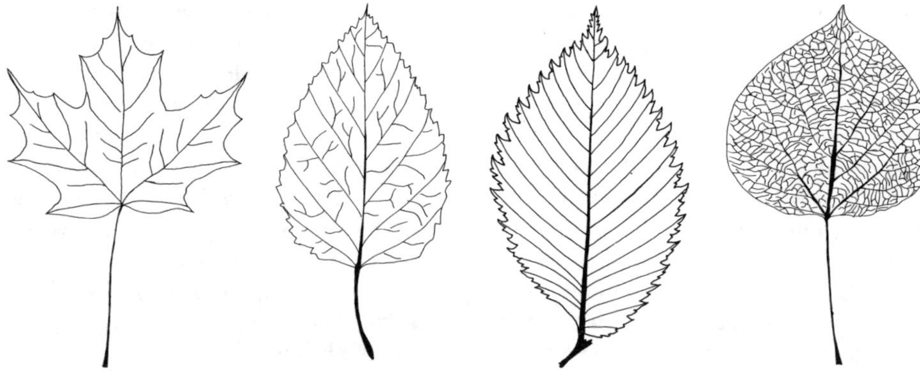
Blätter des Zuckerahorns, der Papierbirke, der Amerikanischen Ulme und der Zitterpappel

höchster Baum am eindrucksvollsten. Ausgewachsene Stämme sind gewöhnlich 60 m hoch und 2 m dick, tausendjährige Exemplare können 90 m Höhe und einen Durchmesser von über 4 m erreichen.

So alt aber einzelne Douglastannen werden, in der Geschichte eines pazifischen Küstenwalds stellen sie nur jeweils die erste Generation dar. Nach einem Waldbrand oder Kahlschlag sind die lichthungrigen Douglassämlinge die ersten, die verhältnismäßig schnell zu Bäumen heranwachsen. Da jedoch keine Douglastanne den Schatten einer anderen verträgt, wird der eigene Nachwuchs unterdrückt. Im Unterholz machen sich deshalb die Riesen-Thuja und Hemlocktannen breit. Diese fühlen sich im Schatten wohl, sie bleiben zwar kleinwüchsig, bis die Douglastannen aussterben, übernehmen aber dann das Feld.

Eine eigene Nische im Lebensraum der Küste nimmt die Sitkafichte ein, der ein kräftiger Magnesiumgehalt im Boden gut tut und die deshalb nur in feuchter, salzhaltiger Meeresluft, dort aber in großer Anzahl gedeiht. Zu den vier genannten Koniferenarten gesellt sich eine fünfte, die nur am Strand zu finden ist. Die Drehkiefer, eine geduckte, windabweisende Form der Zeltstangenkiefer, wächst in British Columbia und in Alberta. Von den zahlreichen Laubbäumen der Küstenregion sollen nur zwei hervorgehoben werden, die für den Bereich von Vancouver und Vancouver Island charakteristisch sind: der immergrüne Arbutus und ein weißblühendes Hartriegelgewächs.

Die kordillerische Vegetationszone im Landesinnern von British Columbia läßt sich aufgrund des vorherrschenden Bauminventars in zwei Regionen unterteilen. Die westliche, im Regenschatten der Küstengebirge gelegene trockenere Bergwaldregion hat den Charakter eines parkartigen Hochlands mit zahlreichen, durch weite Grasflächen und dürre Täler unterbrochenen Gehölzen, in denen Ponderosa-Kiefern und Douglastannen vorherrschen.

Die östlich anschließende, vom Columbia River durchflossene Waldregion ist gebirgiger und daher feuchter. Mit Ausnahme von einigen trockenen Tälern ist der Pflanzenwuchs üppiger und der Baumbestand artenreicher. Zu den Zedern, Hemlock- und Douglastannen, die auch in Küstennähe gedeihen, kommen die Weißfichte des borealen Waldes und die mit ihr verwandte Engelmannfichte hinzu. Verstreut im Dunkelgrün der Berghänge sticht das helle Kleid einer Lärche hervor.

Die Vegetation der Rocky Mountains ist subalpin bis alpin. Die Engelmannfichte und die hochgewachsene, für das Stangenzelt (Tipi) der Prärie-Indianer geeignete Lodgepole Pine überwiegen in den tieferen Lagen. Höher an den Hängen findet man eine Subspezies der Balsamtanne und die weißborkige Kiefer, die an der Baumgrenze eine latschenartige Erscheinungsform hat. In den Foothills, dem östlichen Vorgebirge der Rocky Mountains, wird der Baumwuchs mit jeder niedrigeren Geländestufe lichter und reicht schließlich nur in den grundwassernahen Flußtälern bis weit in die Prärie hinein.

Die kanadische Prärie ist morphologisch in drei nach Osten absteigende Stufen gegliedert, ihre Vegetationszonen dagegen lösen sich in meridionaler Richtung ab. Mitte des 19. Jh. berichtete John Palliser, der Führer einer nach Westen entsandten wissenschaftlichen Expedition, daß ein großes, von Chinooks durchwehtes Gebiet im Südosten von Saskatchewan und im Süden von Alberta für die Besiedlung ungeeignet sei. Die Befürchtung erwies sich als unbegründet, aber Palliser's Triangle ist in der Tat eher als Weideland für genügsames Vieh denn für den Getreideanbau geeignet. Das Dreieck der Kurzgrasprärie ist im Norden von einer feuchteren, fruchtbareren Mischgraszone umgeben, die wiederum in einen bogenförmigen Streifen von Espenparkland übergeht. Erst auf diese folgen, den Norden aller Prärieprovinzen einnehmend, die borealen Wälder.

Wohlgemerkt, dies war der Zustand, in dem sich die Great Plains vor der Anwendung von Axt und Pflug befanden. Heute wird das Landschaftsbild von Monokulturen und Weideflächen bestimmt, und die natürliche Flora ist nur dort der landwirtschaftlichen Nutzung entgangen, wo das Gelände den Einsatz von Erntemaschinen und Bewässerungsanlagen verbietet.

Der Parklandbogen reicht nur bis in die Südostecke von Manitoba. Dort, wo es auf den Kanadischen Schild hinaufgeht, beginnt wieder der boreale Nadelwald, der hier mit dem Schild weit nach Süden ausholt. Nur an der Südgrenze von West-Ontario entfällt ein schmaler Streifen entlang der US-amerikanischen Grenze schon in die artenreichen Mischwälder der Großen Seen und des St. Lorenz-Stroms. Im Gegensatz zu Nord- und Westkanada herrschen in dieser sogenannten laurentischen Zone Laubbäume vor und unter ihnen der Zucker-Ahorn, bekannt durch den Sirup, der von seinem Stamm gezapft wird, und sein charakteristisches Blatt, das in der kanadischen Flagge erscheint. Daneben sind mehrere Eichenarten zu Hause sowie amerikanische Abarten der Buche, der Linde und der Ulme. Das Herbstlaub dieser Bäume mit Rot-, Gelb- und Bronzetönen macht in den östlichen Provinzen den Reiz des *Indian summer* aus. Die herbstliche Laubverfärbung ist heute aber nur ein blasser Abglanz dessen, was die Kolonisten vor 200 Jahren vorfanden. Keine Vegetationszone wurde so gründlich umgepflügt und bebaut wie diese.

In dem klimatisch gesegneten, zwischen den Seen Huron, Erie und Ontario gelegenen Gebiet gesellen sich zum Mischwald gewisse Arten, die man in Kanada nur als exotisch empfinden kann. Dazu zählen der Tulpenbaum, die abendländische Platane, der zur Lorbeerfamilie gehörige Sassafras, der weiße Walnuß- oder Butternußbaum und mehrere Arten von Hickory.

Der Akadische Wald von New Brunswick, Prince Edward Island und Nova Scotia gleicht im wesentlichen dem laurentischen, hat aber einen nach Norden zunehmenden Bestand an Nadelhölzern, unter denen die Rotfichte dominiert. Die Weißkiefer war in der Kolonialzeit für die Masten der britischen Marine gesucht.

Tierwelt

Im Gegensatz zur Flora kann sich die Fauna mehr oder weniger frei, jedenfalls aber unabhängig von der vorherrschenden Windrichtung ausbreiten. Gleichwohl hat die Tierwelt in Kanada weit stärkere Ähnlichkeit mit der eurasischen als der Neuen Welt. Die zentralamerikanische Landenge führt wohl von Kontinent zu Kontinent, aber sie überbrückt auch klimatische Grenzen. Anstatt nur Korridor zu sein, wirkt sie auch als Filter. Die erst vor 8000 Jahren unter die Beringstraße versunkene Landbrücke dagegen hat seit langem für Aus-

Wapiti-Hirsch

tausch in beiden Richtungen und innerhalb der gleichen Klimazone gesorgt. Noch ungehinderter verlief der ›tierische Verkehr‹ über und unter der Oberfläche des Arktischen Ozeans. Viele der kanadischen Säugetiere kommen deshalb auch in Europa vor oder waren dort einst heimisch.

Ein bekanntes Beispiel für die gegenseitige Bereicherung der Alten und Neuen Welt ist das Pferd. Sein hasengroßer, fünfzehiger Urahne, *Hyracotherium* oder *Eohippus*, kam vor 60 Mio. Jahren in Europa und Nordamerika vor. Während der europäische Zweig bald ausstarb, entwickelte sich der amerikanische unter Verkümmerung von vier Zehen zuerst zum Einhufer und dann vom Laub- zum Grasfresser. In erdgeschichtlicher Neuzeit wanderte das nun als *Equus* erkennbare Tier über die Beringbrücke nach Asien und Europa und lebte dort weiter, während die in Amerika zurückbleibenden Herden die Eiszeit nicht überstanden. Erst die spanischen Konquistadoren führten das Pferd wieder in seine Urheimat zurück. Es gibt im kanadischen und US-amerikanischen Westen isolierte Herden von Wildpferden, aber dies sind Nachkommen von verwilderten und nicht von präkolumbischen Tieren.

Tiere der hohen Arktik werden Besuchern nur auf eigens dafür geplanten Expeditionen begegnen. Den Bisam-, Schaf- oder Moschusochsen, der weder mit Rindern noch mit Schafen, sondern mit Ziegen enger verwandt ist, sieht man auf freier Wildbahn nur in der Tundra der arktischen Küsten und Inseln. Zugänglicher ist der Eisbär. Sein Verbreitungsgebiet deckt sich fast genau mit dem seiner Hauptnahrung, der Ringelrobbe, der er an allen Küsten des Arktischen Ozeans und der Hudson Bay nachstellt. In dem zur Provinz Manitoba gehörenden, leicht erreichbaren Hafenort Churchill kamen Eisbären auf den Geschmack von Küchenabfällen und wurden damit zur Plage, aber auch zu einer touristischen Attraktion.

Das kanadische Karibu oder Rentier gehört zu der gleichen Art wie das lappländische Ren, hat sich aber in zwei Unterarten mit verschiedenen Lebensräumen geteilt. Das Karibu oder Waldren, eine großgewachsene Rasse mit dunkelbrauner Decke, ist in den borealen Wäldern vom Yukon bis nach Newfoundland beheimatet. Weitaus zahlreicher ist das kleinere, heller behaarte Rentier der offenen Tundra. Diese nomadische Subspezies lebt weniger von Gras als von Flechten und legt zweimal im Jahr in Herden von Zehntausenden mehrere Hundert Kilometer zurück, um ihre Sommer- bzw. Winterreviere zu erreichen.

Wohl schon seit der Steinzeit gilt der Wolf als der erfolgreichste Konkurrent des Menschen bei der Jagd auf Rentiere. Indianer und Trapper vergangener Jahrhunderte hatten Respekt vor Wölfen, weil tollwütige Exemplare gelegentlich angriffslustig wurden. Auch heute sind Laien geneigt, Wölfe eher mit den Augen von Rotkäppchen als denen von Romulus und Remus zu sehen. Neuen Untersuchungen ist es zu verdanken, daß der Stammform aller Hunderassen die guten Eigenschaften der letzteren nicht länger abgesprochen werden. Außer auf den Queen Charlotte Islands waren Wölfe in ganz Kanada heimisch, sind aber im Süden des Landes kaum noch zu sehen.

Der kleinere Präriewolf (Coyote) ist hartnäckiger. Wie sein Name auch ausgesprochen wird (die Azteken nannten ihn ›coyotl‹, die amerikanischen Rancher sagen ›koy-oti‹ und in Kanada heißt er ›kai-uht‹), er ist überall als Räuber von Kleinvieh und Lämmern verrufen. Für weniger voreingenommene Landbewohner gehört das lebhafte nächtliche Kläffen der Welpen und der langgezogene Falsettruf eines ausgewachsenen ›Heulwolfs‹ zur Prärieromantik.

Während die Verwandten des Hundes normalerweise einen großen Bogen um den Menschen machen, ist im Umgang mit den unberechenbaren Bären stets Vorsicht geboten. Der Amerikanische Schwarzbär kommt in allen Waldgebieten Nordamerikas vor und fühlt sich

Grizzlybär

besonders in den Nationalparks wohl, wo dem Allesfresser das Leben unnatürlich leicht gemacht wird.

Grizzlybären unterscheiden sich nur subspezifisch von den ehemals in Mitteleuropa heimischen Braunbären. Das größte und wohl auch gefährlichste Raubtier Nordamerikas wurde noch vor wenig mehr als 100 Jahren in der Prärie beobachtet. Sein Hauptverbreitungsgebiet ist der gebirgige Westen. Dort zieht er offenes, übersichtliches Gelände vor, in dem er nicht überrascht werden kann und wo er sich trotz seiner Masse notfalls mit erstaunlicher Geschwindigkeit bewegt. Im Gegensatz zu den Schwarzbären ist der Grizzly scheu, aber wenn er sich in die Enge getrieben fühlt oder seine Jungen in Gefahr wähnt, greift er oft an. In einem solchen Fall wird dem klar Unterlegenen geraten, Zuflucht im nächsten Baum zu suchen, wohin ihm der Grizzly, anders als der Schwarzbär, normalerweise nicht folgt. Was in baumlosem Gelände zu tun sei, darüber gehen die Meinungen auseinander...

Von den drei in Kanada vertretenen Raubtieren der Katzenfamilie sind zwei auf den gebirgigen Westen und auf den äußersten Süden beschränkt. Der größte Nachtjäger, der Kuguar, in Lateinamerika als Puma bekannt, war einmal eines der verbreitetsten Säugetiere des Kontinents. Das außerordentlich scheue Tier kann mit Hilfe von Hunden leicht gestellt werden und ist deshalb selten geworden. Auch die kleinste der amerikanischen Wildkatzen, der Rotluchs, kommt in Kanada nur entlang der Südgrenze und in den Bergen vor. Typischer für Kanada ist der Echte Luchs. Im Vergleich mit dem Rotluchs ist er größer, die Haarpinsel seiner Ohren sind länger, sein Stummelschwanz dagegen ist etwas kürzer.

Auch Waschbären zählen zur Ordnung der Raubtiere, und dort gehören sie nach Meinung derer, die mit ihnen leben müssen, auch hin. Die intelligenten kleinen Tiere mit der schwarzen Maske und dem schwarzberingten Schwanz kommen außer im Hochgebirge im Süden von Kanada vor, haben aber eine unerwiderte Vorliebe für Menschen, denen sie bis in die Wohnviertel folgen, um sie zu bestehlen. In den Außenbezirken von Toronto etwa ist die Jagd nach Waschbären auf Dachböden und in Geräteschuppen ein lukrativer Beruf.

Gleich unbeliebt, diesmal aber vor allem im Westen des Landes und dort aus anderen Gründen, ist das schwarz-weiße Stinktier, ein katzengroßer Angehöriger der Marderfamilie. Wenn der Skunk sich bedroht fühlt, dreht er dem Angreifer mit steilgestelltem Schwanz die Hinterfront zu und sendet ihm aus seinen Afterdrüsen aus 5 m Entfernung einen Zwillingsstrahl von übelriechendem Sekret entgegen. Farmhunde und neugierige Kinder sind beliebte Ziele, aber auch wer häufig Präriestraßen benutzt, kennt den charakteristischen Duft der Stelle, an der vor Tagen ein Skunk unter die Räder kam.

Nun zu den Nagetieren, unter denen dem größten, dem Biber, eine Sonderstellung gebührt. Schon vor der Kolonialzeit waren Biber ihres Pelzes und ihres Fleisches wegen eine begehrte Beute. Auch Europäer wußten die Felle des eng verwandten heimischen Bibers zu schätzen, und so war es nur natürlich, daß sich Ureinwohner und Zugereiste im Tauschhandel des 17. bis 19. Jh. auf Biberpelze als Währungseinheit einigten. Da die besten Pelze von Norden kamen, wäre der Biber, obgleich er in ganz Nordamerika zu finden ist, einmal beinah zum Wappentier von Kanada geworden.

Biberburg

Biber halten sich gern in Laub- und Mischwaldgebieten mit langsam fließenden Gewässern auf, wo sie sich durch den Bau von Dämmen und Wasserburgen ein eigenes Reich schaffen. Sie ernähren sich am liebsten von der Rinde der Zitterpappel, als Baumaterial kommt jeder Stamm bis zu 40 cm Durchmesser in Frage. Es heißt, daß ein Biber pro Jahr 200 Bäume fällt. Da seinesgleichen auch Parkanlagen und Golfplätze heimsucht, Obstbäume benagt, Abflußrohre verstopft und Straßen unter Wasser setzt, wird das Wahrzeichen von Kanada gelegentlich zum Ärgernis.

Das zweitgrößte Nagetier des Landes hat trotz gewisser Ähnlichkeiten mit dem Stachelschwein der Alten Welt dort keine nahen Verwandten. Beim amerikanischen Stachelschwein handelt es sich um eine Parallelentwicklung, die im Pleistozän über die Panama-Brücke einwanderte. Ein ausgewachsenes Exemplar ist mit rund 30 000 Stacheln ausgerüstet, deren längste in der Mitte des Rückens etwa 6 cm messen. Wird das Tier bedroht, so sträubt es seine Stacheln, wendet sich von dem Angreifer ab und versucht, ihn mit kräftigen Schlägen seines kurzen Schwanzes abzuwehren. Weil die mit widerhakenartigen Schuppen besetzten Nadeln sich leicht von ihrem Träger lösen, nicht aber vom Gestochenen, gehört die Kunst, Hundeschnauzen zu entstacheln, zu den Fertigkeiten eines jeden Landtierarztes.

Da selten gewordene Raub- und Nagetiere des hohen Nordens heute geschützt sind, haben sie sich in ihren gewohnten Lebensräumen halten können. Auch an Huftieren ist Kanada immer noch verhältnismäßig reich, für einige von ihnen werden in den einzelnen Provinzen zu bestimmten Zeiten Jagdscheine ausgegeben. Es muß jedoch gesagt werden, daß Besucher, die nur zum Schießen kommen, nicht mehr mit gleich offenen Armen empfangen werden wie vielleicht noch ihre Väter. Wenn man in Nordamerika von *sportsmen* spricht, meint man damit nicht etwa Eishockey- oder Tennisspieler, sondern Angler und

Jäger. Daran hat sich nichts geändert, aber es setzt sich besonders in Kanada allmählich der Gedanke durch, daß Trophäenschießen nicht als *sporting* anzusehen ist.

Der größte einheimische Paarhufer wurde von den ersten Weißen im amerikanischen Westen zunächst fälschlich zur Gattung der Büffel gezählt, die es aber nur in Afrika und Asien gibt. Was im Volksmund auch jetzt noch *buffalo* heißt, ist der mit dem europäischen Wisent verwandte Bison. Die präkolumbischen Bisonbestände in Nordamerika werden auf 40 bis 60 Mio. geschätzt. Um 1875 gab es nur noch vereinzelte Herden, zu deren Schutz sich die kanadische Regierung schließlich gezwungen sah, gesetzliche Maßnahmen zu ergreifen. Restbestände des typischen Präriebisons werden heute in einigen Nationalparks in besonderen Gehegen gehalten und vermehren sich dort. Der etwas größere Waldbison hat seit 1922 eine Heimat im Wood Buffalo National Park, der sich beiderseits der Grenze zwischen Alberta und den Northwest Territories über 45 000 km^2 erstreckt.

Wie der Bison läuft auch die Schneeziege unter falschem Namen. Sie ist am nächsten mit asiatischen Bergantilopen und entfernter mit der Gemse verwandt. Dieser ähnlich, bewegt sich die Schneeziege mit unglaublichem Geschick an steilen Felswänden und fühlt sich dort sicher. Sie ist deshalb nur in den Hochgebirgen des Westens zu sehen. Noch enger begrenzt ist der verbleibende Lebensraum des Dickhornschafs. Auch dieses Bergtier ist ein ausgezeichneter Kletterer, bevorzugt aber offene Grashänge und ist weniger menschenscheu. In den Rocky Mountains wagen sich ganze Rudel von Dickhornschafen auch außerhalb der Nationalparks bis auf die Straße vor.

Vielleicht weil er fast so groß ist wie der Elch, erklärten die ersten englischen Siedler den Wapiti-Hirsch zum *elk*, und als solcher ist er nun allgemein bekannt. Einst in Nordamerika, Europa und Asien weit verbreitet, ist der Wapiti (Betonung auf der ersten Silbe) heute nur noch im nordamerikanischen Westen, dort allerdings in großer Zahl, heimisch. Der Elch ist das gleiche Tier, das auch in Nordeuropa und Asien vorkommt oder vorkam. Außer an der Westküste, in dichtbesiedelten Gebieten und in der Prärie kann man dem pferdegroßen Elch überall auf dem kanadischen Festland begegnen, zum Leidwesen manch totalgeschädigten Autofahrers auch auf der Straße.

Kleinere Trughirsche wagen sich insbesondere im Winter oft bis an den Rand der Wohnbezirke vor. In den Prärieprovinzen und in British Columbia ist es vor allem der Maultierhirsch mit den charakteristischen großen Ohren, dem weißen Schwanz mit schwarzer Spitze und dem steifbeinigen Galopp. Der kleinere Weißwedelhirsch ist, bis auf die trockenen Ebenen und Plateaus im Westen, das bekannteste und verbreitetste Jagdwild in Nord- und Mittelamerika.

Einer rein amerikanischen Familie von Huftieren gehört nur eine Art an, der fälschlich als Antilope geltende Gabelbock. Mit schwarzem Gesicht, weißgestreiftem Hals und weißen Flecken auf hellbraunem Rumpf ist der Gabelbock unverkennbar. Da dieses schnellste und ausdauerndste aller amerikanischen Säugetiere sich weigert, Hindernisse im Sprung zu nehmen, ist es heute durch Zäune in seiner Bewegungsfreiheit behindert. Gabelböcke sieht man in der offenen Kurzgrasprärie von Pallisers Dreieck, in den benachbarten Südecken von Saskatchewan und Alberta vom TransCanada Highway.

Die Kanadier

Vorgeschichte

Die Neue Welt wurde nicht von Christoph Kolumbus entdeckt und auch nicht von den Normannen, sondern von steinzeitlichen Jägern aus Sibirien, die den Mammuts, Bisons, Pferden und Rentieren in der Eiszeit trockenen Fußes über die heutige Beringstraße nach Nordamerika folgten.

Die Erde neigt seit 2 Mio. Jahren zu periodischen Vereisungen. Als deren letzte vor 80 000 Jahren begann, entzog sie dem hydrologischen Kreislauf einen großen Teil des auf der Erde zur Verfügung stehenden Wassers und speicherte es in den Gletscherkappen, die sich über der Nordhalbkugel festsetzten. Dies hatte zur Folge, daß der Meeresspiegel zeitweilig bis zu 100 m unter den gegenwärtigen sank und in dem Gebiet zwischen Sibirien und Alaska eine 1000 km breite Ebene, Beringia, trockenlegte. Beringia, obgleich zwischen zwei Meeren gelegen, blieb im wesentlichen eisfrei, weil die vorherrschenden Luftströmungen

Historische Darstellung eines Micmac-Dorfes in Nova Scotia

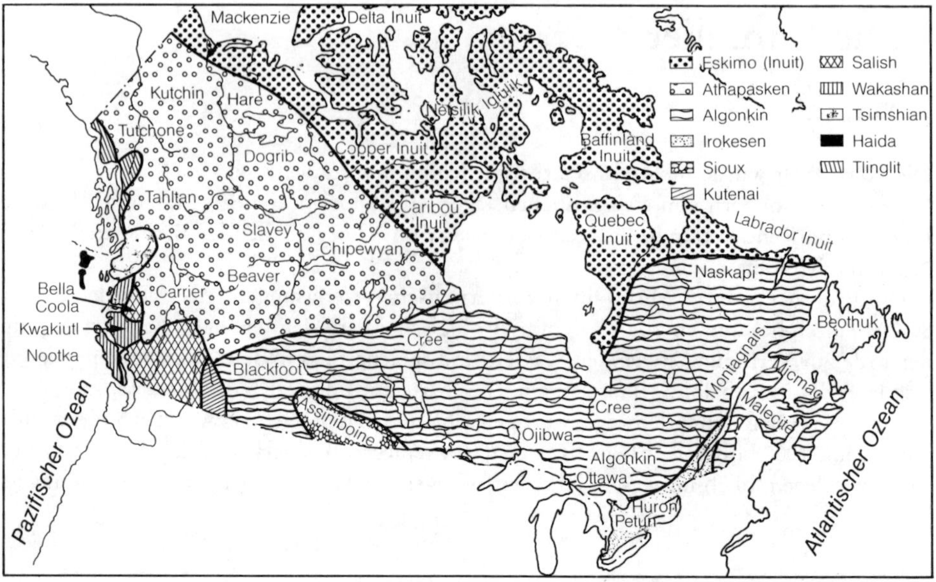

Die Verteilung der indianischen Bevölkerung

aus dem trockenen asiatischen Festlandsblock nur wenig Feuchtigkeit brachten. Was also an Mensch und Tier nach Osten drängte, traf erst in Alaska und im Yukon auf den Rand der nordamerikanischen Gletscher.

Archäologischen Daten aus Sibirien zufolge stand Homo sapiens vor spätestens 18 000 Jahren an der Schwelle zur Neuen Welt. Zu jener Zeit war die Vereisung extrem und das Meeresniveau also niedrig, wie bald aber Paläo-Sibirier zu Paläo-Indianern wurden, ist fraglich. Die bisher ältesten, in den Bluefish-Höhlen im Yukon gefundenen primitiven Steinwerkzeuge scheinen aus der Zeit vor 16 000 Jahren zu stammen. Jedenfalls lebten schon kurz nach dem Höhepunkt der letzten Eiszeit Menschen am Ostrand von Beringia, dort aber verhinderte eine Eisbarriere den Vorstoß in die Tiefen des Kontinents. Erst als vor 15 000 Jahren das Zurückschmelzen der kordillerischen und laurentischen Gletscher am Osthang der Rocky Mountains einen mehr oder weniger eisfreien Korridor schuf, war der Weg nach Süden offen. Es sieht aus, als hätten die Paläo-Indianer Chile schon vor 13 000 und den Osten Nordamerikas vor 12 000 Jahren erreicht.

Die älteste, gut belegte paläo-indianische Kultur wird nach einer Fundstätte in New Mexico Clovis genannt. Ihr Merkmal ist eine steinerne, zur Befestigung am Ende eines gespaltenen Stocks beidseitig gefurchte Lanzenspitze – Pfeil und Bogen waren noch unbekannt. Clovis-Artifakte wurden in Kanada bei Charlie Lake, British Columbia, und bei Debert, Nova Scotia, gefunden. Der Übergang zur nächsten steinzeitlichen Periode vor

11 000 Jahren fiel mit dem Aussterben der Mammuts zusammen. Damit wurde ein Vorläufer des Bisons, das begehrteste, bald von den Vertretern der Folsom-Kultur verfolgte Wild. Folsom-Artifakte sind vor allem in den Great Plains häufig. Auf Folsom folgte vor 10 000 Jahren die Plano-Kultur mit schlanken, zierlich und ohne Furchen oder Vertiefungen gearbeiteten Speerspitzen. Datierte Exemplare von Sinnock, Manitoba, und aus der Gegend von Thunder Bay, Ontario, sind 8000 bzw. 8500 Jahre alt.

Die Paläo-Indianer lebten von der Jagd, und mit deren wechselnden Anforderungen wandelte sich auch die Lebensform der Jäger. Nach den gefundenen Waffen und *kill sites* zu urteilen, stellten die Clovis-Jäger dem Mammut noch in Gruppen von wenigen Männern nach, denn eines der riesigen Tiere reichte aus, einen kleinen Stamm für geraume Zeit zu versorgen. Die Folsom-Jäger, die eine dichtere Bevölkerung verpflegen mußten und auf den zahlreicheren, aber viel schnelleren Bison angewiesen waren, mußten besser organisiert sein und raffiniertere Methoden anwenden. Dies um so mehr, als das amerikanische Pferd ja nicht Reit- sondern Beutetier war und als solches bald verschwand. So gehörten die von den Prärie-Indianern noch in historischer Zeit angewandten Treibjagdmethoden schon zur Folsom-Tradition. Auch die Plano-Kultur hatte noch die Großwildjagd zum Leitmotiv, aber der *Bison antiquus* wurde seltener, und an vielen Grabungsstätten tauchen Artefakte auf, die der Verarbeitung pflanzlicher Nahrungsmittel dienten. Damit war aus anthropolo-

Anlage eines Irokesen-Dorfes

gischer Sicht vor 7000 Jahren das Ende der paläo-indianischen und der Beginn der indianischen Epoche gegeben, etwa zur gleichen Zeit, als in Europa die Mittelsteinzeit in die Jungsteinzeit überging.

Indianer

Das wärmer werdende postglaziale Klima hatte eine Untergliederung des Kontinents in mannigfaltige Lebensräume zur Folge, und hierauf stellte sich die Bevölkerung mit zunehmender Differenzierung ein, zunächst in große Sprachfamilien und innerhalb dieser in Stämme oder ›Nationen‹.

Die Bewohner des atlantischen Raums hatten vor 7500 Jahren bereits eine eigene Tradition begründet und sich auf See- und Küstentiere als Hauptnahrungsmittel umgestellt. Viele Belege hierfür fielen dem erst vor 5000 Jahren beendeten Anstieg des Meeresspiegels zum Opfer, aber Ausgrabungen an zwei Fundstätten erwiesen sich als aufschlußreich. Einem vor 7500 Jahren bei L'Anse Amour an der Südküste von Labrador begrabenen zwölfjährigen Kind waren Artefakte beigegeben, die auf hochentwickelte Fischereimethoden schließen lassen. Bei Port au Choix an der gegenüberliegenden neufundländischen Küste wurden bei Bauarbeiten über 100 aus der Zeit vor 4300 bis 3200 Jahren stammende Skelette und zahlreiche Beigaben freigelegt. Wegen der reichlichen Verwendung von Ocker werden die Träger der maritim-archaischen Kultur auch als *Red Paint People* bezeichnet.

Neue Einflüsse aus den Wäldern des benachbarten Südens brachten der kanadischen Atlantikküste vor 2500 Jahren die Keramische oder Woodland-Kultur. Da die Bevölkerung aber im Sommer See- und im Winter Rentiere jagte, also zweimal im Jahr den Standort wechselte, erwiesen sich zerbrechliche Tontöpfe als unpraktisch und verschwanden bald wieder aus dem Haushaltsinventar. Dauerhaft dagegen waren die Kultstätten der Woodland-Tradition. Unter dem Augustine Mound (Grabhügel) bei Newcastle, New Brunswick, fanden sich Schmuckgegenstände aus Kupfer, einem Material, das zu jener Zeit nur aus dem Gebiet westlich der Großen Seen stammen konnte.

Die Woodland-Periode ging erst kurz vor Ankunft der Europäer zu Ende. Ob es sich bei den in alt-isländischer Literatur erwähnten Skrälingen, mit denen die Normannen gegen 1000 v. Chr. an der Nordküste von Newfoundland (L'Anse aux Meadows) zu tun hatten, um Eskimo oder Indianer handelt, steht dahin, aber das Innere und der Süden der Insel lag in den Händen der Beothuk, eines indianischen Stamms fraglicher linguistischer Affinität. Ihnen verdankt die amerikanische Urbevölkerung vermutlich die Bezeichnung *Red Indians*, ›Rothäute‹, denn bei keinem anderen Stamm war es so allgemein üblich, Körper, Haar, Kleidung und sogar Utensilien mit roter, aus einer Mischung von Ocker und Fett bestehender Farbe zu bemalen. Die Beothuk wurden auch von anderen Indianerstämmen bekriegt, aber ihre Ausrottung geht auf den Kontakt mit Europäern zurück.

Südöstlich des St. Lorenz-Tals, auf der Halbinsel Gaspé sowie in den heutigen Provinzen New Brunswick und Nova Scotia, saßen zwei Stämme der algonkischen Sprachfamilie, an der Küste die Micmac und im Landesinnern die nahe verwandten Malecite. Während der französischen Herrschaft im 17. Jh. wurden die Micmac, zum katholischen Glauben bekehrt, wertvolle Partner im Pelzhandel sowie treue Bundesgenossen gegen England und dessen Alliierte, die Irokesen. Später, insbesondere durch den Zustrom englandtreuer Loyalisten nach dem amerikanischen Unabhängigkeitskrieg, verloren sie in jeder Hinsicht an Boden. Etwa 16 000 Micmac und 3700 Malecite leben heute in Reservaten in den atlantischen Provinzen und in Quebec.

Als die ersten französischen Seefahrer unter Jacques Cartier 1534 den St. Lorenz-Strom aufwärts segelten, hatten in der Flußebene und an den Großen Seen einige Nationen die Nachfolge der Woodland-Kultur angetreten, die sich durch irokesische Dialekte von ihren Nachbarn unterschieden. In ihrer Ernährung spielten Mais, Bohnen und Kürbisse eine größere Rolle als Wild. An die Stelle der Jagd waren Kriege zwischen den einzelnen Stämmen getreten. Wer aus einem Gefecht siegreich hervorging, adoptierte meistens die Frauen und Kinder des Gegners, folterte gefangene Krieger aber zu Tode. Kultischer Kannibalismus war noch in historischer Zeit üblich. Den traditionellen Anlaß zu diesen Fehden gaben ursprünglich Rache und Prestige. Später machten sich die europäischen Kolonialmächte die Kriegslust der Irokesen für ihre Zwecke zunutze.

Französischen Pelzhändlern und Missionaren war es schon im frühen 17. Jh. gelungen, die an der Georgian Bay des Huron-Sees und im St. Lorenz-Tal ansässigen Huronen für sich zu gewinnen. Die südlich vom Ontario-See zum Irokesischen Bund zusammenge-

Langhaus der Huronen in Sainte-Marie among the Hurons

Chief Yellowcalf's Teepees
Crooked Lake Reserve

schlossenen Seneca, Cayuga, Onondaga, Oneida und Mohawk dagegen waren Handelspartner der Holländer und Briten im heutigen Staat New York und sahen den Zugang zu den reichen Pelzgefilden des Nordens von den Huronen versperrt. Im Jahre 1648 überfielen Seneca- und Mohawk-Krieger die befestigte Huronen-Siedlung Sainte-Marie bei Midland, Ontario, führten die überlebenden Einwohner in Gefangenschaft und folterten die Jesuitenpater Brébeuf und Lalement nach irokesischem Brauch zu Tode. Versprengten Resten der Huronen gelang es zwei Jahre später, sich unter jesuitischer Führung nach Quebec City durchzuschlagen, wo etwa 2000 ihrer Nachkommen bis heute die einzige in Kanada verbleibende Huronen-Gemeinde bilden.

Im unruhigen 18. Jh. gesellte sich zu den ursprünglich fünf Nationen des Irokesen-Bunds eine sechste (Tuscarora). Zum Katholizismus übergetretene Mohawk und Oneida dagegen wanderten ab. Sie fanden schließlich in Kahnawake (früher Caughnawaga) und bei Oka bei Montreal eine endgültige, in jüngster Zeit von wiedererwachter irokesischer Streitbarkeit gestörte Bleibe. Ein anderes Mohawk-Reservat jüngeren Datums, Akwesasne bei Cornwall in Ontario, gelangte durch eine verspätete Grenzberichtigung in drei verschiedene Verwaltungsbereiche (Ontario, Quebec und USA) zu unterschiedlicher Gesetzgebung.

Die borealen Wälder des laurentischen Schildes waren zur Zeit der ersten Kontakte mit Weißen von Angehörigen der großen algonkischen Sprachfamilie besetzt. Im gebirgigen Labrador saßen die Montagnais, östlich von der Hudson Bay die Naskapi, südlich davon und beiderseits der James Bay die Cree, unmittelbar nördlich der irokesischen Sprachenklave die Attikamek, Algonkin und Nipissing. Im westlichen Ontario herrschten die Ojibwa.

In den sauren Böden des Schildes zersetzten sich organische Reste binnen kurzem, so daß von den nomadischen Jägern und Fischern des borealen Bereichs nur wenige vorgeschichtliche Zeugnisse erhalten blieben. Ihr geschichtliches Schicksal stand im Zeichen des Pelzhandels. Aus dem unersättlichen Bedarf der Europäer an Fellen und dem neuerweckten Verlangen der Indianer zunächst nach Messern, Äxten und Kupferkesseln, später nach Flinten und Feuerwasser ergab sich ein symbiotisches Verhältnis, das seit Mitte des 17. bis in das 19. Jh. andauerte. Im Laufe dieser Zeit breiteten sich die Ojibwa im Süden bis nach Manitoba und die Cree im Norden bis an die Rocky Mountains aus. Da die Jagd nach Pelzen lukrativer war als die nach Fleisch und die neuerworbenen Feuerwaffen nach Munition verlangten, endete die Partnerschaft schließlich in einer andauernden Abhängigkeit der Ureinwohner von den Handelsniederlassungen der Weißen. Im Jahre 1850 verzichteten die Ojibwa offiziell auf das Land nördlich des Lake Superior und 1905 auf den Rest von Nord-Ontario. In Quebec kam es erst 1975 zu Abmachungen mit den Cree, deren Lebensunterhalt durch den Bau von Dämmen und Kraftwerken an der James Bay gefährdet war. Aus den nach Westen vorgedrungenen algonkischen Stämmen wurden Plains Cree und Plains Ojibwa, die nach dem Pelzhandel wie andere Präriestämme die Bisonjagd aufnahmen.

◁ *Indianische Tipis*

Lediglich in den Great Plains war es noch bis in historische Zeiten nicht nur möglich, sondern notwendig, den paläo-indianischen Lebensstil beizubehalten, den die saisonbedingten Wanderungen der Bisonherden vorschrieben. Wie in der prähistorischen Woodland-Tradition im Osten machten sich auch im spärlich bewaldeten Flachland des Westens gewisse kulturelle Einflüsse von der Golfküste bemerkbar, sie waren hier aber nicht von Dauer. Die eindrucksvollste Hinterlassenschaft aus 6000 Jahren sind viele Meter dicke Knochenschichten am Fuße von Steilhängen, sogenannte *buffalo jumps*, über die Bisonherden getrieben wurde. Von dem rastlosen Dasein der Prärie-Indianer zeugen außer Speer- und Pfeilspitzen nur Ansammlungen von faust- bis kopfgroßen Geröllen. Einfache Steinhaufen mögen zur Markierung wichtiger Treffpunkte und als Wegweiser gedient haben. Mit kreisförmigen *tipi rings* wurden Zelte aus Bisonhaut im Boden verankert. Den *medicine wheels*, großen, aus aneinandergereihten Steinen bestehenden, radförmigen Figuren, kann man nur kultische Zwecke zuschreiben.

Von den heute in der kanadischen Prärie lebenden Indianern sind anscheinend nur die Blackfoot – die Einzahl ist auch für die Mehrzahl gebräuchlich – schon in prähistorischer Zeit dort zu Hause gewesen. Sie sollen zu ihrem Namen gekommen sein, weil sie einst nach einem der häufigen Grasbrände mit schwarzen Füßen in ihr Lager zurückkehrten. Erst Mitte des 18. Jh., als von Süden Pferde und von Osten Feuerwaffen in die Prärie gelangten, wurden die Schwarzfüße zu den berittenen Jägern und Kriegern romantischer Vorstellung. In beiden Rollen kam ihnen eine straffe Stammesorganisation zugute, der es auch zu verdanken ist, daß den drei Stämmen der Blackfoot-Nation, den Blackfoot, Blood und Peigan, 1877 drei große Reservate in Süd-Alberta vertraglich zugesichert wurden. Die Nachkom-

Historische Darstellung eines Bisons aus dem 17. Jh.

men der Plains Cree und Ojibwa mußten sich mit zahlreichen kleinen, von Manitoba bis Alberta verstreuten Reservaten zufriedengeben.

Auch die Stämme der athapaskischen Sprachfamilie, die Carrier, Beaver, Chipewyan, Slavey, Dogrib und Hare, leben in kleinen Gruppen in den dünnbesiedelten Wäldern im Norden der Prärieprovinzen und in den Northwest Territories. Die Vorfahren der Dene, wie diese Stämme sich heute nennen, waren erst gegen Ende der letzten Eiszeit aus Sibirien gekommen und blieben, da der Rest des Kontinents bereits vergeben schien, im Norden. Nur die Apachen und Navajo im Südwesten der Vereinigten Staaten sind mit den Athapasken sprachlich entfernt verwandt.

Neben den Blackfoot spielten in der kanadischen Geschichte die als Sioux (ßuh) bekannten, aber richtiger als Dakota bezeichneten Indianer eine besondere Rolle. Ihnen hatte die US-amerikanische Regierung 1868 in den Black Hills im Staate South Dakota Land zugewiesen, vermeintlich für alle Ewigkeit. Als aber schon sechs Jahre später zügellose Horden von Goldgräbern in die Black Hills strömten und Verhandlungen sich als fruchtlos erwiesen, rüsteten die Dakota und ihre Verbündeten zum Krieg.

Im Jahre 1876 kam es zum Gefecht am Little Big Horn River in Montana, in dem ein Massenaufgebot von Dakota- und Cheyenne-Kriegern den General George Custer und 265 seiner Kavalleristen bis auf den letzten Mann niedermachten. Die unausbleiblichen

Holzschnitzer in einem Haida-Dorf

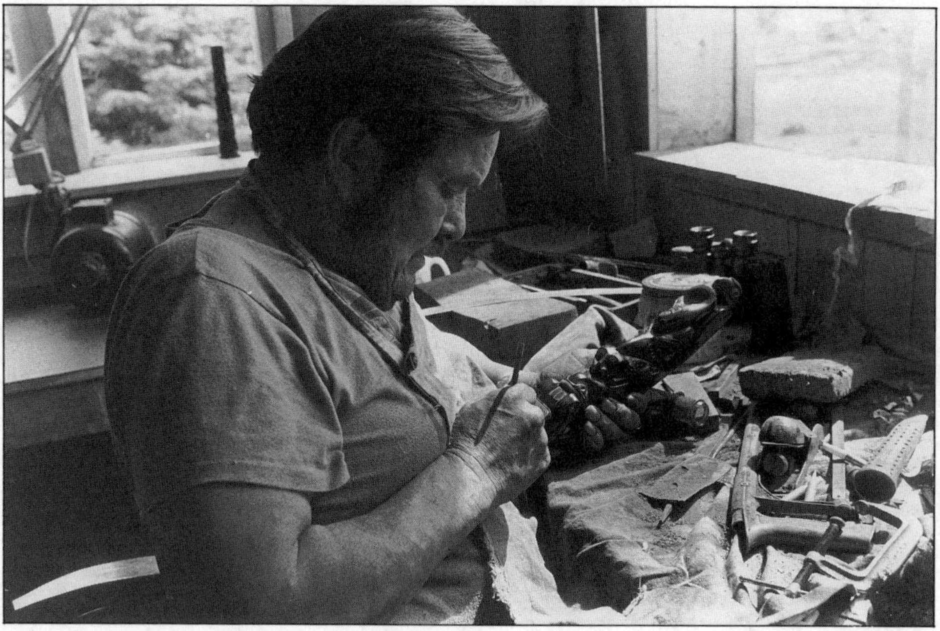

Vergeltungsmaßnahmen zwangen die Dakota unter dem Häuptling Sitting Bull, sich nach Norden abzusetzen und auf britischem Boden Schutz zu suchen. Im heutigen Saskatchewan wurden die 4000 ungebetenen Gäste von dem Superintendanten James Walsh und einer kleinen Truppe der drei Jahre vorher gegründeten North-West Mounted Police in Empfang genommen und zu Ruhe und Ordnung überredet. Dies ging mit Recht ebenso in die kanadische Geschichte ein, wie *Custer's last stand* in die amerikanische.

Das Landesinnere von British Columbia, das Plateau zwischen den Rocky Mountains und dem Unterlauf des Fraser River, wurde lange als Übergangsgebiet zwischen den Kulturen angesehen, die sich in den Great Plains einerseits und an der pazifischen Küste andererseits herausgebildet hatten. Der einzige datierbare Fund aus paläo-indianischer Zeit, ein 8200 Jahre altes menschliches Skelett aus der Gegend von Kamloops, bezeugt, daß die Ureinwohner sich vorwiegend von Säugetieren ernährten. Vor 4000 Jahren hatten ihre Nachfolger das nomadische Dasein aufgegeben, waren an Flußufern in Erdhütten seßhaft geworden und widmeten sich wie heute der Lachsfischerei. Obgleich kulturelle Einflüsse von West und Ost nicht zu leugnen sind, lassen Horn- und Specksteinschnitzereien sowie Felsmalereien auf eine eigenständige Tradition schließen.

Die meisten Stämme der Plateau-Indianer sind unter den Namen der Flüsse, Seen und Landschaften bekannt, in deren Nähe sie lebten, als sie Mitte des 19. Jh. in stetigen Kontakt mit Europäern gerieten. Die Chilcotin und Carrier im Norden von British Columbia sprechen Dialekte der benachbarten athapaskischen Völkerfamilie. Weiter im Süden gehören die Okanagan, Tompson, Lillooet und Shuswap zu der auch an der Küste vertretenen Sprachgruppe der Salish. Von den Kutenai (oder Kootenay) im Südosten der Provinz nimmt man an, daß sie erst in historischer Zeit von den Blackfoot aus Süd-Alberta verdrängt wurden, aber ihre linguistische Zugehörigkeit bleibt ungeklärt.

Anders als die Indianer östlich der Rocky Mountains kamen die Plateau-Stämme nie recht in den ›Genuß‹ einer Partnerschaft mit europäischen Pelzhändlern. Es erging ihnen vielmehr 1858 nach der Entdeckung von Gold am Fraser River wie es den Dakota in den Black Hills wenige Jahre später widerfuhr. Sie waren den Goldgräbern im Wege, und es kam 1864 im Chilcotin War zu blutigen Auseinandersetzungen. Schon vorher hatte eine Pockenepidemie die Ureinwohner um ein Drittel dezimiert. In den 70er und 80er Jahren des 19. Jh. wies der Gouverneur der Kronkolonie British Columbia den verstreuten Resten Reservate zu, ohne ihnen aber formelle Verträge anzubieten.

Der pazifische Rand Kanadas mit bewaldeten Inseln und geschützten Buchten gehört zu dem großen, von Nord-Kalifornien bis nach Süd-Alaska reichenden Kulturkreis der amerikanischen Nordwestküste. Als die ersten russischen und spanischen Seeleute im 18. Jh. dort an Land gingen, fanden sie eine Bevölkerung vor, deren Dichte größer, deren soziale Ordnung straffer und deren bildende Kunst ausgereifter war als bei allen anderen, nicht unter dem unmittelbaren Einfluß der meso-amerikanischen Hochkulturen stehenden Indianern.

Vor allem zwei in reichem Maße vorhandene Naturschätze, Zedernholz und Lachse, gestatteten es den Küstenbewohnern, einen hohen Lebensstandard zu entwickeln. Schon

Totempfahl der Gitskan in Kispiox im Norden von British Columbia

die ersten Zuwanderer, ob sie vor mehr als 12 000 Jahren auf dem Küstenweg von Norden oder auf dem Landweg aus dem Innern kamen, konnten ihren Lebensunterhalt mit den zur Laichzeit in dichten Schwärmen flußaufwärts wandernden Lachsen mühelos bestreiten. Vor 9000 Jahren kam die Seefischerei wohl schon mit Booten hinzu, und vor 5000 Jahren häuften sich in den größer werdenden Siedlungen Muschelschalen an. Bei Ausgrabungen im Stadtgebiet von Vancouver wurden mehrere Hektar große und bis zu 5 m hohe *shell middens* freigelegt. Vor 2000 Jahren hatte die Bevölkerung geräumige, aus Zedernholz gezimmerte Häuser bezogen. Zu Beginn der neuen Zeitrechnung hatten sich die ersten Anzeichen einer künstlerischen Tradition bemerkbar gemacht, die in Totempfählen, Tanzmasken und Argillitfiguren unserer Tage gipfeln.

Die einheitliche Kultur der Nordwestküste täuscht über die ungleiche Sprache und Herkunft ihrer Träger hinweg. Sie lebten im allgemeinen in Frieden miteinander. Racheakte oder der Eifer der Häuptlinge, sich in der Ansammlung materieller Güter gegenseitig zu übertrumpfen, führte zu Raubzügen, doch selbst diese trugen zum kulturellen Austausch bei. Die Kriegskanus der Sieger kehrten nicht nur mit reicher Beute und den Köpfen der erschlagenen Gegner zurück, sondern auch mit deren Frauen und Kindern. Bei den drei nördlichsten Stämmen, Tlingit, Tsimshian und Haida, herrschte eine plutokratische Rangordnung, und hier erreichte die hochstilisierte Darstellung von Tieren mythisch-heraldischer Bedeutung ihre höchste Blüte. Prominente Familien pflegten für ihre obligate Prunkentfaltung versklavte Kunsthandwerker, Schnitzer, Maler, Korbflechter und Weber einzusetzen. Ihre Aufgabe war die stilgerechte Dekoration aller Gebrauchsgegenstände, von Löffeln bis zu Kriegskanus für 50 Waffentragende. Diese Besitztümer wurden in oft ausschweifenden und zeitweilig von der Regierung verbotenen Potlatch-Festen zur Schau gestellt und unter Standesgleichen ausgetauscht.

Die soziale Schichtung der weiter südlich lebenden, sprachlich miteinander verwandten Kwakiutl und Nootka sowie der Salish-sprechenden Bella Coola war weniger strikt. Ihr Schaffensdrang, nicht durch streng formelle Ornamentik gehemmt, durfte sich in freieren, naturalistischeren Formen äußern. Noch lockerer war der im südlichsten Küstensaum von British Columbia ansässige Zweig der Salish organisiert. Reine Zeremonialkunst fehlte hier fast völlig, Utensilien blieben meist unverziert, und Totempfähle wurden nur im unmittelbaren Einflußbereich der Kwakiutl errichtet.

Wie die Plateau-Völker zogen sich die Küstenindianer auf zumeist selbstgewählte, auf Vancouver Island sogar vertraglich abgesicherte Reservate zurück, wo sie wie in alten Zeiten Fischfang betreiben. Aber auch die künstlerische Tradition ging nicht verloren. Sie erlebt vielmehr heute eine Renaissance, die nicht nur internationale Sammler begeistert, sondern auch das Selbstbewußtsein der Indianer stärkt.

Eskimo

Die kanadischen Eskimo oder Inuit (›Menschen‹ in ihrer Sprache) sind die Spätlinge unter den amerikanischen Ureinwohnern. Obgleich der Weg nach Osten mit dem

Totempfahl der Gitskan in Kispiox im Norden von British Columbia

Nachbau der »Grand Hermine«, mit der Jacques Cartier Mitte des 16. Jh. die Neue Welt erkundete

Abschmelzen der laurentischen Eiskappe vor 15 000 Jahren frei wurde, folgte alles, was über die Beringbrücke kam, der Sonne nach Süden. Als die Besiedlungswelle gewissermaßen von dort zurückprallte, tasteten sich die ersten Menschen an der Nordküste voran. Auch dies waren aber noch keine arktischen Mongoliden, sondern Paläo-Indianer der mittelsteinzeitlichen Plano-Kultur. Paläo-Eskimo erschienen erst vor wenig mehr als 4000 Jahren in Alaska, breiteten sich dann aber auf der Jagd nach Robben und Walen schnell bis nach Grönland aus. Steinringe deuten darauf hin, daß sie in Zelten lebten; die langen Knochenmesser zum Ausstechen von Schneeblöcken für den Iglubau fehlten noch.

Vor rund 3000 Jahren reduzierte eine Kälteperiode die erste arktische Bevölkerung bis auf kleine Reste. Aus diesen ging um 800 v. Chr. die sogenannte Dorset-Kultur hervor, die bis nach Newfoundland ausstrahlte und nun auch Iglus kannte. In der späten Dorset-Periode entstanden kleine Kunstwerke aus Knochen und Horn, in Labrador auch aus Speckstein, geschnitzte Nachbildungen von Menschen, Seetieren und Vögeln in teils naturalistischer, teils stilisierter Darstellung.

Um das Jahr 1000 wurden die Dorset-Leute von Einwanderern aus Alaska verdrängt, absorbiert oder ausgerottet. Die Neuerungen, welche die Vertreter der neuen Thule-Kultur brachten, kennzeichnen sie als die unmittelbaren Vorfahren der Inuit: Hundeschlitten, Kajaks für die Einzeljagd, größere Umiaks als Transportboote und Schlitzbrillen gegen Schneeblindheit. Das Ende der Thule-Kultur fällt ungefähr mit den ersten Entdeckungsreisen zusammen, die europäische Seefahrer im 16. Jh. in die arktische Inselwelt führten.

Die meisten Inuit leben heute in vorfabrizierten Häusern in ansehnlichen Siedlungen mit Elektrizität und Landebahn. An die Stelle der Kajaks sind Boote mit Außenbordmotoren getreten, Schneemobile haben die Hundeschlitten abgelöst. Es wird noch viel gejagt, aber daneben gibt es Arbeit an genossenschaftlichen oder Regierungsprojekten, und da diese zumeist saisongebunden sind, leben die heutigen Eskimo weitgehend von der Sozialhilfe.

Künstlerisch Begabte haben die Möglichkeit, ihre Werke mit Hilfe staatlich geförderter Genossenschaften auf den internationalen Markt zu bringen. Statt der zierlichen prähistorischen Bein- und Knochenschnitzereien, aber auf althergebrachten Fertigkeiten aufbauend, schaffen Inuit-Künstler seit Mitte des 20. Jh. massive Specksteinskulpturen mit Motiven aus der arktischen Umwelt. Eine völlige Neuentwicklung sind die farbenreichen und phantasievollen Steindrucke von Cape Dorset auf Baffin Island.

Neu-Frankreich

Wenn man von der kurzen Visite der Normannen in Newfoundland absieht, kamen die Europäer nach den Paläo-Indianern, den Paläo-Eskimo und den Inuit erst mit der vierten Einwanderungswelle nach Kanada. Wo ihre Vorhut zuerst an Land ging, ist unbekannt. Vielleicht an der Nordspitze von Cape Breton Island, Nova Scotia, aber das bezweifelt der Historiker Samuel Eliot Morison, der mit der amerikanischen Entdeckungsgeschichte ebenso vertraut ist wie mit der christlichen Seefahrt. John Cabot war ein zu erfahrener Navigator, um von seiner gewählten nördlichen Passage nach China so weit abzuweichen, daß er die seichten Neufundland-Bänke und die dazugehörige Insel verpassen konnte. Morison meint, daß es Kap Dégrat war, das am 24. 6. 1497 vor dem Bug der »Mathew« auftauchte. Auch die Tatsache, daß Cabot auf seiner ersten Reise keine Ureinwohner antraf, obgleich er tagelang an der Küste entlangsegelte, spricht für Newfoundland. Die dort ansässigen Beothuk hielten sich als Jäger und Flußfischer vorwiegend im Landesinnern auf, während bei Cape Breton Island besonders im Sommer sicher das Küstenvolk der Micmac in Erscheinung getreten wäre.

John Cabot, als Giovanni Caboto in Genua geboren, stach im Dienst des englischen Königs Henry VII. in See. Er kehrte zurück, nicht mit Gewürzen des Orients, sondern mit der Kunde von den märchenhaft reichen Fischgründen der Grand Banks, dem weit in den Atlantik ausladenden flachen Schelf, von dem Newfoundland über den Meeresspiegel aufragt. Von baskischen oder portugiesischen Seeleuten, die sich möglicherweise schon früher dorthin vorgewagt hatten, blieb keine Spur. Sicher ist, daß schon wenige Jahre nach dem Bekanntwerden von Cabots Entdeckungsreisen auch spanische, bretonische und vielleicht englische Kabeljaufischer an der Küste von Newfoundland auftauchten und Stützpunkte auf der Insel errichteten. Auf den Handel mit Stockfisch, luftgetrocknetem Kabeljau, folgte der mit Pelzen, die Beothuk und Micmac lieferten.

Es dauerte nicht lange, bis nach Madrid und London auch Paris die Hand nach den Reichtümern der Neuen Welt ausstreckte. Den ersten Freibrief stellte François I. dem bretonischen Kapitän Jacques Cartier aus, der nicht nur China suchen sollte, sondern all das, was »an Gold und anderen reichen Dingen« unterwegs zu finden sei. Auf seiner ersten Reise 1534 umsegelte Cartier Newfoundland im Norden, wandte sich dann nach Süden und erkundete Prince Edward Island, ohne die Insel aber als solche zu erkennen. An der Südküste der Halbinsel Gaspé, in der Baie des Chaleurs, wurde er zum ersten Mal von Micmac-Indianern begrüßt, denen Begegnungen mit Weißen offensichtlich nichts Neues waren: Sie boten Pelze zum Tausch. Aber dies waren nicht ›reiche Dinge‹ im Sinne Cartiers, und die Baie des Chaleurs erwies sich als Sackgasse. Die Suche nach der Nordwest-Passage ging weiter.

John Cabot 1497 beim Landgang in Nordamerika

Der nächste Ankerplatz war die Gaspé-Bucht am Ostende der Halbinsel. Diesmal waren es 200 Indianer, die mit 40 Kanus vom Oberlauf des St. Lorenz gekommen waren, um Makrelen zu fischen. In ihrer irokesischen Sprache heißt *kanata* soviel wie Dorf oder Gemeinde. Die Eingeborenen wandten das Wort auf ihren Heimatort Stadacona an, die Weißen aber verstanden darunter dessen weitere Umgebung, und so kam Kanada zu seinem Namen. Innerhalb von zehn Tagen bahnte sich zwischen beiden Gruppen, besonders aber zwischen Cartier und dem Häuptling Donnacona, ein Vertrauensverhältnis an, das zwar nicht ungetrübt blieb, aber für die zukünftigen Bündnisse zwischen französischen Kolonialherren und Indianern richtungweisend war. Als Cartier den Heimweg antrat, hatte er zwei halbwüchsige Söhne von Donnacona als Gäste an Bord.

Im Mai 1535 stach Cartier mit den Häuptlingssöhnen in St. Malo wieder in See. Weil ihm der Südweg nach Kanada bei seiner ersten Reise verborgen geblieben war, segelte er wieder nach Norden und in die Meerenge zwischen Newfoundland und Labrador. Dann hielt er sich dicht an die Festlandsküste und fand am 10. 8. einen geschützten Ankerplatz, dem er, wie den meisten seiner Entdeckungen, den Namen des Heiligen des betreffenden Tages gab, St. Lorenz. Weiter flußaufwärts lag Stadacona, das heutige Quebec, wo Cartier mit seinen indianischen Passagieren vom Häuptling empfangen wurde.

Inzwischen mußte es Cartier klar geworden sein, daß er sich auf einem Fluß und nicht in einer nach China führenden Meerenge befand. Bei der Ile Orléans unterhalb von Quebec City mischt sich das Süßwasser des St. Lorenz mit dem Salzwasser des Atlantik. Doch getreu seinem Auftrag, gewisse, nicht weiter definierte Länder zu entdecken, drängte es ihn flußaufwärts. In Hochelaga, dem Dorf eines Rivalen von Donnacona, wurde er von mehr als 1000 Indianern empfangen, die ihn gern als Alliierten gewonnen hätten, weniger gegen Donnacona als gegen andere feindliche Stämme.

Der Rundblick von dem Berg, der sich über dem befestigten Hochelaga erhob, soll Cartier endgültig davon überzeugt haben, daß er den Endpunkt seiner Reise erreicht hatte, denn hinter der nächsten Flußbiegung sah er unüberwindliche Stromschnellen. Der Berg ist der Mont Royal, an der Stelle von Hochelaga liegt heute Montreal, und dem Gelände bei den Stromschnellen gab der Cavalier de la Salle (1643–87) im nächsten Jahrhundert mit gallischem Sarkasmus den Namen China (la Chine), heute Lachine. Als Cartier im Frühjahr 1536 die Rückreise nach Frankreich antrat, begleiteten ihn, allerdings nicht ganz freiwillig, Donnacona und seine Söhne. Keiner von ihnen sah die Heimat wieder.

Ob eines oder beide Indianerdörfer den Huronen, Irokesen oder anderen Stämmen gehörte, wird noch diskutiert. Fest steht, daß Cartier 1541 noch einmal nach Hochelaga zurückkehrte und von dem Dorf keine Spur mehr vorfand; 1603 existierte auch Stadacona nicht mehr.

Cartiers Besitzergreifungen machten François I. zum Herrn eines Reiches, das weder Grenzen noch willige Untertanen hatte. Die europäischen Mächte waren durch die Religionskriege nach der Reformation derart in Anspruch genommen, daß in Paris lange kein Interesse an einer planmäßigen Kolonisation zu erwecken war. Alle französischen Versuche, im 16. Jh. an der atlantischen Küste und am St. Lorenz-Strom Fuß zu fassen, scheiterten am kanadischen Winter. Erst 1602 fand sich in Rouen eine Gruppe von Kaufleuten, die das von Henri IV. gewährte Monopol zur Ausbeutung der Pelzschätze in Nordamerika zu nutzen verstand.

Am ersten Vorstoß des neuen Unternehmens in den St. Lorenz nahm der eigentliche Gründer von Neu-Frankreich teil, Samuel de Champlain, ein mit Zeichenstift und Feder gewandter Soldat, Seemann und Kartograph. Auf seiner zweiten Reise von 1604 bis 1607 erforschte und kartierte Champlain L'Acadie (Akadien), wie er das Gebiet um die Bay of Fundy nannte. Im Frühjahr 1608 überquerte er den Atlantik zum dritten Mal nach Westen und vollzog am 3. 7. seinen Auftrag, an der Flußenge (algonkisch *kebec*) beim ehemaligen Stadacona die erste permanente französische Siedlung in Kanada zu gründen.

Von Quebec aus schuf Champlain zwei für die wirtschaftliche Entwicklung der Kolonie unerläßliche Voraussetzungen. Die eine war die Erforschung der Wasserwege im Süden des kanadischen Schildes, die er persönlich bei wagemutigen Kanureisen erkundete. Die andere war ein gutes Einvernehmen mit den Algonkin, die seit Cartiers Tagen in die Umgebung von Quebec gezogen waren. Champlain konnte sie und die benachbarten Montagnais dafür gewinnen, Pelze zu liefern, doch das Bündnis mit ihnen zwang die Franzosen, sich mit den Irokesen einzulassen und trieb diese schließlich ins Lager der Engländer.

Trotz nominellen königlichen Patronats blieb Champlain im wesentlichen sich selbst überlassen. 1618, zehn Jahre nach der Gründung von Quebec, zählte der Ort nur 65 Ansiedler. Weitere zehn Jahre später hatte sich die Einwohnerschaft nach einigen harten Wintern auf 55 reduziert. In Frankreich war inzwischen Kardinal Richelieu, leitender Minister von Louis XIII., zur Offensive gegen die bis dahin einflußreichen Hugenotten übergegangen. Im Jahre 1625 wurde die Ausübung der protestantischen Religion in Kanada verboten und die Gesellschaft Jesu mit der Bekehrung der ›Wilden‹ *(sauvages)* beauftragt. Unter den ersten Jesuiten, die in Quebec eintrafen, befanden sich die Missionare Charles Lalemant und Jean de Brébeuf, die 1648 in der Huronen-Siedlung Sainte-Marie von den Irokesen zu Tode gefoltert wurden.

Über die Unterstützung der Hugenotten geriet England 1627 mit Frankreich in einen Krieg, der in Europa zugunsten der Franzosen verlief, in dem sie aber ihre transatlantischen Besitzungen vorübergehend verloren. Im Jahre 1629 mußte Champlain seine Kolonie und 4000 Pelze an eine englische Kaperflotte übergeben. 1632 wurde Neu-Frankreich wiederhergestellt, Champlain konnte nach Quebec zurückkehren, wo er drei Jahre später starb.

Blütezeit und Ende von Neu-Frankreich

Während sich die anderen europäischen Mächte im Dreißigjährigen Krieg verausgabten, gewann Frankreich unter Richelieus Leitung die Vorherrschaft und wandte sich nach der Thronbesteigung von Louis XIV. tatkräftiger den amerikanischen Kolonien zu. Im Jahre 1663 erhob der Sonnenkönig Neu-Frankreich zur Provinz und betraute einen Dreierrat mit der Verwaltung. Der Gouverneur war für Verteidigung und Auswärtiges verantwort-

Historische Darstellung der habitation *Port Royal aus dem Jahre 1605*

lich, der Intendant für die Interessen der Krone sowie für Recht und Wirtschaft und der Bischof für das Seelenheil. Im Gegensatz zu den englischen Kolonien gab es keine Ansätze zu demokratischen Institutionen, und Gönnerschaft ist bis heute nicht ganz aus dem politischen Leben von Quebec verschwunden.

Als die Engländer südlich des St. Lorenz das Erbe der Holländer antraten und 1670 die Hudson's Bay Company gründeten, hatte Neu-Frankreich zwei Fronten, eine wirtschaftliche im Norden und eine politisch-militärische im Süden. Die Auseinandersetzungen zwischen England und Frankreich im 18. Jh. waren in Europa wie in Amerika von wechselndem Erfolg begleitet. Auf britischer Seite waren es zunächst nur die jeglicher Obrigkeit abholden Siedler in Neu-England und ihre indianischen Verbündeten, deren Angriffe auf Montreal und Quebec 1690 fehlschlugen. Port Royal in Acadia mußte sich im gleichen Jahr einer Übermacht englischer Kolonisten beugen, wurde aber 1697 im Frieden von Rijswijk an Frankreich zurückerstattet.

In Queen Anne's War, dem Spanischen Erbfolgekrieg von 1701 bis 1714, machte England seine Seemacht ernstlich geltend und entsandte sechs Kriegsschiffe sowie ein Regiment von

Samuel Champlain übergibt 1629 Quebec dem englischen Admiral Kirke

Marinesoldaten nach Boston. Port Royal und Acadia wechselten erneut den Besitzer, und dabei blieb es diesmal. Im Frieden von Utrecht akzeptierte Frankreich den englischen Anspruch nicht nur auf Acadia, aus dem dann Nova Scotia wurde, sondern auch auf Newfoundland und die Hudson Bay mit ihrem Einzugsgebiet. Französisch blieben neben der zukünftigen Provinz Quebec vorläufig noch Ile St. Jean (Prince Edward Island) und Ile Royale (Cape Breton Island).

Doch gab Louis XIV. Neu-Frankreich nicht verloren. Um den Seeweg in den Golf von St. Lorenz zu sichern, ließ er 1713 die glanzvolle und uneinnehmbare Festung Louisbourg auf der Ile Royale errichten. Kaum war sie fertiggestellt und auf der Seeseite schwer bestückt, brach ein neuer Krieg aus. Während die europäischen Heere um die österreichische Erbfolge kämpften, gelang es 1745 einem Aufgebot von 4000 Kolonisten aus Neu-England, den Kommandeur von Louisbourg und seine lustlose, aus französischen und schweizer Söldnern bestehende Besatzung einzuschüchtern und die Feste zu nehmen.

In Europa hatte Frankreich im Bündnis mit Friedrich d. Gr. mehr Glück, und so machte der Friede von Aachen die Eroberung von Louisbourg 1748 wieder rückgängig. Großbritannien, das sich bis dahin mit der fast rein französischen Bevölkerung von Acadia abgefunden hatte, begann 1749 Tausende von englischen Kolonisten in Nova Scotia anzusiedeln. Dagegen richtete sich der passive Widerstand der Eingesessenen bis zur Verweigerung des Treue-Eids auf die britische Krone, 1755 wurden mindestens 6000 Akadier vertrieben. Das Los derjenigen, die auf langen Umwegen schließlich im französischen Louisiana landeten und dort zu Cajuns wurden, ging mit »Evangeline«, den Hexametern von Henry Wadsworth Longfellow, in die Weltliteratur ein.

Mitte des 18. Jh. lebten in den englischen Kolonien von Nordamerika etwa 2 Mio. Europäer. Sie verlangten nach Selbständigkeit und drängten nach Westen. Dem Verlangen stand England imWege, dem Drang Neu-Frankreich, und gegen dieses wandten sie sich zuerst. Die Franzosen betrachteten das Gebiet westlich der Appalachen, vom St. Lorenz bis zur Mississippi-Mündung, als ihnen gehörig, und sie verteidigten es trotz numerischer Unterlegenheit im French and Indian War mit gutem Erfolg, auch gegen George Washington und die Miliz von Virginia.

Im Jahre 1756, mit Ausbruch des Siebenjährigen Kriegs, entsandte Frankreich einen seiner fähigsten Generäle, den Marquis de Montcalm, zur Wahrnehmung seiner militärischen Interessen nach Amerika. In Quebec erwarteten ihn ein eifersüchtiger Gouverneur und ein korrupter Intendant, aber Montcalm hatte den Briten binnen kurzem einige befestigte Stützpunkte entrissen und versammelte dann eine Armee von 14 000 – französische Berufssoldaten, kanadische Miliz und Indianer – in der Umgebung der Hauptstadt.

Die Briten ihrerseits sicherten zunächst die Küste, indem sie 1758 die Festung Louisbourg zum zweiten Mal einnahmen und entsandten dann ihre Land- und Seestreitkräfte unter General James Wolfe nach Quebec. Die befestigte Stadt lag auf einem Felsvorsprung im St. Lorenz, im Süden vom Steilufer des breiten Stroms und im Norden von einem Nebenfluß geschützt. Doch Wolfe gelang es, im Schutze der Nacht 2,5 km flußaufwärts von der Festung zu landen, die französischen Vorposten zu überwältigen und das Steilufer zu erklimmen.

Im Morgengrauen des 13. 9. 1759 standen 4500 Briten in Gefechtsordnung auf den Plains of Abraham, der Hochebene vor den Toren der Stadt. Ihnen hatte Montcalm nur eine numerisch fast ebenbürtige, aber in großer Eile zusammengerufene Streitmacht entgegenzustellen. Die folgende Schlacht gilt als die erste, die in Amerika im traditionellen europäischen Stil, das heißt von methodisch eingesetzten Truppen und nach vorgefaßten Plänen ausgefochten wurde. Doch das trifft nur auf die britisch und französisch geschulten Bataillone zu. Montcalm verfügte auch über indianische und franko-kanadische Irreguläre, denen es fremd war, sich in Reih und Glied niederschießen zu lassen. Sie kämpften vielmehr an den Flanken der aufmarschierten Bataillone in lockeren Gruppen, gingen in Deckung, um ihre Musketen zu laden und schossen zielsicher im Liegen. Aber am Ausgang der Schlacht konnten sie nichts ändern. Montcalms massierter Frontalangriff begann um 10 Uhr morgens und brach eine Viertelstunde später 40 m vor der britischen Linie zusammen. Im Gegenangriff traf den bereits verwundeten Wolfe eine tödliche Kugel. Auch Montcalm konnte nur schwerverwundet hinter die Stadtmauern gerettet werden, wo er am folgenden Tag starb.

Die dramatische Schlacht vor den Toren von Quebec wird allgemein als das Ende von Neu-Frankreich angesehen, aber ganz war der Schlußstrich noch nicht gezogen. Die siegreichen Briten verbrachten den Winter, von Hunger und Kälte geplagt, in der stark zerstörten Stadt und sahen sich im Frühjahr 1760 auf den gleichen Plains of Abraham wieder den Franzosen gegenüber, nur diesmal mit entgegengesetzter Blickrichtung und vertauschten Rollen. Zwar trugen die Franzosen den Sieg davon, aber da sie ihn nicht zu nutzen verstanden, blieb Quebec in britischer Hand und wurde wenige Wochen später von der britischen Flotte entsetzt. Im Frieden von Paris, der 1763 den Siebenjährigen Krieg beendete, trat Großbritannien offiziell das kanadische Erbe von Frankreich an. Nur die beiden kleinen Inseln St. Pierre und Miquelon an der Südküste von Newfoundland blieben französisch.

Kanada im britischen Weltreich

Das Schicksal von Neu-Frankreich war besiegelt, aber in anderthalb Jahrhunderten war dort eine neue Nation von rund 80 000 Seelen entstanden, die ihre Eigenwilligkeit nicht erst in der Schlacht um Quebec hervorkehrten. Das schwankende Interesse des Pariser Hofes

Darstellung des Pelzhandels auf einer Karte aus dem Jahre 1777

war den Frankokanadiern nicht entgangen. Sie hatten begonnen, sich vom Mutterland zu lösen. *Le Canadien* sprach zwar, aber dachte nicht mehr französisch. Englisch zu denken war er auch nicht bereit, doch das ist nicht der einzige Grund, warum anfängliche Versuche, Quebec zu anglisieren, fehlschlugen.

Englische Einwanderung in dem erhofften großen Stil blieb aus, statt dessen siedelten sich in Montreal gleich nach Friedensschluß 200 Geschäftsleute aus Schottland und Neu-England an. Sie beherrschten binnen kurzem Pelz- und Außenhandel, und das machte sie in den Augen der Generäle James Murray und Guy Carleton, der ersten britischen Gouverneure von Quebec, zu Kriegsgewinnlern. Beide setzten sich in London für eine Politik großzügiger Toleranz gegenüber den Frankokanadiern ein. Auch sah Carleton kommen, daß die englische Handels- und Schiffahrtspolitik und der Versuch, in den 13 amerikanischen Kolonien Steuern zu erheben, zu Unruhen führen mußten. Dies bestärkte ihn in dem Bemühen, sich des Wohlwollens der Quebecer zu versichern. Auf sein Betreiben wurde 1774 mit dem Quebec Act das hergebrachte französische Regierungssystem im wesentlichen bestätigt. Die Kolonie wurde weiter von einem Gouverneur mit Beirat, aber ohne Volksvertretung verwaltet. Das französische Zivilrecht wurde beibehalten. Die katholische Kirche wurde ermächtigt, einen Zehnten zu erheben, und entgegen einer vorherigen Verfügung durften Katholiken öffentliche Ämter bekleiden.

Ob das Quebec-Gesetz Kanada zum Vorteil gereichte, ist umstritten, aber im Hinblick auf die Freiheitstendenz der 13 englischen Kolonien im Süden war Carletons Kalkulation korrekt. Quebec war nicht geneigt, in einer angelsächsischen kontinentalen Union unterzugehen und blieb im amerikanischen Unabhängigkeitskrieg (1775–83) neutral. Auch Nova Scotia, dem 1773 Cape Breton Island, die bisherige Ile Royale, angegliedert worden war, hielt sich eingedenk seines profitablen Handels mit Großbritannien von den Rebellen fern und wurde von diesen nicht weiter behelligt. Quebec dagegen erschien den Amerikanern wichtig genug, um angegriffen zu werden. Im November 1775 besetzten sie das schwach verteidigte Montreal, aber am letzten Tag des Jahres erteilte Carleton ihnen vor Quebec City eine vernichtende Niederlage. Ohne sie wäre Kanada vielleicht heute ein Teil der USA.

Trotz der unzulänglichen englischen Kriegsführung gegen die aufständischen Kolonien waren diese kurz vor dem Friedensschluß wirtschaftlich fast am Ende ihrer Kräfte. Wenn London 1783 dennoch großzügige Zugeständnisse machte, geschah dies einmal, um die Amerikaner aus einem Bündnis mit dem alten Feind Frankreich zu lösen. Zum anderen aber ging es darum, den der Krone treugebliebenen Loyalisten entweder die Rückkehr in die ehemaligen Kolonien zu ermöglichen oder sie für ihre Verluste zu entschädigen.

Als sich bald herausstellte, daß die meisten der neuen Staaten nicht die Absicht hatten, der Loyalistenverfolgung ein Ende zu machen, setzte ein neuer Exodus ein. Gut 30 000 leidenschaftlich antirepublikanische Immigranten aus Neu-England verdreifachten binnen kurzem die Bevölkerung der atlantischen Region und verlangten nach Lokalverwaltung. Schon 1784 wurde deshalb New Brunswick von Nova Scotia abgetrennt, und auch Cape Breton Island wurde vorübergehend – bis 1820 – eine selbständige Provinz.

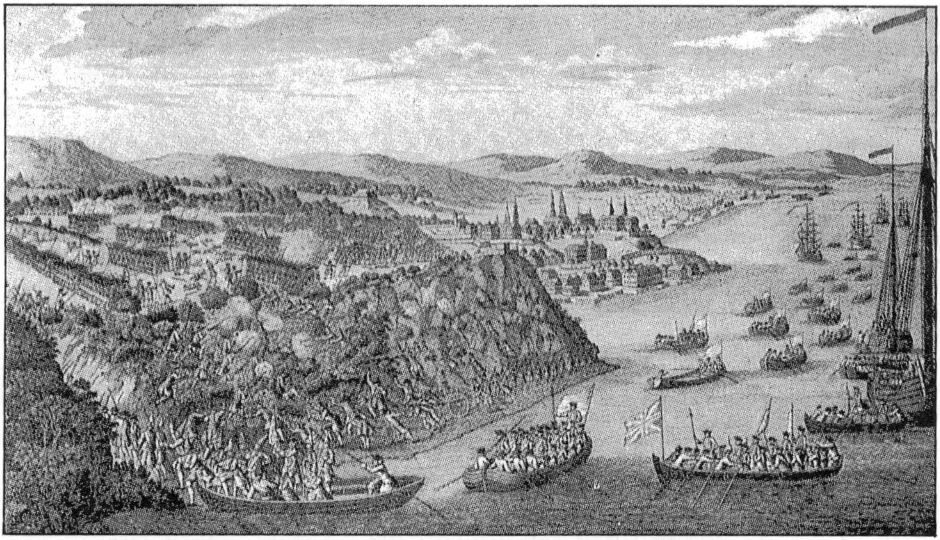

Historische Darstellung der Einnahme von Quebec durch die Engländer im Jahre 1759

Die 8000 Königstreuen, die sich nach Quebec wandten, siedelten sich vor allem am Nordufer des Lake Ontario und am Oberlauf des St. Lorenz-Stroms an, wo auch sie Selbstverwaltung forderten. Dies führte 1791 zum Canada Act, der aus der alten Provinz Quebec zwei neue machte, eine am Oberlauf des St. Lorenz (Upper Canada, heute Ontario) und eine am Unterlauf (Lower Canada, heute Quebec). Jede erhielt einen Unterstatthalter (Lieutenant-Governor), der dem Gouverneur von Britisch-Nordamerika und somit nominell dem Monarchen, tatsächlich aber dem Parlament in London unterstand. Jede der neuen Provinzen bekam ein Oberhaus, dessen Mitglieder auf Lebenszeit von der Krone ernannt wurden, und eine alle vier Jahre erwählte Volksvertretung. Keines der Häuser hatte jedoch mehr als eine beratende Funktion.

An der Wende zum 19. Jh. war Kanada ein Konglomerat von Regierungsformen. Upper Canada hatte ein Parlament und englisches Recht; Lower Canada wie Upper Canada, aber mit Rechtsprechung nach französischen Muster; Newfoundland war eine Kronkolonie; Prince Edward Island, Nova Scotia und New Brunswick waren königliche Provinzen mit gewählter Volksvertretung; Cape Breton Island war Provinz, wurde aber von bestellten Amtsträgern verwaltet; Rupert's Land – alles Land im Entwässerungsgebiet der Hudson Bay – war an die Hudson's Bay Company vergeben und stand unter britischem Schutz; auf den Westen bis zum pazifischen und arktischen Ozean erhob Großbritannien einen nicht weiter untermauerten Anspruch.

Um 1812 hatten die atlantischen Provinzen noch keine 100 000 Einwohner. Sie lebten von Fischerei, Landwirtschaft, Überseehandel, Schiffbau und Holzexport. In Lower

Canada war die Bevölkerung auf 330 000 angewachsen. Das wirtschaftliche Zentrum war Montreal mit 30 000 meist frankokanadischen Bürgern und einer dünnen angelsächsischen Oberschicht. Diese einflußreiche Minorität machte der Hudson's Bay Company mit der um 1780 gegründeten North West Company schärfste Konkurrenz.

Im Jahre 1812 erklärten die Vereinigten Staaten auf Drängen einer kampflustigen Kongreßfraktion ihren zweiten Krieg gegen England. Obwohl es um den freien Handel auf hoher See ging, den die Briten im Zuge der kontinentalen Blockade gegen das napoleonische Frankreich drastisch eingeschränkt hatten, versprachen sich die Neu-Englandstaaten nichts von offenen Feindlichkeiten und weigerten sich, ihre Miliz zu mobilisieren. Deshalb wurde die atlantische Region nicht zum Kriegsschauplatz, sondern die amerikanischen Truppen, 7000 an der Zahl, wandten sich nur gegen Upper und Lower Canada.

Da die besten britischen Regimenter unter Wellington in Spanien gegen Napoleon fochten, standen dem Oberbefehlshaber in Kanada, Generalmajor Sir Isaac Brock, kaum 5000 Mann zur Verfügung. Dafür hatte er Tecumseh (ti'kamse) zum Verbündeten, den Häuptling der Shawnee, dessen Vater schon im Unabhängigkeitskrieg auf englischer Seite stand, und der sich in seinem heimatlichen Ohio-Tal bereits gegen die Amerikaner hervorgetan hatte. Neben Tecumseh waren drei weitere Faktoren entscheidend für den Ausgang des zweieinhalbjährigen Kriegs: das Versagen der amerikanischen Führung gegenüber der geschickten Taktik der englischen Heerführer, die bessere Ausbildung der britischen Berufssoldaten und die Loyalität der Frankokanadier. Gleich nach Kriegsausbruch fiel die befestigte Insel Michilimackinac im Lake Huron in britische Hände. Im August 1812 eroberten Brock und Tecumseh Fort Detroit. Im letzten Gefecht des ersten Kriegsjahrs mußten die Amerikaner bei Queenston am Niagara-Fluß 925 Gefangene sowie 250 Tote und Verwundete beklagen. Die Briten hatten nur 14 Tote zu verzeichnen, unter ihnen aber war Brock.

Nach den anfänglichen Mißerfolgen war der Krieg für die Vereinigten Staaten nicht mehr zu gewinnen. Im Jahre 1813 gelang es ihnen, auf den Großen Seen die Oberhand zu gewinnen und York (Toronto), die Hauptstadt von Upper Canada zu verwüsten, aber das beantwortete eine britische Expedition mit dem Niederbrennen des Weißen Hauses in Washington. Der Friede von Gent 1814 ließ territorial und zur See alles beim alten, und die beanstandeten Blockadeaktionen der Briten fanden mit Napoleon ein automatisches Ende. Der Krieg von 1812 erwies sich also für die Amerikaner als unnötig. Für Kanada hatte er das positive Ergebnis, künftige Annexionsgelüste im Keim zu ersticken.

Natürliche Unrast nach langanhaltenden Kriegen, gesteigerte Erwartungen im Zeitalter beginnender Industrialisierung, erwachender Sozialismus und Hungersnöte wie die irische von 1848 brachten Kanada in den Jahrzehnten nach 1815 eine Welle von rund 800 000 Einwanderern vor allem aus Großbritannien. Mehr als 100 000 blieben in den atlantischen Provinzen. 66 000 trafen allein 1832 im zukünftigen Ontario ein. Im Jahre 1850 hatte Upper Canada fast 500 000 Einwohner.

Viele der neuen Einwanderer waren auf zurückkehrenden Holzfrachtern vom Mutterland abgeschoben worden. Klaffende Gegensätze zwischen den wachsenden Massen und der vom Kolonialregime begünstigten Oberschicht führten 1837, im Jahr der Thronbesteigung von Königin Victoria, zu Forderungen nach demokratischen Reformen, nicht nach dem radikalen amerikanischen, sondern nach britischem Muster. Dies war den Frankokanadiern in Lower Canada zwar im Grunde weniger verlockend, aber sie versprachen sich davon endlich die Oberhand über die englischsprachige Oligarchie. Bewaffneten Revolten in beiden Kanadas wurde von der Miliz sofort Einhalt geboten, aber sie veranlaßten London zum Handeln.

Der im Mai 1838 nach Quebec entsandte Generalgouverneur Lord Durham kam mit der Anweisung, Reformvorschläge zu machen. Als Protest gegen die Widerrufung seines milden Urteils gegen die Revolutionäre des Vorjahrs legte er sein Amt bereits im Herbst wieder nieder, aber seines Hauptauftrags entledigte er sich ohne Verzug. Ob Durham einen positiven Einfluß auf die weitere Entwicklung von Kanada hatte, ist umstritten. »Ich fand zwei Nationen, die sich im Busen eines Staates bekriegen; ich fand einen Kampf nicht um Prinzipien, sondern zwischen Rassen«, schrieb Durham in seinem Bericht. Soweit es ihn betraf, waren die Frankokanadier »ein Volk ohne Kultur und Geschichte«. Seinem Vorschlag, sie durch Wiedervereinigung der beiden kanadischen Provinzen kurzerhand zu assimilieren, wurde zum Glück für Quebec nicht in der gewünschten Form stattgegeben.

Upper und Lower Canada wurden mit dem Union Act von 1840 unter einer Regierung vereinigt, und diese hatte sich seit 1848 vor einer Volksvertretung zu verantworten. Beiden Teilen, dem englischen Canada West und dem französischen Canada East, wurde eine gleiche Anzahl von Sitzen gewährt. Ehe Königin Victoria 1858 Ottawa zur Hauptstadt erhob, traten die Abgeordneten abwechselnd in Quebec und York (heute Toronto) zusammen. Nova Scotia erhielt 1846 eine dem Volk verantwortliche Regierung.

Durhams Empfehlung, auch andere Kolonien der Selbstregierung zuzuführen, fiel in England, wo man der hohen Verwaltungskosten des Empire überdrüssig geworden war, auf fruchtbaren Boden. Der Durham-Report von 1839 war deshalb für das Weltreich wegweisend, und das kanadische Beispiel machte wenige Jahre später in Australien und Neuseeland Schule.

Der Weg zur Unabhängigkeit

Bevölkerungszuwachs und rapide Industrialisierung in Kanada wie auch in den Vereinigten Staaten führten nach dem Krieg um die Großen Seen zu einem Wettkampf um deren Nutzbarmachung als Transportweg ins Landesinnere. Auf kanadischer Seite war zunächst Cartiers ›China‹ zu umgehen – die Stromschnellen im St. Lorenz bei Montreal. Dies geschah 1824 mit dem ersten Lachine-Kanal. Ein Jahr später nahmen die Amerikaner den Erie-Kanal und damit den direkten Wasserweg vom Erie-See nach New York in Betrieb. Um auf kanadischem Boden vom Lake Erie in den Lake Ontario und von dort in den St. Lorenz zu gelangen, mußte die Niagara-Stufe überwunden werden, und das gelang 1829 mit dem vielschleusigen Welland-Kanal.

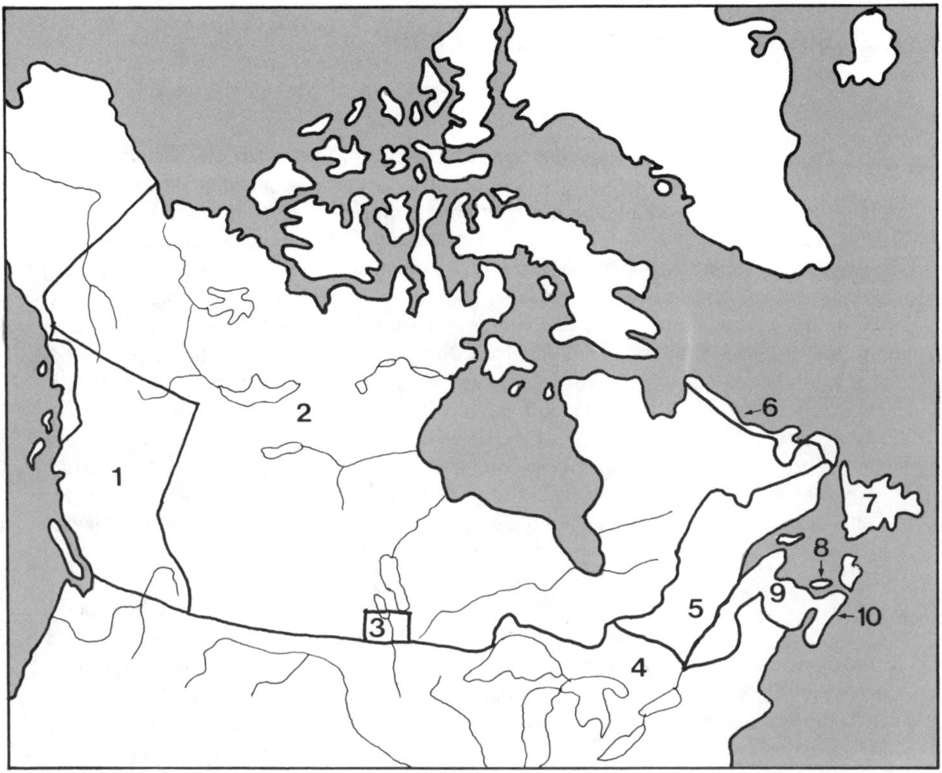

Kanada im Jahre 1873 *1 British Columbia 2 Northwest Territories 3 Manitoba 4 Upper Canada 5 Lower Canada 6 Labrador 7 Newfoundland 8 Prince Edward Island 9 New Brunswick 10 Nova Scotia*

Doch Kanalschiffahrt ist langsam, im Winter stockt sie ganz. Es wurden Eisenbahnen notwendig, und hier waren die Vereinigten Staaten mit kürzeren Verbindungen zwischen den Großen Seen und den atlantischen Häfen im Vorteil. Wenn nicht der gesamte Überseehandel in amerikanische Hände geraten sollte, mußte die kanadische Grand Trunk-Linie, die Sarnia am Huron-See mit Montreal und Quebec verband, nach New Brunswick oder Nova Scotia verlängert werden. Dafür aber waren die politischen und finanziellen Voraussetzungen im zerstückelten Britisch-Nordamerika nicht gegeben.

Im Jahre 1864 setzten sich die konservativen Parteiführer George-Etienne Cartier in Kanada Ost und John A. Macdonald (vgl. S. 54) in Kanada West für eine gesamtkanadische Lösung ein. Zur Billigung einer Konföderation durch die britische Regierung sowie durch die Frankokanadier trugen neben wirtschaftlichen Überlegungen die Verhältnisse jenseits der Grenze bei, wo 1861 der amerikanische Bürgerkrieg ausgebrochen war. Großbritan-

Sir John Alexander Macdonald

Es ist bezeichnend für Kanada, daß der einzige Mann, den man als Nationalhelden bezeichnen kann, keine Revolutionen begonnen und keine Schlachten gewonnen hat. John A. Macdonald war die treibende Kraft bei der Gründung des kanadischen Bundesstaats, dessen Zukunft er dann durch die Niederwerfung der Revolten in Manitoba und Saskatchewan, durch den Bau der ersten transkanadischen Eisenbahn, die Besiedlung des Westens und die betonte Unabhängigkeit von dem übermächtigen Nachbarn im Süden sicherte. Es war nicht nur der Staatsmann, der einen Platz im Herzen der Kanadier fand; unter seinen liebenswerten Qualitäten waren Mitgefühl, Charme und Humor, und selbst seine legendäre Schwäche für den Alkohol war seiner Popularität keineswegs abträglich.

Macdonald kam 1820 als fünfjähriger Sohn unbemittelter, aber ehrgeiziger schottischer Einwanderer nach Kingston, Ontario. Eine juristische Fakultät gab es 1830 in Upper Canada nicht; um mit 15 Jahren seine vorbestimmte Karriere anzutreten, mußte »John A.« in die Lehre eines Anwalts gehen, wo er tagsüber als Schreibkraft und Bote fungierte und abends Bücher studierte. Mit 21 Jahren hatte er seine eigene Firma und machte sich einen Namen als Strafverteidiger. Seine politische Karriere begann 1843 mit der Wahl in den Stadtrat von Kingston.

Mitte des vorigen Jahrhunderts herrschte in Britisch-Nordamerika ein rauhes, durch den allgegenwärtigen Whisky noch erhitztes politisches Klima. Rassische und religiöse Vorurteile wurden fanatisch verfochten, Bestechung war weit verbreitet, geheime Wahlen gab es nicht, Wählerlisten wurden großzügig gefälscht, und Stimmen waren käuflich. Wer sich in diesem Augiasstall behaupten wollte, mußte mit allen Wassern gewaschen und mit allen geistigen Getränken vertraut sein. Das traf auf Macdonald zu. Obgleich seine ersten Jahre als Kabinettsmitglied der Provinz Kanada durch familiäre Schicksalsschläge getrübt waren, stieg er schnell zum Spiritus rector der Konservativen Partei auf und wurde 1857 nach knapp gewonnener Wahl Premierminister der Provinz Kanada.

Parteipolitische Gehässigkeiten pflegte Macdonald mit Gelassenheit und Humor zu quittieren. In ernsteren Lagen reagierte er je nach Stimmung mit souveräner Überlegenheit, mit List und Tücke oder mit dem Griff zur Flasche, wobei im letzteren Fall allerdings Ursache und Wirkung nicht immer klar zu trennen sind.

Eines der gravierendsten Probleme der Zeit war die Bestimmung, Canada West und Canada East im gemeinsamen Parlament eine gleiche Anzahl von Stimmen zuzugestehen. Da die Liberalen im englisch-protestantischen Westen vorherrschten und die Konservati-

nien sympathisierte mit den Südstaaten und mußte deshalb mit erneuten Versuchen der Nordstaaten rechnen, sich Teile von Kanada einzuverleiben. Mit dieser Gefahr, so kalkulierte man in London, würde ein geeintes Land besser fertigwerden. Cartier versprach sich für die Erhaltung der frankokanadischen Kultur auf einem angelsächsischen Kontinent mehr von einer Provinz Quebec als von einem Staat gleichen Namens.

ven im französisch-katholischen Osten, gerieten die Staatsgeschäfte immer wieder ins Stocken und waren nur mit Geschick und einer gewissen Skrupellosigkeit wieder in Gang zu bringen. Wenn er wollte, meisterte Macdonald derartige Situationen, aber er wollte nicht immer. Im Jahre 1861 fing in den benachbarten USA der Bürgerkrieg an, die Briten erwarteten von Kanada, sich im Fall amerikanischer Übergriffe selbst zu verteidigen. Hierzu war eine Gesetzgebung notwendig, mit der Macdonald im Grunde einverstanden war, für die er sich aber in einer seiner längeren Rauschperioden nicht tatkräftig genug einsetzte.

Macdonald machte kein Hehl aus seiner Schwäche für Portwein und Whisky. Nachdem er sich während der Wahlrede eines politischen Gegners auf der Bühne übergeben hatte, begann er seine eigene Ansprache mit den Worten »Ich weiß nicht, woran es liegt, aber jedesmal, wenn ich Mr. Jones sprechen höre, wird mir schlecht«. In einer anderen Wahlversammlung machte Macdonald die Bemerkung »Ich weiß, daß Euch John A. betrunken lieber ist als George Brown nüchtern«. Nach seiner selbstverschuldeten Niederlage mußte sich Macdonald zwei Jahre damit zufriedengeben, Opposition zu machen. Dann gelang es ihm mit Hilfe von D'Arcy McGee, einem prominenten irischen Katholiken und ehemaligen Liberalen, mit einer Stimme Mehrheit vorübergehend wieder ans Ruder zu kommen. Auch McGee war ein standfester Zecher, und es geht die Sage, daß Macdonald ihm eines Tages zurief: »McGee, zwei Trinker kann sich diese Regierung nicht leisten, du mußt aufhören!« D'Arcy McGee sollte einige Jahre später der einzige kanadische Politiker werden, der einem Attentat zum Opfer fiel.

Es war schließlich der nüchterne George Brown, der dem lähmenden parlamentarischen Gleichgewicht von Canada East und Canada West ein Ende bereitete. Er schlug vor, zunächst eine Koalitionsregierung zu bilden und dann den Zusammenschluß mit den anderen britischen Provinzen in Nordamerika zu suchen. Nach anfänglichen Bedenken erklärte Macdonald sich einverstanden und wurde schnell zum leitenden Vertreter der neuen Politik. Ihm kam zustatten, daß Abgesandte der atlantischen Provinzen gleichzeitig Besprechungen über eine Maritime Union vorbereiteten, zu der die Kanadier eingeladen wurden. Unter Macdonalds Regie wurde aus den regionalen Besprechungen von 1864 in Charlottetown die Gründungskonferenz des kanadischen Bundesstaats. Auch beim British North America Act von 1867, der ersten Version des kanadischen Grundgesetzes, ist Macdonalds Federführung deutlich erkennbar.

Die Einigung von Kanada war Macdonalds größte und dankenswerteste Leistung, und für sie durfte er sich künftig Sir John A. Macdonald nennen. Aber es standen ihm nicht minder schwierige Aufgaben bevor – die physische Verknüpfung des neuen Landes durch einen Schienenstrang sowie die Befriedung und Einverleibung des Westens.

Im September 1864 konnte Macdonald in Charlottetown, Prince Edward Island, Vertreter der Küstenprovinzen davon überzeugen, daß die von ihnen geplante atlantische Union weniger erstrebenswert sei als eine großkanadische. Zur Vorbereitung einer solchen wurde im Oktober des gleichen Jahres in Quebec eine Konferenz einberufen, in der sich die Regierungen aller Provinzen mit Ausnahme von Newfoundland und Prince Edward Island für einen Zusammenschluß aussprachen. Es folgten lange Debatten in den Provinzparlamenten, aber nachdem auch die königlichen Gouverneure sich auf Londons Geheiß für eine Annahme der Beschlüsse von Quebec eingesetzt hatten, wurden diese 1867 ratifiziert und dem britischen Parlament vorgelegt.

Der erste Entwurf des Britisch-Nordamerika-Gesetzes (British North America Act, kurz B.N.A. Act) von 1867 sah die neue Nation als Königreich Kanada. Wenn daraus statt dessen ein Dominion of Canada wurde, geschah dies mit Rücksicht auf die republikanischen Gefühle des Nachbarn im Süden. Bei der Abfassung des kanadischen Gesetzes aber distanzierten sich seine Urheber bewußt von dem radikalen amerikanischen Konformismus und bewahrten damit die kulturelle Eigenständigkeit von Quebec und andere ethnische Einheiten vor dem Untergang in einem angelsächsischen Schmelztiegel.

Da in Britisch-Amerika die weitgehende Selbstregierung nicht vom Volk erkämpft, sondern von der Krone vergeben wurde, konnten der kanadischen Bundesregierung größere Rechte eingeräumt werden als der amerikanischen, die es mit einer »souveränen Union souveräner Staaten« zu tun hat. Die Verfassung der Vereinigten Staaten schreibt eine klare Trennung der drei Gewalten, Exekutive, Legislative und Jurisdiktion, vor. Der Präsident wird gesondert gewählt und kann das Land verwalten, auch wenn seine Partei in der gesetzgebenden Versammlung in der Minderheit ist.

In Kanada dagegen ernennt die Mehrheit im Unterhaus den Premierminister (Prime Minister), und dieser übernimmt die Verwaltung. Er und sein Kabinett haben sich zwar täglich im Unterhaus zu verantworten, aber solange er das Vertrauen der Mehrheit hat, kann er ungehindert regieren. In Ottawa arbeiten Exekutive und Legislative in einer Institution Hand in Hand und können sich nicht wie in Washington gegenseitig lähmen. Anders als in den Vereinigten Staaten stehen alle nicht ausdrücklich an die Mitglieder übertragenen Rechte und Pflichten dem Bund zu. Die Provinzen können direkte Steuern erheben und sind verantwortlich für Bildung, Verkehrswege, Kultur, Gesundheitswesen, Gesetzgebung über gewisse Eigentums- und Zivilrechte sowie Justizverwaltung innerhalb ihrer Grenzen. Das kanadische Staatsoberhaupt, das heißt der Monarch, vertreten durch den Generalgouverneur, ist politisch ungebunden und nicht wie in den USA Vertreter einer Partei.

Das moderne Kanada

Seit 1867 präsentiert sich Kanada nach außen als praktisch selbständig. Wenn auch alle außenpolitischen Entscheidungen vorerst noch dem Kolonialamt in London zur Genehmigung vorgelegt werden mußten, traf man sie doch in Ottawa. Intern dagegen stand Kanada noch am Anfang seiner territorialen Entwicklung. Das Land bestand nur aus Nova Scotia, New Brunswick, Quebec und Ontario. Im Osten entschloß sich Prince Edward Island erst 1873, dem Bund beizutreten, Newfoundland blieb bis 1949 Kronkolonie.

Die Altstadt von Quebec um 1900

DO NOT ANCHOR
DEFENCE DE TROTTER

Der gesamte Westen harrte Mitte des 19. Jh. noch der Erschließung. Zwar waren die Grenzen vom 49. Breitengrad bis an den Pazifischen Ozean theoretisch definiert, nicht aber durch feste Posten oder gar Siedlungen gesichert. Der erste Schritt zur Berichtigung dieses Zustands war 1869 der Erwerb des bisher von der Hudson's Bay Company verwalteten Rupert's Land im Einzugsgebiet der Hudson Bay und der im Westen angrenzenden Nordwest-Territorien.

Im Jahre 1812 hatte die Hudson's Bay Company in der Südostecke ihres Pelzimperiums, am Red River in der Umgebung des heutigen Winnipeg, Land zur Ansiedlung schottischer Immigranten an einen Lord Selkirk vergeben. An diesem Knotenpunkt wichtiger Pelzrouten hatten bereits Métis (Mischlinge), die Nachkommen französischer oder schottischer Väter und indianischer Mütter, eine Art nationalen Eigenlebens begonnen.

Als Kanada sich nach der Konföderation anschickte, Rupert's Land und die Nordwest-Territorien zu annektieren, kamen Landhungrige und Spekulanten von Osten und drohten, die hergebrachte Flurordnung durch ein neues quadratisches Vermessungssystem umzustoßen. Hiergegen lehnte sich die Red River Colony unter Führung des Métis Louis Riel (vgl. S. 248 ff.) auf und bildete eine provisorische Regierung. Immer zu Verhandlungen bereit, hätte Ottawa dies wahrscheinlich hingenommen, aber die Rebellen gingen zu weit. Als sie Andersgesinnte festnahmen und einen von ihnen hinrichteten, setzte Premierminister Macdonald ein Aufgebot kanadischer Miliz und britischer Regulärer nach Westen in Marsch. Obgleich Riel nun in den Vereinigten Staaten Zuflucht suchen mußte, war seine Rebellion nicht ganz erfolglos. Ihr Schauplatz wurde 1870 als Provinz Manitoba in das Dominium aufgenommen und mit den gleichen Rechten ausgestattet wie Quebec, das heißt Französisch wurde zur gleichberechtigten Amtssprache.

Im Jahre 1870 führte der schnellste Weg nach Manitoba noch durch die Vereinigten Staaten. Die gegen Riel entsandten Truppen benötigten 96 Tage, um den Red River auf kanadischem Boden, das heißt auf alten Pelzhandelsrouten, zu erreichen. Ein moderner Verkehrsweg nach Westen war nicht nur aus militärischen Gründen erforderlich. British Columbia, seit 1858 Kronkolonie, trat 1871 dem Dominium nur unter der Bedingung bei, innerhalb von zehn Jahren durch eine Bahnlinie mit dem Rest des Landes verbunden zu werden.

Auch die Prärie, in europäischen Augen ein riesiges Vacuum, mußte erschlossen und mit Immigranten ›gefüllt‹ werden. Ottawa war nicht bereit, die Region amerikanischen Whisky-Händlern zu überlassen, die begonnen hatten, bei den Indianern wertvolle Bisonfelle gegen minderwertigen Alkohol einzutauschen. Um dagegen einschreiten zu können und die unmarkierte Grenze gegen weitere Übergriffe und für den Bahnbau zu sichern, wurde 1873 eine berittene Schutztruppe aufgestellt, die ursprünglich North-West Mounted Rifles heißen sollte. Hieraus wurde, wieder mit Rücksicht auf Washington, wo man britischem Militarismus mißtraute, die North-West Mounted Police. Im Jahre 1874 ritten 24 Offiziere und 295 Mann am 49. Breitengrad entlang nach Westen, errichteten in unregelmäßigen Abständen Steinhaufen zur Grenzmarkierung und hatten im Sommer 1875 neben einigen kleineren befestigten Grenzposten die Forts Macleod und Calgary in Alberta gegründet. Als 1876 die Dakota (Sioux) unter dem Häuptling Sitting Bull nach ihrem Sieg

Mit kühnen Brückenkonstruktionen überwand die Canadian Pacific Railway die Weiten des Landes, Photo aus dem Jahre 1890

über General Custer in Kanada Zuflucht suchten, stand ein Trupp der North-West Mounted Police bereit, sie in Saskatchewan zu empfangen. Im Gegensatz zu den Vereinigten Staaten, wo Goldgräber, Siedler und Kavalleristen jahrzehntelang Krieg gegen die Indianer führten, sorgte die berittene Polizeitruppe in Kanada für Lösungen, die zwar nicht immer gerecht oder heilsam, aber fast durchweg friedlich waren. Aus der North-West Mounted Police wurde 1920 die Royal Canadian Mounted Police, kurz R.C.M.P. Außer in Quebec und Ontario nimmt sie auch die polizeilichen Interessen der Provinzen wahr.

Bei dem ehrgeizigen Plan, den Schienenstrang der Canadian Pacific Railway Company bis 1881 fertigzustellen, hatten Finanziers und Ingenieure nicht mit dem Kanadischen Schild gerechnet. Was den Pelzhandel möglich machte – dichte Wälder, scheinbar bodenlose Sümpfe und in Granit gekerbte Wasserläufe –, kostete die Eisenbahner unerwartete Berge von Füllmaterial, Tonnen von Sprengstoff und viele Monate an Zeit. Ähnliche Schwierigkeiten bereiteten die Gebirge im Westen, wo Tausende von chinesischen Kulis eingesetzt wurden, um Schluchten zu überbrücken und Berge zu untertunneln. Die letzte Schiene zwischen Montreal und Port Moody (Vancouver) konnte erst im November 1885 verlegt werden.

Nachdem Manitoba 1870 zur Provinz erklärt worden war und immer mehr Weiße sich dort niederließen, wichen die Métis nach Saskatchewan aus. Erneut von dem in den Great Plains üblichen quadratischen Vermessungssystem bedroht und der Bisonjagd wie der

Montreal um die Jahrhundertwende

Flußschiffahrt durch den Bahnbau beraubt, lehnten sie sich zum zweiten Mal auf und überredeten Louis Riel dazu, zurückzukehren und sie anzuführen.

Die Aufstände zuerst in Manitoba und dann in Saskatchewan fanden im Osten des Landes unterschiedlichen Widerhall. Während die angelsächsischen Provinzen mit den Regierungstruppen sympathisierten, stand Quebec weitgehend hinter den katholischen, französischsprachigen Métis. Rückblickend muß man die Entscheidung der konservativen Regierung, das Todesurteil gegen Riel vollstrecken zu lassen, als Fehlentscheidung ansehen. Sie führte zu einer Verschärfung der Gegensätze zwischen anglo- und frankophonen Elementen nicht nur in Quebec, sondern auch im Westen und im ehemaligen Acadia am Atlantik.

John A. Macdonald gilt als Kanadas größter Staatsmann. Die Einheit des Landes, seine Unabhängigkeit und sein Zusammenhalt durch den Bahnbau ist vor allem ihm zu verdanken. Bevor er 1891 starb, konnte er seiner Partei noch vier weitere Regierungsjahre erkämpfen, aber daß die Wählerschaft sich 1896 für ein liberales Regime entschied, war eine direkte Folge von Spannungen zwischen Anglo- und Frankokanadiern in Manitoba. Dort hatte sechs Jahre vorher die Provinzialregierung Zugeständnisse widerrufen, die der frankophonen Minderheit nach der Red River-Rebellion gemacht worden waren. Das Recht der Zentralregierung, diese Garantien wiederherzustellen, wurde sowohl vom Obersten Gerichtshof in Kanada wie von der damals noch letzten Instanz, dem Privy Council in London, bestätigt. Das Unterhaus in Ottawa aber konnte sich nicht über das von der Regierung vorgelegte Wiedergutmachungsgesetz einigen und wurde aufgelöst. Den folgenden Wahlkampf gewann die Liberale Partei unter Wilfred Laurier. Erst dem neuen Premierminister gelang es, mit Manitoba eine Kompromißlösung auszuhandeln. Französisch durfte überall dort gelehrt werden, wo mehr als zehn Schüler es wünschten, und nach der Schule war es erlaubt, Religionsunterricht abzuhalten.

Der neuen Regierung kamen gewisse wirtschaftliche Umstände zugute. Bei europäischen Auswanderern hatte sich (zu Unrecht) herumgesprochen, daß alles gute Land in den amerikanischen Weststaaten vergeben sei. Am Yukon in Kanadas äußerstem Nordwesten brach ein *gold rush* aus, und die Weltwirtschaft erlebte einen dramatischen Aufschwung. Von 1896 bis 1913 wuchs die jährliche Einwandererzahl von knapp 17 000 auf 500 000 an. Die Produktivität der Industrien in Ontario stieg, großräumiger Weizenanbau machte die Prärie zu einer der Kornkammern der Welt.

Im Jahre 1905 wurden die Provinzen Alberta und Saskatchewan aus den Nordwest-Territorien herausgelöst. Manitoba erreichte 1912 seine heutige Ausdehnung. Aber was dem Westen eine rapide Aufwärtsentwicklung eintrug, brachte das Zentrum des Landes vollends um das ohnehin labile Gleichgewicht, denn die meisten Einwanderer gingen im englischen und nicht im frankokanadischen Kulturbereich auf. Der Schutz der bedrohten *survivance,* ihre eigene Immigrationspolitik betreiben zu dürfen, ist für die Provinz Quebec deshalb bis heute ein eifersüchtig verteidigtes Privileg.

Daß Quebecs Nationalgefühl keineswegs auf einer Vorliebe für Frankreich beruht, zeigte sich in beiden Weltkriegen. Gereizt durch erneute Unterdrückung der französischen Sprache in den Schulen von Manitoba und Ontario und gewarnt durch die Verteilung frankophoner Kriegsfreiwilliger auf englischsprechende Regimenter, stimmten die meisten Wähler in Quebec 1917 gegen die von der anglophonen Mehrheit befürwortete allgemeine Wehrpflicht. Im Zweiten Weltkrieg sprachen sich 72% der Wähler in Quebec gegen die Entsendung kanadischer Truppen nach Europa aus. Als eine solche notwendig wurde, kam es zu zahlreichen Desertionen frankokanadischer Dienstverpflichteter. Die verhältnismäßig große militärische Rolle, die Kanada in beiden Kriegen spielte, ging in hohem Grade auf Kosten des inneren Zusammenhalts.

Die Jahre nach dem Waffenstillstand von 1918 und dem Abbau der Kriegsindustrie waren keine glücklichen, aber es kam nur einmal zu ernsten Ausschreitungen zwischen Obrigkeit und Unzufriedenen. Am alten Krisenherd Winnipeg ermutigten die stark gewordenen Gewerkschaften die arbeitende und arbeitsuchende Bevölkerung im Mai 1919 zu einem Generalstreik. Nach sechswöchigen Unruhen und nachdem in anderen Städten Sympathiestreiks auszubrechen drohten, sah sich die Bundesregierung zum Einschreiten und zur Verhaftung der Rädelsführer gezwungen. Es ist bezeichnend für die traditionelle Verhandlungsbereitschaft kanadischer Institutionen, daß an dem ›Blutsonntag‹, der den Streik beendete, nur ein Toter und 30 Verwundete zu beklagen waren.

In den 20er Jahren konnte Kanada am internationalen wirtschaftlichen Aufschwung teilnehmen. Alte Kriegsflieger halfen als *bush pilots,* den weglosen Norden zu erschließen. Manitoba erhielt mit einer Bahn nach Churchill an der Hudson Bay einen allerdings nur im Sommer brauchbaren Exporthafen für Weizen. In allen Teilen des Landes entstanden Staudämme, Bergwerke und Papierfabriken. Ein nicht unbeträchtliches Betätigungsfeld kanadischer Unternehmungslust war der schwunghafte Schmuggel von Alkoholika in die durch die Prohibition trockengelegten Vereinigten Staaten.

Holzfäller – sie gelten als die ›typischen‹ Kanadier

Doch die Lieferanten von Rohmaterial sind schließlich nichts als Holzhauer und Wasserschöpfer *(hewers of wood and drawers of water)* für die verarbeitende Industrie. Diese Einsicht des kanadischen Wissenschaftlers Abraham Gesner aus dem vorigen Jahrhundert erlangte 1929 neue Bedeutung. Die Exportmärkte für Holz, Papier, Metall, Kohle, Fischereiprodukte und Getreide brachen mit dem New Yorker Börsenkollaps 1929 zusammen und leiteten einen tiefgreifenden wirtschaftlichen Niedergang ein. Hinzu kamen in den 30er Jahren anhaltende Dürren und Heuschreckenplagen, welche die fruchtbare, aber dünne Bodendecke der Prärie dem Wind und Hunderte von Farmen der Verödung preisgaben. Folgerichtig entstand 1933 in Saskatchewan, als fast ein Viertel aller kanadischen Arbeiter und Angestellten ohne Beschäftigung war, mit der Cooperative Commonwealth Federation (C.C.F.) die erste große sozialistische Bewegung Kanadas. Die C.C.F. wurde 1961 in New Democratic Party (N.D.P.) umbenannt.

In der zweiten Hälfte der 30er Jahre strahlte der New Deal des US-Präsidenten Roosevelt nach Kanada aus und brachte Ansätze einer wirtschaftlichen Erholung, aber erst der Ausbruch des Zweiten Weltkriegs bedeutete die endgültige Erlösung von der Wirtschaftskrise. Von 1939 bis 1945 spielte Kanada nicht nur eine wichtige militärische Rolle zu Lande und zur See, sondern wurde auch zur Munitionsfabrik und zum Ausbildungslager der Alliierten.

Kanada heute

Mit 42 000 Toten und Vermißten waren die Verluste hoch, aber Kanada ging aus dem Krieg als reiches, vollentwickeltes Industrieland hervor. Von 1939 bis 1967 stieg das Bruttosozialprodukt von 6 auf 62 Mrd. Dollar. Von 1941 bis 1976 verdoppelte sich die Einwohnerzahl auf über 22 Mio., darunter 2 Mio. Immigranten. Die Hälfte davon traf in den ersten elf Jahren nach Kriegsende ein, vielfach als Vertriebene und aus übervölkerten Ländern außerhalb des englischen Sprachbereichs.

Anders als in dem vermeintlichen Schmelztiegel weiter im Süden wurden die *New Canadians* nicht konsequent zur Assimilation ermutigt. Aus einem Land mit einer Minderheit, der frankokanadischen, wurde zu deren Leidwesen ein Mosaik von Minoritäten. Gleichzeitig erwachte der amerikanische Kontinentalismus zu neuem Leben, diesmal auf kulturellem und wirtschaftlichem Gebiet. Im Jahre 1960 kamen 70% aller Einfuhren und 75% allen Anlagekapitals aus den Vereinigten Staaten, und daran hat sich bis heute nichts Wesentliches geändert.

Nicht zuletzt durch den Beitrag, den der kanadische Außenminister und spätere Premierminister Lester B. Pearson zur Beendigung des Korea-Kriegs und zur Entschärfung der Suez-Krise leistete, wuchs Kanada in den letzten Jahrzehnten auf der internationalen Bühne in eine Rolle hinein, die in keinem Verhältnis zur Bevölkerung von rund 26 Mio. steht und die immer wieder durch den alten innenpolitischen Gegensatz zwischen Frankophonie und erweiterter Anglophonie gefährdet ist.

Viktorianische Häuser in Montreal

In Quebec begann um 1960 eine sogenannte Stille Revolution, die zunächst zur Reform des Erziehungs- und Sozialwesens und dann zu einem gesteigerten frankokanadischen Nationalgefühl führte. Obgleich besonders Pierre-Elliot Trudeau, zuerst als Justiz- und dann als Premierminister, sich für die konstitutionelle Ebenbürtigkeit der beiden Gründernationen einsetzte und Französisch 1969 auf Bundesebene zur gleichberechtigten Landessprache erklärt wurde, gewannen radikale Nationalisten in Quebec immer mehr die Oberhand und wurden schließlich mit Sprengstoff, Bankraub und Entführungen handgreiflich.

Auf Antrag des Premiers von Quebec und der Stadtverwaltung von Montreal erklärte die Bundesregierung im Oktober 1970 mit dem War Measures Act für Quebec einen vorübergehenden Ausnahmezustand.

Damit waren die Gewalttätigkeiten unterbunden, nicht aber die Separatisten beschwichtigt. Im Jahre 1976 kam unter Führung von René Lévesque mit der Parti Québecois eine Partei an die Provinzialregierung, die *sovereignty association* auf ihre Fahnen geschrieben hatte, das heißt politische Unabhängigkeit von, aber wirtschaftliche Union mit Kanada. In einer Volksabstimmung im Mai 1980 lehnten 59% von Quebecs Wählern dieses Konzept ab. Nicht zuletzt um die Zentralregierung zu stärken, bewirkte Trudeau 1982 die Heimführung *(patriation)* des kanadischen Grundgesetzes, das bis dahin als British North America Act nur mit Zustimmung des britischen Parlaments geändert werden konnte. Als ersten bedeutenden Zusatz zur Verfassung setzte er im gleichen Jahr bei neun Provinzen eine Erklärung allgemeiner Menschenrechte in der Form der Canadian Charter of Rights and Freedoms durch. Nur René Lévesque verweigerte Quebecs Unterschrift mit der Begründung, daß die frankokanadischen Belange darin nicht ausreichend berücksichtigt worden seien.

Im Jahre 1984 verloren die Anhänger eines ungeschwächten Föderalismus mit dem Rücktritt von Trudeau von der liberalen Parteiführung ihren einflußreichsten Fürsprecher. Zwei Versuche des konservativen Premierministers Brian Mulroney, durch weitere Zugeständnisse an Quebec die Zustimmung aller Landesteile zu einer neuen Konstitution zu erlangen, schlugen fehl. 1984 einigten sich die Premiers aller zehn Provinzen im Prinzip über die Neufassung des Grundgesetzes, aber drei Jahre später versagten die Provinzparlamente von Manitoba und Newfoundland die Ratifizierung des Abkommens. Direkt befragt, sprach sich auch die Gesamtbevölkerung im Referendum von 1992 für den status quo aus.

Die Mehrheit der Kanadier ist nicht bereit, dem Verlangen Quebecs nach größerer Selbständigkeit Gehör zu schenken, aber in den jahrelangen Debatten um die Verfassung kam immer wieder der Wunsch zum Ausdruck, Indianern und Eskimo (Inuit) einen leichteren Weg in die Zukunft zu bahnen. Im Zuge einer beschleunigten Revision der Ureinwohnerpolitik wurden 1993 fast 2 Mio. Quadratkilometer von den bisherigen Northwest Territories abgetrennt und als Nunavut (unser Land) den Inuit zur Selbstverwaltung ab 1. 4. 1999 übergeben.

Die Parlamentswahlen von 1993 machten dem traditionellen kanadischen Zweiparteiensystem wenigstens für vier Jahre ein Ende. Die Liberale Partei unter Jean Chrétien gewann die absolute Majorität; die bis dahin mit großer Stimmenmehrheit regierende Progressive Conservative Party konnte sich mit nur zwei Sitzen vor dem völligen Untergang retten. Die Opposition fiel zwei neuen, nahezu gleichstarken Parteien zu, dem Bloc Quebecois und der Reform Party. Beide verneinen Kanada in seiner heutigen Gestalt. Dem Bloc schwebt weitgehende politische Unabhängigkeit für Quebec vor. Dieser würden die Reformer nichts in den Weg legen, denn sie sind nicht bereit, einzelnen Provinzen die besonderen Rechte einzuräumen, die Quebec bisher genossen hat.

Reisen in Kanada

Nova Scotia

Nova Scotia im Überblick

Neuschottland setzt sich aus einer Halbinsel, einer großen und vielen kleinen Inseln zusammen. Da das Ganze mit 55 490 km² wenig größer ist als Niedersachsen, lebt nur ein kleiner Teil der Bevölkerung von rund 900 000 außer Sichtweite atlantischen Salzwassers. Die Hauptstadt Halifax besitzt einen der besten natürlichen Häfen der Welt; viele Tausende von Einwanderern betraten hier zuerst kanadischen Boden. Heute ist Halifax durch Direktflüge mit Europa verbunden.

Aus welcher Richtung man sich Nova Scotia auch nähert, bei freundlichem Wetter ist der erste Eindruck sicher einladend, und der keltische Gruß *Ciad mile failte* heißt Besucher tausendmal willkommen, aber Arkadien wird man so hoch im Norden kaum vermuten. Daß Neuschottland seine Kolonialgeschichte dennoch unter dem Namen der von Vergil besungenen Gefilde begann, ist Giovanni da Verrazzano zu verdanken. Im Jahre 1524 fand der Florentiner an der amerikanischen Küste eine idyllische Landschaft vor, die er Archadia nannte. Kartographen der folgenden Jahrzehnte haben diese Bezeichnung auf immer nördlichere Regionen ausgedehnt und die Schreibweise geändert. Um 1600 war das Gebiet um die Fundy-Bucht als Acadia bekannt, und als 1604 der Sieur de Monts das heutige Nova Scotia für Henri IV. in Besitz nahm, nannte er die Kolonie L'Acadie.

Akadien war zu jener Zeit die Heimat zweier nahe verwandter, zur Sprachfamilie der Algonkin gehöriger Indianerstämme. Die vorwiegend an der Küste ansässigen Micmac, schätzungsweise 3500, ernährten sich zu 90 % von Seetieren, während etwa 1000 Malecite im Landesinnern der Jagd und dem Flußfischfang nachgingen. Das Verhältnis zwischen

Nova Scotia

Postalisches Kürzel: NS
Größe: 55 490 km²
Hauptstadt: Halifax
Bevölkerung: 900 000
Wirtschaft: Fischerei, Bergbau, Fremdenverkehr
Information: Department of Tourism, P.O. Box 130, Halifax NS, B3J 2M7, ✆ 800-341-6096
Anflug: Halifax direkt oder über Montreal oder Toronto
Reisezeit: Juni bis Oktober; schöner *Indian Summer*

Indianern und Franzosen war freundschaftlich. In den folgenden Jahrhunderten, in denen Nova Scotia mehrfach den Besitzer wechselte, vermehrten sich die Einheimischen, ihr Lebensraum wurde aber immer weiter eingeengt. Die Malecite, wahrscheinlich nicht ohne zutun ihrer zahlreicheren Vettern, wurden aus der Provinz verdrängt. Etwa 13 000 Micmac zogen sich auf 20 Reservate zurück.

Die frühen Versuche der Franzosen, in Akadien Fuß zu fassen, waren erfolglos. Im Jahre 1605 wurde Port Royal im Annapolis-Tal angelegt, nicht nur als Handelsniederlassung und erste permanente europäische Siedlung nördlich von Florida, sondern als Vorposten französischer Kultur. Samuel de Champlain gründete hier den Orden der Guten Laune *(L'Ordre de Bons Temps, Order of Good Cheer)*, der Pariser Anwalt und Poet Marc Lescarbot inszenierte sein Maskenspiel »Les Muses de la Nouvelle France« – das erste kanadische Bühnenstück. Aber schon 1607 entzog Paris dem Sieur de Monts sein Pelzmonopol, Port Royal wurde der Obhut des Micmac-Häuptlings Membertou anvertraut und 1613 von englischen Truppen aus Virginia geplündert und abgebrannt. Nach vergeblichen Versuchen, den Pelzhandel wieder in Gang zu bringen, gaben die Franzosen Port Royal 1618 schließlich auf. Die verbleibenden Kolonisten unter Führung von Charles de la Tour siedel-

Die Vertreibung der Akadier Mitte des 18. Jh.

ten nach Cape Sable an der Südspitze der Halbinsel um. Dort wurde 1620 als erstes nordamerikanisches Kind eines französischen Vaters der erste Akadier geboren.

Der englische König James I. verlieh 1621 dem Schotten William Alexander das Recht, Akadien zu kolonisieren, Port Poyal wurde unweit der ursprünglichen *habitation* wieder aufgebaut. Die englische Herrschaft war von kurzer Dauer. Im Jahre 1632 fiel Akadien wieder an Frankreich, die Akadier, verstärkt durch französische Einwanderer, gingen daran, die Marschen bei Port Royal einzudeichen. Als Nova Scotia 1654 erneut von englischen Truppen besetzt wurde, war die Siedlung auf über 200 Seelen angewachsen und hatte 1670 bei der Rückkehr des französischen Regimes 350 französischsprachige Einwohner. Diese begannen nun, sich in andere fruchtbare Niederungen an der Fundy-Bucht sowie an der Südküste der Halbinsel auszubreiten und eine Tatsache zu schaffen, mit der England zu rechnen hatte, als es 1713 endgültig die Nachfolge Frankreichs in Akadien antrat: eine frankophone Bevölkerung von rund 1600. Weiter im Norden blieb die Ile Royale zunächst französisch und erhielt mit der Festung Louisbourg einen glanzvollen und vermeintlich uneinnehmbaren Stützpunkt. Erst 1763, mit dem endgültigen ›Ableben‹ Neu-Frankreichs, wurde die Insel unter dem Namen Cape Breton Island der englischen Kronkolonie Nova Scotia einverleibt.

Die angelsächsische Besiedlung von Neuschottland nahm 1749 mit der Gründung von Halifax und dem Eintreffen von 2500 englischsprachigen Kolonisten ernsthafte Formen an. Kurz darauf verstärkten 1500 Deutsche, Schweizer und französische Hugenotten, von denen viele sich in der Gegend von Lunenburg niederließen, das protestantische Element der Kolonie. Mit Akadien hatte England die Schutzherrschaft über eine Bevölkerung übernommen, die nicht nur als frankophon, sondern auch als frankophil angesehen wurde. In Wirklichkeit sympathisierte die Mehrheit der Akadier weder mit Frankreich noch mit England. Um sich für den Fall weiterer Hoheitswechsel nicht der Vergeltung der neuen Herrscher auszusetzen, verweigerten sie der englischen Krone einen Treue-Eid, der die bewaffnete Teilnahme an künftigen Auseinandersetzungen beinhaltete. Dies führte nach jahrzehntelangen Kompromißversuchen zur Deportation von 75% der französischsprachigen Bevölkerung. Von 1755 bis 1763 wurden über 10 000 Akadier auf die amerikanischen Kolonien verteilt oder nach Frankreich verschickt. Weder hier noch dort sah man sie gern, und tausende fanden in den folgenden Jahrzehnten, zum Teil auf großen Umwegen, nach Kanada zurück.

In Nova Scotia hatten sich inzwischen angelsächsische Immigranten aus Neu-England und Übersee in den alten akadischen Siedlungen niedergelassen. Die Rückwanderer zog es deshalb vor allem dorthin, wo sich viele ihrer Landsleute der Zwangsverschickung entzogen hatten: nach New Brunswick und Quebec. In Nova Scotia gibt es nur noch kleine frankophone Enklaven, aber man kann nicht durch die Provinz reisen, ohne auf Deiche, Bauwerke, Ortsnamen und Gebräuche zu stoßen, die an das historische Akadien erinnern.

Erst Mitte des 18. Jh. lockten staatliche Zuschüsse Immigranten aus Neu-England und Europa in die Kronkolonie Nova Scotia, die 1763 um die vormalig französischen Inseln Cape Breton und St. John (später Prince Edward) erweitert wurde. 1783 und 1784 trafen

Der Halifax Citadel Historic Park

28 000 Loyalisten aus den amerikanischen Kolonien ein, die während des Unabhängigkeitskriegs dem alten Mutterland treugeblieben waren. Nicht wenige von ihnen kamen mit Vermögen und Einfluß. Vor allem um ihrem Verlangen nach regionaler Selbstverwaltung Rechnung zu tragen, wurde New Brunswick schon 1784 administrativ von Nova Scotia getrennt.

Die Handelsbeziehungen der Loyalisten ermöglichten es der atlantischen Bevölkerung, sich auch während der folgenden, durch wirtschaftliche und kriegerische Auseinandersetzungen zwischen Amerika und England gekennzeichneten Jahrzehnte nicht nur aus den Konflikten herauszuhalten, sondern sogar von ihnen zu profitieren.

Halifax und Dartmouth

Halifax wurde 1749 als Englands Antwort auf die französische Festung Louisbourg gegründet, mußte aber die zugedachte militärische Rolle nie spielen. Ehe die Zitadelle einsatzbereit war, die Stadt und Hafen beherrscht, konnte Louisbourg bereits zweimal bezwungen werden. Die letzte Version der Anlage aus dem Jahre 1856 wird heute als **Halifax Citadel Historic Park** geschützt. Hier finden Studenten eine willkommene, aber nicht

Die »Bluenose II«, Nachbau des Schoners aus den 20er Jahren, der auf der Zehn-Cent-Münze dargestellt ist

unbedingt beneidenswerte Sommerarbeit, müssen sie doch in den steifen Uniformen der Royal Artillery und des 78. schottischen Hochlandregiments von 1869 für die Kameras der Zuschauer den pedantischen Drill der alten britischen Armee über sich ergehen lassen. Halifax ist mit 115 000 Einwohnern nur eine kleine Großstadt. Mit vier Hochschulen, einem halben Dutzend renommierter Krankenhäuser und zahlreichen Firmensitzen ist es aber nicht nur die offizielle Hauptstadt von Nova Scotia, sondern auch das kulturelle und wirtschaftliche Zentrum aller atlantischen Provinzen.

Von den Bastionen der Zitadelle kann man die Stadt leicht überschauen. Noch vor kurzem unterbrach ihr Wahrzeichen, ein Uhrturm von unglücklicher Proportion, als einziges Bauwerk den unbehinderten Blick zum Hafen. Die Stadtuhr war das Abschiedsgeschenk des Prinzen Edward, des Vaters von Königin Victoria, der als Oberbefehlshaber der englischen Truppen in Nordamerika von 1794 bis 1800 in Halifax residierte. Seither sind in der zwischen Zitadelle und Hafen gelegenen Innenstadt kommerzielle Türme in den Himmel gewachsen, aber die Stadtverwaltung sorgte rechtzeitig dafür, daß auch in Zukunft der Blick über das Hafenbecken hinweg auf die gegenüberliegende Schwesterstadt Dartmouth nicht verbaut werden darf.

Anstatt alternden Nutzraum durch neue Hochhäuser zu ersetzen, hat man in Halifax mit viel Geschick ehemalige Hafenanlagen in einen menschenfreundlichen, modernen Stadtkern einbezogen, ohne den maritimen Charakter der an den alten Kais und Piers entlangführenden Water Street anzutasten. Dort vermittelt das **Maritime Museum of the Atlantic** einen Eindruck davon, wie es vor und in den Weltkriegen herging, in denen Halifax als Geleitzughafen eine wichtige Rolle spielte. Der Teergeruch im Erdgeschoß kommt aus dem ehemaligen Kaufhaus der Schiffslieferanten William Robertson & Son, in dem vor 100 Jahren alles zu haben war, was in der Seefahrt Verwendung fand. In der modernen Halle nebenan ist neben Seenot- und Fischereibooten auch die prunkvolle Barke der Königin Victoria ausgestellt. Besondere Beachtung verdienen die Aufnahmen von Halifax nach dem 6. 12. 1917, als die Explosion eines Munitionsschiffs große Teile der Stadt dem Erdboden gleichmachte und über 1900 Todesopfer forderte. Bis zum Abwurf der Atombombe über Hiroshima war dies die größte künstlich hervorgerufene Explosion aller Zeiten. Im Obergeschoß des Museums kann man die Entwicklung des atlantischen Seeverkehrs vom Rahsegel bis zum Atomantrieb verfolgen.

Ein Gang am Kai entlang nach Norden führt zu der ältesten Salzwasserfähre in Amerika, die seit 1752 den Pendelverkehr mit Dartmouth aufrechterhält, mit modernen Schiffen natürlich, aber auch heute noch für eine nominelle Gebühr. Einige Schritte weiter kommt man zum Liegeplatz der **»Bluenose II«.** Urbild war der berühmte, in den 20er Jahren aus allen Wettbewerben mit amerikanischen Konkurrenten siegreich hervorgegangene Schoner »Bluenose«, der auf der kanadischen Zehn-Cent-Münze *(dime)* erscheint. Die von der gleichen Werft in Lunenburg stammende Nachbildung steht für Hafenrundfahrten zur Verfügung.

Wandert man von der Water Street die George Street hangaufwärts, nach Westen auf den Uhrturm zu, fällt zuerst linker Hand die ursprünglich als Postamt mit Britannia-Statue auf dem Dach errichtete **Art Gallery of Nova Scotia** auf. Die Ausstellungsräume sind vor allem Künstlern aus dem atlantischen Raum gewidmet. Es folgt das 1819 vollendete **Province House,** das älteste und wohl schon deshalb bescheidenste aller Parlamentsgebäude in Kanada. Charles Dickens bezeichnete es als Kleinod georgianischer Architektur. Einen Block weiter westlich wird die George Street von der Grand Parade unterbrochen, einem Platz, auf dem sich die 1750 errichtete **Kirche von St. Paul,** das älteste Gebäude von Halifax, und das 150 Jahre jüngere **Rathaus** würdevoll gegenüberstehen. In gebührendem Abstand ragen Bürotürme maßvoller Höhe und das hochmoderne, aber unaufdringliche **World Trade and Convention Centre** empor. Schräg gegenüber dem Uhrturm schließt sich das **Metro Centre** an, wo alljährlich im Juli der Nova Scotia Tattoo stattfindet, ein durch Volkstänze und akrobatische Darbietungen erweiterter Zapfenstreich mit Musikzügen aus aller Welt und erstklassiger internationaler Besetzung.

NOVA SCOTIA

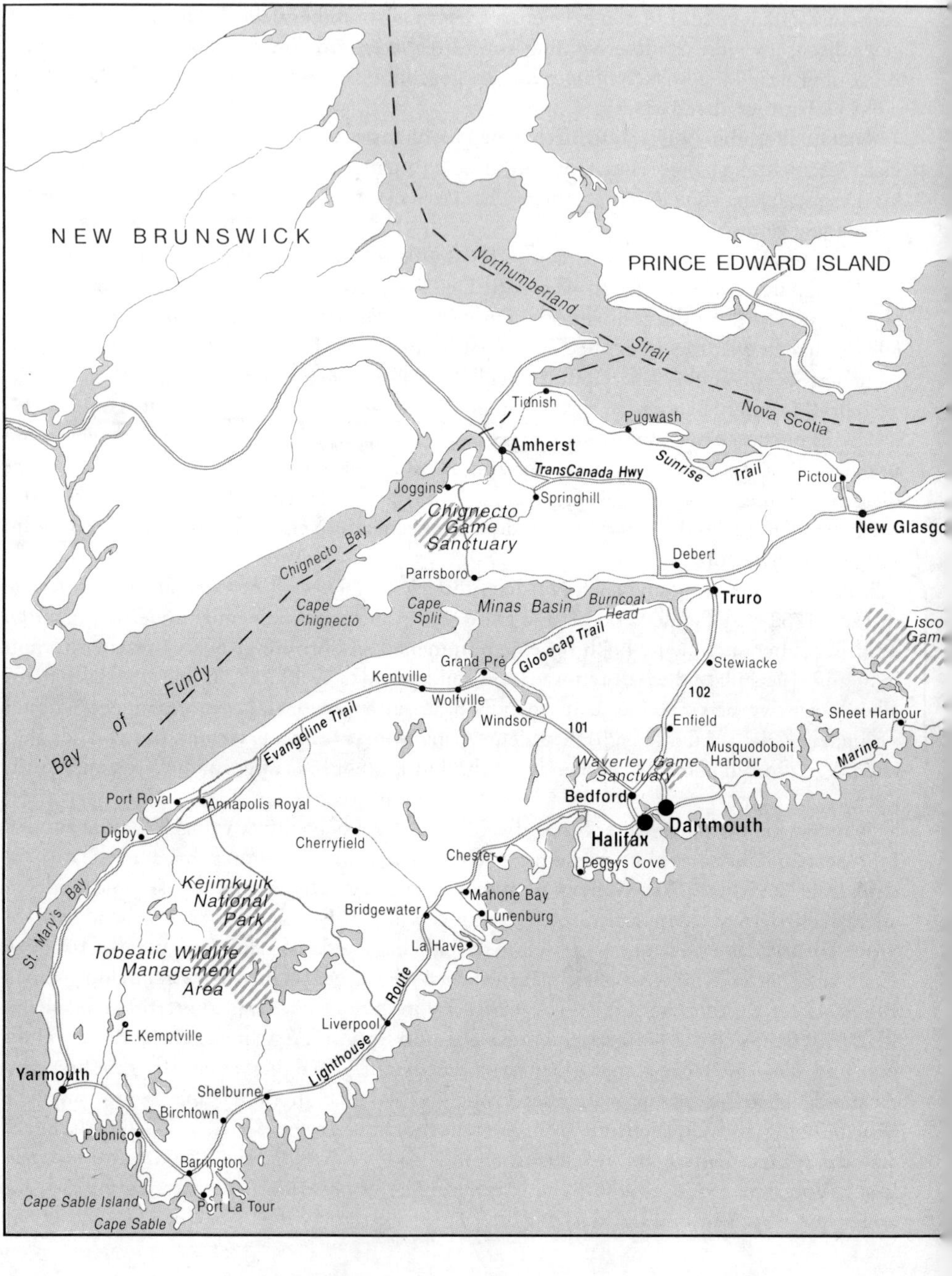
NEW BRUNSWICK
PRINCE EDWARD ISLAND
Northumberland
Strait
Nova Scotia
Tidnish
Pugwash
Amherst
Sunrise
Trail
Pictou
TransCanada Hwy
Joggins
Springhill
Chignecto Game Sanctuary
New Glasgo
Chignecto Bay
Debert
Parrsboro
Truro
Cape Chignecto
Cape Split
Minas Basin
Burncoat Head
Glooscap Trail
Lisco Gam
Stewiacke
Grand Pré
Kentville
Wolfville
Bay of Fundy
102
Windsor
101
Enfield
Sheet Harbour
Evangeline Trail
Musquodoboit Harbour
Marine
Waverley Game Sanctuary
Bedford
Port Royal
Annapolis Royal
Digby
Dartmouth
Halifax
Cherryfield
Chester
Peggys Cove
Kejimkujik National Park
Mahone Bay
St. Mary's Bay
Bridgewater
Lunenburg
La Have
Tobeatic Wildlife Management Area
Route
Liverpool
E.Kemptville
Lighthouse
Yarmouth
Shelburne
Birchtown
Pubnico
Barrington
Cape Sable Island
Port La Tour
Cape Sable

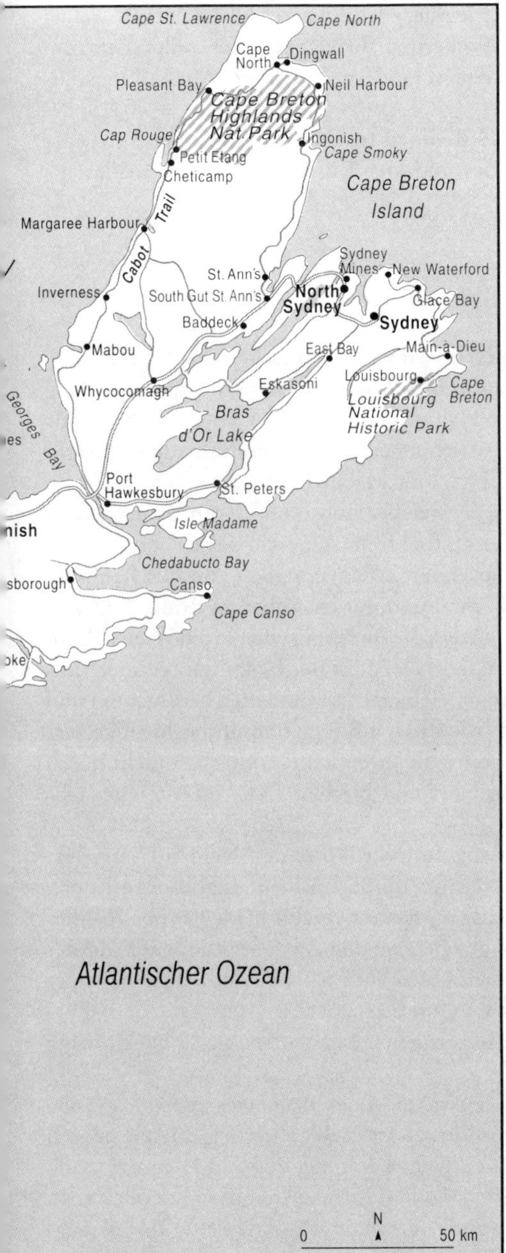

Außerhalb des Stadtkerns, am Fuße des Citadel Hill, liegt das **Nova Scotia Museum.** Es ist vor allem Naturfreunden zu empfehlen, die sich über die Tier- und Pflanzenwelt der Region unterrichten wollen, bevor sie eine Rundreise durch die Provinz antreten. Einzigartig ist eine Sammlung keramischer Nachbildungen der hier vorkommenden Pilzarten, sehr interessant auch die der Urbevölkerung gewidmete Abteilung.

Auf der anderen Seite des Hafenbeckens, mit Halifax durch zwei Brücken und zwei Fähren verbunden, liegt Dartmouth. Obgleich erst 1961 durch die Verschmelzung kleinerer Orte entstanden, ist Dartmouth mit knapp 100 000 Einwohnern jetzt die zweitgrößte Stadt der Provinz. Außer durch 22 Seen im Stadtgebiet und das größte Shoping Centre östlich von Montreal zeichnet sich Dartmouth durch zwei Institutionen von historischer und wissenschaftlicher Bedeutung aus.

Schon bald nach der Ankunft im Raum Halifax fällt ein hoher schwarzer Bevölkerungsanteil auf, den man in Kanada nicht erwartet. Während und nach dem amerikanischen Unabhängigkeitskrieg (1775–83) wanderten mit den Loyalisten über 3000 Schwarze nach Nova Scotia aus, viele in dem Glauben, daß auch ihnen dort Proviant und Freiheit zuteil würden. Im Krieg von 1812 entwich ein weiteres Kontingent von rund 2000 der amerikanischen Sklaverei, nur um festzustellen, daß Leibeigenschaft auch in Kanada geduldet wurde. Beim Negro Point im Norden von Halifax, wo sich heute der Seaview Park am Ufer des Bed-

Nova Scotia

ford-Beckens erstreckt, lag noch vor kurzem Africville, ein schwarzes Ghetto ohne Straßen und Kanalisation. Heute hat die schwarze Bevölkerung ihr eigenes kulturelles Zentrum **(Black Cultural Centre for Nova Scotia)** in einem modernen Bau mit Ausstellungsräumen im Westen von Dartmouth.

In Dartmouth lohnt sich auch der Besuch des **Bedford Institute of Oceanography,** des größten ozeanographischen Instituts des Landes und, der Küstenlänge von Kanada entsprechend, eines der größten der Welt.

Evangeline Trail und Lighthouse Route

Nova Scotia ist die zweitkleinste der kanadischen Provinzen, der westlich von Halifax gelegene Teil ist so klein, daß man ihn, wenn man will, auf schnellen Straßen an einem Tag umrunden kann. Die geringe Ausdehnung der Halbinsel täuscht aber über fundamentale Gegensätze zwischen der Nord- und der Südküste hinweg. Diese Unterschiede sind nicht nur geologisch und ozeanographisch, sondern auch kulturell bedingt.

Die Gesteine an der Fundy-Küste sind jünger, weicher und vom Gebirgsbau weniger verändert als jene der Südküste; sie bilden daher sanfte Höhenzüge mit ausgedehnten, vorgelagerten Marschen. Diese werden seit Jahrtausenden zweimal täglich von den höchsten Fluten der Welt (Tidenhub bis 14 m) überschwemmt und mit fruchtbarem Boden bedeckt. Deshalb ließen sich hier im 17. Jh. die Akadier nieder, die im heimischen Frankreich gelernt hatten, Marschland einzudeichen und zu entwässern. Der Rest der Halbinsel setzt sich aus sehr alten, durch Druck und hohe Temperaturen in Schiefer verwandelten Sedimenten und aus Graniten zusammen, deren Erosion wenig fruchtbaren Boden und unregelmäßige zerklüftete Ufer hinterließ. Hier siedelten sich jene an, die ihren Lebensunterhalt nicht durch Landwirtschaft, sondern vorwiegend durch Seefahrt und Fischfang zu bestreiten gedachten.

Für den Fremdenverkehr hat die Straße entlang der Nordküste den Namen Evangeline Trail angenommen, die mit den vielen Leuchttürmen im Süden heißt Lighthouse Route. Der folgende Reisevorschlag mit Halifax als Ausgangspunkt vereint beide Routen in einer Rundfahrt. Man kann sie je nach der zur Verfügung stehenden Zeit entweder ganz auf der ufernahen, auf der offiziellen Straßenkarte rot eingezeichneten Landstraße oder teilweise auf dem schnellen ›blauen‹ Highway weiter im Landesinnern machen – entgegen dem Uhrzeigersinn, denn so sind die meist an der Seeseite gelegenen Aussichtspunkte ohne Störung des Gegenverkehrs erreichbar.

Die erste Station an der Nordküste ist **Grand Pré.** Am Minas-Becken existierte von 1680 bis 1755 eine große, wohlhabende akadische Siedlung. Deren Bevölkerung, soweit sie sich nicht durch Flucht dem Zugriff der Rotröcke entziehen konnte, etwa 2200 an der Zahl, wurde hier zwangsweise eingeschifft und in die amerikanischen Atlantikhäfen oder nach England verschickt. In Grand Pré beginnt das epische Gedicht »Evangeline: A Tale of Acadia«, in dem Henry Wadsworth Longfellow das Geschick der Akadier beklagt. An diese

Denkmal für Evangeline im Grand Pré National Historic Park

Ereignisse erinnert heute nur noch der **Grand Pré National Historic Park.** Das von den Akadiern ›freigemachte‹ Gebiet wurde unverzüglich von Kolonisten aus Neu-England besetzt. Westlich von Grand Pré gründeten sie Wolfville, das heute vor allem als Universitätsstadt (Acadia University) sowie durch den zeitgenössischen naturalistischen Maler Alex Colville bekannt ist, der hier lange gewirkt hat.

Bei Kentville beginnt das Annapolis-Tal, das sich küstenparallel bis nach Annapolis Royal erstreckt. Vom **Valleyview Provincial Park** auf dem North Mountain bei Bridgetown hat man einen schönen Überblick auf diesen fruchtbaren, durch seine Apfelernten berühmten Landstrich. Dort, wo der Annapolis-Fluß in das Annapolis-Becken mündet, fand der erste europäische Versuch statt, nördlich von Florida Fuß zu fassen. Auf der Nordseite des zuerst Rivière du Dauphin genannten Flusses gründeten Samuel de Champlain und der Sieur de Monts 1605 die befestigte Siedlung Port Royal. Der 1613 aufgegebene Stützpunkt wurde nach Zeichnungen von Champlain und den Beschreibungen von Lescarbot sowie mit Hilfe archäologischer Arbeiten als **Port Royal National Historic Park** so originalgetreu wie möglich wieder zum Leben erweckt.

Nach der Aufgabe von Port Royal beschäftigten sich die Franzosen und Engländer auf der Südseite des Flusses abwechselnd mit dem Bau neuer Bastionen und deren Belagerung, bis die Anlage 1710 unter dem Namen Fort Anne endgültig in englischen Besitz überging. Erhalten ist der sternförmige Erdwall, die Offizierswohnungen wurden im Stil von 1797 restauriert. Aus der benachbarten Siedlung erwuchs das freundliche Städtchen **Annapolis Royal,** in dessen historischem Garten, teilweise mit akadischen Methoden eingedeicht, die Rosen von York und Lancaster mit denen von Bourbon und Malmaison zusammen blühen. Bemerkenswert ist auch das Gezeitenkraftwerk, das 1982 in den Damm zwischen Annapolis Royal und Granville Ferry eingebaut wurde. Es handelt sich um ein in schweizerisch-kanadischer Zusammenarbeit entstandenes Versuchsprojekt für die eventuelle Ausnutzung des gewaltigen Tidenhubs in der Bay of Fundy.

Offiziersquartiere von Port Royal, Annapolis Royal

Der Hafen von Digby

Fünfzig Kilometer südlich von Annapolis Royal liegt der **Kejimkujik National Park.** Zur Zeit der europäischen Besitznahme lebten hier Micmac-Indianer. Heute ist der Park ein Paradies für Paddler, die dort stille Gewässer und Ufer mit abgelegenen Zeltplätzen vorfinden. Es stehen Kanus zum Verleih bereit, numerierte Bojen sorgen dafür, daß sich auch Anfänger nicht verirren. Unter den Vierbeinern lassen sich Weißwedelhirsche, Waschbären und mehrere Arten von Schildkröten am häufigsten sehen. Schwarzbären, fliegende Eichhörnchen und die erst 1985 so weit östlich gesichteten Präriewölfe dagegen sind äußerst scheu.

Digby am Westufer des Annapolis-Beckens ist der Heimathafen einer großen Flotte von Booten, die sich auf die Fischerei von atlantischen Tiefseepekten eingestellt haben. Dreimal am Tage kann man von Digby mit einer Autofähre nach St. John in New Brunswick übersetzen. Der nächste Abschnitt des Evangeline Trail führt durch Dörfer, die nach 1755 von wiederkehrenden Akadiern gegründet wurden. Hiervon zeugen Ortsnamen wie Grosses Coques, Pointe de l'Eglise (mit der höchsten Holzkirche in Amerika), Comeauville und

Saulnierville. An diesem sogenannten French Shore weht häufig zusammen mit dem kanadischen Maple Leaf die Flagge der Akadier, eine blau-weiß-rote Tricolore mit einem goldenen Stern.

Yarmouth ist mit rund 8000 Einwohnern die größte Stadt im Westen von Nova Scotia. Ein fragwürdiger ›Runenstein‹, der zu sehen ist, wird von manchen als Beweis für einen frühen Wikingerbesuch angesehen. Hier beginnt die **Leuchtturm-Route** (Lighthouse Route). Siedlungen von Loyalisten aus Neu-England und solche akadischer Rückwanderer wechseln einander ab. Die sieben Pubnicos um Pubnico Harbour erwecken den Verdacht, daß die sparsamen Schotten wenig Zeit darauf verschwendeten, sich neue Ortsnamen einfallen zu lassen. Unter den vielen steilen Giebeln der akadischen Häuser aber wird Französisch gesprochen.

Bei **Cape Sable** errichteten die Franzosen nach dem Verlust von Port Royal 1613 das Fort Loméron. An dieser Südspitze von Nova Scotia scheiterten seit Anbeginn der Küstenschiffahrt Hunderte von Seefahrzeugen, nur Sable Island östlich von Halifax ist noch berüchtigter. Erfahrungen im Seenotdienst und bei der profitablen Bergung von Strandgut führten im nahegelegenen Clark's Harbour zur Entwicklung des Cape-Island-Boots, das sich an der kanadischen Ostküste vor allem beim Hummerfang bewährt. Von **Barrington** geht ein Abstecher nach Port La Tour, wo Charles de la Tour 1627 den französischen Stützpunkt Fort Saint Louis gründete. Nicht weit davon bauten 1656 die Engländer das längst verfallene Fort Temple.

Birchtown und **Shelbourne** sind Gründungen der Loyalisten, und zwar siedelten sich in Shelbourne die weißen und in Birchtown die schwarzen an. Angelockt durch einen erstklassigen natürlichen Hafen, wuchs die Einwohnerschaft nach 1783 auf 16 000, ›The Loyalist Town‹ war zeitweilig eines der größten Bevölkerungszentren in Nordamerika. Zahlreiche Gebäude stammen noch aus glanzvoller Vergangenheit, heute leben die 2300 Einwohner von Shelbourne zumeist vom Fischfang und dem Tourismus.

Im Jahre 1604 tat in La Have der Sieur de Monts den ersten Blick auf sein späteres Pelzmonopol, 1632 landete Isaac de Razilly, der erste Gouverneur von Neu-Frankreich, mit 300 neuen Akadiern. In **Lunenburg** konnte man noch im 19. Jh. Deutsch hören. Die Stadt wurde 1753, also vor der Umsiedlung der Akadier gegründet und zwar von Protestanten aus Deutschland, aus der Schweiz und aus Montbéliard, dem damals württembergischen Mömpelgard. Heute ist Lunenburg der bedeutendste Fischereihafen von Nova Scotia. Hier wurde nicht nur die unschlagbare »Bluenose« von 1921 gebaut, sondern auch ihr jüngeres Schwesterschiff und die »Bounty« für den Film über die berühmte Meuterei. Während der amerikanischen Prohibition galt der Alkoholschmuggel als ehrenwertes Gewerbe. Die Längsstraßen der Stadt, die ihren baulichen Charakter bewahrte, sind eng, die Querstraßen steil, die alten Häuser werden liebevoll gepflegt.

In einem Fischereimuseum erwartet man nicht, kolonialpolitische Einsichten zu gewinnen, aber das Fisheries Museum of the Atlantic vermittelt sie. Sowohl Frankreich wie England war der Kabeljau als Proteinlieferant für die Massenversorgung ungemein wichtig. Die Franzosen verfügten über große Salzvorräte, die es ihnen erlaubten, den Fang während der

Heimreise an Bord zu verarbeiten. Die Engländer dagegen brauchten feste Stützpunkte, um ihre Beute vor dem Transport an Land zu trocknen. Die einen konnten daher landwirtschaftliche Siedlungen auf dem kanadischen Festland fördern, während bei den anderen Fischereihäfen in Neufundland den Vorrang hatten.

Nördlich von Lunenburg liegt **Mahone Bay** in einem geschützten Arm der gleichnamigen Bucht. Im Stadtbild dominieren drei nebeneinander existierende protestantische Kirchen, aber der Charakter der Ortschaft wird stärker von Kunsthandwerk und Antiquitäten, käuflich in historischen Gebäuden, bestimmt. Die wechselnden maritimen Interessen Englands, Frankreichs und der USA wurden nicht nur von Kriegsschiffen wahrgenommen, sondern auch von Piraten mit oder ohne offiziellen Kaperbrief. Der Ertrag eines dieser Unternehmen soll im 18. Jh. in der Mahone Bay auf Oak Island in einer Tiefe von über 30 m vergraben worden sein. Malerisch auf einer Halbinsel in der gleichen Bucht liegt **Chester,** einstmals Zufluchtsort von Piraten und Schmugglern, heute ein vielbesuchter Jachthafen und alljährlich im August Austragungsort der größten Segelregatten an der kanadischen Ostküste.

Historiker beklagen, daß **Peggys Cove** nach dem Ersten Weltkrieg bewußt dem Fremdenverkehr preisgegeben wurde, aber dieses fotogene Stück Kulturlandschaft wäre zweifellos auch ohne Broschüren und Plakate in der Reiseliteratur mit vier Sternen ausgezeichnet worden (s. Farbabb. 19). Touristen kommen busladungsweise von weit her, in der Hochsaison bleibt um den berühmten Leuchtturm und das Hafenbecken herum kaum eine Granitkuppe unbesetzt. Wie an manch anderem schönen Ort gehen Besucher auch hier nur am frühen Morgen nicht in einer großen Herde ihresgleichen unter.

Der Leuchtturm von Peggys Cove

Cape Breton Island

Strenggenommen ist Cape Breton seit 1955 keine Insel mehr. Man kann nach Zahlung einer Gebühr für Hin- und Rückfahrt über einen Damm und, wenn es sein muß, auf dem Trans-Canada Highway direkt nach North Sydney zur Neufundland-Fähre fahren. Cape Breton zerfällt landschaftlich in zwei unterschiedliche Teile. Die Bergzüge des Westens gipfeln in den Cape Breton Highlands auf der Nordhalbinsel. Den Kern des Tieflands im Osten bildet der große vielarmige Bras d'Or Lake.

Die Unterbrechung der winterlichen Strömung durch die Strait of Canso machte das südlich des Damms gelegene **Port Hawkesbury** zu einem eisfreien Hafen. Von dort erschließt der Highway 104 eines jener Gebiete, in welche die Akadier nach der Deportation von 1755 zurückkehrten. Der Ortsname Martinique auf der Insel Madame illustriert den Irrweg, der viele Vertriebene nach Nova Scotia zurückführte, in diesem Falle über Frankreich und Westindien.

Bei **St. Peters,** ursprünglich von portugiesischen Fischern San Pedro getauft, kommt der Straße eine Landenge zugute, die dem Seeverkehr von alters her im Wege war. Zunächst überwanden Micmac-Indianer sie durch *portage,* das Tragen ihrer Kanus. Im Jahre 1669 richtete der französische Entdecker Nicholas Denys eine Rollbahn ein, auf der Ochsengespanne Schiffe vom Meer zum Bras d'Or Lake und zurück schleppten. 1854 wurde schließ-

Louisburg National Historic Park

lich ein Kanal gebaut, der noch heute zahlreichen Jachten einen großen Umweg in das Seglerparadies des Sees erspart.

Wenn man dem geruhsamen Highway 4 bis durch das Dorf East Bay folgt und dann am anderen Ufer der Ostbucht zurückfährt, kommt man nach **Eskasoni,** dem größten Micmac-Reservat in Nova Scotia. Vor der ersten Besichtigung eines Reservats tut es gut, einiges zu bedenken. Erstens sind Indianer gewohnt, das Land zu nehmen, wie es geschaffen war; unser Drang, der Natur durch Erdbewegung, Schattenbäume und Blumenbeete nachzuhelfen, fehlt ihnen. Zweitens hatten sie keine Gelegenheit, eine eigene, moderne Wohnkultur zu entwickeln oder sich die unsere anzueignen; vier Wände bedeuten ihnen nur das und nicht mehr. Drittens haben die ursprünglich nomadischen Ureinwohner seit Menschengedenken von der Hand in den Mund gelebt; individuellen Wohlstand gab es auch vor der Einführung des staatlichen Fürsorgesystems nicht, und materielle Güter würden selbst dann nicht zur Schau gestellt, wenn sie sich in einem Reservat ansammeln könnten.

Sydney, mit rund 30 000 Einwohnern die drittgrößte Stadt in Nova Scotia, lebt weitgehend von der Stahlfabrikation. Das Eisenerz kommt aus Südamerika, aber der Brennstoff wird in unmittelbarer Nachbarschaft gefördert. Die Kohle stammt aus dem gleichen Erdzeitalter (Oberkarbon) wie die in Nordwesteuropa; beide Gebiete lagen vor der letzten großen Kontinentalverschiebung dicht beieinander. Die Fördersohlen erstrecken sich unter Tage zum Teil mehrere Kilometer unter den Atlantik.

Von Sydney geht eine direkte Straße nach Louisbourg, aber interessanter ist der über **Glace Bay** an der Küste entlangführende sogenannte Marconi Trail. Die Stadt besitzt ein sehenswertes Bergbaumuseum, wo man in eine Grube fahren kann. Von Glace Bay sandte Guglielmo Marconi 1902 die erste drahtlose Botschaft nach England. In den Kliffs bei Port Morien wurde 1720 zur Versorgung von Louisbourg das erste Kohlebergwerk von Nordamerika in Betrieb genommen. Im Fischerdorf Main-à-Dieu brauchten nur einige Laute verschoben werden, um aus *manadoo,* dem Teufel der Micmac, ein Instrument Gottes zu machen. Gleich südlich davon liegt das Kap, dem Cape Breton Island seinen Namen verdankt.

Als Frankreich 1713 im Frieden von Utrecht Acadia verlor, beschloß Louis XIV., den Seeweg zum St. Lorenz-Strom durch eine Festung auf der Ile Royale zu sichern. Die Bauarbeiten begannen 1719 und waren 1744, als der Krieg um Maria Theresias Erbfolge in Amerika als King George's War ausbrach, beendet. **Louisbourg** war nicht nur als militärischer Stützpunkt gedacht, sondern als Residenz des Statthalters mit einer vorgelagerten Stadt von angemessener Größe. Glanzvoll im Konzept, aber militärisch vernachlässigt, konnte Louisbourg den englischen Belagerungen von 1745 und 1758 nicht standhalten und wurde 1760 geschleift. Festung und Stadtkern stellte man bis in alle Einzelheiten originalgetreu mit zeitgenössischem Handwerkszeug als Louisbourg Historic Park wieder her. Bürger, Soldaten und Bedienstete in stilgerechten Kostümen versetzen Besucher in das Neu-Frankreich von 1744.

Im Louisburg National Historic Park ▷

An der Steilküste des Cabot Trail

Cabot Trail und Cape Breton Highlands National Park

Der **Cabot Trail** um die Nordhalbinsel von Cape Breton Island ist eine der schönsten Küstenstraßen in Nordamerika. Bis die Route 1959 verbreitert und asphaltiert wurde, tat man besser daran, sich an die Bergseite zu halten. Heute ist diese Vorsichtsmaßnahme nicht mehr nötig, die bessere Aussicht hat man, wenn man entgegen dem Uhrzeiger fährt.

Auf dem TransCanada Highway von Sydney kommend, kann man bei South Gut St. Ann's in den Cabot Trail einbiegen, sollte dies aber nicht tun, ohne vorher **Baddeck** besucht zu haben. Der Ort ist berühmt nicht nur seiner schönen Lage und seines Jachthafens wegen, sondern vor allem, weil hier von 1885 bis 1922 einer der fruchtbarsten Geister des anbrechenden 20. Jh. wirkte. Mit jedem Schaukasten und jedem Modell stellt das Alexander Graham Bell gewidmete Museum eine neue Erfindung oder Verbesserung auf technischem, medizinischem und pädagogischem Gebiet vor.

South Gut St. Ann's, von Siedlern aus dem schottischen Hochland gegründet, ist heute Sitz des Nova Scotia Gaelic College of Arts and Culture, der einzigen Lehranstalt in Nordamerika, an der gälische Sprache, Dudelsackmusik und schottische Volkstänze gepflegt werden. Von Indian Brook führt der Cabot Trail an der Küste entlang nach Norden und erklimmt dann in mehreren Serpentinen durch rötlichen Granit einen Berg, den häufig eine Nebelkappe deckt und der deshalb Cape Smokey genannt wird. Es gibt dort oben zwar

keinen guten Parkplatz, aber der Blick zurück ist wohl der lohnendste auf dieser Seite der Halbinsel.

In dem Gebiet zwischen Ingonish Ferry und Ingonish mit Salz- und Süßwasserstränden sollen schon 1521 portugiesische Fischer an Land gegangen sein. Im 18. Jh. folgten Franzosen und Anfang des 19. Jh. englischsprachige Siedler. Ingonish liegt an der Südostecke des **Cape Breton Highlands National Park,** an dessen Peripherie sich der Cabot Trail nun hält. Die Straße führt daher zumeist an bewaldeten Hängen entlang und durch tiefeingeschnittene Flußtäler, die nicht den rechten Eindruck vom eigentlichen Charakter dieses Naturschutzgebiets vermitteln.

Vor 100 Mio. Jahren war von den ehemaligen Gebirgen am Atlantik nur noch eine niedrige Rumpffläche übrig, aus der sich vor etwa 25 Mio. Jahren einzelne Blöcke heraushoben. Der größte von ihnen ist das Plateau, auf dem der Cape Breton Highlands National Park mit den sogenannten *Eternal Barrens* liegt. Das Innere des Parks, nur durch wenige kurze Stichstraßen und lange Wanderwege erschlossen, ist aber kein ewiges Ödland. Rotfichten und Balsamtannen der akadischen Waldregion sind hier einer Tundra- und Heidelandschaft gewichen, in der man nicht nur Tamarack-Lärchen, Labrador-Tee und Rentierflechten, sondern auch weiße, violette und rosa Orchideen findet. Neben den allgegenwärtigen Pelztieren sind Elche, Weißwedelhirsche und Schwarzbären im Cape Breton Highlands National Park zu Hause.

Bei Cape North, dem nördlichsten Punkt am Cabot Trail, geht eine Nebenstraße zu dem von weißen Gipskliffs umgebenen Fischerdorf **Dingwall.** Ein längerer Abstecher führt zu der abgelegenen St. Lawrence-Bucht an der Nordspitze von Cape Breton Island, in der häufig Wale und Delphine zu beobachten sind. Auf dem Wege dorthin kann man beim Picknickpark Cabot's Landing anhalten und sich davon überzeugen, daß der Entdecker am 24. 6. 1497 hier bequem hätte landen können, wenn er wirklich so weit südlich auf Kanada gestoßen wäre.

Bei Big Intervale stürzen die Wasser der Beulach Ban Falls über eine Folge von Granitstufen ins Aspy-Tal. Beim Wiederanstieg ins Hochland hat man bald darauf einen schönen Blick nach Norden an den steilen Hängen entlang, die den Bergzug des North Mountain von seinem flachen Vorland im Osten trennen. Nach einer kurzen Fahrt auf dem Hochplateau geht es abwärts in das Grand Anse Valley und zum Lone Sheiling, das in seiner Bauweise an die einsamen Schutzhütten der Schafhirten im schottischen Hochland erinnert, in diesem Tal mit alten Zuckerahorn-Beständen aber fehl am Platz ist.

An der Westseite des Nationalparks werden aufmerksame Photographen zwei Postkartenblicke nicht verfehlen. Den einen hat man vom MacKenzie Mountain bei Pleasant Bay auf 30 km Küste mit Kaps und Buchten im Norden; den anderen nach dem Auftauchen aus dem Jumping Pound-Tal an dem malerisch gelegenen Corney Brook Campground vorbei nach Süden.

Ballantynes Cove

Bei **Petit Etang** verläßt man den Park, von dort bis nach Belle Côte 20 km weiter im Süden wird Französisch gesprochen. Die ersten akadischen Flüchtlinge landeten hier schon bald nach der Vertreibung von 1755, doch die eigentliche Besiedlung begann erst mit der Rückkehr der in alle Welt Verstreuten. Das kulturelle und wirtschaftliche Zentrum dieser frankophonen Küste ist **Cheticamp.** Hier sollte man nicht versäumen, das Haus mit den drei Erkern, Les Trois Pignons, zu besuchen. Man kann sich dort über die bewegte Geschichte der Akadier unterrichten, vor allem aber eine Kollektion von Werken der aus Cheticamp stammenden Elizabeth LeFort besichtigen, deren wollene Wandteppiche, die auch im Vatikan und im Buckingham Palace hängen, Weltruf genießen.

Der Cabot Trail führt nun an dem durch seinen Reichtum an Lachsen vielgerühmten Margaree River entlang nach Northeast Margaree und trifft unweit von Baddeck auf den TransCanada Highway. Die vielleicht schönste Straße führt am Ufer des stillen Lake Ainslie entlang nach **Whycocomagh.** Eine halbe Stunde auf dem TransCanada Highway nach Süden beendet die Rundfahrt um Cape Breton Island.

Strände an der Northumberland-Küste

Mehr als 30 kleine Sonnenschirme auf der offiziellen Straßenkarte der Provinz weisen darauf hin, daß die Strände und das warme Wasser an der Nordküste von Nova Scotia am **Sunrise Trail** ein beliebtes Ferienziel sind.

Ob man von Cape Breton Island oder vom Marine Drive im Süden kommt, **Antigonish** ist ein geeigneter Ausgangsort für eine Fahrt auf dem Sunrise Trail nach Westen und an das Minas-Becken. Antigonish machte sich nach dem Ersten Weltkrieg durch eine von der St. Francis Xavier University ausgehende Kooperativbewegung einen Namen, aus der gemeinnützige Banken und Selbsthilfe-Unternehmen vor allem in der Landwirtschaft und Fischerei hervorgingen. Heute wird an der Universität auch Jazz-Musik und, dem starken schottischen Bevölkerungsanteil entsprechend, keltisches Brauchtum gepflegt. Alljährlich im Juli zeigen Tänzer und Athleten in den populären Antigonish Highland Games, wie graziös sie die Füße setzen und wie weit sie den Hammer schleudern können.

Ein besonders lohnendes Stück des Sunrise Trail führt von Antigonish nach Norden durch das hübsche Fischerdorf Ballantynes Cove um das einsame Cape George, von dessen Höhe man an klaren Tagen im Osten Cape Breton Island und im Westen Prince Edward Island sieht. Tankstellen und Unterkünfte sind hier so dünn gesät wie die Strecke besiedelt ist.

Kurz hinter Egerton trifft der Sunrise Trail auf den TransCanada Highway, auf dem man **New Glasgow** nur deshalb nicht umgehen sollte, weil man sonst die Sobey Collection of Canadian Art nicht sehen kann. Von der Ausfahrt (Exit) 24 fährt man mehr oder weniger geradeaus durch New Glasgow Richtung Abercrombie und muß sehen, daß man die Einfahrt zum Crombie House nicht verpaßt, in dessen Wohnräumen einige der besten Werke von Malern der Group of Seven und anderer kanadischer Künstler hängen. Da die Familie

Rekonstruktion der »Hector« aus dem Jahre 1773
Kormorane im Hafen von Pictou

Sobey die Villa benutzt, ist der Besuch der Ausstellung nur mittwochs und nur im Juli und August möglich.

Der Weg von Abercrombie nach Pictou führt über einen Damm, auf dem man eine Kolonie von Kormoranen beobachten kann, die dicht an der Straße auf einer langen Reihe alter Pfähle nistet. In **Pictou** landete 1773 die Bark »Hector« (ihre Nachbildung ist am Hafen im Bau) mit über 200 schottischen Emigranten. Andere folgten nach dem amerikanischen Unabhängigkeitskrieg, später wurde Pictou Durchgangsstation für viele Tausende von Einwanderern, die ins Landesinnere und auf die benachbarten Inseln weiterzogen. Man spricht hier also mit einigem Recht vom *Birthplace of New Scotland.*

Nova Scotias nur zwei Dutzend Kilometer breite Verbindung mit dem amerikanischen Kontinent war Schiffseignern von jeher ein Dorn im Auge. Ein Kanal verbot sich wegen des extrem hohen Tidenhubs in der Fundy-Bucht, deshalb wurde 1890 mit dem Bau der Chignecto Ship Railway begonnen. Auf diesem Schienenstrang hätte man Schiffe bis zu 5000 t über Land von Tidnish an der Baie Verte zum Cumberland-Becken befördern können, wenn das Unternehmen nicht bald wegen Geldmangels und Regierungswechsels hätte aufgegeben werden müssen. Reste von Erdarbeiten und Mauerwerk sind noch vorhanden, in **Tidnish** sind historische Photographien zu sehen. Ein Modell des geplanten Projekts befindet sich im New Brunswick Museum in Saint John.

Chignecto Bay und Minas Basin

Erst die Akadier, deren Deiche stellenweise noch vorhanden sind, rangen dem Meer das Flachland zwischen **Amherst** und dem Cumberland-Becken ab. Das nahe gelegene Fort Lawrence wurde 1750 gebaut, ein Jahr nach der Gründung von Halifax, um der englischen Besitznahme von Nova Scotia weiteren Nachdruck zu verleihen. Von dort eroberten die Engländer 1755 das auf der anderen Seite des Missaguash River gelegene französische Fort Beauséjour. Ob die 300 Akadier, die sich dort ergaben, freiwillig auf französischer Seite gekämpft hatten, bleibt dahingestellt. Jedenfalls nahm Gouverneur Charles Lawrence die Begebenheit zum Anlaß, erneut auf einen bedingungslosen Treue-Eid zu dringen. Dessen Verweigerung führte im Herbst des gleichen Jahres zu der umstrittenen Deportation.

Weiter in die Vergangenheit, mehr als 300 Mio. Jahre zurück, versetzt das Steilufer bei **Joggins** an der Chignecto-Bucht. Die Kohlenablagerungen und fossilen Baumstümpfe dort sind gleichaltrig mit dem Ruhrkarbon, von dem Joggins vor dem Aufbrechen des atlantischen Beckens nicht weit entfernt war. Weniger auffallend, aber wissenschaftlich wichtiger sind die Reste eidechsenartiger, zu den ältesten Landbewohnern zählender Reptilien, Urahnen der Dinosaurier, die hier lebten. Die im Joggins Fossil Centre ausgestellte Sammlung unterrichtet darüber, was am Strand zu finden ist. Bevor man sich selbst auf die Suche macht, sollte man sich nach dem Eintreffen der Flut erkundigen, denn hier muß man mit dem größten Tidenhub der Welt rechnen. Die beste Zeit für den Besuch von Joggins ist drei Stunden vor und drei Stunden nach Niedrigwasser.

Östlich von **Parrsboro** liegen die fünf Inseln des **Five Islands Provincial Park,** die Glooscap – eine wohlwollende Gottheit der Micmac-Mythologie – ins Meer schleuderte. Schräg gegenüber, bei Burncoat Head am Südufer des Minas-Beckens, wurde mit 14,25 m der höchste mittlere Springtidenhub der Welt gemessen. Wie sich dieses Phänomen (vgl. S. 114) in engen Flußmündungen auswirkt, kann man in **Truro** studieren. Dort wird der Salmon River zweimal am Tag von einer bis 1,5 m hohen Flutwelle zusehends flußaufwärts gedrängt. Ausgrabungen bei **Debert** unweit von Truro förderten 10 000 Jahre alte Steinwerkzeuge zutage, die nach dem Abschmelzen des Eisrands von Vertretern der Clovis-Kultur zurückgelassen wurden.

Von Truro ist Halifax auf dem schnellen Highway 102 in einer Stunde erreicht, schöner und gemütlicher hingegen über den **Glooscap Trail** am Südufer des Minas-Beckens entlang und dann auf dem Highway 101.

Newfoundland

Newfoundland im Überblick

The Rock, wie die Neufundländer ihre Insel nennen, ist mit 105 700 km² nicht ganz so groß wie England. Wenn man das 1927 dazugekommene Labrador mitrechnet, ist die Provinz etwas größer als die Bundesrepublik Deutschland. Der ›Felsen‹ ist das geologische Bindeglied zwischen ehemaligen Gebirgen in Nordamerika und Europa, die nach ihrer Faltung

Newfoundland

Postalisches Kürzel: NF
Größe (mit Labrador): 405 720 km²
Hauptstadt: St. John's
Bevölkerung: 570 000
Wirtschaft: Fischerei, Holz und Papier
Information: Tourism Branch, Department of Development, P.O. Box 8730, St. John's NF, A1B 4K2, ✆ 800-563-6353
Anflug: St. John's über Halifax, Montreal oder Toronto. Fähre: von North Sydney, Nova Scotia, nach Port-aux-Basques oder Argentia
Reisezeit: Hochsommer

König Kabeljau und das britische Weltreich

Es ist möglich, daß iberische Fischer Kolumbus zuvorkamen und das gegenüberliegende Ufer des Atlantik schon vor 1492 entdeckten. Der sagenhafte Reichtum der Neufundland-Bänke wurde aber erst 1497 nach der Rückkehr von John Cabot bekannt. Der Kabeljau soll in jenen Zeiten so zahlreich gewesen sein, daß man ihn mit Körben aus dem Wasser holen konnte. Spätestens auf diese Nachricht hin zogen alljährlich ganze Flotten portugiesischer Fischer aus, um den *bacalhao* zu ernten. Sie verbrachten den Sommer an der neufundländischen Ostküste und präparierten ihren Fang dort für die herbstliche Heimfahrt (*bacalhao* kommt vom lateinischen *baculum* – Stock, von den Gestellen, auf denen man Fische trocknete. An der Nordsee, wo Kabeljau bereits als Stock- oder Dörrfisch – Dorsch – bekannt war, wurde das neue Wort über *bakeljauw* zu Kabeljau verdreht).

Was den Kabeljau zum *King Cod* und Newfoundland zur Wiege des britischen Weltreichs machte, war der enorme Verbrauch von fleischloser Fastenkost im katholischen Europa, verstärkt durch den wachsenden Bedarf der immer weiter ausgreifenden Seefahrt an haltbarem, leicht transportablem Proviant. Im 16. Jh. nahmen französische Fischer die Gelegenheit wahr, den lukrativen Pariser Markt mit Protein zu versorgen. Das Interesse des protestantischen England an den Neufundland-Bänken erwachte 1563, als zur Förderung der englischen Fischerei Mittwoch und Sonnabend zu Fischtagen erklärt wurden.

Der große nordatlantische Kabeljau ließ sich nicht leicht an der Luft trocknen. Er mußte mit Salz behandelt werden, und je nachdem, was an diesem kostbaren Rohstoff zur Verfügung stand, bereiteten die Fischer ihren Fang für einen ›nassen‹ oder ›trockenen‹ Transport zum Heimathafen vor. Die Portugiesen und Franzosen der Biscaya-Küste arbeiteten naß. Sie brachten große Mengen von Salz mit, das in Südeuropa durch Eindampfen von Meerwasser gewonnen wurde. Die vom Schiff mit langen, hakenbewehrten Handleinen gefangenen Fische wurden an Bord ausgenommen, zerlegt und eingesalzen, um erst im Heimathafen endgültig getrocknet zu werden. Die nasse Methode erlaubte zwei Fischzüge pro Jahr. Die Engländer mußten ihr Salz einführen und gingen deshalb sparsamer damit um. Sie brachten zwei Besatzungen mit, von denen jeweils eine an Bord fischte, die andere den Fang an Land leicht einsalzte und dann auf Holzgestellen oder auch dem Strandgeröll für den trockenen Heimtransport fertigmachte. Die Fischer aus Nord-Frankreich bedienten sich beider Methoden.

Besonders für die trockene Fischerei waren Landstützpunkte wünschenswert, die jedes Jahr wieder bezogen werden konnten. Im Jahre 1583 lief Sir Humphrey Gilbert den bereits vielbenutzten Hafen von St. John's an und nahm Newfoundland für England in Besitz. Damit wurde die Insel zur ersten überseeischen Kolonie des späteren britischen Weltreichs. Den Franzosen wurden noch nach dem Verlust von Neu-Frankreich am sogenannten French Shore im Norden und Westen von Newfoundland Fischereirechte zugestanden. Aber auch manche der zahlreichen französischen Küstensiedlungen auf der Halbinsel Gaspé und auf Cape Breton Island sind Gründungen aus der großen Zeit der Kabeljaufischerei.

Die Boote, die im frühen 19. Jh. mit Salz beladen auf die Neufundland-Bänke segelten, wurden *salt bankers* genannt. An Deck war mittschiffs an jeder Seite ein halbes Dutzend kleine Ruderboote *(dories)* gestapelt, von denen die Besatzung am Fangplatz mit langen Handleinen fischte. Der berühmteste dieser Schoner war die 1921 gebaute »Bluenose«, die, wenn sie nicht als *salt banker* arbeitete, in den Regatten um die International Fisherman's Trophy regelmäßig die amerikanische Konkurrenz hinter sich ließ.

Gadus morhua war vor allem deshalb so häufig, weil die Art außerordentlich fruchtbar ist. Ein Weibchen kann bis zu 9 Mio. Eier tragen. Auch ist der Kabeljau im Gegensatz zu manch anderen Fischarten nicht wählerisch. Er frißt alles, was er vertilgen kann. Muscheln verzehrt er mit Schale und kleinere Hummer verschluckt er von hinten, womit die Scheren automatisch unwirksam werden. Er kommt in allen Meerestiefen vor, aber als Grundfisch zieht er die Neufundland-Bänke vor, mit denen der kontinentale Schelf weit in den Nordatlantik vorstößt und auf denen das Zusammentreffen des kalten Labrador- und des warmen Golfstroms besonders nahrhafte Verhältnisse schafft.

Solange die alten Fangmethoden vorherrschten, hielt die Fruchtbarkeit des Kabeljau mit der Fischerei Schritt, aber schon 1852 wurden Stimmen laut, die vor *overfishing* warnten und verlangten, daß man den Amerikanern den Gebrauch von Schleppleinen in kanadischen Gewässern verwehre. Im 20. Jh. wurde die Fangtechnik von Jahr zu Jahr vollkommener, in den 60er Jahren begann auf den Neufundland-Bänken ein wohlorganisierter internationaler Raubbau. Fischereiflotten unter einem Dutzend verschiedener Flaggen holten jährlich 800 000 t Fisch aus dem Wasser, dreimal so viel wie im Durchschnitt des vergangenen Jahrhunderts.

Im Jahre 1977 wurde die kanadische Fischerei durch die Erweiterung der Wirtschaftszone auf 200 Seemeilen begünstigt, aber weil nun in den atlantischen Provinzen der Bau von modernen Fischdampfern und -fabriken gefördert wurde, ging die Ausbeutung ungehemmt weiter. 1989 stellte sich heraus, daß die Sachverständigen den Kabeljaubestand um 100% überschätzt hatten; 1992 blieb dem Department of Fisheries and Oceans nichts

eingeebnet wurden und im Zuge der Plattenverschiebung auseinanderrückten. Im Westen dominieren von Tälern unterbrochene und von Küstenebenen begleitete Plateaus. Das Zentrum bilden nach Nordosten entwässernde Flußebenen.

Newfoundland wurde nach dem Rückzug der eiszeitlichen Gletscher zuerst von Indianern der maritim-archaischen Tradition besucht. Bei L'Anse Amour an der Südküste von Labrador und bei Port au Choix an der Westküste der Insel gefundene, reichlich mit Ocker pigmentierte Grabstätten sind 7500 bzw. 3900 Jahre alt. Ob die *Red Paint People* die direkten Vorfahren der Beothuk-Indianer waren, ist unklar. Fest steht, daß diese sich von 800 v. Chr. bis 600 n. Chr. mit Eskimo der Dorset-Kultur auseinanderzusetzen hatten. Auch die ›Skrälinge‹, denen die Normannen um 1000 n. Chr. bei L'Anse aux Meadows begegneten, dürften Beothuk gewesen sein.

Aus den spärlichen Aufzeichnungen von John Cabot geht nicht hervor, ob es wirklich Newfoundland war, von dem er am 24. 6. 1497 im Namen der Englischen Krone Besitz

übrig, als eine totale Schonzeit anzuordnen. 20 000 arbeitslose Fischer und die gesamte Bevölkerung von Newfoundland leben jetzt in der vagen Hoffnung, daß sich *King Cod* innerhalb von zwei bis drei Jahren von der katastrophalen Mißwirtschaft der letzten Jahrzehnte erholt und ihn eine kürzlich gemessene Abkühlung des Labrador-Stroms nicht zusätzlich belastet.

Stockfisch auf Trockengestellen bei Trinity East

ergriff. Sicher ist, daß er die Grand Banks of Newfoundland entdeckte, einen weit in den Atlantik hinausragenden Vorsprung des kontinentalen Schelfs. Auf den flachen Neufundland-Bänken wirbelt das Zusammentreffen des kalten Labradorstroms mit dem warmen Golfstrom Nährstoffe auf, die einen zu Cabots Zeiten märchenhaften Fischreichtum zur Folge hatten. Die Nachricht davon sprach sich mit erstaunlicher Geschwindigkeit herum, und es dauerte nicht lange, bis portugiesische, bretonische und spanische Fischer hier dem Kabeljau und baskische den Walen nachstellten. Der katholische Kalender hatte 160 fleischlose Tage. Englands Übertritt zum Protestantismus verringerte zwar den Fischverbrauch, aber um diesem nachzuhelfen, wurde 1563 ein Gesetz erlassen, das Mittwoch und Sonnabend zu Fischtagen erklärte. Besonders für Newfoundland gilt die Feststellung, daß *cod and not conquest* (Kabeljau und nicht Eroberungslust) die Europäer anlockte.

King Cod (vgl. S. 93 ff.) hat bis weit ins 19. Jh. die Geschicke von Neufundland bestimmt, und unterschiedliche Fischereimethoden waren für das politische Verhalten der Nationen in und um die Insel maßgebend. In Frankreich sowie auf der iberischen Halbinsel wurden große Mengen von Salz billig durch Eindampfung gewonnen. Die Fischer von dort konnten also ihren Fang an Bord verarbeiten und machten die Reise zu den Bänken oft zweimal in der Saison. Die ›salzarmen‹ Engländer dagegen mußten den Kabeljau durch Lufttrocknung haltbar machen und brauchten für die Stockfischproduktion feste Anlegeplätze. Um aber die de facto Herrschaft des englischen Fischmonopols in Newfoundland nicht durch Siedlungen anderer Art zu stören, war zeitweilig Grundbesitz nur für Fischereizwecke gestattet. Der Anreiz, sich auf der unwirtlichen Insel festzusetzen, war allerdings ohnehin nicht groß. Versuche, im 17. Jh. englische Siedler seßhaft zu machen, scheiterten am Klima und an der dünnen Bodendecke.

Im Jahre 1583 legte Sir Humphrey Gilbert im Namen der Englischen Krone den Hafen von St. John's offiziell mit Beschlag, drei Jahre später verschwanden Spanien und Portugal mit der Niederlage der Armada von der neufundländischen Bildfläche. Frankreich machte 1662 Ansprüche auf die Insel geltend, die den Eingang zum Golf von St. Lorenz beherrschte, mußte aber 1713 und in allen folgenden Friedensverhandlungen mit Fischerei- und Landerechten an der Nord- und Westküste vorlieb nehmen. An diesem sogenannten French Shore findet man noch heute frankophone Enklaven und französische Ortsnamen. Die Zahl der letzteren, über die Insel verteilt, wäre weit größer, wenn man die ins Englische verballhornten mitrechnete.

Von 1729 bis 1817 oblag die Verwaltung von Newfoundland der britischen Admiralität. Im Laufe dieser Zeit zwangen der amerikanische Unabhängigkeitskrieg und Napoleon der englischen Fischerei eine gewisse Seßhaftigkeit auf, die Kolonie begann, ihre eigenen Gesellschaftsformen zu entwickeln. Auch hier hatten die Ureinwohner daran keinen Anteil. Mitte des 18. Jh. war ihre Zahl auf wenige Hundert zurückgegangen, und Versuche, die Reste Anfang des 19. Jh. zu retten, kamen zu spät. Shanadithit, die letzte vom Stamm der Beothuk, starb 1829 in St. John's an Tuberkulose.

An der Bonavista Bay

Von den Tausenden Iren, die alljährlich zur Fischverarbeitung nach Newfoundland geschafft wurden, blieben im Laufe der Zeit immer mehr dort zurück. Ihr Beitrag zu dem, was schließlich ein typischer *Newfie* wurde, ist an dem eigenwilligen Dialekt erkenntlich, der auf der Insel gesprochen wird – in St. John's kann man ein 770 Seiten dickes »Dictionary of Newfoundland English« bekommen. Erst 1817 erschien es notwendig, Newfoundland nicht nur im Sommer zu verwalten, sondern einen ganzjährigen Gouverneur zu ernennen. Im Jahre 1855 wurde die erste gewählte Regierung gebildet. Bis 1949 blieb Newfoundland britische Kolonie und entschied sich erst dann mit knapper Mehrheit, dem kanadischen Bundesstaat beizutreten.

In einer Touristenbroschüre heißt es, daß Newfoundland »mehr im Westen als im Norden« liegt. Wie man das auch interpretiert, St. John's ist zweifellos auf südlicherer Breite zu finden als Paris, aber die beste Zeit für einen Besuch der Insel ist der Spätsommer. Obgleich nur einige hundert Meter hoch gelegen, haben die Nordhänge in der ersten Julihälfte oft noch Schnee, und in den Buchten schmilzt erst dann das letzte Treibeis. Auch später muß das Wetter nicht unbedingt immer hochsommerlich sein, aber schließlich ist Newfoundland ganz ohne Feuchtigkeit nicht zünftig. Die Einheimischen lassen sich von Regen und Nebel nicht abhalten, Wäsche auf die Leine zu hängen, ihre Rasen zu mähen, Tennis zu spielen oder sich zu Picknicks niederzulassen.

Newfoundland ist entweder auf dem Luftweg erreichbar, etwa von Halifax nach St. John's, oder mit modernen Fähren von North Sydney, Nova Scotia, nach Port-aux-Basques (offiziel Channel-Port-aux-Basques) im Westen oder nach Argentia im Osten. Die hier vorgeschlagene Rundreise führt zuerst zur Hauptstadt St. John's. Es ist deshalb praktischer, nach Argentia überzusetzen. Die Seefahrt ist länger und die Schiffe sind kleiner, aber man erspart sich die zweimalige Tour auf dem TransCanada Highway, der allein Ost und West verbindet.

St. John's und der Osten

Bei **Argentia** in der geschützten, nebelreichen Placentia-Bucht lagen im August 1941 zwei Kriegsschiffe, auf denen der US-amerikanische Präsident Roosevelt und der englische Premierminister Churchill mit der *Atlantic Charter* Prinzipien unterschrieben, die später zur Gründung der Vereinten Nationen führten. **Placentia**, mit einem ruhigen Hafen und breitem steinigen Strand, bot sich schon im frühen 16. Jh. baskischen Fischern zum Trocknen ihres Fangs an. Im Jahre 1662 erkannten die Franzosen auch den strategischen Wert von Plaisance und schützten den Ort durch den Bau von Fort Royal auf der gegenüberliegenden Höhe. Von dort griffen sie mehrmals mit Erfolg den englischen Hafen St. John's an.

Nach dem Verlust von Plaisance im Frieden von Utrecht 1713 gingen die Fort Royal zugedachten militärischen Aufgaben an die neue Festung Louisbourg auf Cape Breton Island über. Fort Royal wird als **Castle Hill National Historic Park** vor weiterem Verfall bewahrt. Dort veranschaulicht ein lebensgroßes Diorama, wie gut die baskischen und wie

Der Cabot Tower, das Wahrzeichen von St. John's

schlecht die französischen Fischer für das Leben am neufundländischen Strand ausgerüstet waren. Allein der Blick vom Castle Hill auf Placentia macht den Abstecher der Mühe wert.

Fährt man von Placentia an der Küste weiter nach Süden, so kommt man auf einer nichtasphaltierten Stichstraße zu einer Seevogelkolonie **(Cape Mary's Ecological Reserve)**, in der neben Tausenden von Baßtölpeln vor allem Lummen und Dreizehenmöwen an steil ins Meer abstürzenden Felshängen nisten.

Auf der anderen Seite der Halbinsel Avalon liegt die Hauptstadt von Newfoundland, **St. John's** – so genannt, weil John Cabot hier 1497 am Namenstag von Johannes d. T. vor Anker ging. Als Sir Humphrey Gilbert 1583 landete, Newfoundland noch einmal offiziell für England in Besitz nahm und damit das englische Weltreich gründete, war St. John's bereits ein geschäftiger Hafen, dem Fischerei-Interessen, Piraten und Militärs mehrerer Nationen fortan eine bewegte Geschichte bereiteten. Im frühen 17. Jh. verjagten Fischer und Piraten die ersten Ansiedler, dann wurde St. John's nacheinander von Holländern überfallen, von Engländern befestigt, und mehrfach von Franzosen geplündert und eingeäschert. Im 19. Jh. zerstörten Brände den Ort dreimal.

Der Stadtkern von St. John's mit alten holzverschalten, buntgestrichenen Häusern und neuen Glas- und Betonpalästen entstand aus zwei Pfaden, die am Westrand des Hafenbekkens entlangführten. Aus dem Lower Path wurde die Water Street, aus dem Upper Path die

Duckworth Street. Parallel- und Querstraßen folgten wie die ansteigenden Ränge eines Theaters. Unten auf der Bühne, hinter dem Proszenium der Dockanlagen am Harbour Drive, laufen portugiesische Trawler, russische Fabrikschiffe, Jachten aus Honolulu, Motorlogger aus der Karibik, kanadische Küstenschutzboote und Kutter der näheren Umgebung ein und aus. Zwischen den Felskulissen im Hintergrund sieht man gelegentlich große Eisberge nach Süden ziehen. Hin und wieder verirrt sich ein kleiner ›Berg‹ in die enge Hafeneinfahrt von St. John's, durch die er, mit einer Trosse umgürtet, alsbald wieder abgeschleppt wird.

Den besten Blick über die Stadt gewährt der einstmals befestigte Signal Hill im National Historic Park gleichen Namens an der Nordseite der Hafeneinfahrt. Das weithin sichtbare Wahrzeichen von St. John's, der Cabot Tower, wurde 1897 zum 400. Jahrestag der Entdekkung und zum Diamantenen Jubiläum der Thronbesteigung der Königin Victoria errichtet. In seinem Schatten empfing Guglielmo Marconi vier Jahre später die ersten drahtlosen Morsezeichen aus England.

Den großzügigen Anlagen und Regierungsgebäuden der anderen hat die ärmste der kanadischen Provinzen nicht viel entgegenzusetzen. Auch die naturwissenschaftlichen und historischen Sammlungen harren noch angemessener moderner Ausstellungsräume. Auf den drei Stockwerken des Newfoundland Museum in der Duckworth Street sind die naturhistorischen, prähistorischen und geschichtlichen Dokumente, Artefakte und Dioramen untergebracht. Das Newfoundland Museum in den renovierten Murray Properties zwischen Water Street und Harbour Drive ist der maritimen und militärischen Geschichte von Neufundland gewidmet. Für die Wissenschaft ist besser gesorgt. An der Logy Bay, wenige Kilometer nördlich von St. John's, steht das moderne Ocean Sciences Centre, das ozeanographische Institut der Memorial University of Newfoundland.

Der TransCanada Highway nach Westen führt an einigen lohnenden Abstechern vorbei. Es gibt kaum eine Küstenstraße, an der nicht alle paar Kilometer ein Dutzend Fischer sich eine unwirtliche Bucht zum Heimathafen erwählt hat. Individuell in seiner Planlosigkeit, hat doch jedes Dorf den gleichen Charakter: weiße oder farbige, aber sonst schmucklose Holzhäuser überall dort, wo es inmitten der Felsbuckel möglich schien, mit Hilfe von Zementsockeln oder Stützbalken waagerecht zu bleiben; auf Pfahlrosten weit ins Wasser vorgebaute Geräteschuppen mit Landesteg; große Stapel von Hummerfallen. Grundstücksgrenzen sind uninteressant, für Zäune ist das Holz zu knapp, und für Gärten reichen weder Zeit noch Boden.

Jede der an der Ostküste in den Atlantik hinausragenden Halbinseln bietet neben den allgegenwärtigen Gerüchen der Wasserkante Blicke, die das Auge, und Ortsnamen, die das Ohr erfreuen. So füllen Heart's Delight, Heart's Desire und Heart's Content das Herz am Ostufer der Trinity-Bucht kurz hintereinander mit Wonne, Begehren und Zufriedenheit. Auf der nächsten Halbinsel, an der Straße 230, einer abenteuerlichen Berg- und Talbahn, liegt **Trinity**. Um 1500 von Portugiesen gegründet und 1615 Schauplatz der ersten Rechtssprechung der britischen Admiralität in Newfoundland, seitdem aber etwas vernachlässigt, ist Trinity heute als Ausgangspunkt für Bootsfahrten zur Walbeobachtung berühmt. Bei

Im Gros Morne National Park

Bonavista ist ein weiteres Kap, das 1497 vielleicht zuerst vor John Cabots Bug erschien. Man kann hier fast zu jeder Jahreszeit Eisberge vorbeigleiten sehen. Der Rückweg über die Straße 235 macht sich durch herrliche Bildmotive bezahlt.

Im **Terra Nova National Park** steht einer der wenigen Abschnitte der Ostküste unter Naturschutz, an dem sich keine Fischer niedergelassen haben, die Fjorde sind zu steil und die Flachufer zu sumpfig. Kurze und lange Wanderwege durch Nadelwälder sowie Moore erschließen manche der vielen einsamen Buchten, andere dagegen kann man nur mit Booten besuchen. Es sind aber nicht nur unbewohnte Landstriche, die man nur auf dem Wasserweg erreicht. Das Fischerdorf Salvage nördlich des Terra Nova National Park bekam erst nach dem letzten Krieg eine Straßenverbindung. Viele andere *outports* an der neufundländischen Küste sind heute noch ganz auf die Versorgung durch Schiffsfracht angewiesen.

Bei **Gambo** zweigt eine Straße nach Norden ab, die weniger befahren und besonders im Nebel sicherer ist als die nach Bonavista. Sie verläuft an tiefeingeschnittenen Buchten vorbei nach Wesleyville und berührt die einsamen Strände bei Deadman's Bay. Auch hier und in dem westlich benachbarten Hamilton-Sund sind fast das ganze Jahr über Eisberge zu sehen.

Nur wer schnell wieder zum TransCanada Highway zurück muß, sollte in Gander Bay die Küste verlassen. An die durch Dämme oder Fähren miteinander verbundenen Inseln in der Notre Dame Bay klammern sich Dutzende von idyllisch anmutenden, aber hart um ihr Leben kämpfende Fischerdörfer.

Prähistorische Indianer und Wikinger

Im Zentrum der Insel wird vor allem Holz geschlagen und Zeitungspapier hergestellt. Mit einem Elektrizitätswerk, das die Papierfabrik in **Corner Brook** mit Strom versorgt, lebt auch **Deer Lake** noch vor allem von der Holzwirtschaft. Für westwärts Reisende beginnt hier eine der eindrucksvollsten Landschaften von Neufundland.

Die Gesteine der Nordhalbinsel und ihre Fortsetzung am TransCanada Highway Richtung Süden gehören schon seit über 1 Mrd. Jahren zum Ostrand des Kanadischen Schildes, d. h. sie wurden nicht wie der Rest von Newfoundland und die anderen atlantischen Provinzen dem amerikanischen Kontinent durch die letzten großen Plattenbewegungen gewissermaßen aufgedrängt. Wegen seiner erdgeschichtlichen Bedeutung wurde der **Gros Morne National Park** von den Vereinten Nationen zur *World Heritage Site* erklärt. Für Laien liegt der Reiz des Parks in einer Szenerie, die sich mit den Gebirgen des Westens und hohen Nordens messen kann.

Im Gros Morne National Park

Die tiefeingeschnittenen Fjorde im Südteil des Parks sind gut erschlossen. Der Highway 430 führt direkt am Ostarm des Bonne Bay Fjords entlang, der lohnende Umweg um den Südarm herum bietet sich für die Rückfahrt nach Deer Lake an. Die Großartigkeit dieser Landschaft aber offenbart sich erst, wenn man auf Wanderwegen in die karge, arktisch-alpine Vegetationszone der umliegenden Plateaus emporsteigt.

Auch in der Küstenebene, durch die der Highway 430 weiter nach Norden führt, ist vieles sehenswert. Von dem Leuchtturm am Lobster Cove Head hat man einen schönen Blick

Newfoundland

auf das Fischerdorf **Rocky Harbour** und an der Bucht vorbei nach Süden. Western Brook Pond ist kein Teich, sondern ein prächtiger, 16 km langer, einst mit dem Meer verbundener Fjord, auf dem eine Bootsfahrt angeboten wird. In einer geschützten Wiese am Strand, abseits vom Aussichtspunkt Broom Point, liegt ein schlichter Friedhof für 22 Kinder und Jugendliche, 15 mit gleichen oder ähnlichen Familiennamen, die an dieser unerbittlichen Küste in der Zeit von 1884 bis 1923 starben oder verunglückten. Für letzte Ruhestätten mangelt es in Newfoundland ebenso an geeignetem Boden wie für Gärten. Oft bietet der Straßengraben die einzige Gelegenheit, einige Quadratmeter Schwarzerde zu einem leicht erreichbaren Gemüsebeet zu machen.

Auf der Halbinsel Cow Head zeugen mannshohe Kalkbrocken, eingebettet in längst versteinerten Tiefseeschlick, von submarinen Erdrutschen vor 500 Mio. Jahren. Gleich nördlich im **Arches Provincial Park** brandet das Meer durch die Torbogen einer direkt am Wasser gelegenen Dolomitbank.

Das Abschmelzen der eiszeitlichen Gletscher hatte auf der Nordhalbkugel zwei wichtige Folgen, im Süden stieg der Meeresspiegel, im Norden hob sich das entlastete Land. Es ist deshalb kein Zufall, daß Labrador und die Nordhalbinsel von Newfoundland besonders dankbare Stätten archäologischer Forschung sind. Viele Reste weiter südlich gelegener prähistorischer maritimer Siedlungen liegen heute unter Wasser.

In **Port au Choix** wurden bei Bauarbeiten die Grabstätten von mehr als 100 Angehörigen der maritim-archaischen Indianerkultur aus der Zeit vor 4300 bis 3200 Jahren entdeckt. Genau wie bei dem in L'Anse Amour an der gegenüberliegenden Küste von Labrador gefundenen, rund 8000 Jahre alten Kinderskelett, wurde auch hier der Grabinhalt reichlich mit Ocker pigmentiert. Die *Red Paint People* und ihre indianischen Nachfahren wurden von Eskimo der Dorset-Periode abgelöst. Ihre Siedlungen werden beim Point Riche-Leuchtturm freigelegt, der übrigens allein seiner Lage wegen einen Besuch lohnt. Artefakte beider Kulturen sind im Informationszentrum im **Port au Choix National Historic Park** ausgestellt. Ein Abstecher nach Labrador, zu der Grabstätte von L'Anse Amour und nach Red Bay, einer baskischen Walfangstation aus dem 16. Jh., ist per Fähre von St. Barbe aus leicht möglich.

Wir wissen nicht, auf welches Datum der historische Tag fiel, an dem die Zweige der Menschheit sich wiedertrafen, beide vom afrikanischen Stamm, der eine über Skandinavien und Grönland, der andere über Asien und die Beringstraße um die Erde greifend. Aber es war um das Jahr Tausend, und es geschah mit großer Wahrscheinlichkeit an der Nordspitze von Newfoundland an einer Bucht, der französische Fischer den Namen L'Anse aux Méduses (Bucht der Quallen) gegeben hatten. Aus den Medusen wurden im neufundländischen Sprachgebrauch Wiesen. In **L'Anse aux Meadows** also ließ der Norweger Helge Ingstad sich 1960 einige rätselhafte Erdwälle und Vertiefungen zeigen und hatte damit das langgesuchte ›Vinland‹ der altisländischen Literatur gefunden.

Die Wikingersiedlung dicht am Ufer der Epaves Bay bestand aus drei Gruppen von grasbewachsenen, fensterlosen Torf- und Holzbauten, jede mit Wohnhaus und Werkstatt. Wie lange sich die Nordmänner und -frauen hier halten konnten, ist fraglich, aber sie wurden wohl schon nach wenigen Jahren von den Skrälingen verdrängt. Bei diesen ›Lumpen‹ handelt es sich wahrscheinlich um Beothuk-Indianer, denn die letzten Dorset-Eskimo waren bereits 200 Jahre vor der Ankunft der Wikinger aus Newfoundland verschwunden.

Die Fundstätte liegt heute wieder so vor dem Beschauer, wie Ingstad sie vorfand. Eine der Häusergruppen wurde in natürlicher Größe nachgebaut, die Artefakte befinden sich im Visitor Reception Centre des **L'Anse aux Meadows National Historic Park**. L'Anse aux Meadows liegt nur wenige Kilometer westlich des Kap Dégrat. Dem seefahrenden Historiker Samuel Eliot Morison zufolge muß dies der Punkt sein, der fast 500 Jahre nach den Wikingern, am 24. 6. 1497, dem Kapitän John Cabot als erstes nordamerikanisches Land über der Kimm erschien.

Vor der Rückkehr in weniger sagenumwobene Gefilde ist ein Besuch in **St. Anthony** empfehlenswert. Wenn ihn nicht schon die Wikinger besucht haben, sind in diesen geschützten, aber auch im Sommer nicht immer ganz eisfreien Hafen im 16. Jh. als erste Europäer baskische und französische Fischer eingelaufen. Im späten 19. Jh. gewann St. Anthony neue Bedeutung durch den Arzt Dr. Wilfred Grenfell, der hier ein Missionshospital und eine Genossenschaft für die immer mehr in die Schuldknechtschaft englischer Großunternehmer geratenden Fischer gründete.

Auf der Fahrt nach Süden bietet sich eine zweite Gelegenheit, an einigen Stellen vielleicht bei besserem Wetter anzuhalten und etwa im Gros Morne National Park (vgl. S. 101) den Umweg über Norris Point und Woody Point zu machen. Als lohnende Abstecher kommen der Blow Me Down Provincial Park über Corner Brook (vgl. S. 101) und die französisch besiedelte Halbinsel Port au Port über Stephenville in Frage, beide mit herrlichen Blicken von der Steilküste aufs Meer.

Eine eventuelle Wartezeit auf die Fähre **(Channel)-Port-aux-Basques** läßt sich gut mit einer Fahrt zur Funkstation des kanadischen Küstenschutzes auf den Höhen im Westen der Stadt oder mit einem Ausflug nach Osten zu dem idyllischen Fischerdorf Rose Blanche überbrücken.

Prince Edward Island

Prince Edward Island im Überblick

Mit 5660 km² nur etwa doppelt so groß wie Luxemburg, ist Prince Edward Island (kurz P.E.I.) die bei weitem kleinste der kanadischen Provinzen. Landschaftlich ist die Insel eine Fortsetzung des Tieflands im östlichen New Brunswick. In diesem Gebiet wurden die Erosionsprodukte der alten appalachischen Gebirgszüge vor 350 bis 275 Mio. Jahren als flachliegende Sand- und Tonsteine abgelagert. Die Oxydation ihres Eisengehalts verleiht den Böden von Prince Edward Island ihre charakteristische Röte. Die Insel ist im ganzen flach, nur an beiden Enden steigen die alten Schichten zu Plateaus mit steil zum Meer abfallenden Kliffs an. Im Zentrum haben sich härtere Konglomerate stellenweise der Planierung widersetzt und Hügel mit Höhen bis zu 142 m geschaffen. Tief in die Niederungen dringen von Nord und Süd flache Meeresarme ein und zerlegen die Insel in drei etwa gleichgroße Teile.

Prince Edward Island wurde nach der Eiszeit, wohl vor etwa 8000 Jahren, zuerst von Paläo-Indianern besucht. Ihre Nachfolger, die Micmac, nannten die Insel Abegweit, etwa ›Land in Wellen gebettet‹. Die Ehre, sie als erste Europäer gesichtet zu haben, gebührt portugiesischen Seefahrern. Im Jahre 1534 setzte Jacques Cartier Boote aus und nahm für Frankreich von einem Land Besitz, das erst später als Insel erkannt und Ile St. Jean genannt wurde.

Obgleich Cartier die Ile St. Jean in hohen Tönen pries, dauerte es fast zwei Jahrhunderte, bevor 1720 die ersten 300 Siedler in Port la Joye (heute Charlottetown) ausgeschifft wurden. Ihnen hatte man zugedacht, die neue französische Festung Louisbourg auf der Ile Royale (Cape Breton Island) mit landwirtschaftlichen Produkten versorgen zu helfen. Die-

Prince Edward Island

Postalisches Kürzel: PE
Größe: 5660 km²
Hauptstadt: Charlottetown
Bevölkerung: 130 000
Wirtschaft: Landwirtschaft, Fischerei, Fremdenverkehr
Information: Visitor Services, P.O. Box 940, Charlottetown PE, C1A 7M5, ✆ 800-565-0267
Verkehrsverbindungen: Anflug nach Charlottetown über Halifax, Montreal oder Toronto; Fähren von Caribou, Nova Scotia, und Cape Tormentine, New Brunswick
Reisezeit: Juni bis September

sen Plan vereitelten einige schlechte, durch verheerenden Mäusefraß weiter dezimierte Ernten, und viele Einwanderer hatten die Insel bereits wieder verlassen, als Louisbourg 1745 und gleich darauf Port La Joye in englische Hände fielen.

Im Jahre 1748 stellte der Friede von Aachen die alten Besitzverhältnisse wieder her, dann wurde die Ile St. Jean zum Flüchtlingslager. Zu den wenigen verbleibenden Insulanern und einigen frankophonen Zugezogenen kamen Hunderte von Akadiern, denen es gelungen war, sich in Nova Scotia der Vertreibung von 1755 zu entziehen. Im Verlauf des Siebenjährigen Kriegs kapitulierte Louisbourg 1758 zum zweiten Mal und mit ihm Port La Joye. 3500 französischsprachige Siedler wurden nun in einer zweiten Massendeportation von der Ile St. Jean vor allem nach Frankreich, aber auch nach Louisiana verschifft, wo ihre Nachfahren heute im Mississippi-Delta als Cajuns weiterleben. Der Friedensschluß von 1763 machte aus dem französischen Ile St. Jean das englische Island of St. John. Dies wurde dann Ziel britischer Einwanderer, zuerst von Schotten und nach den Napoleonischen Kriegen von Iren. Auch die Akadier konnten nun allmählich von nah und fern zurückkehren. In dem Gebiet westlich von Summerside weht heute von vielen Häusern die akadische Trikolore mit dem goldenen Stern.

Nachdem die Insel eine Weile zu Nova Scotia gehört hatte, wurde sie 1769 eine separate Kolonie. Die Hauptstadt benannte man nach der Gemahlin George III., einer Prinzessin aus dem Hause Mecklenburg-Strelitz, Charlottetown. Seit 1799 trägt Prince Edward Island den Namen eines Sohnes des gleichen Königs. In die Zeit zwischen diese Daten aber fällt ein wichtigeres Ereignis, die Einführung der Kartoffel, mit der die Wirtschaft der Insel steht und fällt.

Im Jahre 1864 wurde Charlottetown zur Wiege des modernen Kanada. Es begann damit, daß Verhandlungen der inzwischen zu Provinzen aufgestiegenen ehemaligen Kolonien Nova Scotia, New Brunswick und Prince Edward Island über den Zusammenschluß in einer Maritime Union am Eigenwillen der Insulaner scheiterten. Hierauf schlugen Quebec und Ontario vor, statt dessen im September 1864 in Charlottetown eine Föderation aller kanadischen Provinzen zu diskutieren. Da gleichzeitig ein Zirkus seine Zelte in dem Städtchen aufgeschlagen hatte, mußten die zukünftigen *Fathers of Confederation* zunächst um Hotelzimmer wetteifern, aber aus ihrer Konferenz ging 1867 das Dominium Kanada hervor. Nur die Gastgeber konnten sich erst 1873 zum Beitritt entschließen.

Prince Edward Island lebt von und für Landwirtschaft, Fremdenverkehr und Fischerei, und zwar in dieser für die anderen atlantischen Provinzen untypischen Reihenfolge. Wie der erste Satz der »Pastorale« erweckt die Insel heitere Gefühle bei der Ankunft auf dem Lande, gleich wo der Wagen von der Fähre rollt. Im Gegensatz zum Festland sind verlassene Farmen, baufällige Häuser und in sich zusammengesunkene Scheunen sehr selten. P.E.I. ist zu klein und zu offen, sowohl land- wie gesellschaftlich, für dergleichen unansehnliche Verschwendung.

Von 1908 bis nach dem Ersten Weltkrieg war es Motorfahrzeugen untersagt, die öffentlichen Verkehrswege unsicher zu machen. Heute lädt ein ausgezeichnetes Straßennetz dazu ein, jede Ecke der Insel zu erkunden, soll doch Prince Edward Island in Kürze durch einen

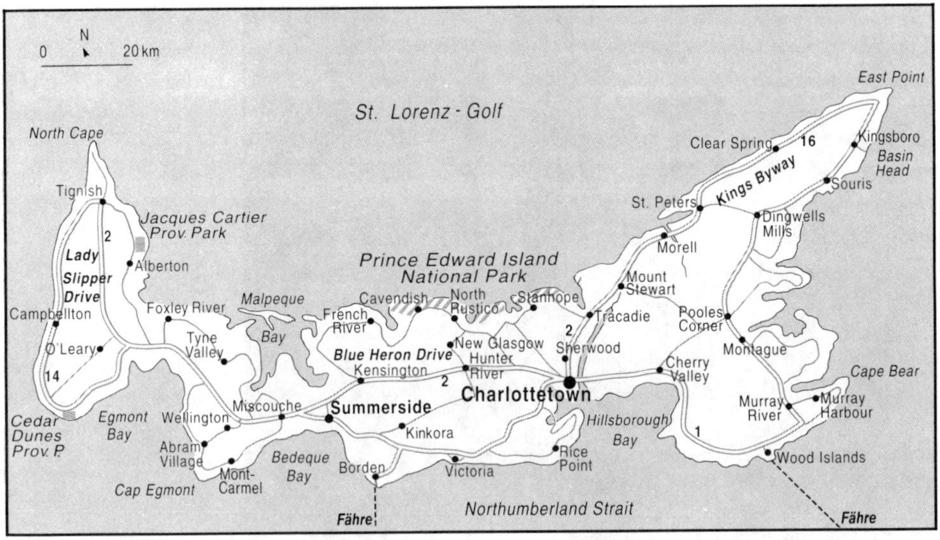

Prince Edward Island

Straßendamm mit dem Festland verbunden werden. In dem überall gratis erhältlichen »Visitors Guide« mit Straßenkarte schlägt das Department of Tourism and Parks drei Rundfahrten vor, je eine um die drei Segmente der Provinz. Um das Zentrum herum führt der Blue Heron Drive. Die östliche Halbinsel wird vom Kings Byway Drive umrundet und die westliche vom Lady Slipper Drive.

Jede dieser Routen ist auf der Karte sowie am Straßenrand mit einem entsprechenden Symbol versehen. Je nachdem, wo man ankommt, kann man entweder die westliche oder die östliche Runde in einer Tagesroute gleich von der Fähre aus machen. Wer sich aber vorher näher über die Provinz unterrichten will, sollte zuerst die Hauptstadt Charlottetown besuchen. Dort kann man auch am einfachsten erkunden, welche der vielen leckeren Hummermahle *(lobster suppers)*, die auf Prince Edward Island auch von Kirchengemeinden angeboten werden, am besten in den Reiseplan passen.

Charlottetown

Von beiden Fährhäfen, Woods Island und Borden, ist Charlottetown, mit 16 000 Einwohnern die kleinste Provinzhauptstadt in Kanada, in etwa einer Stunde zu erreichen. Im Zentrum der nach klassischen Vorbildern symmetrisch angelegten Altstadt liegt das Province House, in dem seit 1847 das Provinzparlament tagt und in dessen Confederation Chamber der Konferenztisch zu sehen ist, an dem 1864 die Grundzüge der ersten kanadischen Ver-

In der Altstadt von Charlottetown

fassung ausgearbeitet wurden. Neben dem georgianischen Province House liegt in respektvollem Abstand das moderne Confederation Centre of the Arts mit Bibliothek, Museum, Festspieltheater und Gemäldegalerie. Eine der größeren Sammlungen dort besteht aus Werken eines der bekanntesten Portraitmalers von Kanada, Robert Harris (1849–1919). In den älteren Wohnbezirken von Charlottetown macht sich der Einfluß seines Bruders, des Architekten William Critchlow Harris bemerkbar, der im ausgehenden 19. Jh. half, den sogenannten *Queen Anne Revival Style* aus England einzuführen. Mit Giebeln, Veranden, Ecktürmen und verzierten Schornsteinen sind seine Villen altmodisch anheimelnd, haben aber mit dem zur Zeit der Königin Anne (1665–1714) vorherrschenden Baustil wenig zu tun.

Blue Heron Drive

Gute Badestrände sind an der kanadischen Atlantikküste selten. An den meisten Stellen ist entweder das Ufer zu felsig, der Tidenhub zu hoch oder das Wasser zu kalt. Prince Edward Island bildet eine Ausnahme. Die Nordseite der Insel ist mit langen sandigen, an roten Kliffs verankerten Nehrungen gesegnet. Rosafarbene Strände tauchen nach Norden so sanft in das warme Wasser des Golfs von St. Lorenz ab, daß sich nur harmlose Wellen bilden können. Nach Süden ist der Strand durch hohe Dünen von flachen Haffs getrennt. Im schönsten, mittleren Teil dieses Küstenstreifens wird die Natur durch den rund 40 km langen **Prince Edward Island National Park** vor den Menschenmassen geschützt, die hier im Sommer Erholung suchen. Dieses Ferienparadies erreicht man von Charlottetown über den Blue Heron Drive. Im Cavendish-Sektor des Nationalparks liegt das Haus Green Gables, in dem Lucy Maud Montgomery (1874–1942) ihre junge Heldin Anne aufwachsen ließ. »Anne of Green Gables« ist wohl der in die meisten Sprachen – natürlich auch ins Deutsche – übersetzte kanadische Roman.

Folgt man dem Blue Heron Drive an den Haffs entlang, in denen tatsächlich – wie der Name der Route verheißt – zahlreiche blaugraue Reiher zu sehen sind, weiter nach Westen, so kommt man bei **Park Corner** zu einer zweiten Gedenkstätte mit grünen Giebeln, dem Anne of Green Gables Museum. Hier lebte die Autorin. Die Malpeque Bay, die rechts vom Blue Heron Drive erscheint, ist weit und breit berühmt für die 10 Mio. Austern, die hier alljährlich herangezogen und geerntet werden. Bekannt sind auch die englischen und schottischen Bauwerke, St. Paul's Cathedral, Tower of London, Dunvegan Castle und viele andere, die nördlich von Kensington bei **Burlington** als getreue Modelle im Liliput-Maßstab zu sehen sind.

In Travellers Rest kann man den Blue Heron Drive unterbrechen und nach Osten auf den Lady Slipper Drive einbiegen. Wenn man dagegen weiterfährt und Summerside zunächst rechts liegenläßt, kommt man nach **Borden**, von wo Fähren, die im Winter auch als Eisbrecher fungieren, über die Northumberland Strait nach Cape Tormentine in New Brunswick verkehren. Zum Leidwesen eingefleischter Insulaner soll die Fährverbindung bald eingestellt und durch eine Brücke ersetzt werden.

Auf einer Landzunge südlich von Charlottetown lag die befestigte französische Siedlung Port La Joye aus dem frühen 18. Jh. Im Jahre 1758 bauten die Engländer dort das Fort Amherst, zogen aber schon 1768 nach Charlottetown um und ließen die Anlage verfallen. Im **Fort Amherst/Port La Joye National Historic Park** sind die alten Erdwälle noch zu sehen, sie haben sich aber durch Grasbewuchs der pastoralen Umgebung angeglichen. Der Besuch lohnt sich einmal des schönen Blicks wegen, den man von hier auf Charlottetown hat. Außerdem aber kann man sich ganz in der Nähe bei Rocky Point auf einem Spaziergang durch den Wald darüber unterrichten, wie die Micmac-Indianer vor Ankunft der Weißen lebten. Das **Micmac Indian Village** ist die Rekonstruktion eines indianischen Waldlagers mit Wigwams, Saunen *(sweat lodges)* und Versammlungsplätzen. Nachbildungen von diversen Fallen veranschaulichen, wie jedes Tier mit anderen Methoden überlistet wurde.

Lady Slipper Drive

Lady's Slipper, die Frauenschuh-Orchidee, ist das floristische Wahrzeichen von Prince Edward Island. Typischer, besonders am Lady Slipper Drive, ist jedoch die Kartoffel. Von **Summerside**, der zweitgrößten Stadt der Insel, wird ein großer Teil der Kartoffelernte ausgeführt. Rund 15 % werden an Ort und Stelle zu Pommes frites und dergleichen verarbeitet, leider nicht ohne Verunreinigung eines der Flüsse, die in die Austernbucht von Malpeque fließen. An dieser führt der Lady Slipper Drive zunächst wieder vorbei.

Im **Green Park Provincial Park** bei Port Hill lernt man, wie vor 100 Jahren hölzerne Schiffe gebaut wurden. Das Türmchen auf dem Hause des Werfteigners James Yeo ist einer der am Atlantik häufigen *widow's walks*, von dem die Frauen oft vergeblich nach zurückkehrenden Schiffen Ausschau hielten. Im Ellerslie Shellfish Museum in **Bideford** wird die Austernkultur von der Larve bis zur Verschiffung erklärt. Von der nächsten Landzunge reicht eine Straße zur Insel Lennox hinüber, wo in einem Micmac-Reservat indianisches Kunsthandwerk gepflegt wird. Bei Alberton wurde der Silberfuchsindustrie ein Denkmal gesetzt, die von der Jahrhundertwende bis in die 30er Jahre hier blühte. Tignish ist ein wichtiges Zentrum für die Thunfischfischerei, die dortige Fishermen's Co-operative zählt weltweit zu den größten Herstellern von Hummerprodukten.

Am nördlichen Ende der Insel befindet sich eine internationale Teststation für Windkraftwerke, am westlichsten steht ein alter hölzerner Leuchtturm, in dem Besucher sogar essen und wohnen können. Die Rückfahrt nach Summerside führt durch die frankophone Région Evangéline. In diesem Gebiet hatten sich nach dem Friedensschluß von 1763 zuerst die Akadier angesiedelt, die den Engländern bei der Vertreibung in die nahen Wälder entkommen konnten. Andere kehrten nach und nach aus anderen Teilen der Welt zurück. Im Museumsdorf Acadian Pioneer Village in **Mont-Carmel** kann man sehen, wie die Akadier im frühen 19. Jh. lebten und probieren, was sie aßen.

Kings Byway Drive

Wenn man, mit der Fähre von Nova Scotia kommend, nicht sofort Charlottetown ansteuern will, kann man in Woods Island rechts einbiegen und erreicht dann die Hauptstadt über den Kings Byway. Dies ist keine Seitenstraße, wie man aus dem Namen entnehmen könnte, sondern eine landschaftlich sehr reizvolle Rundstrecke um Kings County, einen der drei Regierungsbezirke von P.E.I.

Es geht zunächst hinaus zum Cape Bear, mit schöner Aussicht und drei Leuchttürmen, dann durch Dörfer an grünumrahmten Buchten. Ganz anders als in Nova Scotia oder gar Newfoundland ist hier schwer zu erkennen, ob sich die Bewohner vorwiegend von Fischerei, Landwirtschaft oder Fremdenverkehr ernähren. **Murray Harbour** ist der Heimathafen einer größeren Hummerflotte. Im **Buffaloland Provincial Park** wenige Kilometer landeinwärts grast eine Bisonherde zusammen mit Weißwedelhirschen. Andere Provincial Parks bieten weißen Sand mit hohen Dünen (Panmure Island) oder Theater und sportlichen Zeitvertreib (Brudenell).

Der Name **Souris** erinnert an die Mäuseplage, die auch dafür verantwortlich war, daß die ersten französischen Versuche, im 18. Jh. auf der Ile St. Jean Fuß zu fassen, fehlschlugen. Eine Autofähre verbindet Souris mehrmals in der Woche mit den zu Quebec gehörigen, 134 km entfernten Magdalen Islands (Iles-de-la-Madeleine).

Von **Kingsboro** führt ein kurzer Abstecher hinunter ans Wasser zu dem besonders hübsch gelegenen Basin Head Fisheries Museum, wo die verschiedenen Systeme der Küstenfischerei anhand von Booten, Geräten und Modellen erklärt werden. Am Beispiel der benachbarten Dünen wird hier auch gezeigt, wie man dieses für P.E.I. so wichtige Landschaftselement zu stabilisieren versucht. Eine große Rolle spielt dabei das Marramgras, ein Verwandter unseres Strandhafers.

Nur drei der über 60 Leuchttürme auf Prince Edward Island sind noch nicht automatisiert, sondern bemannt: Wood Islands, Souris und East Point liegen am Kings Byway. Von der Höhe des hölzernen East Point Leuchtturms aus dem Jahre 1867 kann man beobachten, wie die Strömungen der Northumberland Strait sich mit denen des Golfs von St. Lorenz treffen.

Die benachbarte Nordküste ist bei Sportanglern für die großen Thunfische berühmt, die hier gefangen werden. Ein 680 kg schwerer, in North Lake angelandeter *tuna* hielt lange den Weltrekord. Von der gleichen Küste kommt fast die Hälfte der Welternte eines *Irish moss* genannten Seetangs, der in der kosmetischen und Nahrungsmittelindustrie als Emulgator verwendet wird und daher wirtschaftlich sehr wichtig ist.

Auf dem Rückweg nach Charlottetown verlockt der Highway 6 dazu, dem weniger überlaufenen Ostteil des Prince Edward Island National Park einen Besuch abzustatten.

Im Prince Edward National Park

New Brunswick

New Brunswick im Überblick

Die festländischste der atlantischen Provinzen ist mit 73 440 km² etwas größer als Bayern. Genau wie Prince Edward Island hat der dem Golf von St. Lorenz zugekehrte Küstenbereich von New Brunswick ein Fundament aus flachliegenden, wenig widerstandsfähigen, rund 300 Mio. Jahren alten Sedimenten, die nur gelegentlich zur Belebung des Landschaftsbilds beitragen. Im Süden und Westen wird das Flachland von Resten älterer Gebirge umrahmt. Aus dem Staat Maine kommend, hat sich der St. John River einen Weg durch die westlichen dieser Höhen gebahnt. Anstatt sich dann aber in die Ebene und in den Golf zu ergießen, fließt er an der Hauptstadt Fredericton vorbei auf die südlichen Randhöhen zu. Dort füllt er vier parallele Täler mit langgestreckten Seen und erreicht schließlich bei Saint John die Bay of Fundy.

In der Fundy-Bucht steigt und fällt das Wasser täglich zweimal 12 m, gelegentlich beträgt der Unterschied zwischen Ebbe und Flut 16 m (vgl. S. 114 f.). Diese Höchstwerte treffen auf den äußersten, in Nova Scotia gelegenen Zipfel der Bucht zu, aber in New Brunswick ist das Naturphänomen Fundy am zugänglichsten, insbesondere in Saint John, im Fundy National Park und im Rocks Provincial Park bei Moncton.

Vor den Europäern lebten in New Brunswick zwei nahverwandte Zweige der großen algonkischen Sprachfamilie, das Küstenvolk der Micmac im Norden und Osten sowie die Malecite im Einzugsgebiet des St. John River. Die größten Reservate liegen in Big Cove südwestlich von Rexton an der Ostküste (Micmac) und Tobique bei Aroostook am Oberlauf des St. John River (Malecite).

New Brunswick

Postalisches Kürzel: NB
Größe: 73 440 km²
Hauptstadt: Fredericton
Bevölkerung: 730 000
Wirtschaft: Holz und Papier, Fischerei, Bergbau
Information: Tourism New Brunswick, P.O. Box 12345, Fredericton NB, E3B 5C3, ✆ 800-561-0123
Anflug: Saint John über Halifax, Montreal oder Toronto
Reisezeit: Juni bis Oktober; schöner *Indian Summer*

Seine Kolonialgeschichte hat New Brunswick unter dem Namen L'Acadie mit Nova Scotia geteilt, bis dieses 1713 endgültig englisch wurde. Dann blieb die Provinz unter dem Schutz der beiden Grenzforts Beauséjour und Gaspéreau am Isthmus von Chignecto zunächst französisch. Im Jahre 1755, im Verlauf erneuter Feindseligkeiten, kapitulierten beide Festungen. Die Tatsache, daß zur Besatzung von Beauséjour 300 Akadier gehörten, bestärkte Charles Lawrence, den englischen Gouverneur von Nova Scotia, in seinem Entschluß, auf einen bedingungslosen Treue-Eid aller Akadier zu bestehen. Dieser wurde verweigert, und so begann noch im gleichen Jahr *le grand dérangement*, in dem all jene, die sich nicht rechtzeitig nach Norden absetzen konnten, deportiert wurden. Die geräumten Ländereien gingen in die Hände von Farmern aus Großbritannien und Neu-England über. Als die Akadier nach dem endgültigen Ende von Neu-Frankreich zurückkehren durften, wurde ihnen das an Quebec grenzende Madawaska-Gebiet am Oberlauf des St. John River zugewiesen. Hier und auf der von Flüchtlingen besiedelten Akadischen Halbinsel im Nordosten wird heute Französisch gesprochen.

Um die Bildwirksamkeit der Provinz zu betonen, nennt sich New Brunswick gern *The Picture Province*, aber es wäre noch zutreffender, sie die loyale Provinz zu nennen. 35% der Bevölkerung sind ihrem akadischen Altfranzösisch treu geblieben, und dieser Tatsache trägt die offizielle Zweisprachigkeit – etwa auf Straßenschildern – Rechnung. Im Norden der Provinz hört man im Radio fast nur Französisch, englische Nachrichten kommen aus dem benachbarten US-Staat Maine. Die anglophone Mehrheit, wenn man von den Einwanderern des Industriezeitalters absieht, stammt von englischen Loyalisten aus den ehemaligen amerikanischen Kolonien ab. Ihr Zustrom war nach dem amerikanischen Unabhängigkeitskrieg so stark und ihr eigener Selbständigkeitsdrang so groß, daß die Provinz schon 1784 von Nova Scotia abgetrennt und (nach Braunschweig-Lüneburg, dem Stammhaus der Königsfamilie) New Brunswick genannt wurde. New Brunswick ist zu 85% dicht bewaldet, und darin lag seine Bedeutung als Kolonie. Solange Schiffe noch aus Holz gebaut wurden, hatte das britische Weltreich einen unstillbaren Bedarf an Baumaterial für seine Kriegs- und Handelsmarine.

Genau wie die Prince Edward-Insulaner zögerten auch die Neubraunschweiger traditionsgemäß, der 1864 in Charlottetown vorgeschlagenen kanadischen Union beizutreten. Es bedurfte zweier Regierungswechsel, bevor New Brunswick 1867 eine der Gründerprovinzen des Dominiums wurde.

Die Ostküste

Aus ihren Zufluchtsorten weiter im Norden waren die Akadier 1780 bereits wieder bis nach Cap-Pelé nach Süden vorgedrungen und hatten, wie ihre Ahnen an der Bay of Fundy und vorher in Frankreich, die geeignetsten Küstenstreifen eingedeicht und nutzbar gemacht. Zwischen ihren Dörfern und Fischereihäfen ziehen sich kilometerlange, sandige, oft allerdings durch Seetang und Zivilisationstreibgut verunzierte Strände hin.

Die Gezeiten der Fundy-Bucht

So reich New Brunswick und Nova Scotia an landschaftlichen Reizen sind, das eindrucksvollste Naturschauspiel am Atlantik geht zweimal am Tag in der Bucht zwischen den beiden Provinzen über die Bühne. Den Legenden der Micmac-Indianer zufolge waren es der Halbgott Glooscap und seine Gefährten Wal und Biber, die das Wasser abwechselnd steigen und fallen ließen, aber die Ozeanographen haben eine andere Erklärung für den extrem hohen Tidenhub in der Bay of Fundy.

Der Wechsel von Ebbe und Flut ist ein weltweites Phänomen, das durch die Anziehungskraft vor allem des Mondes aber auch der Sonne hervorgerufen wird. Wie groß der Gezeitenunterschied an einer bestimmten Stelle ist, hängt von den jeweiligen planetaren und geographischen Gegebenheiten ab. Der durchschnittliche Tidenhub an der atlantischen Küste von Nova Scotia beläuft sich auf weniger als 2 m. Warum steigt er in der Fundy-Bucht von rund 3 m am Eingang bis auf 12 m im äußersten Zipfel an?

Was in der Bay of Fundy vor sich geht, erklärt sich aus dem Zusammenwirken zweier sehr langer Wellen. Die eine ist die Gezeitenwelle, welche, der Anziehungskraft des Mondes folgend, alle 12½ Stunden am Ausgang der Bucht eintrifft und diese damit für alle Gegenströmungen schließt. In allen geschlossenen Meeren aber entstehen Schaukelwellen, die ständig von einem Ende zum anderen fluten, und zwar in einem Rhythmus, der von der Länge und Tiefe des Beckens abhängt. Da diese Eigenschwingung in der Fundy-Bucht zufällig die gleiche Periode hat wie die Gezeitenwelle, treffen beide Wellenberge stets am Ausgang der Bucht zusammen. Von dort rollen sie vereint in den immer enger und flacher werdenden Meeresarm und verursachen in der Chignecto Bay und im Minas Basin zweimal am Tag extrem hohe Fluten.

Zweimal im Monat vermag die ferne Sonne, die nur halb so ›anziehungskräftig‹ ist wie der nahe Mond, den Tidenhub merklich zu beeinflussen. Daß sie bei Neumond hinter dem Mond liegt und gewissermaßen in der gleichen Richtung ›zieht‹, ist leicht zu verstehen. Komplizierter ist die Vollmondsituation, in der die Sonne auf der mondabgewandten Seite der Erde liegt und dort der Anziehungskraft des Mondes entgegenwirkt. Bei der Rotation des Erde-Mond-Systems um seinen gemeinsamen Schwerpunkt ruft die Fliehkraft auf der mondfernen Seite einen Anstieg des Meeresspiegels hervor. Dieser ist es, den die Sonne bei Vollmond verstärkt. Wie dem auch sei, bei Neu- und Vollmond, wenn Sonne, Mond und Erde auf einer geraden Linie liegen, entstehen sogenannte Springtiden, bei denen der Tidenhub im Minas-Becken Weltrekordhöhen von 16 m erreicht.

Am anschaulichsten ist das Gezeitenphänomen in New Brunswick. Beim Fundy National Park legt die Ebbe den Hafen Alma trocken, und das Wasser weicht 1 km zurück. Wenn die Flut einsetzt, muß man jede Minute 2,5 m zurücktreten, um keine nassen Füße zu bekommen. Im Rocks Provincial Park am Kap Hopewell kann man zur rechten Zeit zwischen haushohen, baumbewachsenen *Flowerpots* spazierengehen, die dann allerdings sechs Stunden später nur noch als winzige Inselchen aus dem angestiegenen Wasser emporragen.

Ebbe in der Fundy-Bucht bei Alma

Im oberen Bereich der Bay of Fundy treibt die steigende Flut das Meerwasser mit einer bis zu meterhohen, steilen Wellenfront weit in den Unterlauf der Flüsse zurück. In Truro, Nova Scotia, ist die Gezeitenwelle im Salmon River eine zweimaltägliche Attraktion. Im breiteren und tieferen Shubenacadie wandert eine 15 cm hohe Wasserstufe mit einer Geschwindigkeit von 15 km pro Stunde laut zischend flußaufwärts. Am bekanntesten ist die tägliche Umkehr der Stromschnellen in Saint John, New Brunswick. Bei Springfluten steigt der Saint John River bis zurück zur Hauptstadt Fredericton an.

Selbstverständlich versuchten schon die ersten Siedler im französischen Akadien, von der angebotenen Energie Gebrauch zu machen. Im Jahre 1609 ließ Jean de Biencour in Port Royal die erste durch Gezeitenströmung angetriebene Mühle bauen. Theoretisch könnte die Bay of Fundy das Gleiche leisten wie 250 Kernkraftwerke. Selbst ein technisch realistischer, 8 km langer Staudamm an der engsten Stelle des Minas-Beckens würde mit 128 Turbinen mehr Elektrizität liefern, als das gesamte Verteilernetz des atlantischen Kanada absorbieren kann. Versuchsweise für dies Projekt treibt der Ebbstrom des Annapolis River in Nova Scotia seit einigen Jahren eine einzelne Turbine. Die Tidal Power Generating Station von Annapolis Royal ist das erste Gezeitenkraftwerk in Nordamerika.

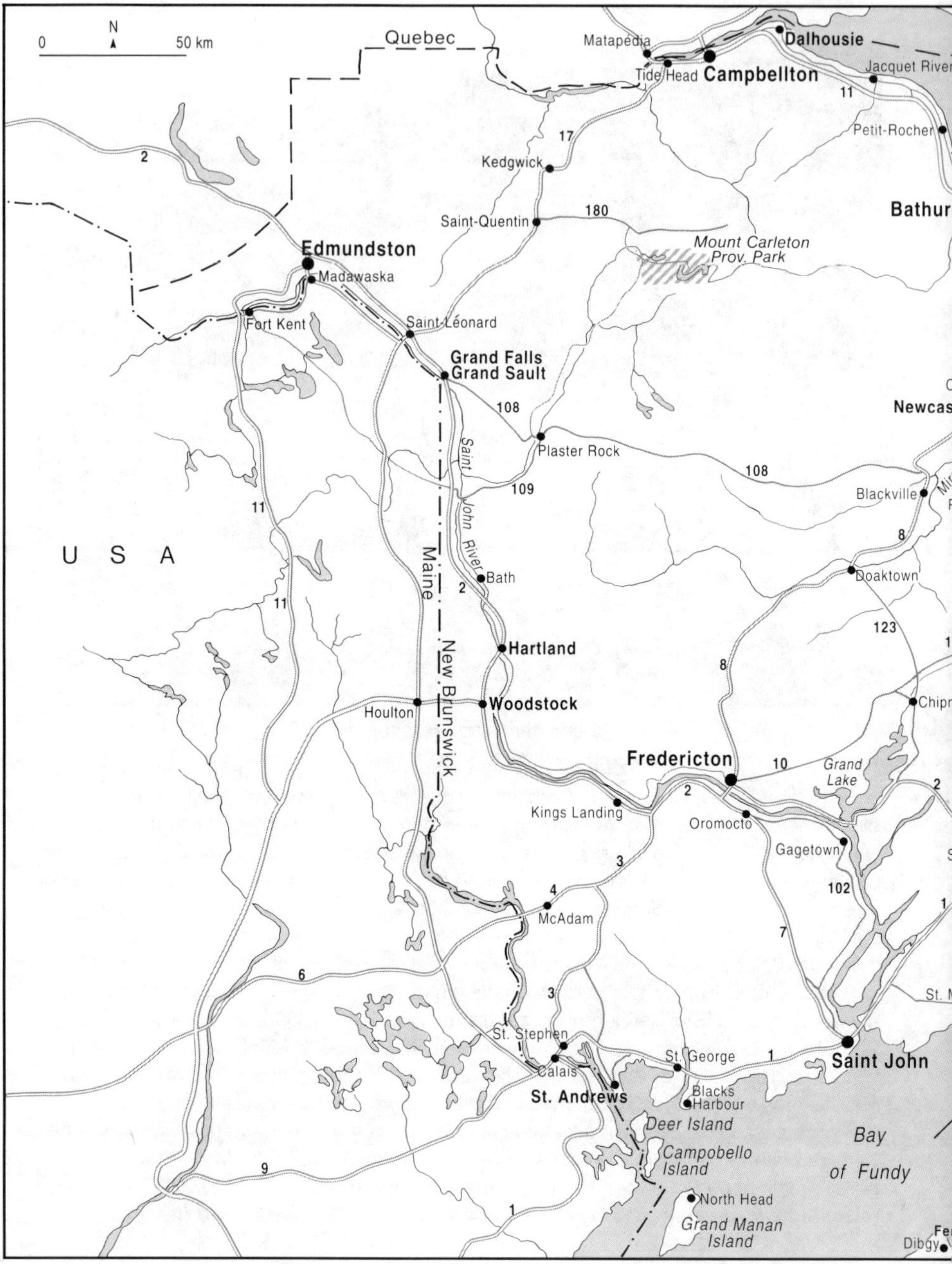
0
N
50 km
Quebec
Matapédia
Dalhousie
Tide Head
Campbellton
Jacquet River
11
Petit-Rocher
17
Kedgwick
2
Saint-Quentin
180
Mount Carleton
Prov. Park
Edmundston
Madawaska
Fort Kent
Saint-Léonard
Grand Falls
Grand Sault
108
Newcas
Saint John River
Plaster Rock
108
109
Blackville
11
8
U S A
Maine
Bath
2
Doaktown
11
123
Hartland
New Brunswick
8
Houlton
Woodstock
Chipn
Fredericton
10
Grand Lake
2
Kings Landing
Oromocto
Gagetown
3
102
4
McAdam
7
6
3
St. Stephen
St. George
1
Saint John
Calais
St. Andrews
Blacks Harbour
Deer Island
Bay of Fundy
Campobello Island
9
North Head
1
Grand Manan Island
Dibgy

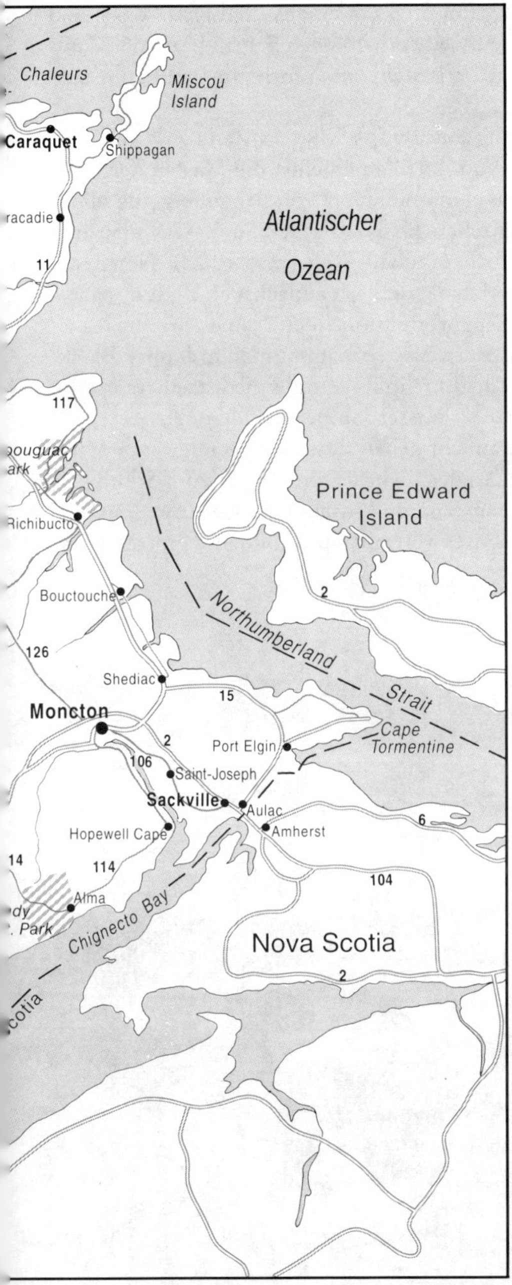

Einem Dutzend kanadischer Aspiranten zum Trotz untermauert **Shediac** seinen Anspruch auf den Titel *Lobster Capital of the World* mit einem überdimensionalen Zementhummer am Ortseingang. Auf der Seeseite der emsigen Stadt liegt im **Parlee Beach Provincial Park** einer der schönsten Badestrände von New Brunswick. Hier, noch im Schutz der Prinz Edward-Insel, versprechen die Broschüren »the warmest saltwater swiming north of Virginia«.

Ein Blick auf die Karte zeigt, daß die Küste dort, wo sie nicht mehr den Schutz von Prince Edward Island genießt, einen anderen Charakter annimmt. Die atlantische Dünung dringt nur selten in den Golf von St. Lorenz ein, die Wellenbewegung an der Ostküste von New Brunswick (wie auf der Insel) wird deshalb von Winden bestimmt, die normalerweise von Westen kommen. Stürme dagegen blasen von Nordosten. Sie wirbeln Sand vom flachen Meeresboden auf, laden ihn in Nehrungen und Inselnehrungen entlang der Küste ab und trennen so die Mündungsbuchten der Flüsse vom offenen Meer. Dieser Vorgang ließ sich besonders gut an dem 30 km langen Beispiel von **Kouchibouguac** nachweisen.

Der **Kouchibouguac National Park** (ku-schi-bu-gwak) ist der größte Nationalpark in New Brunswick. Die dortige Nehrungskette hat nach jedem Sturm einen etwas anderen Grundriß, aber die Lücken vor den Flußmündungen bleiben immer offen. Die seichten Lagunen dahinter sind von sauberen Sandstränden umgeben, deren Wasser noch wärmer ist als das schon recht angenehme des Meers. Hinter den Dünen besteht der Park aus Wäldern, Sümpfen und Torfmooren mit einer vielfältigen Vogel- und Pflanzenwelt, alles entweder zu Fuß oder mit leihweise erhältlichen Fahrrädern und Kanus zu erreichen. Der offizielle Führer durch den Park steht im Informationszentrum ausnahmsweise auch auf deutsch zur Verfügung.

Das Einzugsgebiet des Miramichi (Betonung auf dem ›schie‹) im Zentrum von New Brunswick ist die Holzkammer der Provinz. Von dort kamen einst die Masten der britischen Flotte und kommen heute die großen Haufen und Stapel von Brennholz, die hinter jedem zweiten oder dritten neubraunschweigischen Haus zu sehen sind. Was man hier nicht verbraucht, wird von Newcastle und Chatham in alle Welt verschifft. In **Newcastle** wuchs Max Aitken auf, der spätere Lord Beaverbrook, der sich zunächst als Zeitungsverleger und dann als Churchills Minister für Flugzeugproduktion einen Namen machte.

Fährt man am Hauptarm des Miramichi flußaufwärts, so kommt man in **Upper Blackville** zu einem Flugplatz, auf dem eine kleine Luftflotte in Reih und Glied startbereit steht, die aus Beaverbrooks Zeiten stammen könnte – Wasserbomber für den Einsatz gegen Waldbrände. In den Holzfällerlagern am Miramichi gehen düstere Legenden von Mord und Totschlag um, aber das hält passionierte Angler nicht davon ab, bis zum Southwest Miramichi vorzudringen. Dort machen sie sich im Salmon Museum in **Doaktown** mit dem Lebenszyklus des echten, des atlantischen Lachses vertraut und können dann selbst ihr Glück mit ihm versuchen.

Die gedeckte Brücke bei Hartland

Zwischen der Miramichi-Mündung und der Baie des Chaleurs, der warmen Bucht, liegt die sogenannte Akadische Halbinsel. Akadier, die sich weiter im Süden der Deportation durch englische Truppen entziehen konnten, waren 1755 und in den folgenden Jahren hierher geflohen. Da sie ausgezeichnete Lebensbedingungen vorfanden, blieben sie, ihre Nachfahren leben heute vorwiegend von der Fischerei und in zweiter Linie von der Landwirtschaft.

Kurz hinter Pokemouche sollte man nicht versäumen, in die Straße 113 nach Osten einzubiegen. Die Route führt zunächst zu dem geschäftigen Hafen **Shippagan** und einem interessanten Fischereiforschungsinstitut (Marine Centre) mit Museum und Aquarium. Es empfiehlt sich, in Shippagan zu tanken, denn nun geht es durch dünnbesiedelte Moorlandschaft an den endlos erscheinenden Torfmullflächen der Ile Lamèque vorbei zur **Insel Miscou**. Diese ist erst neuerdings durch eine Brücke mit dem Festland verbunden und, obgleich von schönen Sandstränden umgeben, dem Fremdenverkehr noch nicht erschlossen. Am äußersten Ende der Insel steht seit 1856 ein weiß gestrichener, aus handgearbeiteten Balken gefertigter Leuchtturm, dessen Lampe ursprünglich mit Robbenöl gespeist wurde. Von seiner Höhe genießt man einen ausgezeichneten Rundblick über Land und Meer.

Caraquet, 1757 gegründet, ist sowohl die älteste Siedlung wie auch das moderne kulturelle Zentrum der akadischen Halbinsel. Das historische Akadien wurde 14 km weiter westlich im Museumsdorf **Village Historique Acadien** wieder zum Leben erweckt. In rund zwei Dutzend teils originalgetreu nachgearbeiteten und teils restaurierten Wohnhäusern und Werkstätten arbeiten Schmiede, Müller, Stellmacher und Besenbinder, Spinnerinnen, Weberinnen und Köchinnen mit den gleichen Werkzeugen und Geräten, die vor 100 bis 200 Jahren gebräuchlich waren. Interessant ist auch eine betriebsfähige Nachbildung des Systems von Deichen und Schleusen, mit dem die Akadier überall, wo sie sich niederließen, die Marschen der Küstenniederungen entwässerten und fruchtbar machten.

In **Grande-Anse** am westlichen Eingang zur akadischen Halbinsel gibt es ein Museum, in dem Portraits aller Päpste von Petrus bis heute und ein Modell des Petersplatzes in Rom zu sehen sind. Vom Pokeshaw Provincial Picnic Park kann man Hunderte von Seevögeln beobachten, die sich auf einer kleinen runden, dicht am Ufer steil aus dem Meer aufsteigenden Insel tummeln.

Bathurst liegt an der Grenze zwischen den Niederungen im östlichen und mittleren New Brunswick sowie dem Mittelgebirge im Norden der Provinz. Mit der Landschaft nehmen auch Industrie und Einwohnerschaft ein anderes Wesen an. Fischerei und Marschkultivierung treten in den Hintergrund. Bathurst etwa lebt von der Holz- und Papierindustrie, deren visuelle und olfaktorische Merkmale trotz anerkennenswerter kosmetischer Eingriffe nicht verschwunden sind. Seit den 50er Jahren trägt die Ausbeutung der westlich der Stadt gefundenen reichen Zink-, Blei- und Kupfervorräte zur Belebung der Wirtschaft bei.

Für die Weiterfahrt ist der langsamere, aber schönere Highway 134 zu empfehlen. Dort liegt **Petit Rocher** mit dem New Brunswick Mining and Mineral Centre, wo man in einem

Historische Darstellung der Stromschnellen des Saint John River

Bergwerksschacht die Erzlagerstätte aus der Nähe kennenlernen und von einem Aussichtsturm die Halbinsel Gaspé in der Ferne sehen kann.

Obgleich in unmittelbarer Nachbarschaft von Quebec gelegen, tritt im Küstenstreifen nordwestlich von Bathurst der frankophone Einfluß streckenweise zurück. Jacques Cartier entdeckte die Baie des Chaleurs 1534 für Frankreich. Die ersten Ansiedler waren Franzosen, aber dort, wo der Restigouche River in die Bucht der Wärme mündet, gingen die Engländer 1760 aus dem letzten Seegefecht des Siebenjährigen Kriegs siegreich hervor. Bald darauf ließen sich, wie die Ortsnamen andeuten, vor allem schottische Familien nieder. Dalhousie mit einer Fährverbindung nach Quebec sowie Campbellton mit einer Brücke über den Restigouche kommen als Ausgangspunkte für einen Besuch der Halbinsel Gaspé in Frage, den man hier einschieben könnte.

Die Rundfahrt durch New Brunswick geht weiter durch Felder, auf denen Farnkraut als Gemüse angepflanzt wird. Die jungen, der Geigenschnecke *(fiddlehead)* ähnelnden Triebe sind eine kulinarische, auch jenseits der neubraunschweigischen Grenzen geschätzte Spezialität, eine Tatsache, die den Ort **Tide Head** dazu ermutigte, sich *Fiddlehead Capital of the World* zu nennen. Der Highway 17 führt nun durch einsame Birken-, Eschen-, Fichten- und Ahornwälder durch das grüne Restigouche-Hochland. Wie es dort um 1930 in den Holzfällerlagern herging, erfährt man im Heritage Lumber Camp in **Kedgwick,** das anschaulich von dem ›wilden‹ Leben der ›harten Männer‹ berichtet. Von **Saint-Quentin** verläuft eine allerdings nur teilweise asphaltierte Straße nach Osten zum entlegenen Mount Carleton, der mit 820 m höchsten Erhebung in den maritimen Provinzen.

Der Saint John River

Nordamerikas Rhein, so nennt man den Fluß hier gern, allerdings ist es fraglich, welchem Strom man damit die größere Ehre antut. Der Saint John ist weniger grandios, aber er ist stiller, unberührter, und ganz sicher sehr viel sauberer.

Bei **Saint-Léonard** stößt der Highway 17 auf den TransCanada Highway. Hier und in dem offenen, flachen Farmland weiter flußaufwärts bildet der Saint John River eine wie man meinen sollte klare und unproblematische Grenze zwischen New Brunswick und dem US-Staat Maine. Dem war aber nicht immer so. Als 1783 die amerikanische Unabhängigkeit formell anerkannt und die Ausdehnung des neuen Staatswesens festgelegt wurde, ließ die Ungenauigkeit der zeitgenössischen Karten unter vielen anderen örtlichen Fragen diejenige offen, ob nicht der Zipfel westlich vom Madawaska-Fluß zu Maine zu zählen sei. Hierüber kam es 1839 zwischen Patrioten auf beiden Seiten fast zu bewaffneten Ausschreitungen.

Die dort lebenden Quebecker, Akadier, Loyalisten, Schotten, Iren und Indianer meinten, daß man sich wohl am besten als Republic of Madawaska selbständig mache. Weiter ist es nicht gekommen, aber die fiktive Republik hat immerhin einen Ehrenpräsidenten in Gestalt des Bürgermeisters der ›Hauptstadt‹ Edmundston und eine Flagge mit einem Adler und sechs Sternen, einem für jede Volksgruppe. Neben dem Sirup, der in der Nordwestecke von New Brunswick dem Zuckerahorn in großen Mengen abgezapft wird, sind die farbenfreudigen Webwaren der *Madawaska Weavers*, die man in Saint-Léonard bei der Arbeit beobachten kann, das bekannteste Produkt.

Bei **Grand Falls/Grand Sault** – hier wird die offizielle Zweisprachigkeit betont – stürzt der Saint John in einem tosenden Wasserfall, vielleicht dem großartigsten östlich von Niagara, in ein 23 m tiefer gelegenes Bett und bleibt nun auf kanadischem Boden, abwechselnd begleitet von bewaldeten Hügeln und Kartoffel- sowie auch hier von Farnkrautfeldern. Auf dem hübschen Umweg zu den roten Gipsbrüchen von Plaster Rock kommt man zu der 1872 gegründeten größten Siedlung dänischer Einwanderer in Nordamerika. Dort, wo der Tobique River in den Saint John mündet, liegt das größte Reservat der Malecite-Indianer.

Die Idee, hölzerne Brücken durch Dach und Verschalung vor Wind und Wetter zu schützen, kam aus Europa und über die östlichen Vereinigten Staaten mit den Loyalisten nach Kanada. In Quebec wurden die Seitenwände vorzugsweise mit horizontalen und andernorts mit vertikalen Brettern vernagelt. Die gedeckte Brücke, die seit 1899 in **Hartland** über den Saint John River führt, ist mit 391 m die längste der Welt. Auch die Stützpfeiler bestanden bis 1920 aus Holz.

Wenn es bisher gleichgültig war, an welchem Ufer man flußaufwärts fährt, ist es nun ratsam auf dem rechten, das heißt auf dem TransCanada Highway zu bleiben, denn dort liegt **Kings Landing**, eines der schönsten und reichhaltigsten unter den kanadischen Museumsdörfern. Kings Landing gibt das Leben der Loyalisten und ihrer Nachkommen von 1784 bis zur letzten Jahrhundertwende wieder. Besonders malerisch ist die arbeitsfähige Sägemühle mit Wasserantrieb, bezeichnend für dieses holzreiche Land sind transportable Sägemaschinen. Ihr Sägeblatt wird von einer Art Förderband betrieben, auf dem Pferde, Ochsen oder Hunde auf der Stelle trotten. Nach dem Gang durch die weitläufige Anlage kann man sich im Dorfgasthaus altloyalistisch bewirten lassen.

Mit **Fredericton** besitzt New Brunswick eine zurückhaltend-vornehme Hauptstadt ohne Wolkenkratzer. Wie 3800 Jahre alte, eine kurze Strecke flußabwärts am Cow Point gefundene Artifakte beweisen, jagten und fischten hier in prähistorischer Zeit die maritimarchaischen *Red Paint People*. Dann kamen Woodland-Indianer, gefolgt von Micmac und

Malecite. Die erste europäische Siedlung war Ste-Anne, von Akadiern dort gegründet, wo der Saint John sich aus der relativen Enge der Mittelgebirgstäler in weite Niederungen ergießt, wo er träge und schiffbar wird, und wo die Gezeiten der Bay of Fundy sich in den Ufermarschen gerade noch bemerkbar machen. Ste. Anne war nicht von Dauer, aber auf die gleiche Stelle fiel die Wahl des ersten Gouverneurs von New Brunswick, der eine Residenz brauchte, als die aus den Staaten herbeiströmenden Loyalisten 1784 die Gründung einer von Nova Scotia unabhängigen Kolonie durchgesetzt hatten. Nach dem zweiten Sohn des Königs George III. wurde sie zuerst Frederick's Town und dann Fredericton genannt.

Der Stadtkern liegt auf einer flachen Terrasse. Im Norden umfließt sie der Saint John River in einer weiten Biegung, im Süden wird sie von sanften Höhen umgeben. Die Universität von New Brunswick, die älteste staatliche in Kanada, blickt von oben auf Fredericton herab. Alles andere, was hier sehenswert ist, präsentiert sich am Flußufer oder gleich dahinter, von dem streng symmetrisch gehaltenen Old Government House im Westen bis zur Christ Church-Kathedrale und den ulmenbeschatteten Villen in der Waterloo Row im Osten. Obgleich die Umgebung auch hier nicht frei von Industrie ist, haben sich die Patrizier nicht, wie sonst üblich, die Frischluftseite der Stadt ausgesucht.

Die Universität in Fredericton

Das unbestrittene Schmuckstück von Fredericton ist die 1959 von dem Pressebaron gestiftete und seitdem erheblich erweiterte Beaverbrook Art Gallery. Die Galerie rühmt sich einer der umfassendsten Sammlungen von Bildern englischer Portrait- und Landschaftsmaler. Zu den bemerkenswertesten modernen Werken gehören mehrere Studien von Graham Sutherland für ein Portrait von Winston Churchill, von dem es heißt, daß der große Mann und Amateurmaler es so entrüstet ablehnte, daß es vernichtet werden mußte. Neben der Group of Seven, der einzig wahren kanadischen Schule, ist Cornelius Krieghoff (1815–72) mit 34 Bildern vertreten. Der gebürtige Holländer war vor allem in Quebec tätig, aber seine volkstümlich-romantischen Winterszenen werden zum pankanadischen Kulturgut gerechnet. Das Prunkstück der Galerie ist Salvador Dalís »Santiago el Grande«.

Die Fundy-Küste

Aus kanadischer Sicht liegt die Südwestecke von New Brunswick abseits, nicht aber aus US-amerikanischer, und das macht einen Teil ihres Reizes aus. Um von Fredericton dorthin zu gelangen, fährt man zunächst auf dem TransCanada Highway nach Long Creek zurück und dann auf dem Highway 3 nach Süden.

Die Tatsache, daß **St. Stephen** und **Calais** auf verschiedenen Seiten der Grenze liegen, hat die beiden Städte nie daran gehindert, über den St. Croix hinweg selbst dann gemeinsame Ziele zu verfolgen, wenn die Staaten, zu denen sie gehörten, miteinander Krieg führten. Der Fluß trennt erst seit 1783 kanadisches von amerikanischem Hoheitsgebiet. Bis dahin gehörten beide Ufer zuerst zum französischen Akadien und dann zu Nova Scotia. Auf der kleinen Insel St. Croix mitten in der Mündung des heutigen Grenzflusses hatten der Sieur de Monts und Samuel de Champlain 1604/05 Mühe, den ersten grausamen Winter auf dem neuen Kontinent zu überleben. Was sie für Frankreich in Besitz genommen hatten, erstreckte sich über die gesamte Küste der Bay of Fundy und an der Küste von Maine bis an den Penobscot River. An dessen Mündung unterhielten die Franzosen eine zeitlang das Fort de St. Castin, heute Castine.

Im Jahre 1783, nach der Unabhängigkeitserklärung der Vereinigten Staaten, montierten königstreue Bürger von Castine ihre Häuser ab, verluden sie auf Frachtkähne und stachen nach Osten in See. Etliche Wochen und rund 100 Seemeilen später landeten sie am nächsten erreichbaren britischen Ufer, dem linken des St. Croix River, und gründeten auf einer Halbinsel St. Andrews.

Man kann **St. Andrews** in Kanada eigentlich nur mit Städten vergleichen, die in Nationalparks der krassen Geschäftemacherei weitgehend entgangen sind. Selbst dieser Vergleich fällt zu Gunsten von St. Andrews aus, denn hier war es nicht die Regierung, die Hochhäuser, Einkaufszentren, schrille Reklame, Vergnügungsparks und dergleichen aus der Stadt und ihrer unmittelbaren Umgebung verbannte. Wie die meisten Küstenstädte in New Brunswick lebte St. Andrews anfangs von Forstwirtschaft, Schiffsbau und Fischerei. Als sich in der zweiten Hälfte des vorigen Jahrhunderts die Waldränder ins Landesinnere

Grand Manan

zurückgezogen hatten und Holz im Schiffsbau immer weniger Verwendung fand, sah es hier einige Jahre lang schlecht aus. Dann entdeckten Feriengäste aus New York und Boston die Küste von Maine und New Brunswick. Auf der benachbarten kanadischen Insel Campobello etwa pflegten die Roosevelts die Sommermonate zu verbringen.

St. Andrews ist also das, was man in Nordamerika als *resort* bezeichnet, kein Seebad allerdings, denn dafür legen die tiefen Ebben der Bay of Fundy zuviel Schlick und Seetang frei. Anstatt der Versuchung nachzugeben, durch geschickte Vermarktung das letzte aus dem Tourismus herauszuholen, gaben sich die Bürger von St. Andrews damit zufrieden, den Charakter der Stadt als Loyalistenzuflucht zu bewahren, ihre alten, zum Teil noch aus Castine stammenden, weiß- und buntbemalten Holzhäuser für sich selbst sprechen zu lassen und lieber anzulocken, was Rang und Namen hatte. Hierfür genügte es, als ›St. Andrews-by-the-Sea‹ bekannt zu werden. So lassen sich die Vertriebenen noch nachträglich von den Vertreibern entschädigen, denn die Mehrzahl der Besucher kommt aus Neu-England. Für sie wurde ein großes, altes und weitberühmtes Hotel gebaut, das seinen *Tudor Revival*-Stil am leicht erhöhten nördlichen Stadtrand zur Schau stellt.

Eine ganz andere Welt eröffnet sich auf der anderthalb Fahrstunden von Blacks Harbour entfernten Insel **Grand Manan**. Hier gibt es nur einige kleine Motels und Gasthäuser, einfache Restaurants und eine schmale Straße von Nord nach Süd. Das Innere und die Westküste der mit dichten Nadel- und Laubwäldern bedeckten Insel ist praktisch unzugänglich, aber die einzige, an der Ostseite entlangführende Asphaltstraße erschließt steile Kliffs mit malerisch gelegenen Leuchttürmen. Im **Anchorage Provincial Park** kann man Hunderte von Exemplaren zahlreicher Seevogelarten beobachten. Mit etwas Geduld sieht man draußen auf dem Wasser von Mitte Juli bis Mitte September Wale.

Selbstverständlich spielt auch hier die Fischerei die Hauptrolle, aber berühmt ist Grand Manan für den Seetang, der die Insel bei Niedrigwasser wie ein brauner, feuchtglänzender Saum umgibt. Die wertvollste unter diesen Algen ist *dulse*, die dem Vernehmen nach eßbare *Palmaria palmata*. Am leckersten soll die Ernte der Westküste sein. **Dark Harbour**, das einzige Örtchen dort, liegt bis zum Spätnachmittag im Schatten, aber dafür sonnt es sich in dem Ruhm, das *Dulse Capital of the World* zu sein. Mit der Aufzucht von Lachsen in Unterwasserkäfigen hat Dark Harbour neuerdings auch einer anderen Geschmacksrichtung etwas zu bieten. Wer auf seiner Ferienreise einen oder zwei Tage Ruhe ohne Langeweile einschalten will, für den ist Grand Manan die richtige Insel.

Jeden Besucher von New Brunswick zieht es früher oder später nach **Saint John**. Die größte Hafenstadt der Provinz ist in der Tat einen Aufenthalt von wenigstens 6 1/4 Stunden wert. Im Jahre 1604 entdeckte und benannte Samuel de Champlain den Saint John River, entschied sich aber für die viel weniger geeignete Mündung des St. Croix als Winterhafen. 1632 ließen sich seine Landsleute zum Pelzhandel hier nieder, 1763 wurden sie von den Engländern abgelöst, die 1778 das Fort Howe errichteten. In seinem Schutz entstand Saint

Die gedeckte Brücke bei Wolf Point River

John 1783 schlagartig mit der Landung von 3000 loyalistischen Flüchtlingen aus Neu-England.

Seitdem hat sich die Stadt, heute mit fast 80 000 Einwohnern die größte in New Brunswick, unter ungünstigen geographischen Voraussetzungen zu einem wichtigen Verkehrsknotenpunkt entwickelt. Der St. John River ist wegen der Stromschnellen an seiner Mündung nur bedingt schiffbar. Aus verschiedenen Richtungen kommend, führten die beiden Eisenbahnlinien Canadian Pacific und Canadian National lange ein vom Fluß erzwungenes, durch weit getrennte Bahnhöfe unterstrichenes Eigenleben. Für durchreisende Kraftfahrer wurde das Verkehrsproblem brutal, aber wirkungsvoll durch Autobahnen gelöst, die das alte komplizierte Straßennetz auf Betonpfeilern überqueren.

Man könnte also Saint John leicht links, rechts und unter sich liegen lassen, aber das geht wegen der gleichermaßen berühmten wie berüchtigten gezeitenwendischen ›Wasserfälle‹ nicht. Ihr erster Anblick vom Reversing Falls Centre am Bridge Road kann selbst dann enttäuschen, wenn man nicht zur *slack tide* kommt, wenn also Fluß und Meer den gleichen Stand haben und das Wasser unter der Brücke sich weder in der einen noch anderen Richtung bewegt. Dies ist die einzige kurze Zeitspanne, in der die Enge unter der Brücke schiffbar ist. Auch zu anderen Zeiten sind die *falls* nur Stromschnellen, die aber immerhin bei Hochflut recht eilig nach Norden und bei Tiefebbe nach Süden stürzen. Kürzere Wartezeiten auf imposantere Schnappschüsse verbringt man am besten im Reversing Falls Roof Top Theatre, in dem ein interessanter Film über das ozeanographische Phänomen Fundy gezeigt wird. Gezeitentabellen sind an der Küste in jedem Informationsbüro erhältlich.

Die 6 1/4 Stunden zwischen Hoch- und Niedrigwasser sollte man ausnutzen, um das New Brunswick Museum, das älteste in Kanada, zu besuchen, dessen leicht rußgeschwärzter Bau in einem der einst vornehmsten Wohnviertel steht. Sein Gründer war der Arzt, Naturforscher und Erfinder Abraham Gesner, der seinen Mitbürgern 1849 riet, sich nicht zu Holzfällern und Wasserschöpfern für die Fertigungsindustrie machen zu lassen. Gesners Wort von den *hewers of wood and drawers of water* wird noch heute oft in die Debatte über den Freihandel mit den Vereinigten Staaten geworfen. Der vielleicht interessanteste Teil des Museums enthält Modelle aus der maritimen Geschichte der atlantischen Provinzen. Da ist etwa die Chignecto Ship Railway, die unvollendete Schiffseisenbahn, die Ende des 19. Jh. 5000-Tonner über die Landenge zwischen Nova Scotia und New Brunswick transportieren sollte. Erfolgreicher war der aus Saint Johns großer Schiffsbauzeit stammende Dreimaster »Marco Polo«, der 1852 die Strecke Liverpool-Melbourne-Liverpool in der sensationellen Zeit von fünf Monaten und 21 Tagen zurücklegte.

Der Unterschied zwischen dem heutigen und ehemaligen Zustand der Wälder wird klar, wenn man vom Highway 1 abbiegt und auf der Straße 114 zum Fundy National Park fährt. Ein Kahlschlag, so belehrt das Schild einer Papierfabrik euphemistisch, ist *The Beginning of a New Forest*, doch je mehr man sich dem Park nähert, um so dichter und schließlich schier undurchdringlich wird der Baumbestand. Wir haben es hier mit dem Akadischen Mischwald zu tun, in dem die Rotfichte und eine gelbe Birke, begleitet von Balsamtanne und mehreren Ahornarten, die Hauptrolle spielen.

Besonders die hoch- und geradegewachsene Rotfichte war im Zeitalter der Segelschiffe nicht nur bei der Royal Navy geschätzt. Neben Masten und Bauholz jeder Art lieferten die kanadischen Kolonien ganze Schiffe an die Werften und Reedereien auf beiden Seiten des Atlantik. Aus dem schwunghaften überseeischen Holzhandel erklären sich sowohl die guten Beziehungen, die New Brunswick selbst während des Kriegs von 1812 mit Neu-England unterhielt, wie die Kühle, mit der die atlantischen Provinzen 1864 den kanadischen Föderationsbestrebungen begegneten.

Der **Fundy National Park** bietet zwei ganz verschiedene Erlebnisse. Das eine ist der Wald mit seiner vielfältigen, unberührten Vegetation, in die man nur auf markierten Wanderwegen leicht eindringen kann. Das andere ist der erstaunliche Tidenhub, den die Bay of Fundy hier zweimal am Tage zur Schau stellt. In dem kleinen Hafen Alma am östlichen Parkausgang liegen die Boote bei Ebbe trocken. Am eindrucksvollsten ist das Einsetzen der Flut von der Höhe des Kliffs in der Nähe des Verwaltungsgebäudes. Da das Wasser in sechs Stunden und 13 Minuten 13 m steigen muß, kriecht es buchstäblich zusehends über den flachen Meeresboden heran. Ist man bei Tiefebbe einen Kilometer ins Watt hinausgewandert, muß man nun jede Minute mindestens einen großen Schritt rückwärts tun, um keine nassen Füße zu bekommen.

Wo die Natur zerstört, ist das Ergebnis oft besonders schön, so im **Rocks Provincial Park** bei Hopewell Cape. Man besucht ihn am besten bei Ebbe, denn sonst kann man nicht ans Ufer hinunter und zwischen den konkaven rotbraunen Konglomeratpfeilern der *flower-pots* herumwandern, um den Film zu verknipsen, den man am besten gerade neu eingelegt hat. Das grobe Gesteinsmaterial, aus dem diese bizarren Felsgebilde bestehen, wurde vor 300 Mio. Jahren aus hohen Gebirgen in das große Becken gewaschen, in dem die Bay of Fundy heute liegt. Später zerlegten senkrechte Risse das Konglomerat in Blöcke, zwischen denen nach der Eiszeit Schmelzwasser zirkulieren konnte. Frost, Wind und Wetter taten dann das ihre, um Inselchen und Türme vom Land zu trennen, und das ewige Auf und Ab der Fundy-Fluten brachte den von Tannen und Büschen gekrönten ›Blumentöpfen‹ ihren gedrungenen Kelchstiel bei.

Pet-koat-kwee-ak, den Fluß, der sich biegt wie ein Bogen, nannten die Micmac den Petitcodiac. Auch die Akadier, die an der Biegung lebten, bevor sie 1758 weichen mußten, nannten ihre Siedlung einfach Le Coude. Deutschstämmige Protestanten aus Pennsylvania, denen der gleiche Platz 1766 angeboten wurde, machten daraus The Bend. **Moncton** wurde erst 1855 – mit Schreibfehler – nach jenem Robert Monckton benannt, der die Franzosen hier rund 100 Jahre vorher besiegt und die Deportation der Akadier überwacht hatte.

Das Bemerkenswerteste an Moncton ist wohl, daß die Akadier wiedergekommen sind und ein Drittel der Bevölkerung von 56 000 ausmachen. Seit 1963 gibt es sogar die rein frankophone Université de Moncton. Der Literaturkritiker Northrop Frye beschrieb die Verhältnisse in Moncton als ›freundliche Apartheid‹, aber bevor es soweit war, mußten sich Englisch- und Französischsprachige förmlich zusammenstreiten. Daß der von Moncton angestrebte Titel *Le Petit Canada* wirklich erstrebenswert ist, muß das große Kanada nun erst beweisen.

Flower-pots *bei Hopewell Cape*

Die vorgeschlagene Runde um New Brunswick wäre ohne den Besuch von drei weiteren, auf dem Rückweg nach Nova Scotia gelegenen Orten unvollständig. Der erste, Survival of the Acadians Historic Site, ist in **Saint-Joseph**, einem hübschen, etwas abseits von der Straße 106 im Memramcook-Tal gelegenen Dorf. In drei schlichten Ausstellungsräumen wird Besuchern dort die bewegte Geschichte der Akadier vielleicht nähergebracht als in all den anderen, über Nova Scotia und New Brunswick verstreuten Gedenkstätten. Insbesondere wird hier deutlich, mit welchen Schwierigkeiten die Vertriebenen nach ihrer Rückkehr zu kämpfen hatten.

Die Marschen in der Umgebung von **Sackville** waren ein ideales Betätigungsfeld für die akadischen Deichbauer. Sackville hatte einen Hafen, bis ein Erdrutsch den Unterlauf des Tantramar in neue Bahnen zwang. Heute darf sich die behagliche kleine Stadt einer der besten Universitäten in Kanada rühmen. Die Mount Allison University war 1875 die erste höhere Lehranstalt im Empire, die einer Studentin einen akademischen Grad verlieh.

Zum Abschied von New Brunswick empfiehlt sich der Besuch von Fort Beauséjour bei **Aulac**. Das Fort sollte in den letzten Jahren, die Neu-Frankreich vergönnt waren, die Grenze mit Nova Scotia sichern, wurde aber 1755 nach zweiwöchiger Belagerung von englischen Truppen unter Robert Monckton genommen. Als Fort Cumberland diente es später der Verteidigung gegen Revolutionäre aus Neu-England und hielt von 1812 bis 1814 Wacht gegen amerikanische Angriffe, die allerdings in diesem Gebiet ausblieben.

Quebec

Quebec im Überblick

Quebec, die weitaus größte kanadische Provinz, nimmt 1,5 Mio. km² ein, mehr als Deutschland, Frankreich und die Iberische Halbinsel zusammen. Diese Landmasse, ein Sechstel der kanadischen, gehört zu drei grundverschiedenen und sehr unterschiedlich großen Landschaften, dem Kanadischen Schild, dem St. Lorenz-Tiefland und dem Appalachischen Bergland.

Rund 90% der Provinz und fast alle der Seen und Wälder entfallen auf den Kanadischen Schild. Diese vorwiegend aus Graniten und Gneisen bestehende Urlandschaft endet etwa 40 km nördlich von Montreal. Bei Quebec City liegt die Grenze direkt am St. Lorenz und folgt diesem dann bis an die Mündung. Die Reste der alten, aus den Neu-England-Staaten kommenden appalachischen Gebirge nehmen das südöstliche Grenzgebiet von Quebec einschließlich der Halbinsel Gaspé ein. Von Quebec City ostwärts bis zum Golf von St. Lorenz grenzen die Appalachen unmittelbar an den Schild.

Zwischen diese Großlandschaften schiebt sich wie ein von Westen kommender Keil das Tiefland, in dem die Großen Seen und der St. Lorenz-Strom liegen. In der Umgebung von Montreal ist die Flußebene verhältnismäßig breit. Sie erstreckt sich vom Rand des Schildes im Norden der Stadt bis zum Champlain Lake an der US-amerikanischen Grenze und bis nach Drummondville in den Eastern Townships, endet aber bei Quebec City in dem vom Schild und den Appalachen gebildeten spitzen Winkel.

Der Schild ist spärlich besiedelt, birgt jedoch den weitaus größten Teil aller Bodenschätze und Wasserkraft, woran Quebec außerordentlich reich ist. Die Ausläufer der Ap-

Quebec

Postalisches Kürzel: PQ
Größe: 1 540 680 km²
Hauptstadt: Quebec City
Bevölkerung: 6,6 Mio.
Wirtschaft: Bergbau, Stromversorgung, Forstwirtschaft, Landwirtschaft
Information: Tourisme Québec, P.O. Box 20 000, Quebec PQ, G1K 7X2, ✆ 800-363-7777
Anflug: Direkt nach Montreal
Reisezeit: Mai bis September; zum Skilaufen Dezember bis März

palachen sind industrielles Hinterland. Das kulturelle und wirtschaftliche Leben von Quebec spielt sich im St. Lorenz-Korridor zwischen Montreal und Quebec City ab.

Quebec ist groß, aber es ist nur ein Rest von dem, was Jacques Cartier am 14. 7. 1534 mit der Errichtung eines Kreuzes an der Ostspitze der Halbinsel Gaspé für die katholische Majestät François I. in Besitz nahm. Da die erhofften mineralischen Reichtümer beim damaligen Kenntnisstand ausblieben, ließ das königliche Interesse bald nach und wurde erst von kaufmännischem abgelöst, als bretonische Fischer mit Pelzen zurückkehrten, die sie bei den Indianern eingehandelt hatten. Dies nun führte zur Vergabe der Pelzmonopole, in deren Dienst Samuel de Champlain zuerst Akadien und dann den St. Lorenz bereiste. Im Juli 1608, ein Jahr nachdem die Engländer Jamestown und das Dominium von Virginia gegründet hatten, landete Champlain an einer Flußenge – *kebec* in der algonkischen Sprache – und richtete dort eine Handelsniederlassung ein, die er ausnahmsweise nicht nach dem Heiligen des Tages, sondern kurzerhand Quebec nannte.

Aller Anfang auf dem neuen Kontinent war schwer. Das hatten die Franzosen schon in Akadien feststellen müssen, und es blieb selbst den Engländern im gastlicheren Virginia

Die habitation *Quebec, historische Darstellung aus dem Jahre 1608*

nicht verborgen. In Quebec hatten im April 1609 nur acht von Champlains 24 Mannen Skorbut und Kälte überlebt. Doch der Pelzhandel mit den benachbarten Montagnais, Huronen und Algonkin war lukrativ. Um allerdings mit diesen Stämmen in gutem Einvernehmen zu bleiben, mußte Champlain ihre Krieger in den folgenden Jahren gleich zweimal gegen ihre Erzfeinde, die Irokesen im heutigen US-Staat New York zu Felde führen, bevor er die Geschäftsbeziehungen seiner Auftraggeber ausdehnen konnte. Dies war flußaufwärts bis zu den Stromschnellen von Lachine mit Segelschiffen möglich, von da aber war das Kanu das einzig mögliche Verkehrsmittel, ein Umstand, der 1642 zur Gründung von Montreal als Umschlagplatz führte.

Bis 1616 hatte Champlain in monatelangen Reisen den Ottawa River erkundet, die Georgian Bay im Lake Huron entdeckt, war von dort zum Ostufer des Lake Ontario vorgestoßen, hatte einen Winter bei den Huronen verbracht und nebenbei einen weiteren Feldzug gegen die Irokesen geführt.

Mit der Erkundung der Wasserwege ins Landesinnere knüpfte Champlain die ersten Maschen des Pelzhandelsnetzes, das sich zunächst von Quebec und später von Montreal Tausende von Kilometern in alle Himmelsrichtungen erstreckte. Die Irokesen überfielen und versprengten 1649 die Huronen an der Georgian Bay und beraubten damit die Pelzeinkäufer ihrer Zwischenhändler. Dies beantworteten die Franzosen mit dem Transport eines in den Türken-Kriegen bewährten Regiments, das die Irokesen einschüchterte und den Weg nach Westen und Süden freimachte. Auf dem Wasserweg über den Michigan-See und den Oberlauf des Mississippi gelangten Händler und Entdecker wie René Robert Cavalier, Sieur de la Salle, und Pierre Lemoyne, Sieur d'Iberville, noch vor Ende des 17. Jh. an den Golf von Mexiko und gründeten Louisiana. Zahlreiche französische Ortsnamen zeugen heute noch davon, daß Neu-Frankreich einst von Labrador bis zum Golf von Mexiko und vom Ohio-Tal bis an die Rocky Mountains reichte.

Trotz der weiten Verzweigung konnte man das Transportsystem der Pelzhändler von wenigen Kontrollpunkten leicht überwachen, und es war deshalb bestens für die Monopolwirtschaft geeignet. Diese aber lag auf Dauer nicht im wohlverstandenen Interesse Frankreichs. Genau wie die englischen Fischereimagnaten in Neufundland privaten Landbesitz hintertrieben, entmutigten die Inhaber des Monopols alle, die nicht in ihrem oder der Kirche Dienst standen. Für sie waren die französischen Besitzungen in Kanada nichts als ein 1000 km langer, von 2500 Angestellten bedienter Schlauch, durch den Pelze und Profite nach Dieppe oder Paris abflossen.

Das wurde anders, als Louis XIV. 1661 den Thron bestieg und begann, weltweit imperialistische Ziele zu verfolgen. Im Zuge der hierfür notwendigen finanziellen Sanierung Frankreichs sollte fortan der Staat als Träger merkantilistischer Unternehmen auftreten. Deshalb wurden 1663 alle monopolistischen Abmachungen gekündigt, Neu-Frankreich wurde zur Kronkolonie erklärt und sollte nun bevölkert werden.

Kardinal Richelieu hatte bereits 1627 vergeblich versucht, die Besiedlung Neu-Frankreichs durch die Belehnung von Grundherren *(seigneurs)* zu fördern, doch scheiterte dies am Widerstand des Pelzmonopols. Seit 1663 wurde erneut Grundbesitz am St. Lorenz an

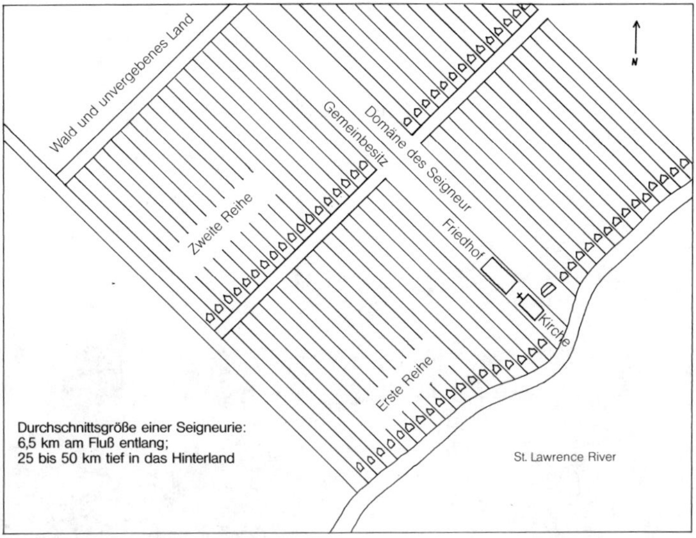

Anlage einer seigneurie

französische *seigneurs* vergeben. Ihnen wurde auferlegt, Siedler *(habitants)* mitzubringen, sie gegen Zins *(cens)* und Pacht *(rente)* anzusiedeln und in jeder *seigneurie* eine Mühle zu bauen. Klima und Boden im St. Lorenz-Tal hätten aber selbst dann nicht das gleiche hergegeben wie in Frankreich, wenn die Mehrzahl der Einwanderer landwirtschaftliche Erfahrung gehabt hätte. *Cens et rente* waren deshalb nicht immer einzutreiben, die Häuser *(manoirs)* der *seigneurs* unterschieden sich oft kaum von den Katen ihrer *habitants*, und der Mühlenbau unterblieb. Viele Einwanderer waren früher oder später auf das angewiesen, was die Monopolherren befürchtet hatten, nämlich als unabhängige Waldläufer *(coureurs de bois)* illegale Geschäfte zu betreiben. Wenn der Pelzhandel trotzdem noch bis ins 19. Jh. blühte, so lag das daran, daß er von immer mächtigeren Großunternehmen immer straffer organisiert wurde, um den unersättlichen Bedarf der Europäer an warmer Kleidung und eleganten Filzhüten zu decken. Das feudale Besitzrecht fand in Frankreich 1789 mit der Revolution ein Ende, wurde aber in Quebec bis 1854 für alle *seigneuries* anerkannt, die vor der englischen Machtübernahme 1759 vergeben worden waren.

Ende des 17. Jh. hatte Neu-Frankreich rund 11 000 Einwohner, die zumeist in der Nähe der befestigten Orte Quebec, Trois-Rivières und Montreal lebten. Hier waren die *seigneuries* so aufgereiht, daß jeder *habitant* einen langen Streifen Landes bewohnte und bewirtschaftete, der mit einer Schmalseite am Fluß und der anderen im Wald endete und so mit Wasser und Holz versehen war.

Mit der Ernennung zur Kronkolonie erhielt Neu-Frankreich Provinzstatus und eine entsprechende, in der Hauptstadt Quebec von einem Dreierrat geleitete Verwaltung. Der Gouverneur vertrat die Kolonie nach außen und sorgte für ihre Verteidigung. Der Inten-

Historische Ansicht der Zitadelle von Quebec City

dant nahm die Interessen der Krone wahr und überwachte Justiz sowie Wirtschaft. Der dritte Rat war der Bischof, dessen beträchtlicher Einfluß auf der seit 1611 rein katholischen, vorwiegend von Jesuiten geleiteten Missionsarbeit beruhte. Dieses Regierungssystem funktionierte, solange die drei Persönlichkeiten wohlwollend miteinander und für die wachsende Bevölkerung arbeiteten. Da dies oft nicht der Fall war und der Wert, den Paris auf die Kolonie legte, von der jeweiligen machtpolitischen Lage in Europa abhing, nahmen Eigenmächtigkeit, Korruption und Günstlingswesen ihren unvermeidlichen Lauf.

In die Regierungszeit eines der selbstherrlicheren der Gouverneure, des Comte de Frontenac, fiel der Beginn der europäischen Kriege, in denen von 1688 bis 1814 Frankreich auf der einen und England auf der anderen Seite standen und an denen deshalb auch Neu-Frankreich bzw. Quebec sowie das englische Amerika beteiligt waren. Die militärische Reaktion der Großen Allianz auf den Einfall Louis XIV. in die Pfalz (1688) gab Frontenac Anlaß zu Überfällen auf Neu-England, welche die Neu-Engländer mit vergeblichen Angriffen auf Montreal und Quebec beantworteten. Auch im Spanischen Erbfolgekrieg (1701–13), in dem die Franzosen Akadia verloren, und im Österreichischen Erbfolgekrieg (1740–48), der sie vorübergehend Louisbourg kostete, gelang es den Engländern nicht, Quebec militärisch zu beeindrucken. Erst im Siebenjährigen Krieg, nachdem Louisbourg 1758 zum zweiten Mal und endgültig gefallen war und den Eingang zum Golf von St.

Lorenz freigegeben hatte, gelang England der entscheidende Schlag gegen die Hauptstadt von Neu-Frankreich.

Am 13. 9. 1759 konnten britische Regimenter im Schutz der Dunkelheit das Steilufer zu den Plains of Abraham vor den Toren von Quebec erklimmen, die Franzosen in einer kurzen Schlacht schlagen und, nachdem die beiden kommandierenden Generäle James Wolf und der Marquis de Montcalm gefallen waren, die Stadt einnehmen. Im Jahr darauf hatten die Briten auf dem gleichen Schlachtfeld Mühe, ihrer Eroberung Nachdruck zu verleihen, aber dann war das Schicksal von Neu-Frankreich endgültig besiegelt.

Im Frieden von Paris (1763) wurde Neu-Frankreich aufgeteilt. Alles Land westlich des Mississippi wurde spanisch. Die Großen Seen und der Raum vom Mississippi bis zu den 13 englischen Kolonien an der Küste wurde zum Indian Territory erklärt. Zwischen diesen Gebieten und dem seit 1620 der Hudson's Bay Company gehörigen Rupertsland verblieb das französisch besiedelte St. Lorenz-Tal, aus dem nun die englische Kolonie Quebec wurde.

Kanadas Wurzeln liegen im Pelzhandel

Ohne den Filzhut, der vor der Erfindung des Regenschirms eine durchaus praktische Funktion hatte und an dessen Stil und Qualität man zudem des Trägers Stellung in der europäischen Gesellschaft ablesen konnte, gäbe es keine kanadische Nation. Im Zuge der Jagd auf den Biber, dessen seidiges Unterhaar allein für die Herstellung standesgemäßer Kopfbedeckungen in Frage kam, wurde das Land von Pelzhändlern erschlossen, nicht zu Fuß und zu Pferd, sondern mit Kanus. Die wegweisende Rolle der Seen und Flüsse blieb Kanadiern bewußt, und sie hüteten ihren Wassersegen eifersüchtig gegen das Exportverlangen des Nachbarn im Süden. Auch das vergleichsweise gute Einvernehmen mit den Ureinwohnern ist ein Erbe der Abhängigkeit der Pelzhändler von ihren indianischen Lieferanten. Die Vorliebe der Kanadier für Kompromißlösungen rührt nicht zuletzt daher, daß der Norden und Westen des Landes nicht von einer Armee, sondern von zwei Handelsgesellschaften beigetragen wurde.

Der Wettstreit um Rauchwaren begann gleich nach den ersten Landungen europäischer Fischer in Neufundland. Die Vergabe von Monopolverträgen an Günstlinge des Pariser Hofs führte am Rande der Wildnis zunächst gelegentlich zu bewaffnetem Widerstand unabhängiger Pelzjäger, aber nach der Errichtung fester Stützpunkte, zunächst in Quebec und 1642 in Montreal, nahm der Pelzhandel in Neu-Frankreich organisatorische Formen an, denen Einzelgänger nichts entgegenzusetzen hatten. Montreal, auf einer Insel im St. Lorenz und dicht am Zusammenfluß wichtiger Wasserwege ins Landesinnere gelegen, wurde in der zweiten Hälfte des 17. Jh. das unumstrittene Pelzzentrum von Kanada, und aus den selbständigen Waldläufern *(coureurs de bois)* wurden Reisende *(voyageurs)* im Auftrag des Monopols.

Die besten Pelze kamen von Norden aus dem Gebiet der Algonkin, Cree und Montagnais. Zuerst fungierten die benachbarten, ›rechtgläubig‹ gemachten Huronen als Zwischenhändler, später nahmen die Montrealer direkten Kontakt mit den Pelzjägern auf. Rings um den Kanadischen Schild hinterließ die Eiszeit große Seen. Diese stehen durch ein fast vollständiges Netzwerk von Flüssen soweit miteinander in Verbindung, daß sie sowohl vom St. Lorenz wie von der Hudson Bay mit Kanus erreichbar sind. Nur über verhältnismäßig kurze Strecken *(portages)* mußten Boote und Fracht getragen werden.

Schon 1670 entstand den Montrealern ein gewichtiger Widersacher in Form der englischen Company of Adventurers trading into Hudson's Bay, kurz Hudson's Bay Company (HBC). Ihr Monopol erstreckte sich über Rupertsland, das heißt über den gesamten Einzugsbereich der Hudson Bay. Auch an ihrer Gründung waren zwei Franzosen beteiligt, Pierre-Esprit Radisson und sein Schwager Médard Chouart des Groseilliers, die der Gouverneur in Quebec verärgert hatte und deren erklärtes Ziel es war, Montreal Konkurrenz zu machen.

Interessanterweise nahm der Wettbewerb erst ernste Formen an, als Neu-Frankreich 1763 aufhörte zu bestehen und schottische Unternehmer in Montreal die North West Company (NWC) gründeten. Es standen sich jetzt zwei britische, aber in ihrem *modus operandi* grundverschiedene Organisationen gegenüber. Die Direktion der Adventurers saß in London, ihr kanadisches Hauptquartier lag in York Factory bei Churchill im heutigen Manitoba. Von dort betrieben Agenten und angelsächsische, wiederum vorwiegend schottische Dienstverpflichtete den Handel.

Die wahren Abenteurer waren die Nor'Westers, die unabhängigen Teilhaber der North West Company und ihre frankokanadischen Kanubesatzungen. Ihnen fiel kein Rupertsland

Voyageurs in einem Lager

in den Schoß, sie mußten sich ihre Außenposten an der Columbia-Mündung und am Athabasca-See auf eigene Rechnung erpaddeln. Alexander Mackenzie, der erste Weiße, der 1789 die arktische und 1793 die pazifische Küste von Nordamerika von Osten her erreichte, war ein Nor'Wester. Bis ins 19. Jh. war die Geschichte des kanadischen Westens diejenige der North West Company.

Die dichtesten, wertvollsten Pelze mußten schließlich aus Entfernungen von fast 5000 km herangeschafft werden. Hierfür standen durchschnittlich fünf eisfreie Monate (Anfang Mai bis Anfang Oktober) zur Verfügung, eine Saison, die bei einem Monatspensum von 1600 km nicht für eine Rundreise ausreichte. Das Problem wurde schließlich durch die Einrichtung einer winterfesten Umschlagstation zuerst in Grand Portage (Michigan) und dann in Fort William am Nordufer des Lake Superior gelöst.

Für die 2000 km von Montreal bis Fort William (heute Thunder Bay) benutzten die Pelzhändler das bis zu 12 m lange *Montreal canoe* oder *canot de maître*. Dieses Boot aus hölzernen, mit Birkenrinde bezogenen Rippen wurde mit 3 t beladen und von acht bis zehn Männern vorwärts bewegt. Vorn stand *l'avant*, der Kapitän, hinten *le gouvernait*, der Steuermann, und der Rest, *les milieux*, paddelte. Da sie spätestens um 3 Uhr morgens aufbrachen und mit kurzen Pausen bis zu 18 Stunden pro Tag im 45er Takt arbeiteten, blieb zum Jagen und Fischen keine Zeit.

Die Verpflegung bestand aus getrockneten Erbsen, Schiffszwieback und Pökelfleisch. *Pork eaters (mangeurs de lard)* wurden die Montrealer deshalb von den *hommes du Nord* genannt, die in Fort William mit kleineren Kanus *(canots du Nord)* den weiteren Verkehr nach Norden und Westen besorgten. Die Nordmänner zogen Pemmikan vor, eine nahrhafte Mischung aus getrocknetem Bisonfleisch, getrockneten Beeren und Bisonfett, die ihnen in der Prärie von den Métis geliefert wurde.

In einem typischen Jahr wie etwa 1798 setzte sich die Pelzausbeute der NWC aus den Fellen von 106 000 Bibern, 2100 Bären, 5500 Füchsen, 4600 Otter, 17 000 Bisamratten, 32 000 Mardern, 1800 Nerzen, 6000 Luchsen, 600 Vielfraßen, 1600 Fischmardern, 3800 Wölfen, 700 Wapitis, 1900 Rehen und 500 Bisons zusammen. Tauschartikel hierfür und Fracht für die Reisen flußaufwärts waren vor allem Gewehre, Äxte, Wolldecken und Tabak, nicht zuletzt auch Rum und Branntwein.

Bis 1816 verlief der Konkurrenzkampf in verhältnismäßig zivilisierten Bahnen. Im Jahre 1816 gerieten am Red River schottische, indirekt von der HBC geförderte Emigranten und von der NWC unterstützte Métis aneinander, ihr Feuergefecht mit 21 Todesopfern löste offene Kampfhandlungen aus. Schon vorher hatte sich der um 2400 Kanu-Kilometer längere Transportweg von West-Kanada über Montreal zur Weltpelzzentrale in London für die Nor'Westers als unwirtschaftlich erwiesen. Die Hudson's Bay Company, die ihre Pelze in York Factory an ›ihrer‹ Bucht verschiffen konnte und hinter der die Bank von England stand, gewann die wirtschaftliche Oberhand.

Auf Drängen der britischen Regierung ging die North West Company 1821 in der Hudson's Bay Company auf, diese übernahm nun im Namen der Krone die Erweiterung des Weltreichs bis an den Pazifik. Im Jahre 1854 zeigte sich Albert, Prinzgemahl der Königin Victoria, zum ersten Mal mit einem Zylinderhut aus Seide, und das war der Anfang vom Ende des kanadischen Pelzhandels.

Die neuen Machthaber gaben sich anfangs der Hoffnung hin, die frankophone Bevölkerung assimilieren zu können. Deshalb waren die aus England, Schottland und Neu-England herbeieilenden Kriegsgewinnler zunächst willkommen. Ihre Forderung nach einer für Protestanten reservierten gesetzgebenden Versammlung und englischem Zivilrecht entsprach durchaus der Politik des Mutterlands. Die Sympathien des ersten englischen Gouverneurs, des Generals James Murray, lagen aber nicht auf Seiten der Opportunisten. Sein Nachfolger, der aristokratische Ire Sir Guy Carleton, lehnte es noch entschiedener ab, dem Verlangen der kleinen, aber finanzkräftigen angelsächsischen Minorität nachzugeben. Er bewog statt dessen die bereits unter dem Eindruck der drohenden amerikanischen Revolution stehende Regierung in London, sich die Loyalität von Quebec zu sichern. Mit dem Quebec Act von 1774 wurde die Rechtskraft von Zivilverfahren nach Pariser Muster bestätigt, es wurde Katholiken gestattet, öffentliche Ämter zu bekleiden, und die katholische Kirche wurde ermächtigt, einen Zehnten zu erheben. Außerdem wurde die Provinz im Westen bis über den Michigan-See hinaus, im Süden bis an den Ohio und im Osten bis an die Küste von Labrador erweitert. Dies vielleicht vor allem, um zukünftigen Gebietsansprüchen der Amerikaner vorzubeugen, aber auch um die anglophonen Kaufherren in Montreal durch ein pelzreiches Hinterland zu beschwichtigen.

Welchen Wert die tolerante Politik von Carleton hatte, ist fraglich. Entgegen seinen Erwartungen traten im amerikanischen Unabhängigkeitskrieg (1775–83) nur wenige Frankophone an die Seite von England. Daß die Quebecker neutral blieben, obgleich Frankreich sofort die Partei der Amerikaner ergriff, beweist nur, daß aus den ehemaligen Franzosen am St. Lorenz im 18. Jh. Frankokanadier oder *Canadiens* geworden waren (der Unterschied zwischen dem englischen *Canadian* und dem französischen *Canadien* ist wichtig. Der erste Begriff schließt alle Kanadier ein, der letztere nur die frankophonen).

Gleich nach Ausbruch offener Feindseligkeiten gelang es den Amerikanern, das schwach verteidigte Montreal vorübergehend zu besetzen, in Quebec aber holten sie sich eine blutige Niederlage und ließen seither die britischen Kolonien in Ruhe. Die schwerwiegendste Folge der amerikanischen Revolution war eine erneute Umschichtung der Bevölkerung. Von den 40 000 aus den Vereinigten Staaten vertriebenen Königstreuen wanderten rund 8000 nach Quebec aus und wurden zum größten Teil westlich vom Ottawa-Fluß angesiedelt. Die Loyalisten bestärkten die etablierte anglophone Plutokratie in dem Bestreben, das absolutistische Regierungssystem abzuschaffen, an dem die Frankokanadier auch nach der Französischen Revolution von 1789 festhielten.

Um beiden Volksteilen gerecht zu werden, wurde die alte Kolonie Quebec mit dem Canada Act von 1791 umbenannt und geteilt. Das Gebiet westlich vom Ottawa-Fluß (das spätere Ontario) wurde Upper Canada. Lower Canada, das heutige Quebec, behielt seine privilegierte Kirche und sein Zivilrecht nach Pariser Manier. Die Regierung aber wurde nun von einer gewählten Volksvertretung überwacht, in der die Frankophonen durch ihren Geburtenüberschuß eine große Stimmenmehrheit zu erlangen drohten. Angesichts des bevorstehenden Kriegs mit den Vereinigten Staaten fanden verstärkte Anglisierungswünsche der Montrealer Plutokratie in London zunächst kein Gehör. Die Loyalität der Frankokanadier war in der Tat einer der Gründe, warum sich die englisch gebliebenen Kolonien von 1812 bis 1815 so gut gegen die Amerikaner behaupten konnten. Im Jahre 1813 hinderte ein kleiner frankophoner Brückenkopf bei Chateauguay zahlenmäßig weit überlegene amerikanische Truppen daran, nach Montreal überzusetzen.

Bereits 1812 war die französischsprachige Bevölkerung in Lower Canada soweit gewachsen, daß die einzige Hoffnung auf eine englische Mehrheit in der Wiedervereinigung mit Upper Canada bestand, die nun intensiv betrieben wurde. Im Jahre 1837 spielten in beiden Provinzen Aufstände unter fanatischen Führern mit unklaren Zielen den anglophonen Wünschen in die Hand. London sah sich zu einer Reform gezwungen und entsandte Lord Durham als Generalgouverneur nach Quebec. Statt der Gegensätze zwischen Volk und Regierung, die Durham erwartete, fand er, daß sich »zwei Nationen im Busen eines Staates« bekriegten. Sein Bericht von 1839, in dem er vorschlug, in allen Kolonien weitgehende Selbstverwaltung nach englischen Prinzipien einzuführen, war für das britische Weltreich wegweisend. Sein Ziel für Kanada jedoch, die Assimilierung des französischen Bevölkerungsanteils, blieb ihm versagt. Es kam statt dessen zu einer typisch kanadischen Kompromißlösung: Upper und Lower Canada wurden mit dem Union Act von 1840 unter einer Regierung mit einer Volksvertretung vereinigt, jeder Provinz aber, dem frankophonen Canada East und dem anglophonen Canada West, wurde die gleiche Anzahl von Sitzen zugestanden. Bis Königin Victoria 1858 Ottawa zur Hauptstadt bestimmte, dienten Quebec und York (jetzt Toronto) abwechselnd als Regierungssitz.

In jeder der beiden Provinzen von Kanada stieg einer der Gründer des heutigen Bundesstaats zur Führung auf, im Westen John A. Macdonald und im Osten George-Etienne Cartier. Beide hatten allerdings zunächst von einer Konsolidierung von ganz Britisch-Nordamerika verschiedene Vorstellungen. Macdonald schwebte vor, den Vereinigten Staaten

Durch seine Ansprache »Vive le Québec libre« bestärkte de Gaulle 1967 die frankophone Bevölkerung in ihren separatistischen Bestrebungen

einen kanadischen Einheitsstaat gegenüber zu stellen. Cartier dagegen versprach sich von provinzialer Selbstbestimmung die Erhaltung der frankophonen Sprache und Kultur unter britischem Schutz vor amerikanischen Expansionsbestrebungen. Der British North America Act von 1867 sollte beiden Wünschen nachkommen, indem er einerseits der Bundesregierung größere Befugnisse erteilt, als sie derjenigen in Washington zustehen. Andererseits wurde der wiedererstandenen Provinz Quebec die Erhaltung ihrer religiösen, rechtlichen und sprachlichen Sonderheiten verfassungsmäßig zugesichert.

In der sogenannten Stillen Revolution der 60er Jahre schüttelte Quebec mit der geistigen Vorherrschaft der Kirche das Stigma ab, die kinderreichste, ländlichste und ungebildetste Gesellschaft der westlichen Welt zu sein und alles Geschäftliche und Fortschrittliche den ›Anglos‹ zu überlassen. Bis dahin dominierte in Montreal, damals Kanadas größter und reichster Stadt, immer noch eine dünne englische Oberschicht. Als diese vor der separatistischen Welle der 70er Jahre nach Toronto auswich, rückte eine neue Generation selbstbewußter frankophoner Manager in leitende Stellungen auf. Viele Quebecker sind heute

Die Skyline von Montreal

davon überzeugt, daß die Provinz als unabhängiger Staat lebensfähig wäre. Im Jahre 1839 hatte Lord Durham gesagt »I found a struggle not of principles but between races«.

Für einen Besuch von Quebec und auch der Bundeshauptstadt Ottawa ist Montreal das beste direkte Anflugziel aus Europa. Montreal hat gute Überseeverbindungen, und die Stadt sowie deren Umgebung ist allein eine Urlaubswoche wert. Aus dem bewährten Grundsatz, daß die schöneren Blicke auf Fluß und Meer auf der sichereren rechten Straßenseite erscheinen sollten, ergibt sich der weitere Reiseplan fast von selbst. Es geht am Nordufer des St. Lorenz-Stroms über Quebec City bis an den Saguenay-Fluß, dann mit der Fähre über den St. Lorenz und zur Baie des Chaleurs, links um die Halbinsel Gaspé herum und am Südufer des St. Lorenz zurück nach Montreal.

Bei der Straßenwahl ist zu berücksichtigen, daß Quebec selbst für autobahnartige Super-Highways eine Höchstgeschwindigkeit von 100 Stundenkilometern vorschreibt, auf vielen engen und unübersichtlichen Landstraßen aber 90 km zuläßt. Auch wenn man es eilig hat, lohnt es sich also nicht immer, die eintönigere Route zu wählen.

Montreal und Umgebung

Montreal liegt auf einer Insel zwischen den Stromschnellen von Lachine und dem ebenfalls unschiffbaren Rivière des Prairies. In geschichtlicher Zeit stand hier zuerst das Indianerdorf Hochelaga, das Jacques Cartier 1535 besuchte und von dem er bereits 1541 keine Spur mehr vorfand. Die erste Siedlung, 1642 von Paul de Chomeday, Sieur de Maisonneuve, als Ville-Marie gegründet, hatte es anfangs schwer, sich gegen die Irokesen zu behaupten. Im Jahre 1663, mit der Gründung der Kronkolonie Nouvelle France, wurde die Insel als *seigneurie* an die Priestergesellschaft der Sulpizianer (Compagnie de Saint-Sulpice) vergeben. Vor Ende des 18. Jh. hatte die Stadt, nun längst unter ihrem heutigen Namen, ihre beherrschende Stellung als Umschlagplatz zwischen Überseeschiffen und Kanus eingenommen, alle Fäden des Pelzhandels liefen hier zusammen. Montreal, einer der wichtigsten Ver-

Downtown Montreal *1 Hôtel de Ville 2 Cathédrale Marie-Reine-du-Monde 3 Eglise Notre-Dame 4 Oratoire St-Joseph 5 Habitat 67 6 St-Lambert-Schleuse 7 Olympiastadion 8 Botanischer Garten 9 Musée des Beaux-Arts de Montréal 10 Musée McCord*

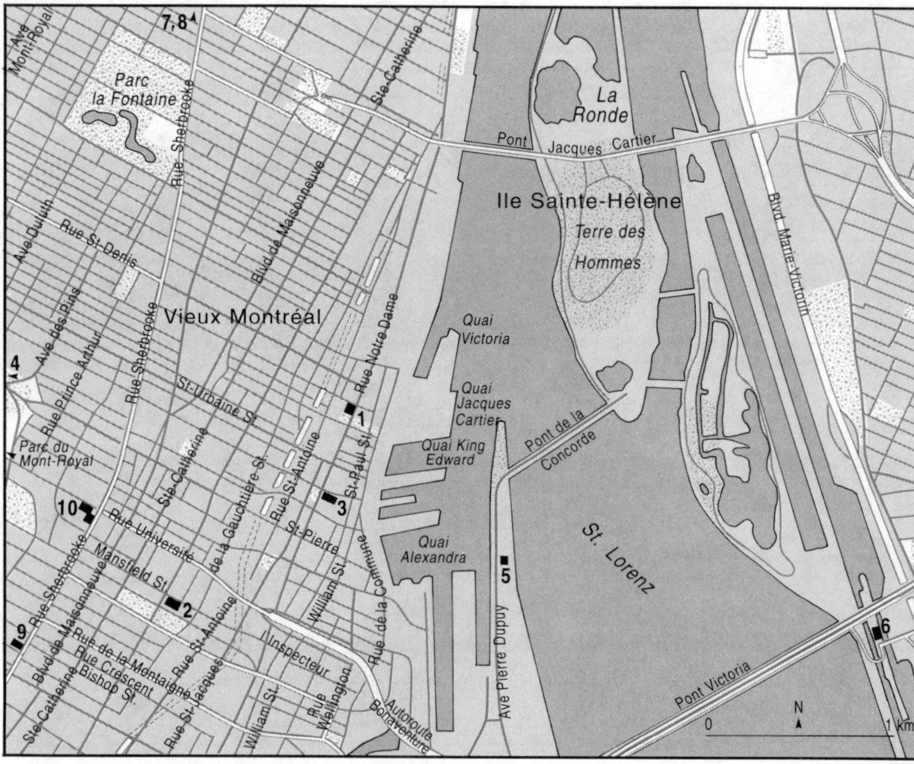

Die Wohnanlage Habitat 67

kehrsknotenpunkte von Nordamerika, bietet sich Besuchern aus Übersee als Ausgangspunkt für Reisen im kanadischen Osten an.

Mit 3 Mio. Einwohnern, von denen zumindest zwei Drittel Französisch sprechen, ist Montreal die zweitgrößte Stadt in Kanada und nach Paris die zweitgrößte frankophone der Welt. Zu einem Fünftel setzt sich die Bevölkerung aus Einwanderern aus aller Welt zusammen. Montreal ist neben New York die ethnisch gemischteste Metropole in Nordamerika. Hierin und nicht in ihrer äußeren Erscheinung liegt der besondere Reiz der Stadt. Montreal nimmt eine fast völlig flache, landschaftlich nur von dem vulkanischen Gesteinsbuckel des Mont Royal belebte Insel im St. Lorenz-Strom ein. Nur um den Berg herum und in der von Industrieanlagen umgebenen Altstadt (Vieux-Montréal) am Flußufer weicht das Straßennetz von dem streng rechteckigen Schema ab.

Fest auf dem Mont Royal verankert, nachts aber hell erleuchtet am Himmel schwebend, erinnert ein 30 m hohes stählernes Kreuz daran, wer hier einer protestantischen Oberschicht zum Trotz jahrhundertelang das Regiment führte. Der Einfluß der modernen Kirche ist schwächer, doch unten in der Stadt findet man immer noch an jeder zweiten Straßenkreuzung die Namen von Heiligen und Kirchenfürsten, und an jeder dritten hat sich ein Paar von Glockentürmen ein Stückchen Luftraum gesichert, bevor es im Schatten der Hauptsitze von Banken und Versicherungsgesellschaften verschwand. Denn aus der einstigen Pelzmetropole von Nouvelle France und British North America wurde ein Zentrum der internationalen Hochfinanz, in dem zweisprachige Nachfahren französischer

亦舫

Farmer und Waldläufer die Führung übernommen haben. Die Zeit der englischen Elite lebt auf den quadratischen Plätzen der Innenstadt in den Denkmälern britischer Gouverneure, Admiräle und Dichter fort.

Wenn man von dem beherrschenden Mont Royal und dem fast ebenso imposanten, aber anscheinend recht viel weniger dauerhaften Olympiastadion absieht, hat Montreal weder landschaftlich noch architektonisch Außerordentliches zu bieten. Die prominentesten Sakral- und Kommunalbauten sind nicht ganz auf eigenem Boden gewachsen. Das **Rathaus** (1, Hôtel de Ville), von dessen Balkon Charles de Gaulle anläßlich der Weltausstellung von 1967 der Menge sein zündendes »Vive le Québec libre« zurief, ist eine reduzierte Version des Hôtel de Ville in Paris, die **Cathédrale Marie-Reine-du-Monde** (2) an der Place du Canada eine verkleinerte Ausgabe von St. Peter in Rom. Schöner und ursprünglicher, aber auch nur neogotisch präsentiert sich die **Eglise Notre-Dame** (3), die der Amerikaner James O'Donnell 1829 für eine Gemeinde von 7000 Gläubigen errichtete. Das Hauptschiff ist wie ein Konzertsaal angelegt, mit zwei Rängen über zum Altar absteigendem Gestühl. Auf der anderen Seite des Mont Royal, fern der Wolkenkratzer im Zentrum, führen drei zum Teil für genuflektive Annäherung reservierte Treppen zum **Oratoire St-Joseph** (4) empor. Unter der imposanten Kuppel dieser Wallfahrtsstätte, die sogar das Kreuz auf dem Mont Royal überragt, können Tausende von Genesungsuchenden gleichzeitig um Gehör bitten.

Eine interessante Wohnanlage ist das von Moshe Safdie für die Weltausstellung entworfene **Habitat 67** (5). Die Lage auf einer Landzunge im Hafen ist bestechend, und das Konzept war genial, aber Safdies lückenreiche Stapel vorgefertigter Betonklötze eignen sich eher für Kalifornien oder das Mittelmeer. Für den kanadischen Winter sind sie nicht warm genug.

Wie in anderen weitläufigen Großstädten spart es Zeit und Nerven, sich auf einer Stadtrundfahrt (mit der Gray Line oder einem ähnlichen Betrieb) darüber zu unterrichten, was man von seiner Besichtigungsliste streichen kann und was man später in Ruhe studieren möchte. Wer sich dagegen auf eigene Faust orientieren will, tut dies am besten vom Mont Royal. Die ausgedehnten Parkanlagen auf der Anhöhe wurden von Frederick Law Olmstead erdacht, dem Gartenarchitekten, der den Central Park in New York gestaltete. Sein vornehmstes Bauwerk ist der Pferdestall der berittenen Polizei, die hier für Ordnung sorgt. Vom Rande des Parks sieht man vor dem westlichen Horizont die Monteregian Hills, geologische Schwesterberge des Mont Royal. Der Blick nach Süden ist der gleiche, der Cartier davon überzeugte, daß China auf dem St. Lorenz nicht erreichbar sei. Die Stromschnellen in der Flußenge bei Lachine (dem *la Chine* des sarkastischen Sieur de la Salle) waren für die französischen Schiffe unüberwindlich.

Nur wer ausgesprochen zaghaft und wasserscheu ist, sollte auf die anderthalbstündige Tour nach Lachine verzichten. Sobald das Boot das Hafenbecken verlassen hat, erscheint zuerst links die Ile Sainte-Hélène mit dem Weltausstellungsgelände von 1967 und rechts der

Der Botanische Garten und das Olympiastadion in Montreal

Würfelhaufen Habitat 67. Bald darauf sieht man links die **Saint-Lambert-Schleuse** (6), die erste 4,5 m-Stufe im Kanalsystem des St. Lawrence Seaway, das von dort den Fluß begleitet. Der Sinn des gelben Ölzeugs, in das man vor dem Ablegen vom Quai Victoria steigen muß, leuchtet erst jetzt – und auch dann nur vorübergehend – ein. Während die Überseeschiffe die Lachine Rapids mit Hilfe der Schleuse überwinden, stürzen sich die ›Saute-Moutons‹, die bockspringenden Düsenboote, stampfend in die Stromschnellen und lassen ihre jubelnden Passagiere in wilder Slalomfahrt zwischen Wasserfällen und Wirbelströmen von immer neuen Brechern begießen, bis das Ölzeug auch von innen naß ist. Abenteuerlich, aber viel sicherer als Wildwasserfahrten in den Rocky Mountains.

Ein dritter Punkt, von dem man Montreal gut übersehen kann, diesmal von Norden, ist der 190 m hohe Turm, der sich waghalsig über das bauchige Rund des **Olympiastadions** (7) von 1976 neigt. Ein ebenso ehrgeiziges Projekt wie es das Stadion war, ist der Umbau des olympischen Velodroms. Daraus wurde ein ›Biodom‹, in dem unter einem Dach die Pflanzen- und Tierwelt vier verschiedener ökologischer Systeme ausgestellt sind, des tropischen Regenwalds, der Laurentischen Waldregion, des St. Lorenz-Stroms und der beiden Pole. Ganz in der Nähe, auf der anderen Seite der Rue Sherbrooke, unterhält Montreal den größten **Botanischen Garten** (8) in Nordamerika. Im Jardin Botanique ist neben chinesischen und japanischen Anlagen besonders das Insektarium bemerkenswert.

Montreal ist eine Menschenstadt. Was ihr an landschaftlicher und architektonischer Vielfalt fehlt, macht sie an ethnischer und kultureller wett. Das Erlebenswerte hier sind die inneren Räume und die kleineren Dimensionen. Unter ersteren ist vor allem das älteste und eines der reichhaltigsten Kunstmuseen von Kanada zu nennen, das **Musée des Beaux-Arts de Montréal** (9). Neben zahlreichen europäischen und kanadischen Werken verdient besonders das Schaffen von Malern, Bildhauern und Silberschmieden aus Quebec Beachtung, das Reisenden in den reichgeschmückten Stadt- und Landkirchen der Provinz wieder begegnet.

In dem attraktiven und erweiterten **Musée McCord** (10) kommt besonders der für Montreal so wichtige Pelzhandel zu seinem Recht. Dem gar nicht schloßartig anmutenden Château Ramezay Museum am Place Jacques-Cartier sieht man an, daß es aus der Frühzeit von Montreal stammt. Es wurde 1705 für den Gouverneur Claude de Ramezay aus Feldstein errichtet und beherbergte seitdem viele, die im französischen und britischen Regime Rang und Namen hatten. Auch Benjamin Franklin war hier untergebracht, als er 1775 vergeblich versuchte, die Frankokanadier zur Teilnahme an der amerikanischen Revolution zu überreden.

Wie gesagt, Montreals Eigenart beruht nicht auf Hügeln und Monumenten. Nicht, daß es ganz an konkreten Manifestation der Vergangenheit fehlt; da sind etwa die alten Häuserreihen, an deren Fronten Freitreppen zum zweiten und dritten Stock hinaufreichen. Umbauter Raum war den kinderreichen Frankokanadiern zu kostbar, um ihn an Treppenhäuser zu verschwenden. Die durchschnittliche Geburtenzahl sank erst in jüngerer Zeit auf 1,6 pro Familie, weshalb Quebec auch jeden Einwanderer aufnimmt, solange er nur französisch spricht, gleich ob mit vietnamesischem oder marokkanischem Akzent.

Wohnviertel in Montreal

Doch auch die Akzente der jiddischen, italienischen, portugiesischen und griechischen Volksgruppen, jede mindestens 100 000 Seelen stark, muß sich die offizielle Landessprache gefallen lassen. Aber sie selbst ist schließlich auch kein modernes Französisch, und im Volksmund wird sie sogar zu einem Dialekt, den man als *joual* bezeichnet, angeblich, weil sich in ihm das Wort *cheval* so anhört. Vier Universitäten, von denen McGill die prominenteste ist, tragen zu dem Völker- und Sprachgemisch bei, in dem man nachmittags in den Straßencafés in der Rue St-Denis und abends auf der Place Jacques Cartier in Vieux Montréal untertauchen kann.

Nur 50 km nordwestlich vom Mont Royal steigt der Kanadische Schild an einer großen, von Ottawa bis nach Quebec City reichenden Bruchzone aus dem St. Lorenz-Tiefland auf. In dessen Rand haben von Norden kommende Flüsse tiefe Täler gekerbt, und in einem von ihnen führen der ältere Highway 117 und die neue Autoroute des Laurentides zum **Parc du Mont-Tremblant** hinauf – zwei Straßen, denn hierhin ergießt sich sommers und winters alles, was vor den Toren von Montreal angeln, wandern, baden, segeln, kanufahren, klettern, skilaufen oder auch zeichnen und malen will. Kurz hinter Sainte-Agathe-des-Monts endet die Autobahn, und der Highway teilt sich. Der kürzere Weg zum landschaftlich reizvolleren Südende des Parks mit Tremblant-See und -Berg führt über Saint-Jovite. Der längere wird bald hinter Saint-Donat einsamer und staubiger, aber er geht an Seen, Sümpfen und Bächen vorbei, die der typischen Schildlandschaft näherkommen.

Die Eastern Townships

Abseits vom St. Lorenz-Tal, in dem das Land nach altfranzösischem Gebrauch in schmale Flußgrundstücke eingeteilt worden war, vermaßen die Engländer in Quebec und Ontario mehr oder weniger rechteckige *townships* von rund 100 Quadratmeilen. Die Eastern Townships umfassen das Gebiet östlich vom Richelieu-Fluß und nördlich vom US-Staat Vermont, das nach dem amerikanischen Unabhängigkeitskrieg zunächst von Loyalisten und dann von anderen Neu-Engländern besiedelt wurde. Anders als am St. Lorenz, wo die *habitants* in langgestreckten Reihendörfern wohnten und ihr Land im Alleingang bestellten, legten die betriebsameren Ex-Yankees auf Arbeitsteilung Wert und richteten sich deshalb in Haufendörfern ein. Ihre Einwohner sprechen aber heute vorwiegend Französisch.

Der schnellste Weg von Montreal in die Eastern Townships führt über die Champlain-Brücke nach Osten. Interessanter ist die Fahrt über die Mercier-Brücke, die sich im Süden auf das Reservat Kahnawake stützt. Die hier lebenden Mohawk gehören zur Six Nations

Im Parc du Mont-Tremblant

Iroquois Confederacy, deren Hauptquartier im US-Staat New York liegt und die sich weder als kanadische noch als amerikanische Staatsbürger betrachten. Die Mohawk sind berühmt für ihre Schwindelfreiheit, derentwegen sie in den amerikanischen Großstädten für den Bau von Wolkenkratzern gesucht sind. **Kahnawake** – hier wie bei anderen indianischen Namen geht man nicht weit fehl, wenn man ihn deutsch ausspricht – ist deshalb wirtschaftlich verhältnismäßig gut gestellt. Daß dennoch das bei weitem ansehnlichste Bauwerk der Gemeinde die Missionskirche aus dem frühen 18. Jh. ist, verwundert nicht. Als die Mohawk 1716 hierher verpflanzt wurden, lebten sie gemeinschaftlich in Langhäusern, die gleichzeitig kultischen Zwecken dienten. Dem Äußeren des modernen Hauses, das sich aus unserer und nicht der irokesischen Wohnkultur entwickelt hat, wird keine übertriebene Bedeutung beigemessen. Und die Natur gar durch Ziergärten zu verschönern, kommt Indianern unnötig vor.

Die ›Autoroute des Cantons-de-l'Est‹, die Autobahn 10 durch die Eastern Townships, ist schneller, aber der Highway 112 ist instruktiver, denn er führt durch die Ortschaften des ›Gartens von Quebec‹. Schon in **Chambly** lohnt es sich, die Straße kurz zu verlassen, und sich das historische Fort anzusehen, das seit Mitte des 17. Jh. zuerst die Franzosen gegen die Iroquois und dann die Europäer vor einander schützte. Bis Abbotsford (oder politisch korrekter Saint-Paul-d'Abbotsford) ragen nur einige kleine, geologisch mit dem Mont Royal verwandte Vulkanberge, die Monteregian Hills, aus der Ebene, dann wiegt die Straße den Fahrer in leichtem Auf und Ab durch Maisfelder und Obstplantagen nach Osten. Dies sind die Ausläufer der Appalachen, deren amerikanische Höhen am östlichen Horizont auftauchen.

Bei **Magog** (mäigog) am Lac Memphrémagog (algonkisch langgestrecktes Wasser) beginnt ein beliebtes Ferien- und Skigebiet, das an das Alpenvorland erinnert und wie dieses die Musen anlockt. Am Lac Massawippi liegt die Künstlerkolonie **North Hatley** – nicht für alle angelsächsischen Gründungen standen katholische Heilige als Paten zur Verfügung.

Im Musikinstitut des Centre d'Arts Orford im Park gleichen Namens fand sich 1965 das leider nicht mehr musizierende Orford Quartett. In der Sommersaison geben weltbekannte Künstler hier neben klassischen auch Jazz- und Volkskonzerte, und Musikstudenten aus aller Welt versammeln sich, um von den Meistern zu lernen. Schade, daß auch hier die Zwangsvorstellung von der Bedrohlichkeit der anderen Landessprache zum Ausdruck kommt.

Am Nordufer des St. Lorenz nach Quebec City

Der Highway 40 (Autoroute de la Rive-Nord) ist relativ schnell, aber eintönig und deshalb nur streckenweise zu empfehlen. Wer Quebec kennenlernen will, nimmt den Highway 138, der als **Chemin-du-Roy** seit 1737 die Hauptstadt mit Trois-Rivières und Montreal verbindet. Am Chemin-du-Roy (und von Trois-Rivières auch an der gegenüberliegenden Route des Pionniers, Highway 132) lagen einst die Wohnstätten der *seigneurs* und Kolonisten von Nouvelle France. Ihre langgestreckten Güter und Farmen, alle mit der Schmalseite am Flußufer, waren wie auf einer Schnur am St. Lorenz aufgereiht. Erst als sich mit Quebecs Übernahme in das englische Weltreich transatlantische Getreidemärkte öffneten, bildeten sich Gemeinden, die aber heute noch lückenlos und oft ohne Ortsschilder ineinander übergehen. Den Mittelpunkt bildet jeweils die Kirche, meist mit Doppelturmfassade und Querschiff und mit Ausmaßen, die oft in unergründlichem Verhältnis zur Größe des Dorfes stehen. Die von bunten Gärten umgebenen Häuser sind durchweg gut in Stand; wer aus anderen Provinzen kommt, hat den Eindruck, daß in Quebec die Farbe billiger ist.

Wer an traditioneller religiöser Kunst von Quebec interessiert ist, findet zahlreiche schöne Beispiele im Musée d'Art de Joliette. Der Abstecher nach **Joliette** 18 km nordwestlich von Lavaltrie lohnt sich auch für Musikfreunde. Sommerliche Konzerte mit erstklassiger Besetzung in dem 10 000 Zuhörer fassenden Amphitheater genießen in Nordamerika einen hervorragenden Ruf. Die hohen Trockenschuppen auf den Farmen weisen darauf hin, daß sich die Bevölkerung hier immer noch weitgehend vom Tabakanbau ernährt.

Trois-Rivières ist die zweitälteste Stadt in Kanada. Die Pelzhandelsstation, die Samuel de Champlain 1610 einrichten ließ, wurde 1634 zur festen Siedlung. Was aus dieser Zeit Anfang unseres Jahrhunderts noch erhalten war, vernichtete 1908 eine Feuersbrunst weitgehend. Bis 1730 lebte die Stadt vor allem vom Pelzhandel. Dann fand man in der Nähe Eisenerz, und Neu-Frankreich bekam seine erste Gießerei, die Forges du Saint-Maurice. Deren Reste stehen in einem National Historic Park am nordwestlichen Stadtrand. In **Cap-de-la-Madeleine** ist die Basilika Notre-Dame-du-Rosaire sehenswert, weniger ihres kuriosen Stilgemischs als der Glasmalerei ihrer Fenster wegen.

Seigneuries wurden nicht nur an weltliche Grundbesitzer, sondern auch an geistliche Orden verliehen. In **Batiscan** steht noch das aus Feldsteinen errichtete Pfarrhaus der Jesuiten, die dort die ersten Gutsherren waren. In **La Pérade** sind noch vier Häuser aus dem 17. und frühen 18. Jh. erhalten, ein beträchtlicher Teil von **Deschambault** entstand in jener Zeit. Hier ist auch die 1838 von dem wohl bedeutendsten klassizistischen Architekten von Quebec, Thomas Baillairgé (1791–1859), erbaute Kirche Saint-Joseph-de-Deschambault bemerkenswert.

Cap-Santé ist aus zwei Gründen beachtenswert. Erstens gibt es dort den Vieux Chemin mit alten Häusern, herrlicher Aussicht und dem Ruf, eine der schönsten Straßen in Kanada zu sein. Außerdem nimmt der Ort einen besonderen Platz im Herzen von Quebec ein, weil das nahe gelegene Fort Jacques-Cartier der letzte französische Stützpunkt war, der sich 1760 den Briten ergeben mußte.

Quebec City

Städte wie Landschaften sind Geschmackssache, aber selbst wer Quebec nicht für die schönste Stadt in Kanada oder gar Nordamerika hält, muß gestehen, daß sie die bei weitem

Historische Darstellung von Quebec City

aparteste ist (s. Farbabb. 4). Um den rechten Eindruck zu bekommen, sollte man sie eigentlich am Abend der Ankunft gleich wieder verlassen und ihr Profil bei Sonnenuntergang vom gegenüberliegenden Ufer studieren. Das ist leicht und billig getan, indem man am besten auf der Uferstraße Boulevard Champlain und nicht durch das um diese Zeit von Fremden und Einheimischen völlig verstopfte Zentrum zur Unteren Altstadt (Lower Town) fährt. Hier stellt man seinen Wagen auf einem der großen Parkplätze ab, die auch für eine spätere Stadtbesichtigung zu empfehlen sind, und nimmt die stündlich verkehrende Fähre nach Lévis. Dort angekommen, bleibt man an Deck sitzen und läßt bis zur Rückfahrt eine Viertelstunde später die Silhouette von Quebec auf sich einwirken.

Die strategische Höhe, die Quebec City zwischen dem St. Lorenz und der Mündung des St. Charles einnimmt, hat den Namen Cape Diamond behalten, obgleich die Diamanten, die Cartier hier fand, sich als Quarze erwiesen. Wo in Europa ein Schloß stünde, steht in Kanada ein Bauwerk, das oft Château genannt wird und auch so aussieht, das sich aber meistens als Eisenbahnhotel entpuppt. In Anbetracht des Zustroms amerikanischer und überseeischer Besucher ist es nicht unpassend, daß über dem ›Gibraltar von Amerika‹ eine Herberge thront. Man muß auch zugeben, daß die Kontur des **Château Frontenac** (1, Baujahr 1890, mit Turm von 1923) sich im Schattenriß der alten Stadt besser ausnimmt als die hohen Kästen, die daneben und dahinter den Horizont verunzieren.

Downtown Quebec
1 Château Frontenac
2 Place Royale
3 Museé de la Civilisation
4 Basilique Notre-Dame-de-Quebec
5 Seminaire de Quebec
6 Couvent des Ursulines

Nicht nur der guten Parkplätze, sondern auch der Chronologie wegen ist es vorteilhaft, mit der Besichtigung von Quebec City am Flußufer im historischen Stadtteil **Place Royale** (2) zu beginnen, wo Samuel de Champlain am 3. 7. 1608 das erste Haus errichten ließ und wo sich die Geschäftstätigkeit des 17. und frühen 18. Jh. abspielte. Hier lag seit 1691 auch die Königliche Batterie, die 1759 das vernichtende Feuer der britischen Kanonen auf sich und die umgebenden Häuser lenkte. Zu den wenigen restaurierten Gebäuden gehört eine Kirche aus dem Jahre 1688, die nach zwei französischen Siegen 1711 den Namen Notre-Dame-des-Victoires erhielt. Im übrigen ist Place Royale ein Neubau nach alten Plänen von rund 80 Häusern in der soliden, möglichst holzlosen Bauweise, die der Intendant 1727 vorschrieb, nachdem mehrere Brände die Stadt heimgesucht hatten. Ausstellungen und Filmvorführungen in zwei Interpretation Centres veranschaulichen die Geschichte der Stadt von der indianischen bis zur Kolonialzeit. Wie es sich im Hause eines Schiffseigners leben ließ, ist im Maison Chevalier zu sehen. In den Kellern des Maison des vins wurden die aus Frankreich importierten Weine gelagert.

Nur zwei Straßenblocks nördlich von Place Royale liegt das von Moshe Safdie entworfene **Musée de la Civilisation** (3). Es ist der ausdrückliche Wunsch des Museums, Quebecoises mit der Entwicklung ihrer frankokanadischen Zivilisation vertraut zu machen. Außenseitern führt es eindringlich vor Augen, wie es zur *Distinct Society* kam, die in Kanada heute so heiß debattiert wird.

Noch einmal zurück nach Place Royale. Vom Haus des Louis Jolliet, der 1673 als erster Weißer den Mississippi abwärts paddelte, ist die obere Stadt am bequemsten erreichbar und zwar mittels einer seit 1879 in Betrieb befindlichen Funikulare. Sportlicher freilich ist der Aufstieg über die wohl einmal halsbrecherische Champlain-Treppe, die schon auf dem Stadtplan von 1660 erscheint. Während also unten am Fluß Pelzhändler, Schiffseigner, Seeleute und Krämer ihren Geschäften nachgingen, ließen sich die Höherberufenen – Geistliche, Nonnen, Beamte und Militärs – in der Oberen Stadt nieder, die alsbald mit einer Mauer umgeben wurde. Quebec City ist die einzige derart geschützte Stadt nördlich von Mexiko.

Die Bergstation der Funikulare liegt am Nordende der Dufferin-Terrasse, die wie eine Kurpromenade die breite Ostfront des Château Frontenac begleitet. Nach Süden geht sie in die Promenade des Gouverneurs über und führt zur Zitadelle und dem Schlachtfeld von 1759 hinauf. An prominenter Stelle gleich nördlich vom Hotel schauen Samuel de Champlain von seinem Sockel und von seinem Haupt eine Möwe auf die **Place d'Armes** hinab.

Im historischen Stadtviertel Place Royal

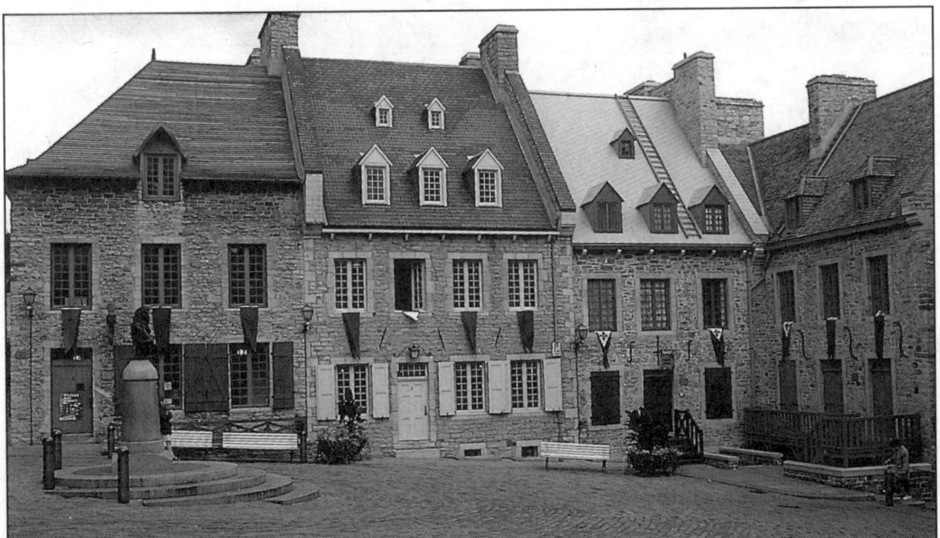

Der Brunnen im parkartigen Zentrum des Platzes ist ein Denkmal für die Récollet-Mönche, eines Zweigs der Franziskaner, die von 1615 bis in das 19. Jh. in Quebec tätig waren.

Alle Sehenswürdigkeiten der Oberen Stadt sind auf engen, von schönen alten Häusern flankierten Straßen leicht zu erwandern. Gleich an der Place d'Armes liegt die Rue du Trésor, eine schmale Fußgängergasse. Ihre Wände sind mit Aquarellen, Zeichnungen, Drucken und Photographien bedeckt, die zum Teil an Ort und Stelle entstehen, jedenfalls aber dort verkauft werden. Nahebei steht die 1768 begonnene und 1844 von Thomas Baillairgé mit einer neuen Fassade versehene **Basilique Notre-Dame-de-Quebec** (4).

In der Nähe der Kirche befindet sich das 1663 von François de Montmorency-Laval, dem ersten Bischof von Quebec, gegründete **Seminaire** (5). Aus der Lehranstalt ging später die moderne, in einem anderen Stadtteil gelegene Université Laval hervor. Im Jahre 1639 kamen die Ursulinerinnen nach Quebec, um indianische und französische Mädchen zu unterrichten. Drei Jahre später erhielten sie ein Kloster **(Couvent des Ursulines, 6)**, das sie heute noch innehaben. In der dazugehörigen Kapelle fand der Marquis de Montcalm, der französische Heerführer von 1759, seine letzte Ruhestätte.

Quebec City wurde im Verlauf der Auseinandersetzungen zwischen Franzosen, Briten und Amerikanern sechsmal belagert. Die schwerwiegendsten dieser Begegnungen liefen

In der Avenue St-Denis

1759 und 1760 auf der Hochebene Plaines d'Abraham weiter im Südwesten ab. Der Spaziergang dorthin, über die Dufferin-Terrasse und die Promenade des Gouverneurs mit herrlicher Aussicht auf den St. Lorenz, führt am gemeinsamen Denkmal der Feldherrn Wolfe und Montcalm sowie an den Mauern der Zitadelle vorbei. Vorher aber empfiehlt es sich, das kleine Musée du Fort an der Place d'Armes zu besuchen, denn dort bekommt man mit der Vorführung »History in Action«, einem Diorama mit Licht- und Lauteffekten, die beste Einführung in die bewegte militärische Vergangenheit von Quebec.

»Je me souviens« heißt es auf jedem Nummernschild aus der Provinz Quebec. Ursprünglich war dies nur ein Motto, welches der Architekt Eugène Taché 1883 eingedenk der großen Zeit des Ancien Régime in ein Wappen von Quebec meißeln ließ. Heute erinnern sich patriotische Quebecoises statt dessen an die ›Eroberung‹, die auf den Plaines d'Abraham besiegelt wurde. Wenn die ehemaligen Besitzungen des Flußlotsen Abraham Martin im englischen Kanada lägen, wäre das Schlachtfeld, auf dem Wolfe am 13. 9. 1759 Montcalm besiegte, als historisches Ehrenmal erhalten und gebührend beflaggt, beschildert und besucht. Doch das wäre den *Canadiens* zu viel des Erinnerns, und so ist das Schlachtfeld von 1759 längst gepflastert.

Wolfe fiel an der Stelle, an welcher neben dem Musée de Quebec seine Gedenksäule steht. Etwas besser erging es der Stätte des französischen Versuchs, Quebec im nächsten Frühjahr zurückzuerobern. Die Schlacht von Sainte-Foy, in welcher der Duc de Lévis die Oberhand über General Murray gewann, sie aber nicht nutzen konnte, fand etwas weiter südlich statt, in einem Gelände, das heute den breiteren Teil des **Parc National des Champs-de-Bataille** einnimmt. Der schöne, weitläufige und seltsam stille Park eignet sich besser fürs Wandern, Laufen und Picknicken als für Gedenkfeiern. Und damit entspricht er der lebensfrohen Natur der Quebecker.

Zwar stammt die **Zitadelle** aus der englischen Kolonialzeit, aber wie die Stadt ist auch sie französischen Geistes. Der sternförmige Grundriß der Anlage wurde von Sébastien de Vauban, dem Festungsbaumeister Louis XIV., eingeführt. Die erst 1820 begonnene Anlage, die nie auf die Probe gestellt wurde, dient heute als Garnison eines frankophonen Regiments mit der Nummer 22, das deshalb in Kanada als *The Vandoos* bekannt ist. Die 40 Minuten lange zeremonielle Wachablösung um 10 Uhr morgens ist unterhaltsam.

Vor Angriffen von Norden wurde die feste Stadt Quebec vom Rivière Saint-Charles geschützt. An seinem Ufer liegt der historische Park Cartier-Brébeuf, in dem besonders ein irokesisches Langhaus und eine Nachbildung von Cartiers »La Grande Hermine« sehenswert sind.

Nach Tadoussac am Saguenay-Fjord

Der Highway 138 führt von Quebec City direkt auf die Brücke zur pastoralen **Ile d'Orléans,** die als erster Abstecher auf dem weiteren Weg nach Osten in Frage kommt. An deren Südwestspitze hatte General Wolfe 1759 sein Hauptquartier, bevor er den Angriff auf

Historische Darstellung der Montmorency-Fälle

Quebec befahl. Von Saint-Pierre bietet sich ein besonders schöner Blick auf das gegenüberliegende Ufer und den Wasserfall des Montmorency. Alle Dorfkirchen der Insel weichen von dem üblichen sakralen Bauschema ab; fünf haben nur einen Turm, die sechste hat drei.

Die erste, unerläßliche Station nordöstlich von Quebec City ist der Wasserfall, mit dem der Montmorency 83 m in die Tiefe stürzt und der viele Generationen von Malern dazu anregte, ihre Staffeleien dort aufzustellen. Im Winter schlägt sich der Sprühregen, durch den man sich der Kaskade der **Montmorency Falls** nähern muß, zum Ergötzen der schlitternden Jugend in Form eines ebenfalls oft graphisch erfaßten ›Zuckerhuts‹ nieder.

Zugkräftiger noch als das Naturschauspiel sind die Heilwunder, die seit Mitte des 17. Jh. eine knappe halbe Wegstunde weiter flußabwärts in **Sainte-Anne-de-Beaupré** geschehen. Die gewaltige neoromanische Basilika ist allerdings erst wenige Jahrzehnte alt.

Von Beaupré führt die südlichste der Straßen, die sich nun anbieten, zum Naturschutzgebiet Cap-Tourmente. Dort sammeln sich im Frühjahr und Herbst Zehntausende von Schneegänsen zum Weiterflug, aber auch zu anderen Jahreszeiten herrscht Hochbetrieb. Auf dem Weg dorthin liegt **Saint-Joachim,** wo François de Laval, der erste Bischof von Quebec, seinen Landsitz hatte. Sein langgestrecktes Gutshaus, La Petite Ferme, mit abgestütztem Vordach ist ein schönes Beispiel dafür, wie die wohlhabenderen *seigneurs* im 17. Jh. bauen ließen.

Die Montmorency-Fälle heute

Bei **Baie-Saint-Paul** nähert sich der Highway 138 wieder dem St. Lorenz. Die Landschaft an der von bewaldeten Höhen eingefaßten Mündung des Rivière du Gouffre mit der nahen Ile aux Coudres als Hintergrund hat Generationen von Malern Motive geliefert. Unter ihnen sind die Quebecker Clarence Gagnon, Marc-Aurèle Fortin und René Richard sowie Mitglieder der Group of Seven wohl die bekanntesten. Das Centre d'Art de Baie-Saint-Paul und ein halbes Dutzend private Galerien stellen die Werke von Künstlern der Gegenwart aus. Der Himmel von Baie-Saint-Paul wird aber nicht nur von Malern geschätzt, sondern auch von Segelfliegern.

Von **Saint-Joseph-de-la-Rive** verkehrt eine Fähre zur **Ile aux Coudres,** so genannt, weil Jacques Cartier dort 1535 Haselnußbäume vorfand. Zu den sehenswerten Bauwerken gehören zwei noch (bzw. wieder) in Betrieb befindliche Mühlen, angetrieben von Wasser und Wind. Bis vor kurzem haben die Insulaner Belugas gejagt, die alten Feldsteinhäuser wurden lange mit Tran beleuchtet.

Trotz ihrer Lage an der Peripherie des nordamerikanischen Wirtschaftsraums ist Charlevoix, die Region südlich vom Saguenay-Fluß, schon lange ein beliebtes Reiseziel. In den 20er Jahren bekam das Gebiet zur Erschließung der Holzvorräte eine Schienenverbindung, und für all jene, die sich keinen eigenen Sommersitz in Pointe-au-Pic leisten konnten, wurde in bevorzugter Lage das Eisenbahn-Grandhotel Manoir Richelieu eröffnet.

La Malbaie soll seinen Namen von Samuel de Champlain erhalten haben, als er hier 1608 vor Anker ging und bei Ebbe auf Grund saß. Verbürgt ist, daß Pierre Lemoyne, Sieur d'Iberville, 1697 mit dem französischen Dreimaster »Le Pélican« von Malbaie in See stach, um die Engländer mit Erfolg, aber unter Verlust seines Schiffs in der Hudson Bay zu belästigen. »Le Pélican« wird mit zeitgenössischem Werkzeug nachgebaut.

Von **Saint-Siméon** gibt es einen langen und einen kurzen Weg nach Tadoussac. Nimmt man den Highway 170, dann kann man im **Parc Saguenay** an zwei Stellen von über 500 m Höhe auf den Fluß hinabsehen. Im Museum der Montagnais-Indianer in **Mashteuiatsh** am Lac Saint-Jean besteht eine der wenigen Gelegenheiten, Mitgliedern dieses Stammes zu begegnen. Die zur algonkischen Sprachfamilie gehörenden Montagnais führten im 17. und 18. Jh. nördlich vom Unterlauf des St. Lorenz ein halbnomadisches Leben und lieferten große Mengen von Pelzen an die Franzosen. Mit **Mistassini** jenseits des Lac Saint-Jean lernt man eine weitere Welthauptstadt kennen, diesmal die der Blaubeeren. Von zwei interessanten modernen Kirchen in Jonquière und Larouche abgesehen, bietet diese Rundfahrt wenig mehr als Sägewerke, Papier- und Aluminiumfabriken. Man verpaßt nicht allzuviel, wenn man direkt nach Tadoussac fährt und den legendären Saguenay auf dem Wasserweg erkundet.

Was den Fluß *legendary* macht, ist nicht ganz klar. Die Mär von Gold, Silber und Edelsteinen im ›Königreich Saguenay‹ tauchte schon 1535 in den spärlichen Aufzeichnungen

Der Saguenay-Fjord bei Tadoussac

von Jacques Cartier auf, aber es ist bekannt, daß die Huronen ihren Gästen am Lagerfeuer gern Bären aufbanden. Eher kann man sich vorstellen, daß die imposanten, oft in Nebelschleier gehüllten Steilufer des Saguenay den Indianern Ehrfurcht einflößten und ihre Mythen die Erinnerung an ›trunkene Wälder‹ wachhielten.

Das Saguenay-Tal war schon vor seiner Entstehung auf dem Schild durch Verwerfungen vorgezeichnet, die bis in geschichtliche Zeit zu Erschütterungen und Bergrutschen führten. Das vom Eis erweiterte Tal ist eher Meeresarm als Flußlauf. Ein Fjord also, mit erdrückenden, schaurig-schönen Wänden. Vor der Fjordmündung, vermutlich infolge der gleichen Verwerfungen, steigt der Boden des St. Lorenz flußaufwärts plötzlich um rund 200 m an. An dieser Schwelle wird der kalte atlantische Flutstrom an die Oberfläche gezwungen, kommt in Berührung mit der warmen Luft und füllt sie mit Nebel. So findet alles, was am Saguenay übernatürlich erscheint, eine natürliche Erklärung.

Von allen Siedlungen am St. Lorenz hat **Tadoussac** die längste Geschichte. Erster weißer Besucher war 1535 Jacques Cartier oder einer seiner Leute. Als Pierre Chauvin 1600 das heute wiedererstandene erste Haus baute, war der Hafen schon ein sommerlicher Treffpunkt von baskischen Walfängern, Pelzhändlern und Indianern. Von Chauvins 16 Kolonisten aber lebten im folgenden Frühjahr nur noch fünf. Im Jahre 1603 ankerte Samuel de Champlain seine Hochseeschiffe vor Tadoussac und setzte seine Reise nach Quebec in kleineren Booten fort. 1661 wurde das Dorf von Irokesen so gründlich geplündert, daß die Pelzhändler erst 13 Jahre später wiederkamen. Als der Pelzhandel nachließ, trafen mit dem Industriezeitalter zunächst die Holzfäller ein und dann per Dampfschiff die Sommergäste aus Quebec und Montreal. Das 1864 für sie erbaute Hotel wurde 1941 abgerissen und erstand im folgenden Jahr als dezenter Langbau an gleicher Stelle wieder. Über Hafen und Fährstation steigt die Stadt terrassenweise an, ihre aufgelockerten Häusergruppen bieten aus jeder Richtung einen angenehmen Anblick.

Tadoussac ist das Tor zum majestätischen Saguenay-Fjord. Mit den gleichen kalten Strömungen, die seine Mündung mit Nebeln verschleiern, kommt die Nahrung für Weißwale, Finnwale, Buckelwale und Blauwale aus der Tiefe. Den Walen waren schon Ende des 16. Jh. baskische Fischer gefolgt, heute locken sie *whale watchers* aus aller Welt nach Tadoussac. Die zünftigsten Wal- und Fjordfahrten verspricht der Schoner »La Marie-Clarisse«.

Um die Halbinsel Gaspé

Das nächste Ziel ist die Baie des Chaleurs an der Südseite der Gaspé, denn wenn eine Halbinsel entgegen dem Uhrzeigersinn umfahren werden sollte, dann ist es diese. Wo man auch den St. Lorenz an seinem Unterlauf überquert, man versteht, wie Cartier so lange an der Idee festhalten konnte, nicht einen Fluß, sondern eine Meeresverbindung zum pazifischen Ozean unter dem Kiel zu haben. Nimmt man die Fähre von St-Siméon nach Rivière-du-Loup, so eröffnen sich dort zwei Möglichkeiten.

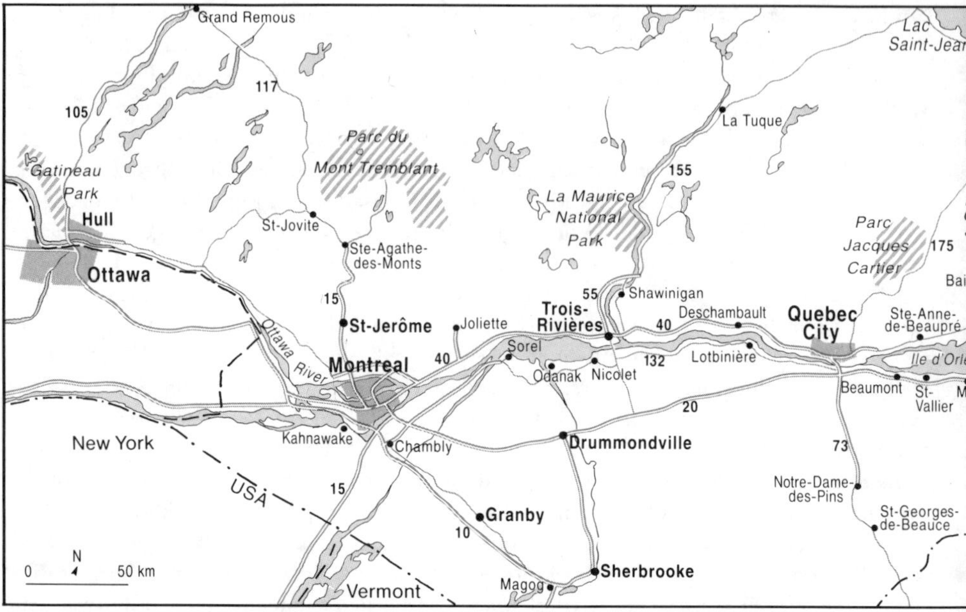

Um die Halbinsel Gaspé

Wer eine Ecke von New Brunswick kennenlernen will und dem TransCanada Highway nach Südosten folgt, kommt bald an einem Ort namens **Saint-Louis-du-Ha!Ha!** vorbei. Noch eine Welthauptstadt, die der Heiterheit? Nein. ›Ha Ha‹ kommt nicht nur in Quebec, sondern auch in Newfoundland mit oder ohne Ausrufungszeichen in geographischen Namen vor und zwar dort, wo der französische Entdecker plötzlich seinen Weg zu Wasser oder zu Lande von einem natürlichen Hindernis versperrt sah und erstaunt »Ha!« ausrief. Das 1762 von der Académie Française akzeptierte Wort ›haha‹ wird auch in der englischen Sprache gebraucht, etwa für einen vertieft liegenden Zaun, der Nachbars Kühe vom gepflegten Rasen fernhält, ohne die Aussicht zu beeinträchtigen. Im Fall von Saint-Louis war es der 40 km lange Lac Témiscouata, an dem es nicht weiterging. In Saint-Léonard (New Brunswick) verläßt man den TransCanada Highway und kommt über den Highway 17 und Campbellton zur Brücke nach Quebec. Von Rivière-du-Loup kann man sich der Baie des Chaleurs auch ohne Haha nähern. Die 140 km bis Mont-Joli bekommt man dann zwar auf der Rückfahrt nach Montreal zum zweiten Mal zu sehen, aber dafür entschädigt die Fahrt durch das schöne Matapédia-Tal.

Die Halbinsel Gaspé ist eine Fortsetzung der amerikanischen Appalachen. Die höchsten Erhebungen, die Monts-Chic-Chocs, ziehen sich an der Nordküste hin, so daß der Block wie nach Süden gekippt erscheint. Die Berge und Hochebenen im Landesinnern sind

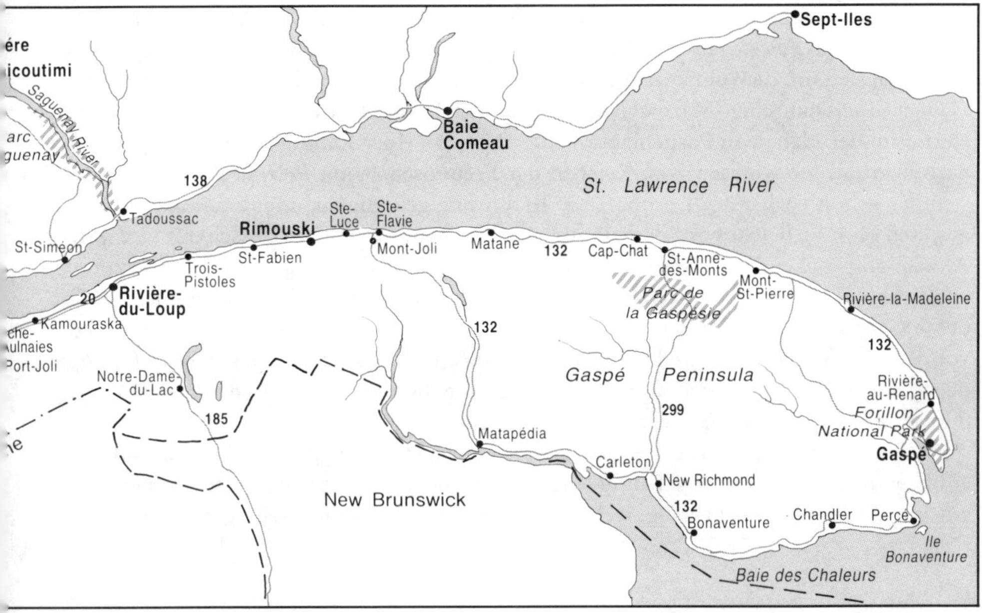

nahezu unerschlossen und unbewohnt; die gesamte Bevölkerung ist an der Küste aufgereiht. Die mindestens 300 Mio. Jahre alten Gesteine sind so angeordnet, daß entlang der Südseite rötlich gefärbte Sandsteine, Konglomerate und Tonsteine anstehen, die streckenweise von einer Küstenebene wechselnder Breite begleitet werden. Deren landwirtschaftliche Möglichkeiten nahmen frankophone Akadier wahr, die sich 1755 in New Brunswick der englischen Zwangsverschickung entziehen konnten. Wenig später gesellten sich ihnen englische, aus den Vereinigten Staaten geflüchtete Loyalisten zu, und so wechseln nun Oak Bay, New Richmond und Newport mit Saint-Omer, Bonaventure und Saint-Godefroi ab. Die einladenden Sandstrände entlang der warmen Baie des Chaleurs werden seit Generationen von Sommergästen aus Quebec und den atlantischen Provinzen frequentiert.

So manche Stelle in der Bucht und an ihren Ufern ist von geschichtlicher und vorgeschichtlicher Bedeutung. Bei Pointe-à-la-Croix an der Mündung des Flusses Restigouche fand 1760 das letzte englisch-französische Seegefecht des Siebenjährigen Kriegs statt. Die Sand- und Tonsteinkliffs im Parc du Miguasha sind für ihre über 300 Mio. Jahre alten fossilen Fische und Farne berühmt. Obgleich Wissenschaftler aus aller Welt sich hier treffen, sind die Schaukästen des paläontologischen Museums nur französisch beschriftet.

Carleton im Süden der Halbinsel ist der erste von vielen erfreulichen Badeorten am Highway 132. Von hier windet sich eine enge, steile Straße hinauf zum Mont Saint-Joseph.

Nach dem riesigen Parkplatz auf seiner Höhe zu urteilen, verspricht die Wallfahrtskapelle Notre Dame an Feiertagen Hunderten von Pilgern Trost und Heilung. Flüchtige Reisende begnügen sich mit dem einzigartigen Blick über die Bucht nach New Brunswick hinein.

Dem amerikanischen Marinehistoriker Samuel Eliot Morison zufolge wurde Jacques Cartier in der Nähe von **Paspébiac** am 6. 7. 1534 von einer Kanuflotte mit Micmac-Indianern begrüßt. Sie winkten zum Zeichen der Freundschaft mit Pelzen, waren also offensichtlich schon vorher mit Europäern in Berührung gekommen, und dies könnten Basken gewesen sein. Vielleicht wird deshalb in Paspébiac heute noch Französisch mit baskischem Akzent gesprochen. Im Jahre 1767 gründeten französischsprachige Protestanten von den englischen Kanalinseln (Jersey, Guernsey, Alderney und Sark) hier eine Fischereistation, deren Gebäude in einem historischen Park zu besichtigen sind. Da die lokalen Bootseigner vor der Saison finanziert, Fischpreise und Zinsen aber erst nach der Saison festgelegt wurden, gerieten viele von ihnen in ein immer tieferes Schuldverhältnis. In der Gaspé war man deshalb nicht gut auf *les Jersais* zu sprechen.

An Stelle von Cartiers Kap der (zweifellos guten) Hoffnung, Cap-d'Espoir, findet man auf älteren englischen Karten häufig ein Kap der Verzweiflung, Cape Despair. Hier wurde ein Teil der Flotte schiffbrüchig, welche die englische Admiralität 1711 gegen Quebec ent-

Der Rocher Percé

sandte. Die äußerlich schlichte, etwa 100 Jahre alte Kirche in **Cap-d'Espoir** ist einen Blick auf das prunkvolle Weiß und Gold im Innenraum wert.

Von allen kanadischen Ansichtskarten ohne Hotel (Banff Springs, Château Frontenac) oder Wasserfall (Niagara) ist sicher die mit dem **Rocher Percé,** dem gelochten Felsen, die berühmteste (s. Farbabb. 18). Auf ihn also ist man vorbereitet und doch überrascht er, wenn er bei Côte Surprise plötzlich im Blickfeld erscheint. Wetter und Brandung haben an dieser exponierten Küste ungewöhnlich schnell gearbeitet. Cartier erwähnt den Rocher Percé möglicherweise deshalb nicht, weil der rosarote Kalksteinblock, dem man sich jetzt nur noch bei Niedrigwasser nähern soll, noch nicht wie ein gestrandetes Schiff aus dem Wasser aufragte, sondern fest mit dem Land verbunden war. Sicher existierte das auffallende Loch im 16. Jh. noch nicht. Spätere Bilder dagegen zeigen gleich zwei Torbogen, von dessen einem aber seit 1843 nur noch der äußere Stützpfeiler übrig ist.

Percé ist einer der Orte, die busladungsweise be- aber auch wieder entvölkert werden. Reisegesellschaften haben selten Zeit, die Ebbe abzuwarten, um den Felsen aus der Nähe zu sehen oder eine Bootsfahrt zur größten nordamerikanischen Seevogelkolonie auf der **Ile Bonaventure** mitzumachen. Es lohnt sich also, zu verweilen. Aber auch wer Percé voreilig verläßt, muß noch nicht endgültig Abschied von dem fotogenen Felsen nehmen. Von Belle-

Steilufer des Forillon National Park

Anse am Nordufer der Bucht von Malbaie zeigt er sich auf der Weiterfahrt noch einmal, zwar in Miniatur, doch von der anderen Seite.

Erst nachdem sich Cartier davon überzeugt hatte, daß die Baie des Chaleurs ein ›Haha‹ war und nicht nach China führte, ging er in der Bucht von Gaspé an Land und belegte es am 24. 7. 1534 im Namen des Königs von Frankreich mit Beschlag. Gleichzeitig freundete er sich mit dem Häuptling Donnacona an und legte damit den Grundstein für das dauerhafte und profitable Bündnis zwischen Neu-Frankreich und den Huronen. Im Jahre 1934 gedachte die Stadt **Gaspé** dieser historischen Ereignisse mit einem 9 m hohen Kreuz aus Granit und der Errichtung der einzigen hölzernen Kathedrale in Nordamerika. Einmal durch die Verwitterung ihrer kantigen Schale aus Zedernholz gebührend veredelt, wird die Kirche ein würdiger Rahmen für die Gaben Frankreichs zur 400-Jahrfeier sein, eines prachtvollen Farbglasfensters und eines Wandgemäldes, in dem der Franzose Charles Fouqueray die Ankunft Cartiers darstellt.

Ein anderes ansprechendes Denkmal wurde dem Entdecker beim Musée de la Gaspésie in Gestalt einer Gruppe von aufrechten Bronzeplatten mit Reliefdarstellungen und Inschriften gesetzt. Das Museum hat neben Cartiers Reisen und den englisch-französischen Konflikten besonders die Geschichte der Volksgruppen zum Thema, die sich nacheinander an den Küsten der Halbinsel ansiedelten: Indianer, Basken, Bretonen, Akadier, Iren, Schotten und Loyalisten. Viele der Dörfer, die sie gründeten, waren bis 1929 nur auf dem Wasserweg erreichbar. Erst dann wurde die Straße angelegt, die man schließlich zum Highway 132 ausbaute.

Einer der schönsten Teile der Gaspé wurde dem **Forillon National Park** vorbehalten. Elchen und Bären begegnet nur, wer die mit Laub- und Nadelholz bedeckten Kuppen und Hochplateaus im Parkinnern zu Fuß erkundet und auch dann nur mit Glück und Geduld. Alles andere Sehenswerte liegt am Highway 132, der, teils unten am Wasser, teils hoch am Steilufer, um den Park herumführt. An der flachen Landzunge Penouille am Südufer findet man einen Sandstrand. Hier (und nicht gegenüber in Gaspé) errichtete Cartier sein symbolisches Kreuz mit dem Lilienwappen der Bourbonen. Nur dort ist der Park nicht von steilen Hängen umsäumt, die an der Südseite aus Sand- und Kalksteinen bestehen.

Cap-aux-Os soll nach einem Haufen von Knochen benannt worden sein, den Walfänger, wahrscheinlich Basken, zurückließen. An den Stränden am Südrand des Parks, die fast durchweg mit Geröll bedeckt sind, trockneten die Fischer früher ihren Fang nach englischer Manier an der Luft. Es heißt, daß Stockfisch von der Gaspé besonders beliebt war, weil er nicht auf die sonst übliche französische Weise eingesalzen wurde.

Dort, wo der Highway 132 nach Norden abbiegt, führt eine Stichstraße am Museumsdorf **Grande-Grave** vorbei nach Osten auf die Landzunge, die schließlich im Cap Gaspé endet. Dies ist einer der Aussichtspunkte, von denen man Wale beobachten kann. Besonders häufig ist hier der zu den Delphinen gehörige Grind- oder Pilotwal. Bevor der Highway 132 bei Cap-des-Rosiers auf das Nordufer der Gaspé stößt, zweigt eine Seitenstraße nach Le Havre ab, wo Besucher ein modernes Informationszentrum mit Ausstellungen, Filmvorführungen und Aquarien erwartet.

Der Nordrand der Gaspé hat einen ganz anderen Charakter als die anmutigen Ufer der Baie des Chaleurs und die reichgegliederte Ostküste der Halbinsel. Die schroffen, schattigen Hänge bestehen aus dunklen Schiefern, und auch was sie an Sediment an den Strand liefern, ist dunkelgrau.

Die Bevölkerung läßt jetzt fast keinen angelsächsischen Einfluß mehr erkennen, aber das heißt nicht, daß er immer gefehlt hat. Das Manoir LeBoutillier in **L'Anse-au-Griffon** erinnert an die Fischhändler aus Jersey, die hier und in Paspébiac Niederlassungen hatten. Heute ist **Rivière-au-Renard** der größte Fischereihafen der Gaspé mit einer großen Flotte und modernen Fabriken. In Cloridorme wird der Fisch immer noch auf althergebrachte Weise auf Holzgestellen am Strand getrocknet.

Bei **Rivière-la-Madeleine** beginnt der Abschnitt der Küste, an dem die Monts-Chic-Chocs im Mont Jacques Cartier bis auf 1268 m aufsteigen. Hier treten die schwarzglänzenden Schieferwände links bis dicht an die Straße heran, rechts schützt den Verkehr nur eine Mauer mit ominösen Warntafeln vor den Wellen, die aus dem Golf von St. Lorenz heranrollen.

Von **Mont-Saint-Pierre** führt eine kurze Straße auf den 430 m hohen Berg gleichen Namens. Von oben hat man einen herrlichen Blick, besonders wenn Drachenflieger unterwegs sind, denn Mont-Saint-Pierre ist das *Hang-gliding Capital of Eastern Canada*. Der

Das Museumsdorf Grande-Grave

Name des Dorfes Marsoui kommt von *marsouin*, Delphin. Gemeint sind die zur Familie der Delphine gehörigen weißen Beluga-Wale, die hier einmal häufig waren.

Der Highway 299, der Sainte-Anne-des-Monts mit New Richmond an der Baie des Chaleurs verbindet, gestattet einen kurzen Ausflug durch tiefeingeschnittene, bewaldete Täler zu den Monts Chic-Chocs und zum **Parc de Conservation de la Gaspésie.** Elche bevorzugen die sumpfigen Niederungen, die magere Vegetation oberhalb der Waldgrenze sagt den Rentieren zu. Die Wanderung auf den Mont Jacques Cartier lohnt sich bei gutem Wetter wegen des hervorragenden Rundblicks.

Einem Felsrücken in Form einer kauernden Katze beim nahegelegenen Leuchtturm soll **Cap-Chat** seinen Namen verdanken. Geographen betrachten eine von hier zum gegenüberliegenden Leuchtturm Pointe-des-Monts gezogene, imaginäre Linie als die Grenze zwischen dem Strom und dem Golf von St. Lorenz. Weit auffallender sind die Rotoren des 110 m hohen Windkraftwerks Eolienne de Cap-Chat, die sich pausenlos um ihre vertikale Achse drehen.

Matane ist die Endstation der Bahnlinie nach Montreal und der Fähren von Baie-Comeau und Godbout. Ein wichtiger Verkehrsknotenpunkt also, Normalverbrauchern aber besser bekannt durch Lachs- und Krabbenfischerei. Am Damm Mathieu-D'Amour kann man aus der Nähe beobachten, wie Lachse den Rivière Matane aufwärts wandern.

Lachsen verdanken auch die großzügigen Gartenanlagen Jardins de Métis bei **Mont-Joli** ihre Existenz. Im Jahre 1886 erwarb der passionierte Angler George Stephen, erster Präsident der Canadian Pacific Railway Company und später Lord Mount Stephen, den Besitz und vermachte ihn 1921 einer ebenso passionierten Gärtnerin, seiner Nichte Lady Reford. Deren Arbeit nahm 1961 die Regierung von Quebec wieder auf und verwandelte die sechs verschiedenen Ziergärten um die Villa Reford in einen vielbewunderten Botanischen Park.

Sainte-Flavie, Start und Ziel einer vollen Runde um die Halbinsel Gaspé auf dem Highway 132, ist auch das Ziel der phallischen Prozession des »Grand Rassemblement«, die der Maler und Bildhauer Marcel Gagnon bei seinem Atelier aus den Wellen steigen läßt (s. Farbabb. 20).

Am Südufer des St. Lorenz nach Montreal

Auf Sainte-Flavie folgt, abseits des Highway, der gepflegte Badeort Sainte-Luce mit guten, wenn auch nicht weißen Sandstränden. An der gleichen Nebenstraße liegt ein Ort, dessen Daseinsberechtigung als Lotsenstation 1914 durch den Untergang der »Empress of Ireland« mit 1012 Seelen unterstrichen wurde. Diese schwerste kanadische Havarie ist eines der Themen des historischen und ozeanographischen Musée de la Mer beim Leuchtturm von Pointe-au-Père.

Bewaldete Höhenzüge, die südwestlich von **Rimouski** rechts von der Straße auftauchen, gehören mit einigen Inseln zum **Parc du Bic,** einem Naturschutzgebiet, in dem Botaniker eine für diese nördliche Breite ungewöhnliche Flora und Ornithologen zahlreiche Strand-

Die Eglise Notre Dame des Neiges in Trois Pistoles

und Seevögel finden. Sammler geographischer Kuriositäten haben Gelegenheit über eine Bucht namens Baie du Ha!Ha! zu schmunzeln. Auf einer der vorgelagerten Inseln wurden 1533, also kurz vor Jacques Cartiers Ankunft, 200 Micmac oder Malecite von den Irokesen massakriert.

Im späten 19. Jh. wurde in Quebec ein runder bzw. polygonaler Grundriß für landwirtschaftliche Speicher populär, bei dem oft ein Getreidesilo als Mittelpfeiler dient. Eines der wenigen erhaltenen Exemplare, die achteckige Scheune von Adolphe Gagnon, ist in **Saint-Fabien** zu sehen. Charakteristisch für den Wohnbau dieses Küstenstrichs ist das sogenannte Kamuraska-Dach mit dem konkaven Überhang. Es verschwindet leider, wohl weil die früher in der Schiffszimmerei geforderte Erfahrung mit Profilspanten immer mehr verloren geht. Ein schönes Beispiel des gefälligen Kamuraska-Baustils ist das Maison du Notaire in **Trois-Pistoles.** Bei den Pistolen handelt es sich nicht um Waffen, sondern um die im 17. Jh. im französischen Einflußbereich üblichen Goldmünzen. Ihrer drei, so heißt es, war der silberne Becher wert, der hier einem Seemann abhanden kam. Einem Basken vielleicht, denn seine Landsleute waren hier wie in Tadoussac am gegenüberliegenden Ufer die ersten Besucher aus Übersee.

Von Rivière-du-Loup kann man auf einer Autobahn gen Montreal eilen, aber dann verpaßt man zu viel. **Kamouraska** zum Beispiel, wo Ideen nicht nur architektonisch, sondern auch piscatorisch zum Ausdruck kamen. So hat man etwa im frühen 18. Jh. die fünf nahe gelegenen Inselchen durch Zäune verbunden, um Delphine zu fangen. Eine im Prinzip gleiche Methode wird heute auch in Saint-André in der Aalfischerei angewandt. In Kanada ist Kamouraska vor allem durch den gleichnamigen Roman von Anne Hébert bekannt, der Schilderung einer wahren Mordaffäre, die sich dort einmal begeben hat.

Am rechten Ufer des St. Lorenz findet man noch einige erfolgreichere *seigneuries,* die in Quebec bis 1854 existierten. Im Gegensatz zu vielen anderen *seigneurs* haben jene von **Saint-Roch-des-Aulnaies** die zugesicherte Mühle tatsächlich gebaut. Auch ihr noch kurz vor dem Ende des Systems errichtetes klassizistisches Herrenhaus zeugt davon, daß sie ihren Besitz mit Geschick verwalteten.

In **Saint-Jean-Port-Joli** wurde in den 30er Jahren eine alte Quebecker Volkskunst wieder zum Leben erweckt, die Holzschnitzerei. Bevor man sich zum Kauf eines Andenkens entschließt, ist es angebracht, sich an Meisterwerken zu orientieren, etwa im Musée des Anciens Canadiens oder im Maison Médard Bourgault. In beiden Häusern befinden sich zahlreiche Werke der Familie Bourgault, der Saint-Jean-Port-Joli seinen unvermeidlichen Status als Hauptstadt der Schnitzkunst verdankt. In der Kirche am Marktplatz sind neben der großartigen Kanzel von Médard Bourgault auch Werke früherer Schnitzergenerationen zu sehen.

Das Dorf **L'Islet-sur-Mer** ist durch seine lange seemännische Tradition und sein großes nautisches Museum bekannt, das auch einen außer Dienst gestellten Eisbrecher zu den Ausstellungsstücken zählt. Es ist dem Kapitän Joseph-Elzéar Bernier gewidmet, der von 1906 bis 1909 die arktischen Inseln westlich von Grönland offiziell für Kanada in Besitz nahm. Auch hier ist Médard Bourgault in der Kirche mit den 14 Kreuzwegstationen vertreten. Ein anderer Bourgault, Jean-Julien, setzte dem Mitbegründer des kanadischen Bundesstaats Sir Etienne-Pascal Taché in **Montmagny** ein Denkmal aus Granit. Auf den vorgelagerten Inseln starben 1847/48 5000 knapp der irischen Hungersnot entkommene, in Quarantäne befindliche Einwanderer an Cholera. Heute rasten dort im Frühjahr an die 200 000 Schneegänse auf dem Zug nach Norden – daher *Montmagny, the snow goose capital.*

In **Saint-Vallier** gibt es ein interessantes Musée des Voitures à Chevaux, das ganz auf Pferdewagen und -schlitten eingestellt ist. In **Beaumont** kann man neben zwei Dutzend in kleine Flußtäler eingebetteten historischen Häusern eine vielseitige Mühle sehen. Sie diente 1812 zunächst als Krempelmühle für Spinnereifasern, wurde später zusätzlich mit Mühlsteinen ausgestattet und auch als Sägewerk benutzt. Auf dem Weg an Quebec City vorbei lohnt es sich, in **Lauzon** die Kirche Saint-Joseph, das Meisterwerk von Thomas Baillairgé, anzusehen und in Lévis noch einmal den prachtvollen Blick auf die gegenüberliegende Stadt, diesmal eine wirkliche Hauptstadt, zu genießen.

Südlich von **Lévis-Lauzon,** am Highway 173, liegt ein Winkel, den gewöhnlich nur Besucher aus Neu-England zu sehen bekommen, der aber eine interessante Vergangenheit und seine eigenen Reize hat. Genau wie die weiter südlich gelegenen Eastern Townships wurde das Gebiet Beauce-Appalaches weitgehend von Angelsachsen besiedelt und erst später von der Frankophonie durchdrungen. So entstanden Ortsnamen wie Sainte-Rose-de-Watford und Saint-Léon-de-Standon. In den Wäldern zapft man im Frühjahr die Zukkerahornbäume an, aus den Flußsanden wurde vor 100 Jahren Gold gewaschen. In **Notre-Dame-des-Pins** gibt es die längste (155 m) gedeckte Brücke in Quebec. Den Rückweg zum St. Lorenz kann man von Sainte-Marie auf der Autobahn 73 abkürzen und kommt dann bei Charny zu einer Geländestufe, über die der Rivière Chaudière in einem eindrucksvollen dreiarmigen Wasserfall stürzt.

Wie mehrere ansehnliche Häuser aus dem 18. und 19. Jh. bezeugen, hat sich **Lotbinière** am Highway 13 aus einer *seigneurie* entwickelt, der es immer gut ging, sicher auch weil einige ihrer Inhaber Regierungsposten bekleideten, einmal sogar den des Premierministers von Quebec. Das stattliche Herrenhaus der Domäne liegt inmitten eines Parks, der seit 1967 im Besitz der Provinz und daher zugänglich ist.

An der reichen Dekorierung der Kirche **Saint-Louis-de-Lotbinière,** die durch ihre graziösen Türme auffällt, war der Bildhauer François Baillairgé (1759–1830), der Vater des Baumeisters Thomas, beteiligt. Neben Holzschnitzern spielen in der religiösen Kunst von Quebec Silberschmiede eine besondere Rolle. Stücke eines ihrer besten, François Ranvoyzé (1739–1819), zählen zu den Schätzen der Kirche Saint-Edouard in **Gentilly.** In **Nicolet** ziert ein monumentales, farblich recht unruhiges, 50 m breites und 20 m hohes Glasgemälde die gewölbte Front der eleganten, modernen Kathedrale. Harmonischer wirkt das weniger monumentale Gegenstück über dem Altar.

In **Odanak** befindet sich ein Reservat der Abenaki-Indianer. Die Abenaki, mit den ebenfalls algonkisch sprechenden Micmac an der atlantischen Küste verwandt, lebten bis zur europäischen Landnahme in Maine. Dann kämpften sie auf französischer Seite gegen die mit den Engländern alliierten Irokesen und verschanzten sich 1660 in einem von französischen Ingenieuren angelegten Fort am Ufer des Rivière François. Dort stehen heute mit Birkenrinde gedeckte Wigwams. Zu den Ausstellungsstücken des Musée des Abénaki d'Odanak gehört ein Sarg aus Baumrinde mit Löchern für Luft oder Seele, in dem die Toten vor der Beerdigung drei Tage lang ruhten. Rund um das Schiff der Missionskirche läuft ein geschnitzter Fries, auf dem christliche mit indianischen Motiven abwechseln, Mutter Erde, Großmutter Mond und Ältester Bruder Sonne.

Von den Werften von **Sorel**, der viertältesten Stadt in Kanada, stammen viele der am Atlantik verkehrenden Fährschiffe. Ohne viel zu verpassen, kann man hier den St. Lorenz vorübergehend verlassen, um die landschaftlich reizvollere Strecke am Richelieu-Fluß entlang nach Süden zu nehmen. Die *habitants* im **Richelieu-Tal** waren unter den treuesten Gefolgsleuten des Patriotenführers Louis-Joseph Papineau (1786–1871), der sich 1837 gegen die beabsichtigte Vereinigung von Upper und Lower Canada auflehnte. In Saint-Ours verlas man seine revolutionäre Deklaration, in Saint-Charles wurde eine Republik ausgerufen, und in Saint-Denis fielen zwölf der Rebellen. Papineau floh in die Staaten. Der Mont Saint-Hilaire bei dem Ort gleichen Namens ist der höchste der vulkanischen Monteregian Hills. Zu ihnen gehört der Mont Royal in Montreal, wohin nun der Super-Highway 20 zurückführt.

Am Ottawa River nach Hull und Ottawa

Montreal ist ein guter Ausgangspunkt für den Besuch der kanadischen Hauptstadt, besonders wenn man zuerst den Highway 344 und dann den Highway 148 am Nordufer des Ottawa River wählt. **Saint-Eustache** war Schauplatz des schwersten Gefechts während der Aufstände von 1837. An die hundert ›Patrioten‹ fielen hier, die Kirche, in der sie sich verbarrikadiert hatten, trägt noch heute die Spuren der britischen Kanonade.

Bevor der Ottawa River sich westlich von Montreal in den St. Lorenz ergießt, erweitert er sich und bildet den Lac des Deux Montagnes. Dort liegt **Oka,** das ebenfalls, aber erst in jüngster Zeit, durch Gewalttätigkeiten bekannt wurde. Hier waren es Mohawk des Kanesatake-Reservats, die 1990 gegen den Bau eines Golfplatzes auf vermeintlich ihnen gehörigem Land protestierten. Erst nach dem Tod eines Mitglieds der Provinzialpolizei (durch eine Kugel unbekannter Herkunft) konnten kanadische Truppen die Ordnung wiederherstellen. Friedlicher geht es im Kloster der Trappisten bei Oka zu, in dem die Mönche seit 100 Jahren einen berühmten Käse produzieren.

In **Long-Sault** bei Carillon wurde 1660 eine kleine Schar von Franzosen unter Dollard des Ormeaux nach tagelangen Kämpfen von einer Streitmacht mehrerer hundert Irokesen überwältigt. Am gegenüberliegenden Ufer stößt die Grenze zwischen Quebec und Ontario auf den Ottawa River. Um Stromschnellen im Ottawa River zu umgehen, wurde 1833 ein Kanal von Carillon nach Glenville eröffnet.

Das 1930 als Eisenbahnhotel geplante Château Montebello

Historische Darstellung von Bytown, aus dem das heutige Ottawa erwuchs

Aus seinem Exil in den Vereinigten Staaten zurückgekehrt, baute Louis-Joseph Papineau, der Anführer der rebellischen Patrioten von 1837, in seiner *seigneurie* in **Montebello** ein herrschaftliches Haus. Nahebei steht am Ufer des Flusses das größte Blockhaus der Welt, das Château Montebello, selbstverständlich 1930 als Eisenbahnhotel geplant, heute aber für höhere Ansprüche mit einem Jachthafen ausgestattet und als internationales Konferenzzentrum bekannt. Die nächste Station ist der Sitz der kanadischen Bundesregierung, Ottawa-Hull.

Ottawa und Hull

London und Paris sind über Jahrhunderte zu nationalen Regierungssitzen herangewachsen, Canberra und Brasilia wurden willkürlich geschaffen. Ottawa kam auf einem Mittel- und dem so landesüblichen Kompromißweg zu Hauptstadtehren.

Fluß und Stadt Ottawa beziehen ihren Namen von einem Stamm algonkisch-sprachiger Indianer, den Outaouais. Als Samuel de Champlain 1613 als erster Weißer am gegenüberliegenden Ufer seine Kanus an Land zog, war der Fluß nur dem Hörensagen nach als La Grande Rivière des Algonquins bekannt. Am gleichen Platz, im heutigen Hull, landeten im

E.B.EDDY

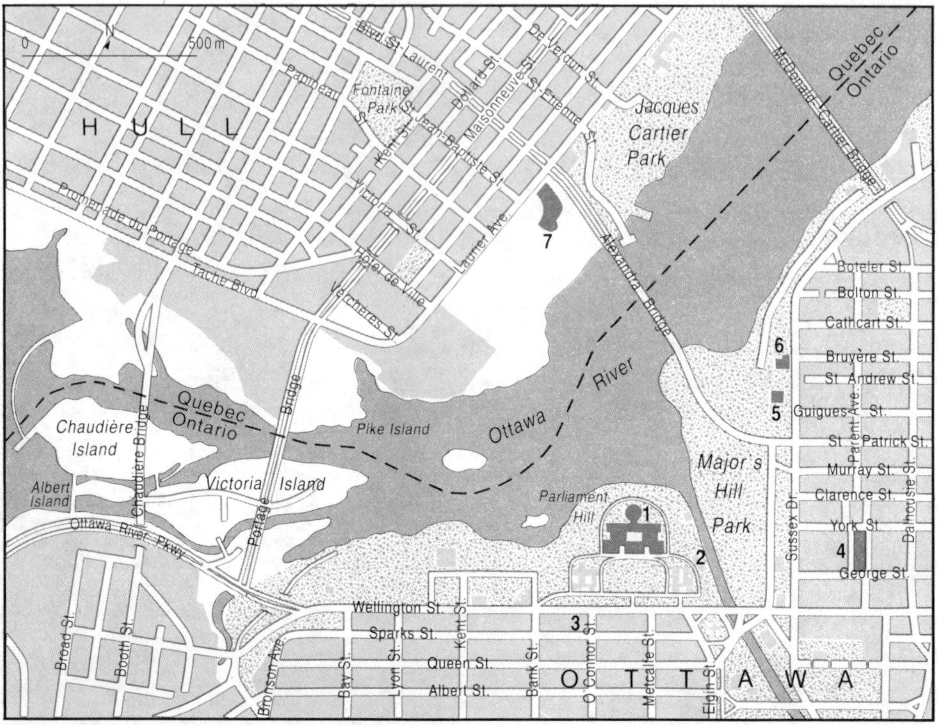

Ottawa/Hull *1 Parlamentsgebäude 2 Ottawa Locks 3 Sparks Street Mall 4 Byward Market 5 National Gallery of Canada 6 Royal Canadian Mint 7 Canadian Museum of Civilization*

Jahre 1800 Loyalisten aus Neu-England als erste Siedler. Das Holz, das sie in den umliegenden Wäldern schlugen, wurde nach Montreal geflößt und segelte bald darauf in Gestalt britischer Kriegsschiffe gegen Napoleon.

Ottawa verdankt seine Gründung strategischen Überlegungen. Im Krieg von 1812 hatten die Briten mit dem St. Lorenz-Strom als Versorgungsweg in die Großen Seen schlechte Erfahrungen gemacht. Für den Nachschub in sicherer Entfernung von der amerikanischen Grenze bot sich die Kanuroute vom Ottawa- in den Rideau-Fluß und dann über eine Kette von Seen zum Lake Ontario an. Um diese Strecke für Lastkähne schiffbar zu machen, mußte sie kanalisiert und mit Schleusen versehen werden. Im Jahre 1826 wurde der Pionieroberst John By mit dieser für jene Zeit außerordentlich ehrgeizigen Aufgabe betraut.

Als der 200 km lange Rideau Canal mit 47 Schleusen 1832 fertig war, brauchte er seinem eigentlichen Zweck nicht mehr zu dienen. Er ist heute nur noch für Privatboote da, die ihn

◁ *Der Parliament Hill in Ottawa*

allerdings jeden Sommer in ununterbrochener Folge frequentieren. Aus Bytown, dem Stabsquartier des Obersten während der sechsjährigen Bauzeit, wurde 1855 Ottawa. Zwei Jahre später, als sich das französische Canada East und das englische Canada West nicht über einen gemeinsamen Verwaltungssitz einigen konnten, erklärte Queen Victoria Ottawa zur Hauptstadt. Daß die Königin, wie böse Zungen behaupten, die Wahl mit geschlossenen Augen auf die Landkarte tippend traf, muß jeder bezweifeln, der Ottawa kennt. Am hohen Südufer des Ottawa River gelegen, vom Rideau River durchflossen und vom Rideau-Kanal durchkreuzt, konnte sich aus dem häßlichen Entlein der rauhen Holzfällerzeit mit einiger Pflege ein veritabler Schwan unter den kanadischen Städten entwickeln.

Als Ottawa 1867 von der Provinz- zur Landeshauptstadt aufrückte, standen die **Parlamentsgebäude** (1) bereits allein und weithin sichtbar an prominentester Stelle über dem Ottawa River (s. Farbabb. 2). Der Centre Block blickte auf den Fluß hinab und nach Quebec hinüber, Ost- und Westblock flankierten den Paradeplatz vor dem Mittelbau. Nur der Friedensturm und die Bibliotheksrotunde wurden später angebaut. Es entspricht dem kanadischen Nationalcharakter – sofern er sich im multikulturellen Mosaik noch abzeichnet –, daß man einerseits in den Provinzen von Ottawa und allem, was dort vor sich geht, mit Geringschätzung spricht, andererseits aber mit Stolz jede Gelegenheit zu einer Pilgerfahrt an den Brennpunkt des nationalen Geschehens wahrnimmt. Parliament Hill gehört

Der Rideau-Kanal im Zentrum von Ottawa

zu den meistbesuchten Sehenswürdigkeiten des Landes. In der sommerlichen Sitzungspause werden unter den Zeltdächern östlich des Mittelbaus alle 20 Minuten neue Gruppen zu Führungen in allen Handelssprachen zusammengestellt.

Bei der Wahl von Ottawa zur Hauptstadt spielten die gleichen Gedanken mit, denen der Rideau-Kanal entsprang: Toronto, Kingston und Montreal lagen zu nah an der amerikanischen Grenze. Ironischerweise wehen heute genau gegenüber vom Haupteingang des Parlaments die *Stars and Stripes:* Der amerikanische Botschafter und nicht der britische High Commissioner sieht dem kanadischen Regierungschef über die Schulter. Um 10 Uhr morgens ziehen auf dem Platz zwischen den Nationen symbolisch kanadische Garderegimenter mit ihren roten Jacken und schwarzen Bärenmützen auf.

Selbst wenn man motorisiert ist, empfiehlt es sich, Ottawa vom Rundfahrtbus aus kennenzulernen. Hier wird man nicht durch eintönige Großstadtschluchten geführt, das meiste von dem, was man zu sehen bekommt, ist entweder historisch bedeutsam, architektonisch bemerkenswert (vgl. vordere Innenklappe) oder landschaftlich reizvoll. Fast auf dem ganzen Weg an Ottawa und Hull vorbei begleiten Grünanlagen den Ottawa River, von den Golfplätzen um Aylmer am linken bis zum Rockcliffe Park am rechten Ufer. Der Rideau River nähert sich Ottawa von Süden zwar mit Stromschnellen, an denen die Kanus der Pelzhändler vorbeigetragen werden mußten, aber ansonsten mit schiffbarer Gemächlichkeit. Nur an seiner Mündung stürzt er wie ein Vorhang *(rideau)* in den Ottawa River hinab. Hier also mußte er umgangen werden, weshalb gleich zu Beginn des Kanalbaus die acht Schleusen (2, **Ottawa Locks**) entstanden, deren Tore am Fuße des Parliament Hill heute noch manuell betrieben werden. Erst am Südrand der Stadt laufen Kanal und Fluß zusammen. Auch diese Gewässer sind fast auf ihrer ganzen Länge von Parkanlagen umsäumt. Manche der Straßen, die durch die Parks führen, werden sonntags für den Motorverkehr gesperrt.

Auch wer sich zeitlich auf die Innenstadt beschränken muß oder wer außerhalb der Ferienzeit in die Hauptstadtregion kommt, kann an der besonderen Atmosphäre von Ottawa teilhaben. Eine der Hauptgeschäftsstraßen, **Sparks Street** (3), war die erste Fußgängerzone in Kanada. Seit 1840 halten Blumen- und Gemüsehändler ihre bunten Waren auf dem **Byward Market** (4) feil. Man kann mitten in der Stadt am Rideau Canal unter freiem Himmel Kaffee trinken und den Bootsverkehr an sich vorüberziehen lassen. Im Winter wird der Kanal, bis auf wenige Zentimeter trockengelegt, zur längsten Eislaufbahn der Welt. Eine der schönsten Besuchszeiten ist der Mai. Zum Gedenken an Königin Juliana von Holland, die im Zweiten Weltkrieg hier Zuflucht fand, blühen dann in den Parks Millionen von Tulpen. Im Herbst darf man nicht versäumen, den *Indian summer* auf sich wirken zu lassen, der sich in den Laubwäldern der Gatineau Hills nordwestlich von Hull in besonderer Pracht entfaltet.

1 Blick auf Toronto, Ontario ▷
2 Parlamentsgebäude in Ottawa, Ontario ▷

CALL

ORPHEUM

4 Blick auf Quebec City mit dem Château Frontenac, Quebec
◁ 3 Blick auf Vancouver, British Columbia
5 Blick auf Victoria, British Columbia

 St. Paul's Anglican Church in Kitwanga, British Columbia

7 Ksan Indian Village in Hazelton, British Columbia

9 Powwow in British Columbia

8 Museum of Anthropology, Vancouver, British Columbia

10 Signpost Forest bei Watson Lake, Yukon Territory

11 Peyto Lake im Banff National Park, Alberta ▷
12 Maligne Lake im Jasper National Park, Alberta ▷▷

13 Vermilion Lake im Banff National Park, Alberta

14 Camping in Kanada

16 Mistaya Lake im Banff National Park, Alberta ▷

15 Landschaft bei Estaire, Ontario

18 Rocher Percé auf der Halbinsel Gaspé, Quebec
◁ 17 Moraine Lake im Banff National Park, Alberta
20 »Le Grand Resemblement« von Marcel Gagnon bei Sainte-Flavie, Quebec

19 Leuchtturm bei Peggys Cove, Nova Scotia

21 Bow River im Banff National Park, Alberta ▷

Selbstverständlich hat die Capital Region ihre angemessene Anzahl von Museen und Gemäldegalerien. Der Geschichte von Ottawa wird im Bytown Museum, dem ältesten Gebäude der Stadt und ehemaligen Hauptquartier des Obersten By, gedacht. Es liegt unmittelbar neben den Schleusen am Fuße des Parliament Hill. Das Bündel gigantischer Bergkristalle, das man vom Parliament Hill an der anderen Seite des Rideau-Kanals gen Himmel streben sieht, ist die 1988 eröffnete **National Gallery of Canada** (5), eine Schöpfung von Moshe Safdie, der zuerst 1967 mit der Wohnanlage Habitat in Montreal hervortrat. Die Nationalgalerie enthält bedeutende europäische Meisterwerke. Die meisten Ausstellungshallen sind der Entwicklung der kanadischen bildenden Kunst gewidmet.

In Quebec standen Baumeister, Maler, Bildhauer, Silberschmiede und Holzschnitzer bis zum frühen 19. Jh. vorwiegend im Dienst der katholischen Kirche. Sie waren einheimische Söhne aus Neu-Frankreich, aber ihre Werke haben weder bodenständige Merkmale, noch zeigen sie Spuren kolonialer Rückständigkeit oder stilistischer Unsicherheit. Im weltlichen Bereich stammten die ersten ›kanadischen‹ Werke von verpflanzten Europäern, wie dem Holländer Cornelius Krieghoff (1815–72), welche die neuen Landschaften und Dorfszenen mit romantischen Augen sahen. Aus dieser Tradition konnten sich erst Tom Thomson und die Maler der 1920 gegründeten Group of Seven lösen, indem sie sich und den Beschauer mit der farbenprächtigen Unnahbarkeit der kanadischen Wildnis konfrontierten. In Quebec machten sich die surrealistischen *automatistes* um Paul-Emile Borduas und die geometrisch orientierten *plasticiens* erst nach Ende des Zweiten Weltkriegs von der Vormundschaft des Klerus frei. Den weiten Raum zwischen den kanadischen Malern der Gegenwart symbolisieren der Naturalist Alex Colville am Atlantik und der enigmatische Jack Shadbolt am Pazifik. Schatzkammern besonderer Art in der Nachbarschaft der Nationalgalerie am Sussex Drive sind das Canadian War Museum, die Royal **Canadian Mint** (6), das Canadian Ski Museum und das Canadian Centre for Caricature.

Von allgemeinem Interesse und zur Einführung in die Naturgeschichte Kanadas zu empfehlen, ist das Canadian Museum of Nature. Schon bevor Kanada sich aus der Kolonie zum mehr oder weniger selbständigen Dominium entpuppte, gab es eine Behörde, die zwar Geological Survey of Canada genannt wurde, der es aber nicht nur oblag, die mineralischen Reichtümer des Landes zu kartieren, sondern auch archäologische, zoologische und botanische Funde zu katalogisieren. Für die Sammlungen des Geological Survey wurde 1905 das damals noch am Südrand der Stadt gelegene Victoria Memorial Museum gebaut. Bevor das vierstöckige Gebäude im ›schottisch-freiherrlichen‹ Stil von geschäftigen Straßen (O'Connor, Argyle, Elgin und McLeod Streets) umgeben war und lange bevor es seiner heutigen Bestimmung übergeben wurde, diente es vorübergehend anderen Zwecken. Dort, wo heute (»wieder« sagen die Kanadier) wirbellose Fossilien untergebracht sind, tagte 1916 nach dem Brand des Parlamentsgebäudes der Senat des Landes.

Am Nordostrand der Stadt, und schon deshalb zu empfehlen, weil die Fahrt dorthin durch den mehrere Meilen lange Rockcliffe Park führt, liegt das National Aviation Museum. Ohne die Luftfahrt wären von Kanadas 10 Mio. km^2 die nördlichen neun Zehntel sicher unerforscht und praktisch ungenutzt. Die *bush pilots,* die zwischen den Weltkriegen

Das Canadian Museum of Civilization
Die National Gallery of Canada

mit ihren einmotorigen Maschinen auf Pontons und Kufen, oft im Soloflug und unter haarsträubenden klimatischen Bedingungen, den Norden erschlossen, gehören zu den wenigen Figuren, denen Kanadier geneigt sind, legendären Status zuzugestehen. Neben modernen Modellen sind im Aviation Museum viele der alten Buschflugzeuge ausgestellt.

Dem zweisprachigen Staatswesen entsprechend, und auch dies war ein Grund für die Wahl Ottawas zur Hauptstadt, hat die Canadian Capital Region eine französische Komponente – Hull auf der anderen Seite des großen Flusses. Hull beherbergt eine Unzahl von Bundesbüros und einen hohen Prozentsatz aller Bundesbürokraten. Was diese Stadt auch für den lohnend macht, der sonst nach dem Prinzip ›Berge von unten, Museen von außen‹ reist, sind die Gatineau Hills und vor allem das Canadian Museum of Civilization.

Soweit es die Sehenswürdigkeit der Hauptstadtregion anbetrifft, wurde Hull erst 1989 mit Bau des **Canadian Museum of Civilization** (7) ein würdiger Partner von Ottawa. Der Entwurf des Prärie-Architekten Douglas Cardinal ist umstritten, des einen Kritikers *grand folly* (architektonische Extravaganz) ist des anderen Augenweide. Ob man den schwungvollen Doppelbau aus gelbbraunem Tyndall-Kalkstein zuerst vom Flugzeug erblickt, vom Parliament Hill oder von der Alexandra-Brücke – zu vergessen ist er nicht. Cardinal ist nur zu einem, dafür aber stark empfundenen urgroßelterlichen Teil Blackfoot-Indianer. Seine bereits an Schul- und Kommunalbauten in Alberta deutlich gewordene Mißachtung klassischer rechteckiger Grundrisse kommt musealen Bedürfnissen besonders entgegen.

Die Besichtigungsrunde beginnt in der großen Kurve der Grand Hall, deren monumentale Ausmaße den hier ausgestellten Totempfählen und Plankenhäusern der kanadischen Westküste entsprechen. Dann fließt der Verkehr über Rolltreppen, Rampen und Galerien durch drei Stockwerke mit Exponaten aus der europäisch-kanadischen Geschichte, vom Wikingerlager in Neufundland über baskische Trankocher und die Bisonjagd der Métis bis zu modernen Getreidespeichern. Hohe Fensterwände unterbrechen die überwältigende Fülle des Gebotenen immer wieder mit Ausblicken auf das panoramische Triptychon auf der anderen Seite des Flusses, die Parlamentsgebäude flankiert von der National Gallery und Downtown Ottawa. Umgekehrt eröffnet ein abschließender Rundgang um das Museum überraschende Blicke nach innen, etwa auf den Raubwal des Haida-Bildhauers Bill Reid über dem Haupteingang oder auf das Küstendorf in der Großen Halle. Das Canadian Museum of Civilization darf man sich auf keinen Fall entgehen lassen.

Ontario

Ontario im Überblick

Die zweitgrößte Provinz nimmt mit 1 Mio. km² ungefähr die gleiche Fläche ein wie Deutschland, Frankreich, Belgien und Holland. Ontario hat zwar nur rund 10 Mio. Einwohner, aber das macht immerhin ein Drittel der Bevölkerung von Kanada aus.

Je nachdem, durch welchen Teil von Ontario man reist, ist man entweder in der ›kanadischsten‹ oder in der am wenigsten kanadischen aller Provinzen. Geologisch, weitgehend auch wirtschaftlich und kulturell, sind die Regionen im Osten und Westen des Landes Fortsetzungen der amerikanischen Küsten, Gebirge und Ebenen und dessen, was in ihnen vorgeht. In Nord-Ontario ist es umgekehrt. Von dort greift der Kanadische Schild weit in die US-Staaten Minnesota und Wisconsin hinein. Das Ontario nördlich vom Lake Superior und Lake Huron ist Kanada, wie man es sich vorstellt: unendliche Wälder, einsame Seen, Granit und Erz; Elche, Bären, Biber und der unheimliche Ruf des Eistauchers.

Süd-Ontario dagegen, im Schutz der Seen Huron, Erie und Ontario gelegen, aus dem rauhen, nördlichen Klima bis in kalifornische Breiten hinabgreifend und dicht besiedelt, nimmt eine schwer definierbare Sonderstellung ein. Diese Region ist einerseits zu amerikanisch-vorwärtsdrängend, andererseits zu europäisch-bedachtsam, einerseits zu britisch-traditionell, andererseits zu multikulturell, um als typisch kanadisch gelten zu können. Daß Toronto und sein von Windsor im Westen bis nach Ottawa im Osten reichender Ausstrahlungsbereich trotzdem aufgrund seiner wirtschaftlichen Vormachtstellung als Kern des Landes gilt und diese Rolle mit Zuversicht spielt, macht eines der innenpolitischen Probleme des Landes aus.

Ontario

Postalisches Kürzel: ON
Größe: 1 068 580 km²
Hauptstadt: Toronto
Bevölkerung: 10,5 Mio.
Wirtschaft: Industrie, Landwirtschaft, Forstwirtschaft
Information: Ministry of Tourism & Recreation, Queens Park, Toronto ON, M7A 2E5, ✆ 800-668-2746
Anflug: Direkt nach Toronto
Reisezeit: Mai bis Oktober

Thousand Islands National Park bei Kingston

Der auf dem Schild gelegene und weitaus größte Teil der Provinz ist nicht oder spärlich besiedelt und nur für Holzschlag, Wassernutzung, Bergbau und Freizeitbetrieb erschlossen. Wie weit sich der Schild in den Rest der Provinz hinein erstreckt, ist leicht von der Autokarte abzulesen: Südlich einer vom Ostende des Huron-Sees (Georgian Bay) bis zum Beginn des St. Lorenz am Ostende des Ontario-Sees gezogenen Linie ist das Straßennetz dichter. Der Rand des Schildes folgt etwa 60 km dem Flußtal und springt dann in nord-nordwestlicher Richtung bis an den Ottawa River zurück. Auch diese Linie trennt ein weitmaschiges Straßennetz im Westen von einem engmaschigen im Ostzipfel der Provinz. Das Leben in Ontario spielt sich südlich des Kanadischen Schildes auf der Halbinsel zwischen den Seen Huron, Erie und Ontario sowie am Nordufer des St. Lorenz-Stroms ab.

Während der ersten Jahrhunderte nach der europäischen Landnahme blieb Ontario unbesiedeltes Hinterland zuerst von Neu-Frankreich und dann der britischen Provinz Quebec. Die indianische Urbevölkerung im Norden von Ontario setzte sich aus Stämmen der algonkischen Sprachfamilie zusammen. Im Westen saßen die Ojibwa, am Huron-See die Ottawa (Outaouais) und im Osten die Algonkin. Zwischen den Seen Huron, Erie und Ontario lebten die irokesischsprachigen, aber mit ihren Sprachverwandten südlich der Seen verfeindeten Huronen. In historischer Zeit griffen die Ojibwa weit nach Westen und nach Osten aus, und die Huronen verschwanden ganz aus der Provinz.

Im Jahre 1615 drang Samuel de Champlain bis zum Ontario-See vor, nicht auf dem St. Lorenz, den die feindlichen Irokesen beherrschten, sondern auf einem großen Umweg über den Ottawa River, den Lake Nipissing und Huronia, das Land der befreundeten Huronen am Südufer der Georgian Bay. Diese und spätere Reisen französischer Entdecker und Priester dienten der Erweiterung des Pelzhandels und des Reiches Christi. Bei Midland unterhielten die Jesuiten bis 1649 die Mission Sainte-Marie-au-pays-des-Hurons (Sainte-Marie among the Hurons), aber die eigentliche Besiedlung von Ontario begann erst 1775 mit der Ankunft königstreuer Loyalisten nach dem Beginn des amerikanischen Befreiungskriegs. Wenig von dem, was in Ontario an Menschenwerk zu sehen ist und was als *historic* bezeichnet wird, ist also älter als 200 Jahre.

Die ersten Loyalisten kamen über den Niagara und den Detroit River. Im Winkel zwischen dem Unterlauf des Ottawa River und dem St. Lorenz wurde nach Beendigung des Kriegs Land an Angehörige demobilisierter britischer Regimenter vergeben. Um den Loyalisten das Leben unter Pariser Zivilrecht und anderen französischen Institutionen zu ersparen, wurde Ontario 1791 als Upper Canada verwaltungstechnisch von Quebec (Lower Canada) getrennt. Die erste gesetzgebende Versammlung der neuen Provinz trat in Niagara-on-the-Lake (damals Newark) zusammen. Im Jahre 1796 wurde die Hauptstadt nach York (heute Toronto) verlegt.

Bis 1812 setzte sich die Bevölkerung vorwiegend aus Einwanderern von Süden zusammen, unter ihnen viele sogenannte *late loyalists.* Dann traten die Amerikaner an Napoleons Seite in den Krieg gegen Großbritannien ein; von 1812 bis 1814 fanden auf kanadischem Boden und auf den Großen Seen erbitterte Gefechte statt. Nach dem Krieg waren auch friedliche Amerikaner unwillkommen, und dies hatte zur Folge, daß sich Farmer und Unternehmer aus Neu-England nach Westen wandten und das Gebiet südlich der Großen Seen besiedelten. Upper Canada (Ontario) wurde statt dessen das Ziel ungelernter, minderbemittelter Immigranten aus England, Schottland und Irland, die sich 1837, mit Berichten amerikanischen Wohlstands und republikanischen Parolen im Ohr, gegen die britische Oligarchie auflehnten. Der Aufstand wurde mit minimalen Verlusten niedergeschlagen, der Anführer, William Lyon Mackenzie, floh in die Vereinigten Staaten. Die Rebellionen von 1837, Mackenzies in Upper und Papineaus in Lower Canada, waren insofern bahnbrechend, als sie Gouverneur Lord Durham veranlaßten, 1839 in London Reformen durchzusetzen. Zu diesen gehörte die 1841 vollzogene Wiedervereinigung von Upper und Lower Canada in der gemeinsamen Provinz Kanada.

In der neuen Volksvertretung erhielt Ontario – nun Canada West – die gleiche Anzahl von Abgeordneten, wie das volkreichere Quebec (Canada East). John A. Macdonald (s. S. 54), seit 1856 der führende Politiker in Canada West, sollte später maßgebend werden für die Vereinigung der Provinzen Ontario, Quebec, Nova Scotia und New Brunswick im Dominium von Kanada.

Ontario ist gleichzeitig die kanadischste und die europäischste aller Provinzen. Kanadisch ist die Kürze der verbrieften Geschichte, der Norden, der Schild, die Großen Seen. Europäisch ist die Bevölkerungsdichte im Süden des Schildes, die Engmaschigkeit des

Straßennetzes, die Industrie, die kleinräumige Landwirtschaft, das Völkergemisch in Toronto, das Gedränge in den Ferienorten. Tuchfühlung und Parkplatzsuche lassen sich nicht ganz vermeiden, aber die hier vorgeschlagenen, notwendigerweise vom Landeplatz Toronto ausgehenden Touren haben das kanadische Ontario zum Ziel.

Toronto

Dort wo heute die Ausstellungsgelände von Toronto und die Harbour Front liegen, richteten französische Pelzhändler 1720 einen Stützpunkt ein. Im Jahre 1750 folgte ein Fort Rouillé, das die Franzosen nach der Niederlage von 1759 in Trümmern zurückließen. 1793 wurde die Hafenstadt unter dem Namen York zum Sitz der Regierung von Upper Canada bestimmt. Der erste Gouverneur der Provinz, John Graves Simcoe, hielt den Ort zwar besser geeignet für Froschteiche und Bibersümpfe, aber York hatte gegenüber der bisherigen Hauptstadt Niagara-on-the-Lake den Vorteil, der Grenze ferner zu sein. Nicht fern genug allerdings, denn trotz des Schutzes der vorgelagerten Toronto Islands und der befestigten Hafeneinfahrt gelang es den Amerikanern, 1813 bei York zu landen, die Stadt vorübergehend zu besetzen und die öffentlichen Gebäude niederzubrennen. Wofür sich die Briten

Historische Darstellung des Fischmarkts von Toronto

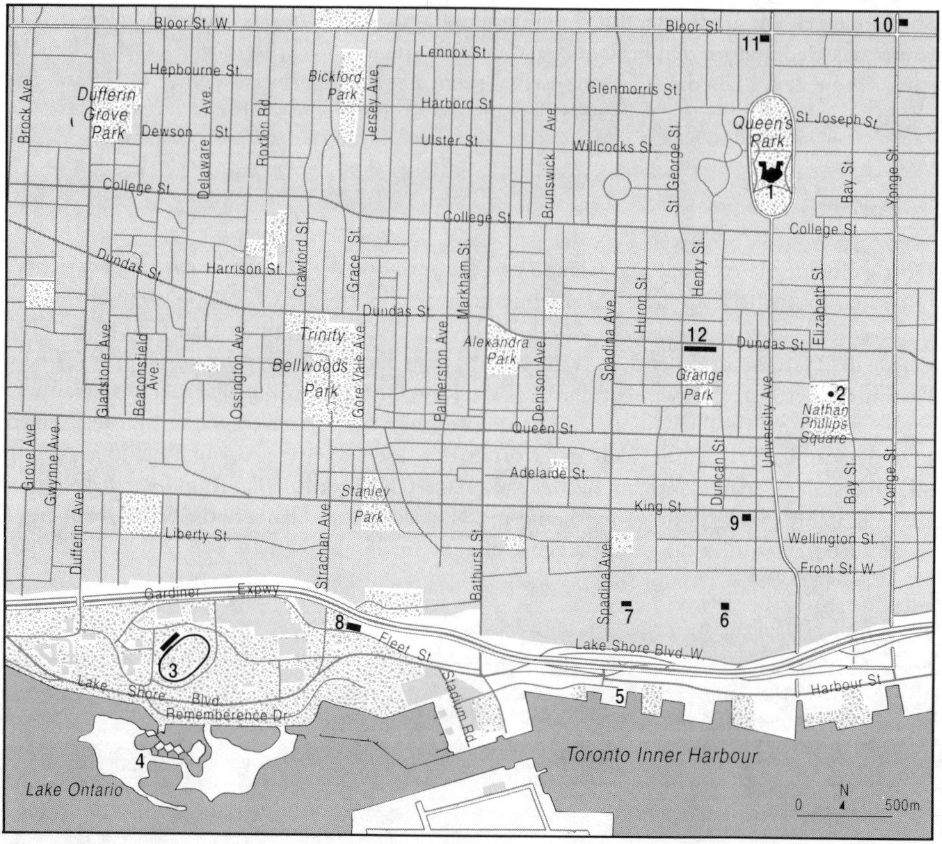

Downtown Toronto *1 Parlamentsgebäude 2 Rathaus 3 Canadian National Exhibition 4 Ontario Place 5 Harbour Front 6 CN Tower 7 Skydome 8 Fort York 9 Roy Thomson Hall 10 Metro Toronto Library 11 Royal Ontario Museum 12 Art Gallery of Ontario*

mit einem Überfall auf die US-Hauptstadt Washington revanchierten und das Haus des Präsidenten ansteckten, das dann übertüncht werden mußte und so zum White House wurde. Als Toronto (algonkisch Versammlungsort) 1834 unter diesem Namen als Stadt gegründet wurde, war ihr erster Bürgermeister William Mackenzie, der Anführer der Rebellen von 1837. Die Bedeutung als Hafen verlor Toronto 1856, als die Grand Trunk Railway die Stadt zum ersten Mal über Montreal mit dem Atlantik (Portland, Maine) verband.

So wenig wie Montreal, die zweitgrößte kanadische Metropole, zeichnet sich die mit 3,5 Mio. Einwohnern größte durch bemerkenswerte Raumgestaltung aus. Toronto ist dem Geist militärisch geschulter Ingenieure entsprungen, die etwa die Yonge Street von Anbeginn als schnurgrade Straße von Ontario- bis an den Simcoe-See durchgehend vermessen ließen. Auch ihre Nachfolger ließen sich vom Verlauf eines halben Dutzends kleiner Flüsse, die zur Auflockerung des Stadtbilds hätten beitragen können, nicht beirren. Das Häusermeer wird nur hier und da von Resten belaubter Täler unterbrochen. Toronto ist nur deshalb verhältnismäßig grün, weil weitsichtige Stadtväter es einigen Bezirken schon in den 20er Jahren auferlegten, vor jedem Haus einen Baum zu pflanzen.

Toronto hat sich im Laufe seiner Geschichte viele Spitznamen gefallen lassen müssen: Muddy York, wegen der schlammigen Straßen; Hogtown (Schweinestadt) wegen der Viehmärkte; Toronto the Good, weil nie etwas ›los‹ war. Das erste, was man heute als

Das alte Rathaus am Nathan Phillips Square

neighbourhood bezeichnet, war Cabbagetown, ein Wohnviertel, in dem irische Fabrikarbeiter vor ihren Häusern lieber Kohl als Gras pflanzten. Natürlich hat Toronto ein Chinesenviertel, aber es leben hier auch fast 500 000 Italiener, weit über 100 000 Deutsche, etwa die gleiche Anzahl Juden sowie Zehntausende von Griechen, Portugiesen und Angehörige anderer Volksgruppen, oft mehr oder weniger geschlossen in Little Italy oder Little Athens. In Toronto kann man das für Kanada angestrebte – und dem vermeintlichen *melting pot* der USA entgegengehaltene – ethnische Mosaik mit deutschen Klubs, kroatischen Fußballmannschaften und all deren Für und Wider auf kleinem Raum studieren. Was Toronto vorteilhaft von US-amerikanischen Städten gleicher Größe unterscheidet, ist Sauberkeit, verhältnismäßige Sicherheit und ein wohnlich gebliebener Stadtkern, der auch nach Ladenschluß seine Vitalität nicht verliert (s. Farbabb. 1).

Toronto hat zwei repräsentative Achsen. Die eine, University Avenue, verläuft rechtwinklig zum Ufer des Lake Ontario. An dieser Straße erstreckt sich die 1827 gegründete Universität von Toronto, mit über 30 000 Studenten die größte und eine der besten des Landes. Gegenüber, im Queens Park, liegt der Regierungssitz der Provinz Ontario mit einem majestätischen **Parlamentsgebäude** (1). In gebührendem Abstand etliche Blocks weiter südlich, zwischen der University Avenue und der parallel dazu verlaufenden Geschäftsader Yonge Street, nimmt das **Rathaus** (2) ein in jedem Sinn hervorragendes Gebäude ein. Der bogenförmige Grundriß der vertikalen Schalen des von dem Finnen Viljo Revell entworfenen neuen Verwaltungsgebäudes hebt sich wohltuend von dem international einheitlichen Glaskastenstil der umgebenden Hochhäuser ab. Zu seinen Füßen, flankiert vom alten Rathaus und der gewichtigen Osgoode Hall, liegt, dem Verkehr entzogen, der Nathan Phillips Square. Hier kann man im Winter schlittschuhlaufen und in sommerlichen Demonstrationen seinen multikulturellen Ballast zur Schau stellen.

Die andere Achse ist das durch Schienenstränge, alte Hafenanlagen und neue Schnellverkehrsstraßen vom Stadtkern getrennte Ufer des Lake Ontario. Dort liegt im Westen das Ausstellungsgelände der seit über 100 Jahren in der zweiten Augusthälfte stattfindenden **Canadian National Exhibition** (3). Südlich davon, auf drei künstlichen Inseln, breitet sich der **Ontario Place** (4) aus, ein teils grüner, teils stählerner Vergnügungspark für Jung und Alt, der auch im angehenden 21. Jh. noch modern wirken wird. Östlich schließt sich die **Harbour Front** (5) mit Uferpromenaden, Jachthäfen, Restaurants und teuren Wohnblocks an. Auf all dies hinab und bei klarem Wetter bis zu den Niagara-Fällen sieht man aus 447 m Höhe vom Space Deck des **CN Tower** (6), des höchsten freistehenden Turms der Welt. Neben dem graziösen, 553 m hohen Turm wirkt der unmittelbar benachbarte Skydome wie eine ungeschlachte Schildkröte, aber auch dieses Baseball- und Fußballstadion für 54 000 Zuschauer ist ein rekordträchtiges Bauwerk, hat es doch das größte einziehbare Dach der Welt.

Mit der Besichtigung dieses modernsten Stadtteils kann man den Besuch des ältesten verbinden. Zwischen dem Ausstellungsgelände und dem **Skydome** (7) liegt das historische

Eingang des Royal Ontario Museum

FOVN DED 1912
THE ROYAL ONTARIO MVSEVM

Fort York (8). Es ist nicht in dem Zustand erhalten, in dem es 1813 von den Amerikanern überwältigt wurde, und es liegt nicht mehr am Wasser wie einst, aber das Offiziersquartier ist das älteste Wohnhaus der Stadt, und die Mannschaftsunterkünfte sowie andere Gebäude wurden wieder hergerichtet, wie sie Anfang des 19. Jh. standen.

Liebhaber einer Architektur, die vom Bauhauserbe abweicht, kommen in Toronto in mehreren Stadtteilen auf ihre Kosten. Im Süden liegt die von Arthur Erickson entworfene **Roy Thomson Hall** (9), unter deren elegantem Rund sich eine akustisch nahezu perfekte Konzerthalle verbirgt. Im Osten schuf Raymond Moriyama für den Verwaltungsbezirk Stadt Scarborough ein lichtes Civic Centre mit bogenförmigen Grundrissen, dessen grünes Zentrum Bürger und Bürokraten zu zwanglosen Zusammenkünften ermutigt. Vom gleichen Architekten stammt das Ontario Science Centre mit Ausstellungs-, nein, Experimentierhallen für Naturwissenschaftler jeden Alters, vielstufig in das Tal des Don River eingebettet. Moriyama entwarf auch die **Metro Toronto Library** (10). Die zentrale Halle ist von fünf balkonartigen, von grünem Pflanzenwuchs gesäumten Rängen umgeben, deren Bücher- und Leseräume trotz ihrer Offenheit bemerkenswert still sind.

Eine der wichtigsten Sehenswürdigkeiten in Toronto ist das **Royal Ontario Museum** (11, ROM), das größte und bei weitem vielseitigste in Kanada, mit weltberühmten Sammlungen aus den Bereichen der Kunst, Archäologie, Völkerkunde und Naturwissenschaft. Dem ROM ist ein Planetarium und im Canadiana Building eine Ausstellung historischer Gemälde, Drucke und Möbel angeschlossen. Ebenfalls zum ROM gehört, auf der anderen Seite der Queen's Park-Straße, das Gardiner Museum of Ceramic Art mit reichen Sammlungen präkolumbischer Töpferei aus Lateinamerika, italienischen Fayencen, englischer Delftware und europäischem Porzellan von Meißen bis Sèvres.

Kunstfreunde finden in der **Art Gallery of Ontario** (12) sowohl der Welt größte Sammlung von Skulpturen des englischen Bildhauers Henry Moore wie auch eine Inuit-Kollektion, die nur von der Winnipeg Art Gallery übertroffen wird.

Eines der wichtigsten Ziele in der Umgebung von Toronto ist die McMichael Canadian Collection in **Kleinburg,** etwa 40 km nördlich der Stadt. Bis zum Ersten Weltkrieg gab es in Kanada keine Malerei, die technisch oder stilistisch von europäischen Vorbildern abwich. Erst Tom Thomson und eine kleine Gruppe von befreundeten Malern begann, die kanadische Landschaft mit kanadischen Augen zu sehen und sie in einem bodenständigen Stil darzustellen, der sich einerseits an den Impressionismus, andererseits an den Jugendstil anlehnt. Thomson, der 1917 auf einer Kanufahrt im Algonquin Park ertrank, und die Maler der 1920 begründeten Group of Seven (Lawren Harris, A. Y. Jackson, J. E. H. Macdonald, Franklin Carmichael, Arthur Lismer, Frederick Varley, Frank Johnston) fanden ihre Motive vor allem in der Landschaft des Kanadischen Schildes, aber auch in den Rocky Mountains und in Newfoundland. Die McMichael Collection ist jedoch nicht nur auf die Group of Seven beschränkt. Die stark von der indianischen Kultur der Westküste beeinflußte Emily Carr ist ebenso vertreten wie die bizarr-naturalistisch dargestellten Ojibwa-Legenden des Malers Norval Morrisseau und die vielgestaltige Kunst der Inuit.

Über Kingston nach Ottawa

Man kann Toronto in östlicher Richtung auf dem Macdonald-Cartier Freeway (Highway 401) verlassen und ihm eine Weile folgen. Es geht an Pickering vorbei, von dessen Atomkraftwerk Toronto seinen Strom bezieht, und an **Oshawa,** wo 1907 die kanadische Autoindustrie begann und wo folglich das Canadian Automotive Museum steht. Bei der Ausfahrt 461 biegt man auf den langsameren Highway 2 ab, auf dem sich früher der Straßenverkehr zwischen Canada East und Canada West abspielte. Hier liegt **Port Hope,** das 1790 von Loyalisten gegründet wurde und so lange Toronto hieß, bis es den Namen abgeben mußte. Port Hope wird als *The perfect lakeside town* gepriesen, die Walton Street soll eine der besterhaltenen historischen Straßen in Kanada sein.

Trenton ist die südliche Eingangspforte zum Trent-Severn Waterway, dem System von Flüssen, Seen und Kanälen, das den Ontario- mit dem Huron-See verbindet. Man braucht etwa eine Woche, um mit dem Boot durch 40 Schleusen und einmal auf Schienen die 386 km von Trenton in die Georgian Bay zu bewältigen, aber dies ist der weitaus schönste Weg durch das Land nördlich vom Ontario-See. Mietboote, hervorragende Karten und genaue Anweisungen stehen an beiden Enden des Waterway und unterwegs in allen größeren Orten zur Verfügung.

Der Hafen von Kingston

Von Trenton oder auch von Belleville kann man einen hübschen Umweg durch die Felder und zu den Stränden der geruhsamen Insel **Quinte** machen. Der Highway 33 heißt auch Loyalist Parkway, die ersten königstreuen Flüchtlinge kamen gleich nach Ausbruch der amerikanischen Revolution aus dem benachbarten US-Staat New York. Östlich von Picton, dicht an der Bay of Quinte, aber 60 m über deren Wasserspiegel, liegt ein kleiner See, Lake on the Mountain, der keinen sichtbaren Zufluß hat, sondern von einer unterirdischen Quelle gespeist wird. Von Glenora gelangt man mit einer kostenlosen Fähre wieder aufs Festland und folgt dem Ufer des Ontario-Sees bis zu einem Ausfluß in den St. Lorenz bei Kingston.

Wegen seiner strategischen Lage hat **Kingston** von jeher eine besondere Rolle im militärischen und politischen Leben Kanadas gespielt. Anfangs errichteten die Franzosen unter dem Marquis de Frontenac hier 1673 zum Schutz gegen die Irokesen das Fort Cataraqui. Zwischen 1812 und 1814 entstand auf der anderen Seite des Cataraqui River Fort

Architektonische Extravaganz: Boldt Castle

Henry, das jedoch nicht aktiv in den Krieg gegen die Amerikaner einzugreifen brauchte. Um im Fall weiterer amerikanischer Übergriffe Truppen und Nachschub abseits der Grenze von Ost nach West bewegen zu können, wurde 1832 der Bau des Rideau-Kanals von Ottawa nach Kingston vollendet. Zu dessen Schutz verstärkte man Fort Henry derart, daß es den Zitadellen von Halifax und Quebec gleichkam. Wie es in der mehrsprachigen »Fort Henry Gazette« auf Deutsch heißt, diente es dann »als bedeutsames Abschreckmittel für die Amerikaner«. Von 1841 bis 1844 war Kingston die Hauptstadt der aus Canada East und Canada West bestehenden Provinz Kanada.

Kingston hat zwei wohlrenommierte höhere Lehranstalten. Die eine ist Queen's University, deren Studenten im Sommer in den Uniformen und mit den Waffen von 1867 im Fort Henry für die Zuschauer geschliffen werden. Die andere ist das Royal Military College auf der Halbinsel zwischen Kingston und Fort Henry. Das College, 1876 als erste britische Kriegsschule außerhalb von Großbritannien gegründet, liefert heute neben dem Collège

Militaire Royal de Saint-Jean in Quebec und dem Royal Roads Military College in British Columbia den Offiziersnachwuchs für die kanadischen Streitkräfte. Die Anlage mit dem dazugehörigen Fort Frederick steht während der Sommerferien zur Besichtigung offen.

Nicht offen dagegen ist das Kingston Penitentiary, eines der größten Zuchthäuser des Landes, wohl aber das gegenüberliegende Kingston Penitentiary Museum. Neben altertümlichem Züchtigungsgerät, das zum Teil noch bis 1967 in Gebrauch war, kann man die Schöpfungen einfallsreicher Sünder bestaunen, geniale Hilfsmittel zur Flucht vor allem, aber auch eine elektrische Mausefalle.

Ein anderes sehenswertes Museum ist das Marine Museum of the Great Lakes. Für die Engpässe der Großen Seen und des St. Lawrence Seaway wurden die *lakers* entwickelt, Schiffe, die den Ozeanriesen an Tonnage nicht nachstehen, die aber an Länge wettmachen mußten, was sie an Breite und Tiefgang nicht haben durften. Die maßstabsgetreuen Modelle von ganzen und halben Schiffen und von Maschinenräumen, die man hier sieht, waren nicht etwa für die Büros der Reedereidirektoren, sondern als dreidimensionales Anschauungsmaterial für die Werftarbeiter gedacht, die keine Baupläne lesen konnten. Vor dem Museum liegt der Eisbrecher »Alexander Henry«, dessen Aufgabe es bis 1985 war, den Erz- und Getreidefrachtern die Saison um einige Wochen zu verlängern.

Kingston war Wohnort und Wirkungsstätte des 1815 in Schottland geborenen Rechtsanwalts John Alexander Macdonald, der 1856 als Führer der Konservativen Partei die Regierung von Canada West und 1867 die des kanadischen Dominiums übernahm, für dessen Gründung er der Hauptverantwortliche war (vgl. S. 54).

Zwischen Kingston und Brockville wird das Tiefland, das sich von den Großen Seen bis nach Quebec City erstreckt, von einem Sporn des Kanadischen Schildes unterbrochen, der den St. Lorenz überquert und im US-Staat New York bis zu den Adirondack Mountains reicht. Diese sogenannte Frontenac-Achse manifestiert sich im Flußlauf durch die Thousand Islands. **Gananoque** ist der Ausgangspunkt einer empfehlenswerten dreistündigen Bootsfahrt durch dieses Archipel, in dem zahlreiche Berühmtheiten aus der Film- und Finanzwelt auf Granitkuppen jeder Größe ihre Sommerhäuser bauen ließen. Ob es sich tatsächlich um genau 1000 Inseln handelt, hängt davon ab, welchen Felsen man als Insel gelten läßt. Auf einer der **Thousand Islands** hat der Besitzer des Waldorf-Astoria in New York seiner Frau ein Schloß, Boldt Castle, bauen und in seinem Hotel angeblich die berühmte Salatsoße erfinden lassen.

Auf der Fahrt durch die Tausend Inseln, die teils durch US-amerikanisches, teils durch kanadisches Hoheitsgebiet führt, wird aufmerksamen Beobachtern ein bedeutender Unterschied zwischen den Volksseelen klar. Fast jedes Anwesen der demonstrativen Amerikaner ist mit den Landesfarben geschmückt, während die zurückhaltenden Kanadier nur zögernd Flagge zeigen.

Am Nordufer des Flusses wurden 23 weitverstreute Inseln mit zusammen 3,5 km^2 zum **St. Lawrence Islands National Park** erklärt, dem kleinsten in Kanada. Mit primitiven Zelt- und Picknickplätzen auf einem guten Dutzend der Inseln ist dieser Park vor allem für Besucher auf dem Wasserweg eingerichtet. Das Hauptquartier befindet sich in Mallorytown Landing am Thousand Islands Parkway, etwa auf halbem Weg zwischen Gananoque und Brockville.

Die Großen Seen und der St. Lorenz-Strom haben sich seit Champlains und der Pelzhändler Zeiten sehr geändert, oder besser gesagt, sie wurden modifiziert. Zwischen den Industriezentren zweier so hochentwickelter Staaten wie Kanada und den USA gelegen, mußten die Seen trotz ihrer Höhenunterschiede früher oder später dem Überseeverkehr zugänglich gemacht werden. Hierfür war die Umgehung der zahlreichen Stromschnellen im St. Lorenz notwendig. Im Jahre 1954 wurde der Bau des St. Lawrence Seaway-Great Lakes Waterway (kurz St. Lawrence Seaway) vereinbart, der seit 1959 Schiffen von 222 m Länge, 23 m Breite und 8 m Tiefgang den Weg ins Innere des Kontinents ermöglicht. Die erste der sieben Kombinationen von Dämmen und Schleusen, mit denen der St. Lorenz gebändigt wurde, kann man bei **Iroquois** von einem eigens dafür eingerichteten Parkplatz übersehen. Die anfallende Wasserkraft wird von den Anliegern Ontario und New York nutzbar gemacht.

Wo Wasser aufgestaut wird, geht Land verloren. Das Dorf Iroquois etwa lag ursprünglich 1 km weiter südlich am ehemaligen Flußufer. Der Überflutung anderer Orte flußaufwärts von den massiven Dämmen und Kraftwerken bei Cornwall verdankt das Museumsdorf

Im Upper Canada Village

Upper Canada Village bei **Morrisburg** seine Existenz. Hier wurde alles zusammengetragen, was in den gefährdeten, seit 1784 bestehenden Loyalisten-Gemeinden rettbar schien. Kleinere Bauwerke wurden im Ganzen und größere Stück für Stück herbeigeschafft.

Nicht alle Loyalisten waren stockbritisch, viele waren deutscher Abstammung wie ihr König, der Hannoveraner George III., gegen dessen Herrschaft sich die amerikanischen Kolonien auflehnten. Beide Gasthäuser von **Upper Canada Village,** Cook's Tavern und Willard's Hotel, gehörten ursprünglich Pfälzer Einwandererfamilien aus dem US-Staat New York. Sie dienten als Rasthäuser am King's Highway, der Montreal mit Toronto verband, bevor die Grand Trunk Railway Mitte des 19. Jh. den Fernverkehr übernahm. Besonders sehenswert ist die Wollfabrik mit Wasserantrieb am Eingang des Dorfes. Mit Ausnahme der Färberei laufen hier alle Verarbeitungsprozesse, von der Vorbereitung der Rohwolle bis zur Weberei, vor den Augen der Zuschauer ab. Beim Gang durch den Ort fällt auf, daß verschiedene Zäune die einzelnen Grundstücke von einander trennen. Sehr typisch ist der einfach zu bauende und leicht zu unterhaltende *snake fence,* der in Ontario meilenweit die Landstraßen begleitet.

Auch der Besitzer des vornehmsten Hauses in Upper Canada Village, Crysler Hall, stammt aus einer Pfälzer Familie, die ursprünglich Kristler hieß. Deren benachbarte, ebenfalls dem Dammbau zum Opfer gefallene Farm war Schauplatz eines der siegreichen Gefechte britisch-kanadischer Truppen gegen die Amerikaner im Jahre 1813. In einem Mahnmal beim Obelisken am Flußufer außerhalb des Dorfes veranschaulicht eine Vorführung mit Laut- und Lichteffekten den Verlauf dieser Begegnung.

Von Morrisburg kann man auf dem Highway 31 mehr oder weniger geraden Wegs nach Ottawa gelangen (vgl. S. 171). Auf der Rückfahrt nach Toronto überquert die abwechslungsreichste Strecke über Smiths Falls mehrmals den Rideau Canal. Während das Trent-Severn Waterway System vor allem wirtschaftlichen Interessen diente, entsprang der Rideau Canal dem Wunsch des britischen Oberkommandos nach einem sicheren Transportweg fern vom amerikanischen St. Lorenz-Ufer. Die Wasserstraße mit 47 Schleusen, 24 Dämmen und 29 künstlichen Kanalkilometern wurde 1832 unter Leitung des Obersten John By, nach dem Ottawa zuerst Bytown genannt wurde, fertiggestellt. Die Leistung seiner Pioniere und Handwerker war beträchtlich, und wenn es stimmt, daß 4000 von ihnen während der Bauarbeiten umkamen, war dieser Einsatz verlustreicher als die Schlachten des vorausgegangenen Kriegs. Wie die Befestigungsanlagen in Halifax, Quebec, Kingston und an zahlreichen anderen Stellen hat der Kanal seine vorbestimmte Rolle nie spielen müssen, auch er dient heute fast ausschließlich der Freizeitgestaltung.

Verläßt man Ottawa auf dem Highway 16 in südlicher Richtung, so überquert man den Kanal zum ersten Mal kurz vor Kemptville und steuert dann auf dem Highway 43 wieder nach Südwesten darauf zu. Das quadratische Blockhaus mit Graben und Zugbrücke bei **Merrickville** ist eines von vier ähnlichen, für die Verteidigung des Kanals vorgesehenen Forts. In **Smiths Falls,** auf halbem Weg zwischen Ottawa und Kingston, kreuzen zwei Schienenstränge den Kanal. Man kann hier ein Railway Museum und eine bekannte Schokoladenfabrik besichtigen, dann geht es auf Highway 15 nach Kingston zurück.

Birkendale am Lake of Bays

Durch prähistorisches Indianerland zum Algonquin Park

Man verpaßt nichts, wenn man den schnellsten Weg von Toronto nach Peterborough nimmt: den Highway 401 nach Osten bis Newcastle, dann den Highway 115. **Peterborough** hat eine schön gelegene und architektonisch interessante, moderne Universität, Trent University. Berühmter ist das Schiffshebewerk am Trent-Severn Waterway, das im Baujahr 1904 mit 20 m Hub das höchste der Welt war.

Am Rice Lake südöstlich von Peterborough erreicht man über Keene den **Serpent Mounds Provincial Park.** Er liegt auf einem *drumlin,* einem der elliptischen eiszeitlichen Höhenrücken, die hier in Mengen vorkommen. Ob die Indianer, die sich diesen Platz vor 1700 bis 1900 Jahren als Sommerlager und Begräbnisstätte aussuchten, algonkisch oder irokesisch sprachen, ist unbekannt. Fest steht, daß sie der Woodland-Kultur angehörten, deren Traditionen sich in den Wäldern weiter im Süden entwickelte. Es erinnert zwar nur der größte der neun *serpent mounds* an den berühmteren schlangenförmigen Grabhügel *(great serpent mound)* im südlichen Ohio, aber die religiösen Riten mögen hier wie dort die gleichen gewesen sein. Schließlich beweisen die Grabbeigaben der *serpent mounds,* daß um die Zeitenwende auch materielle Güter schon von weither kamen, Kupfer vom Lake Superior, Silber aus dem Norden von Ontario und Muschelschalen vom Golf von Mexiko.

Süd-Ontario ▷

Sudbury
North Bay
17
Iron Bridge
Webbwood
TransCanada Hwy
Lake Nipissing
Killarney
Provincial Park
Little
Current
Gore Bay
Kagawong
Manitoulin
Island
Kanada
USA
South
Baymouth
Algonq
Provinc
Park
11
69
Thirty Thousand Islands
Parry Sound
Fathom Five Nat.
Marine Park
Tobermory
Georgian
Bay
Bruce Peninsula
Nat. Park
Lake
Muskoka
35
Gravenhurst
6
Notawasaga
Bay
Penetanguishene
Midland
Wiarton
Lake Huron
Owen
Sound
26
Collingwood
Orillia
Lake
Simcoe
Fenelon
Falls
Barrie
Port Elgin
12
21
Durham
400
Oshawa
Kleinburg
Pickering
Arthur
Toronto
Goderich
Clinton
Guelph
QEW
Waterloo
Kitchener
Stratford
Michigan
Ontario
Grand Bend
St.
Catherines
Niagara
the-Lak
7
Brantford
Hamilton
Pinery
Prov. Park
401
Niagara
Falls
London
Sarnia
402
Fort Erie
Port
Colborne
Oil Springs
Port Dover
Port Stanley
Dresden
Wallaceburg
Detroit
Lake
St. Clair
Chatham
3
Rondeau
Provincial
Park
Lake Erie
Windsor
Amherstburg
Point Pelee
National Park

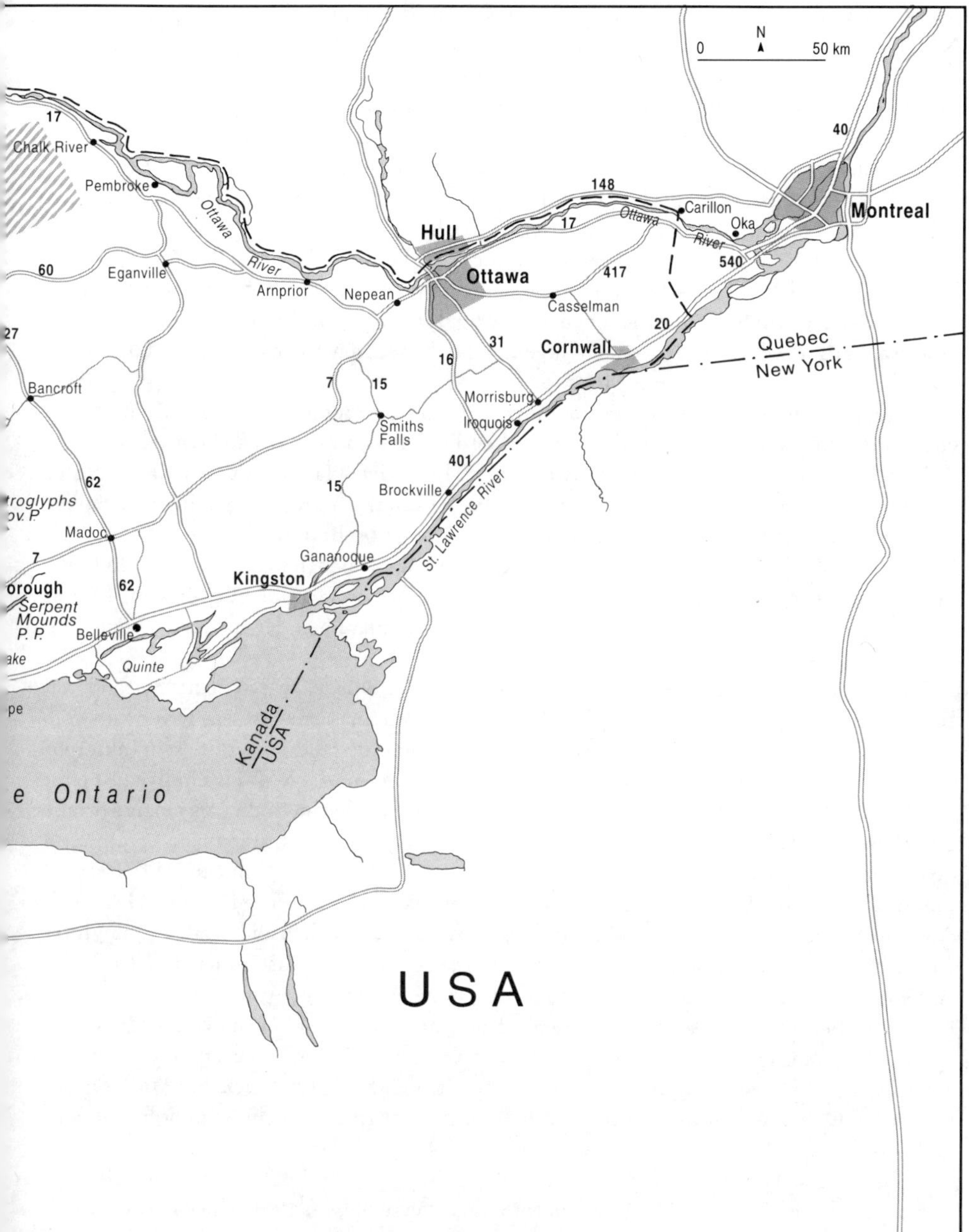
0
N
50 km
17
Chalk River
Pembroke
Ottawa
River
60
Eganville
Arnprior
Nepean
Hull
Ottawa
148
17
Ottawa
River
Carillon
Oka
Montreal
40
540
417
Casselman
20
27
Bancroft
7
15
16
31
Cornwall
Quebec
New York
Morrisburg
Iroquois
Smiths
Falls
401
15
Brockville
62
roglyphs
ov. P.
Madoc
7
Gananoque
Kingston
orough
62
Serpent
Mounds
P. P.
Belleville
Quinte
ake
pe
St. Lawrence River
Kanada
USA
e Ontario
USA

Folgt man dem Highway 134 von Keene nach Norden und dann dem Highway 4 nach Nordosten, so kommt man nach **Warsaw** und zu den Warsaw Caves. Eiszeitliches Schmelzwasser bahnte sich hier einen Weg durch den kalkigen Untergrund und hinterließ sieben große Höhlen, die man mit Taschenlampe, festem Schuhwerk und warmer Kleidung, oft auf Händen und Füßen und immer auf eigene Gefahr erkunden kann.

Von Warsaw geht es auf den Highways 4 und 6 weiter nach Stonyridge am Ostufer des Stony Lake und zum **Petroglyphs Provincial Park.** Auf der Suche nach anderen Schätzen entdeckten Geologen 1954 auf einem flachen Felshang Hunderte von Steinzeichnungen, die vor 500 bis 1000 Jahren unter Einbeziehung natürlicher Risse und Löcher in den verhältnismäßig weichen Kalkstein geritzt und gemeißelt worden waren. Später benutzten die Ojibwa, die heute in Süd-Ontario leben, die Petroglyphen für die biologische und religiöse Unterweisung der heranwachsenden Jugend und bedeckten sie nach jedem Unterricht sorgfältig wieder mit Laub und Moos. Seit 1984 wird der Hang durch ein klimatisiertes Gebäude vor weiterer Verwitterung geschützt. In einer sehr interessanten, 20 Minuten langen Filmvorführung erläutern Ojibwa-Sprecher die Bedeutung ihrer *teaching rocks.*

Weiter zum Highway 28 und nordwärts zur Mineralien-Hauptstadt von Kanada. Der vom Geological Survey of Canada herausgegebene Führer für Stein- und Mineralsammler nennt mehr als zwei Dutzend Stellen in der Umgebung von **Bancroft,** an denen man nach Proben von 80% aller in Kanada zu findenden Mineralien suchen kann. Viele davon kommen als gigantische Kristalle vor: Feldspat, Nephelin, Beryll, Hornblende, Zirkon, Titanit. Das Bancroft Mineral Museum beherbergt Prachtexemplare aus der näheren Umgebung und der ganzen Welt.

Als der **Algonquin Provincial Park** 1893 gegründet wurde, waren seine Bestände an einigen Kiefernsorten schon weitgehend abgeholzt und auf dem Ottawa River zur Verschiffung nach Montreal geflößt worden. Heute ist die Holzfällerei stark beschränkt, und selbst wer auf den zahllosen möglichen Kanurouten weit in die Wildnis eindringt, bleibt von kommerzieller Tätigkeit unberührt. Am Highway 60, der im Süden als einzige Straße durch den größten Park von Ontario führt, wurde ein Informationszentrum eröffnet, in dem man sich anhand von Schaubildern und Literatur über die einheimische Tierwelt unterrichten kann. Um dieser zu begegnen, muß man kein Kanu leihen. Im Gegenteil, Autofahrern ist sogar Vorsicht anzuraten. Das Streugut, mit dem die Straßen im Winter passierbar gemacht werden, enthält Salz, das die Tiere im Frühsommer auflecken. Im Algonquin Park ziehen jedes Jahr Elche in Zusammenstößen mit Autos zwar den Kürzeren, nicht aber ohne ihrerseits erheblichen Schaden anzurichten. Hier findet man die Landschaft, die Tom Thomson und die Maler der Group of Seven dazu anregte, sich von europäischen Mustern freizumachen und einen eigenen Stil zu entwickeln. Am Ufer des Canoe Lake, in dem Thomson 1917 ertrank, wurde ihm zu Ehren ein 12 m hoher Totempfahl errichtet.

Nach Verlassen des Parks trifft man am Lake of Bays auf den Highway 35 und folgt diesem durch das Haliburton-Hochland nach Süden. Versuche, im 19. Jh. hier Farmer anzusiedeln, scheiterten an den mageren Böden des Kanadischen Schildes und an der kurzen

Vegetationsperiode. Der Highway 35 ist einer der wenigen, der nicht zur Erschließung von Rohstoffen oder zur Verbindung von Bevölkerungszentren angelegt wurde, sondern für Erholungsuchende. Geruhsam windet sich die Straße an Seen und Bächen entlang durch Wälder, die immer noch reich an Elchen, Weißwedelhirschen, Füchsen, Schwarzbären und gelegentlich auch Wölfen sind. Viele Nebenstraßen enden in einer Sackgasse, und dann, drei Fahrstunden von Toronto, beginnt die Wildnis.

Auf einer Anhöhe bei **Dorset** kann man von einem Aussichtsturm auf den Lake of Bays hinab und in die dichtbewaldete Runde schauen. Dreißig Kilometer nördlich von **Minden** am Kushog Lake, in einem sehenswerten zweistöckigen Blockhaus, ist das hochinteressante Kanawa International Museum of Canoes, Kayaks and Rowing Craft mit einer Sammlung von über 400 Paddel- und Ruderbooten aus aller Welt untergebracht. Bei Rosedale und Fenelon Falls kann man noch einmal den Betrieb im Trent-Severn Waterway betrachten. Etwas weiter östlich, bei Bobcaygeon, wurde 1833 die erste hölzerne Schleuse dieses Systems in Betrieb genommen. Der Highway 35 trifft bei Newcastle wieder auf den Ontario-See.

Um die Georgian Bay

In Ontarios rechtwinkligem Straßennetz sind nicht alle Orte von Toronto gleich gut zu erreichen. Nach **Owen Sound** an der Georgian Bay kommt man jedoch auf verhältnismäßig geradem Weg über den Highway 10, teils unterhalb und teils oberhalb des Niagara Escarpment, des Steilhangs, der sich von der Niagara-Halbinsel bis nach Manitoulin Island erstreckt. Der sogenannte Lockport-Dolomit, aus dem diese Geländestufe besteht, wurde vor rund 400 Mio. Jahren im Silur in einem warmen Binnenmeer abgelagert. Er verschwindet nach Westen im Untergrund und wird dort von jüngeren Schichten überlagert, in denen 1858 das erste Öl in Nordamerika gefunden wurde.

Von Owen Sound bis Wiarton (›weierton‹) kann man dem schnellsten Verkehrsweg (Highway 70 und 6) folgen. Dann fällt das Niagara Escarpment mit der malerischen Ostküste der **Bruce Peninsula** zusammen. Wer sie richtig erleben will, muß sie erwandern. Am Escarpment entlang, von Queenston am Niagara River bis Tobermory an der Nordspitze der Bruce Peninsula, windet sich ein 720 km langer Pfad, dessen schönste und abenteuerlichste, aber auch anstrengendste Strecke als Bruce Trail dem Ostufer der Halbinsel folgt. Für Autofahrer lohnt sich ab Wiarton jeder Abstecher von der Durchgangsstraße nach rechts.

Am Nordende der Bruce Peninsula liegen zwei Nationalparks, über Wasser der **Bruce Peninsula National Park** und unter Wasser der **Fathom Five National Marine Park.** In den Mischwäldern, Seen und Marschen des ›trockenen‹ Parks sind 40 Arten von Orchideen und fünf Arten insektenfressender Pflanzen zu finden. Bei der Suche nach ihnen ist etwas Vorsicht geboten, denn es kommt hier auch eine seltene Art von Klapperschlange vor. Sie ist zwar menschenscheu, aber giftig.

Bei einem Powwow *auf Manitoulin Island*

Auf den Großen Seen fand in der Zeit zuerst des Pelz- und dann des Holzhandels ein lebhafter Verkehr statt. Manch unvorsichtiger Kapitän bemerkte zu spät, daß das Niagara Escarpment am Ende der Bruce Peninsula nicht aufhört, sondern dicht unter dem Wasserspiegel liegt. Passionierte Taucher können sich in **Tobermory** die nötige Ausrüstung leihen und an die 20 Wracks inspizieren, die allein in dem kleinen Dreieck des Fathom Five National Marine Park liegen. Flowerpot Island mit bizarren Kalkfelsen ist ein sichtbar gebliebener Teil des Escarpment.

Von Tobermory kommt man mit der Fähre in knapp zwei Stunden nach **Manitoulin Island,** der größten Süßwasser-Insel der Welt. Die Namen der Insel und vieler Orte stammen aus der algonkischen Sprache der Ojibwa-Indianer, die hier seit Menschengedenken leben und die heute sechs über die Insel verteilte Reservate innehaben. Hinter dem Wort Manitou verbergen sich sowohl gute wie böse Geister, die nach Belieben in natürlichen Objekten, Tieren oder Menschen ihr Wesen treiben können. Manitoulin, Gottes Insel, soll der Sitz von Gitchi Manitou, des größten aller guten Geister, gewesen sein.

Ein lohnender Umweg zweigt 13 km nördlich von South Baymouth, dem Landeplatz der Fähre auf Manitoulin Island, nach Westen ab und folgt dem Highway 542 bis kurz vor **Gore Bay.** Im dortigen Museum, einem alten Verwaltungsgebäude mit Bezirksgefängnis, ist vor allem Strandgut zu sehen. In **Kagawong** kann man zum romantischen Bridal Veil (Brautschleier) Wasserfall hinabsteigen, dem letzten größeren, den das Niagara Escarpment hervorbringt, bevor es in den Lake Huron abtaucht.

In **Little Current** verbindet eine Drehbrücke aus dem Jahre 1913 die Insel mit dem Festland. Sie diente ursprünglich nur dem Bahnverkehr, trug dann einige Jahrzehnte sowohl Waggons wie Kraftfahrzeuge und ist heute nur noch für den Straßenverkehr da. Einmal in der Stunde wird sie 15 Minuten lang beiseite gedreht, um Segelboote passieren zu lassen.

Sudbury ist mit Recht stolz darauf, seinen Ruf als trostloses industrielles Ödland abgelegt zu haben. Die ausgedehnten Schlackenhalden, auf denen sich die US-amerikanischen Astronauten 1971 auf die Mondlandschaft vorbereiteten, gibt es noch immer, aber die Luft ist jetzt wieder rein, die Seen sind sauber und die Umgebung wird immer grüner. Es bestand schon 1856 der Verdacht, daß bei Sudbury Kupfererz zu finden sei, aber erst die Sprengungen beim Bau der Eisenbahn führten 1883 zur Entdeckung riesiger Vorräte an Kupfer und Nickel, und erst die Bahn gestattete ihre wirtschaftliche Ausbeutung.

Über geologische Theorien, biologische Prozesse und technische Errungenschaften erteilt das imposante Wissenschaftsmuseum am Ramsey Lake im Süden der Stadt experimentellen Anschauungsunterricht. Zu den lebenden Ausstellungsstücken gehören ein zahmer Biber und ein übelriechendes Stachelschwein. Raymond Moriyama, der in Toronto durch seine ästhetischen, menschenfreundlichen öffentlichen Gebäude bekannt wurde, hat für Science North ein weißes, hexagonales Dach auf eine aus dem Fels gehauene Grube gesetzt und so zwei Motive, die Schneeflocke und den Meteoritentrichter, in einem Gebäude vereint. Der Bergbau ist in Form des Tunnels, der die ebenfalls sternförmige Eingangshalle mit dem Hauptgebäude verbindet, als drittes Motiv vertreten.

Der Blick vom Sockel der weithin sichtbaren, 9 m hohen kanadischen 5 Cent-Münze *(nickel)* vermittelt einen Eindruck davon, wie Sudbury in seinen weniger attraktiven Jahren aussah, offenbart aber gleichzeitig viel hoffnungsvolles Grün. Daß man gleich nebenan in dem 20 m tiefen Stollen der Big Nickel Mine lernt, wie das Erz aus dem umgebenden Gestein gesprengt wird und wie für die Sicherheit der Bergleute gesorgt ist, überrascht nicht. Unerwartet dagegen ist der Raum, in dem bei künstlicher Beleuchtung und gleichbleibenden Temperaturen Stecklinge für die Aufforstung herangezogen werden. Außer Betrieb gesetzte Stollen in anderen Bergwerken versorgen Sudbury auf diese Weise schnell und unabhängig vom unwirtlichen Klima über Tage jährlich mit Tausenden von jungen Bäumen.

Am Highway 69 südlich von Sudbury wechseln landschaftliche und historische Sehenswürdigkeiten in kurzer Folge. Im **Killarney Provincial Park,** am Ufer der Georgian Bay 60 km westlich vom Highway, schaffen weiße, 2 Mrd. Jahre alte vorwiegend aus Quarz bestehende Gesteine Kontraste, wie sie Künstler lieben. Kein Wunder, daß Franklin Carmichael, Arthur Lismer, A. Y. Jackson und A. J. Casson von der Group of Seven hier einige ihrer besten Bilder malten.

Von Killarney bis Waubaushene begleiten die sogenannten 30 000 Inseln – in Wirklichkeit sind es viel mehr – das Ostufer der Georgian Bay. Auch hier hat die Group of Seven viel

gemalt, durch ihre Bilder wurden die sturmzerzausten asymmetrischen Kiefern dieser Gegend zu einer Art Wahrzeichen für Nord-Ontario. Wie die Tausend Inseln im St. Lorenz haben auch die 30 000 ihre dreistündige, von **Parry Sound** ausgehende Bootstour.

Da der Weg um die Georgian Bay ab Parry Sound ohnehin landeinwärts führt, empfiehlt sich nun der Umweg am Lake Muskoka entlang (Highway 169) über Gravenhurst nach Orillia am Lake Simcoe. In **Orillia**, einem hübschen Ausflugsort mit sehenswertem Champlain-Denkmal, lebte einer der bekanntesten kanadischen Schriftsteller, der Humorist und Sozialkritiker Stephen Leacock (1869–1944). In manchen der *dramatis personae* von Leacocks satirischen »Sunshine Sketches of a Little Town« sollen weniger belustigte Bürger von Orillia sich wiedererkannt haben.

Das Gebiet, durch das der Highway 12 vom Lake Simcoe zur Georgian Bay führt, wird nach seinen einstigen Einwohnern Huronia genannt. Die Huronen waren Mittelsmänner der Franzosen im Pelzhandel und deren Verbündete in Samuel de Champlains Kriegszügen gegen die Irokesen. Ihre Bekehrung wurde deshalb intensiv betrieben, zunächst von den zum Franziskanerorden gehörenden Récollet-Brüdern und dann von den Jesuiten, die 1639 beim heutigen Midland die befestigte Mission Sainte-Marie-au-pays-des-Hurons (Sainte-Marie among the Hurons) gründeten. Im Jahre 1648 überfielen die Irokesen Huronia, versprengten die Einwohner und folterten im folgenden Jahr die Pater Jean de Brébeuf

Wiederaufgebaute Mission in Sainte-Marie among the Hurons

und Gabriel Lalemant zu Tode. Die Mission wurde nicht angegriffen, sondern vom Rest der Huronen und Missionare in Brand gesteckt, bevor sie sich für den Winter 1649/50 nach Christian Island in der Georgian Bay in Sicherheit brachten.

Sainte-Marie among the Hurons erstand vor 30 Jahren bis in alle Einzelheiten wieder. Interessant sind die traditionellen Langhäuser der Huronen. Es empfiehlt sich, vor der Besichtigung im Museumsgebäude der kurzen Filmvorführung über die Geschichte der Mission beizuwohnen.

In **Penetanguishene** errichteten britische Streitkräfte nach dem Krieg von 1812 für den Fall erneuter Angriffe der Amerikaner einen Stützpunkt. Die alten Dockanlagen und Werkstätten der Historic Naval and Military Establishments wurden wiederhergestellt, kostümierte Schiffshandwerker gehen längst überholten Gewerben wie Seildreherei und Segelmacherei nach.

An der Nottawasaga Bay südlich von Penetanguishene folgt ein Badestrand dicht auf den anderen. Da den mit 14 km längsten, den **Wasaga Beach**, streckenweise ein gut gepflegter Provincial Park mit Rasenflächen und Bäumen begleitet, ist er auch der schönste weit und breit.

Bei **Collingwood** springt das Niagara Escarpment mit den Blue Mountains dicht an die Georgian Bay vor. Im Kalkstein hinterließ eiszeitliches Schmelzwasser tiefe Höhlen, in denen seltene Farne wachsen und aus denen auch im Sommer das Eis nicht ganz verschwindet. Unterhalb des Escarpment westlich von Collingwood treten am Seeufer 450 Mio. Jahre alte tonige Gesteine an die Oberfläche, in denen große Mengen gut erhaltener Trilobiten gefunden wurden. Der **Craigleith Provincial Park**, ein attraktiver Picknick- und Campingplatz, soll die leicht erreichbare Fossilfundstätte vor übereifrigen Sammlern schützen. Der kurze Weg nach Owen Sound schließt die Runde um die Georgian Bay. Man kann nun direkt oder auf dem im folgenden vorgeschlagenen Umweg nach Toronto zurückfahren.

Lake Huron und Lake Erie

Von Owen Sound sind es nur 38 km bis zum Huron-See mit kilometerlangen, von Wald und Dünen begleiteten Sandstränden. **Goderich** (›gudridsch‹) ist schön am hohen Ufer gelegen, aber der Hauptreiz der Stadt besteht in dem streng oktagonalen Grundriß ihres Zentrums. Man sollte hier wenigstens eine Runde um den achteckigen Court House Square machen. Königin Elizabeth II. soll Goderich »the prettiest town in Canada« genannt haben.

Östlich von Sarnia, dessen Raffinerien und chemische Fabriken man tunlichst rechts liegen läßt, zweigt die Straße 21 nach Süden ab und führt in ein Gebiet, dessen Ortsnamen man eher im Westen der Vereinigten Staaten suchen würde: Wyoming, Petrolia, Oil Springs. Dies aber ist älteres Ölland als jenes. In **Oil Springs** wurde 1858 zum ersten Mal in Nordamerika Erdöl in wirtschaftlichen Mengen gefördert und raffiniert. Der Brunnen, aus dem es kam, ist beim Oil Museum of Canada in Oil Springs zu sehen. Zuerst wurde

Im Point Pelee National Park

nach Öl gegraben, aber bald fing man an, mit primitivem Gerät zu bohren und fand in **Petrolia**, wo heute noch Förderpumpen von 1903 in Betrieb sind, ein größeres Feld. Das Öl wurde mit Pferdewagen zur Bahn nach Wyoming und von dort nach Sarnia geschafft. Der indianische Name Wyoming (große Ebene) kam nicht von Westen, sondern 1856 mit Einwanderern aus Pennsylvania.

Einer anderen, einer ›unterirdischen‹ Einwanderungswelle, gedenkt man weiter südlich in **Dresden**. *Underground railroad* war der Deckname eines Systems geheimer Fluchtwege, durch das amerikanische Sklaven im 19. Jh. über die Grenze geschmuggelt wurden. Unter den ersten, die 1830 auf diese Weise nach Kanada kamen, war Josiah Henson, ein Laienprediger, der sich und andere Flüchtlinge mit Hilfe amerikanischer und englischer Geldgeber bei Dresden ansiedelte, noch bevor der Ort gegründet wurde. Dort setzte sich Henson für die Sklavenbefreiung ein. Auf einer seiner Reisen lernte er Harriet Beecher Stowe kennen, in deren Roman »Onkel Toms Hütte« er zum Titelhelden wurde. ›Onkel Toms‹ Urenkelin waltet über die Museumsstücke aus der Zeit der *underground railroad*, die auf Hensons ehemaliger Farm bei Dresden zu sehen sind. Während Henson versuchte, seine schwarzen Brüder auf friedlichem Wege zu befreien, plante der fanatische John Brown im benachbarten **Chatham** einen gewaltsamen Handstreich gegen die Sklavenhalter in Virginia, wo er

1859 gefangengenommen und zum Tode verurteilt wurde. Exponate im Chatham-Kent Museum erinnern an Chathams Rolle als Station der *underground railroad*.

Der Hauptreiz der Industriestadt **Windsor** besteht aus dem Blick auf die imposante Silhouette der US-Autometropole Detroit auf der anderen Seite des gleichnamigen Flusses. Südlich von Windsor, im Fort Amherstburg, plante der britische General Isaac Brock mit Tecumseh, dem Häuptling der Shawnee, im Krieg von 1812 die Einnahme des amerikanischen Fort Detroit. Ein Jahr später hatten die Amerikaner den Seekrieg auf dem Lake Erie gewonnen und besetzten bis 1815 beide Ufer des Detroit River. Im Jahre 1838 wurde Fort Amherstburg als Fort Malden wieder aufgebaut und diente später, als die Grenze mit den Vereinigten Staaten endgültig als gesichert gelten konnte, zeitweilig auch als Sägewerk und Irrenanstalt.

Am Nordufer des Erie-Sees geht es nun wieder nach Osten und über Leamington, die ›Tomaten-Hauptstadt‹ von Kanada, zu einem der kleinsten, aber bekanntesten der 35 Nationalparks, **Point Pelee**. Auf der gleichen Breite wie die Nordgrenze von Kalifornien gelegen, ist Point Pelee der südlichste Punkt des Landes. Die sandige, vor 10 000 Jahren weit in den See hinausgeschwemmte, dreieckige Landzunge ist im Westen und Süden bis zum schnurgeraden Strand mit Laubwald bedeckt, der mit seinen Sykomoren, Zürgel- und Walnußbäumen eigentlich viel weiter nach Süden gehört. Im Norden und Osten des Dreiecks breiten sich Sümpfe und Teiche aus, in denen man von Aussichtstürmen und Holzstegen Bisamratten und sechs Arten von Schildkröten beobachten sowie Frösche in allen Stimmlagen hören kann. Die meisten Besucher aber kommen, weil Point Pelee an der Kreuzung mehrerer Vogelrouten liegt und zu verschiedenen Jahreszeiten von mehr als 300 Arten besucht wird. Im September rasten hier auch Tausende von Monarchfaltern auf ihrem jährlichen Weg nach Süden.

Das Flachland östlich von Windsor sowie rechts und links vom Superhighway 401 ist eintönig. Auf dem Weg nach London ist der Highway 3 empfehlenswerter. Von dort führen die Highways 4 und 7 nach **Stratford**. Wenn man von Shakespeare-Festspielen an einem Ort namens Stratford, selbstverständlich am Avon, aber in Kanada, hört, muß der Verdacht aufkommen, daß amerikanische Verehrer des Barden unter schamloser Ausnutzung eines Ortsnamens über die Grenze gelockt werden, nur um Hamlet über eine Provinzbühne gehen zu sehen. Dem ist nicht so. Natürlich lag der Gedanke nah, Shakespeare-Aufführungen in Stratford abzuhalten, aber die hübsch in die Flußlandschaft eingebettete Kleinstadt eignet sich hervorragend als Festspielort. Aus dem Theaterzelt im Stadtpark, in dem Alec Guinness 1953 als Richard III. die Saison eröffnete, ist längst ein modernes Festspielhaus geworden, dem sich zwei weitere Bühnen in Stratford zugesellt haben. Das Repertoire, bald auf andere klassische und moderne Stücke ausgedehnt, läuft jeden Sommer mit hervorragender internationaler Besetzung vor vollen Häusern ab.

Nordöstlich von Stratford liegt der »Landkreis Waterloo« (wie es in einer deutschsprachigen Schrift heißt) mit Orten wie Hamburg, Heidelberg und Breslau. Mennoniten aus Pennsylvania waren die ersten, die sich 1799 an dem Ort ansiedelten, den deutsche Einwanderer 1833 schließlich Berlin tauften. Seit dem Ersten Weltkrieg heißt er **Kitchener**,

Fort George, Niagara-on-the-Lake

aber das alljährliche Oktoberfest erinnert noch daran, woher die ›Ureinwohner‹ stammten. Nördlich der Doppelstadt Kitchener-Waterloo, im Gebiet um St. Jacobs und Elmira, hört man noch ›Pennsilfaanisch‹ (Pennsylvania-Deutsch, Pennsylvania Dutch), den Dialekt, den die Mennoniten vor 200 Jahren mitbrachten. Was sie glauben und wie sie leben, erläutern ein kurzer Film und eine Ausstellung im Meeting Place, dem mennonitischen Informationszentrum in **St. Jacobs**.

Die Niagara-Halbinsel

Wer nach Ontario kommt, muß die Niagara-Fälle sehen (s. hintere Innenklappe). Sie sind wirklich so großartig, wie man in jedem Reisebüro von Tokio bis Berlin hört, aber eben deshalb sollte man auf Gesellschaft gefaßt sein, auf die Gesellschaft von 12 Mio. Besuchern pro Jahr. Es empfiehlt sich darum, an einer anderen schönen Stelle am Niagara River zu übernachten und die Stadt Niagara Falls morgens zu besuchen, bevor sich Busladungen aus aller Welt über die Stadt ergießen.

Der Nordrand der Niagara-Halbinsel liegt unter dem Niagara Escarpment. Der Wasserspiegel des Erie-Sees ist 100 m höher als der des Lake Ontario. Schon 1824 wurde deshalb mit dem Bau des Welland-Kanals begonnen, der bis 1973 mehrmals verlegt, verbreitert, vertieft, umgeleitet und mit immer größeren Schleusen versehen wurde. Wenn man den Queen Elizabeth Highway in St. Catharines an der Glendale Avenue verläßt und den Hinweisschildern zum Welland Canal Viewing Centre folgt, kann man dort von hoher Warte den Schiffsverkehr durch die Schleuse III (Lock III) beobachten. Über Thorold und Welland kommt man nach Fort Colborne und zur achten, letzten und einer der größten Schleusen der Welt.

Nach der Kriegserklärung der Amerikaner im Jahre 1812 und der Eroberung von Detroit durch die Briten sowie ihre indianischen Alliierten fanden die meisten Gefechte dieses Nebenschauplatzes der Napoleonischen Kriege am Niagara River statt. Die britischen Forts Erie im Süden und George im Norden wurden zeitweilig von Amerikanern besetzt. Das amerikanische Buffalo und das kanadische Newark (heute Niagara-on-the-Lake) wurden abgebrannt. Entsprechend den geringen Bevölkerungszahlen und langen Anmarschwegen im Nordamerika des anbrechenden 19. Jh. und im Gegensatz zu den europäischen Schlachten waren an den *battles* hierzulande nicht Zehntausende, sondern Tausende und oft nur Hunderte beteiligt. Zum Glück für die Briten konnten ihnen die Amerikaner keine gleichwertigen Generäle gegenüberstellen und zogen deshalb in den entscheidenden Gefechten trotz numerischer Überlegenheit meist den kürzeren. Ein anderer entscheidender Faktor waren die indianischen Verbündeten der Briten, vor denen der Gegner einen heillosen Respekt hatte. Zur See, wo es keine Indianer gab, schnitten die Amerikaner wesentlich besser ab.

Der »Maid of the Mist«-Dampfer in den Stromschnellen der Niagara-Fälle

Die Forts Erie und George wurden wieder instandgesetzt, dazwischen findet man zahlreiche andere Denkmäler an die Kriegszeit. Heute ist die Niagara-Front einer der schönsten Teile der längsten unverteidigten Grenze der Welt. Alles Land am **Niagara Parkway**, von Fort Erie bis Niagara-on-the-Lake, wird seit 1885 von der Niagara Parks Commission vor unnötigem *development* bewahrt und ist reichlich mit Fußwegen, Parkplätzen, Aussichtspunkten, Picknickgelegenheiten sowie Gartenanlagen versehen.

Die Niagara-Fälle haben sich seit der Eiszeit vom Niagara Escarpment bei Queenston bis nach Niagara Falls hinaufgearbeitet, indem sie den dicken Lockport-Dolomit, über den sie stürzen, untergruben. Vor vielleicht 700 Jahren gab es nur eine breite Kaskade, die Teilung in eine amerikanische und eine kanadische Hälfte erfolgte erst, als die Erosion Goat Island erreicht hatte. Der belgische Jesuitenpater Louis Hennepin, der 1678 hier eintraf und die Fälle als erster beschrieb, sah die kanadischen Horseshoe Falls noch dort, wo heute das Südende des Kraftwerks der Ontario Hydro liegt, und sie bildeten nur einen leichten Bogen. Sie sind jetzt deshalb hufeisenförmig, weil sie flußaufwärts wandern, bei Goat Island also eine Biegung nach Osten mitmachen müssen.

Es gibt keine Perspektive, aus der die Niagara-Fälle keinen Eindruck machen. Den besten Überblick hat man von einem der Aussichtstürme, etwa aus 236 m Höhe vom Skylon Tower. Aus nächster Nähe wirkt das stürzende Wasser so magnetisch, daß an der betreffenden Stelle ein höherer Zaun errichtet werden mußte. Von unten führt das Ausflugsboot »Maid of the Mist« so dicht an die Fälle heran, daß man ohne das blaue Plastikzeug, das man vor dem Einsteigen bekommt, vom Sprühregen bis auf die Haut durchnäßt würde. Der Gewalt, mit der das Wasser über die Kalkkante stürzt und die Tonschichten darunter auswäscht, wird man gewärtig, wenn man, in gelbe Umhänge gekleidet, vom Table Rock House durch einen Tunnel hinter den Wasserfall geführt wird. Je früher am Tage man kommt, desto geringer ist die Tuchfühlung mit anderen und desto kürzer sind die Warteschlangen.

Der schönste Abschnitt des Niagara Parkway liegt nördlich von Niagara Falls. Fünf Kilometer unterhalb der Fälle fand der Fluß seinen Weg geradeaus versperrt und sah sich zu einer scharfen Rechtskurze gezwungen. Dies quittiert er im Whirlpool mit schäumenden Wirbelströmen, die man aus einer 549 m langen Drahtseilbahn (Aero Car) aus dem Jahre 1916 aus schwindelnder Höhe studieren kann. Drei Kilometer weiter laden die Niagara Parks Botanical Gardens zum Verweilen ein. Sie gehören zur School of Horticulture der Parkkommission und werden von Studenten unterhalten, die hier ein dreijähriges Gartenbaustudium absolvieren.

Anfang des 19. Jh. mußte alles, was vom Ontario- zum Erie-See geschafft werden sollte, auf der Strecke von Queenston bis Chippawa an den Niagara-Fällen vorbei über Land transportiert werden. Um den britischen Nachschub auf dieser Route zu unterbinden, setzten amerikanische Truppen im Oktober 1812 bei Queenston über den Fluß und versuchten den damals aus 20 Häusern bestehenden Ort und die darübergelegene Höhe zu nehmen. Dies gelang ihnen vorübergehend, schließlich aber mußten sie unter Zurücklassung von über 300 Toten und fast 1000 Gefangenen unverrichteter Dinge wieder abziehen.

Unter den 14 britischen Gefallenen war General Isaac Brock, dem zu Ehren am Niagara Parkway auf den Queenston Heights eine Gedenksäule errichtet wurde. Es führen 235 sehr enge Stufen hinauf, und oben angelangt behindert ein engmaschiges Gitter die Sicht, aber man hat die Genugtuung, so hoch gestiegen zu sein, wie der Niagara weiter flußaufwärts fällt – 56 m.

Der attraktivste Ort auf der Niagara-Halbinsel ist zweifellos **Niagara-on-the-Lake**. Das als Newark von Loyalisten gegründete Städtchen diente von 1792 bis 1796 als erste Hauptstadt der Provinz Upper Canada und nahm auch als Durchgangsstation auf dem Wege vom Lake Ontario zu den anderen Seen eine strategische Stellung ein. Im Krieg von 1812 stellte sich heraus, daß das 1796 erbaute und 1937 rekonstruierte Fort George vor den Toren der Stadt nicht für die Verteidigung des Orts oder die Beherrschung der Niagara-Mündung geeignet war, sondern höchstens als Nachschublager für vorgeschobene britische Garnisonen. Das Fort fiel im Mai 1813 verhältnismäßig leicht in feindliche Hände. Bevor die Amerikaner im Dezember des gleichen Jahres wieder abziehen mußten, setzten sie Newark in Brand. In den Jahrzehnten nach dem Krieg wurde die Stadt so wieder aufgebaut, wie sie heute steht, mit breiten, von Bäumen beschatteten Straßen und ansehnlichen Wohn- und Geschäftshäusern, letztere dankenswerterweise ohne aufdringliche Werbung.

Im Sommer lockt das alljährliche Shaw Festival Tausende von Theaterfreunden nach Niagara-on-the-Lake. So wie Stratford nicht nur Shakespeare inszeniert, so bevölkern hier nicht nur George Bernard Shaws Gestalten die drei Bühnen, eine davon im modernen Festspielhaus, sondern auch die seiner Zeitgenossen, von Brecht bis Wedekind.

In dem ›unkanadisch‹ milden Klima der Niagara-Halbinsel blüht die Landwirtschaft, in dem besonders gesegneten Landstrich unterhalb des Escarpment lösen Obstplantagen und Weingüter einander ab. Aus den Kellereien der Umgebung von Niagara-on-the-Lake, von denen mehrere von süd- und westdeutschen Winzern gegründet wurden, kommen nicht nur trinkbare, sondern sogar preisgekrönte Weine.

Durch Nord-Ontario nach Westen

Um Kanada par excellence kennenzulernen, muß man die Großen Seen im Süden liegenlassen, je weiter, um so besser. Man fliegt dann nicht nach Toronto, sondern nach Montreal und fährt auf den jeweils nördlichsten Zweigen des TransCanada Highway nach Westen. In Ontario ist das zunächst der Highway 17, der sich nördlich vom Algonquin Provincial Park dicht ans Südufer des Ottawa River hält und damit der ersten Pelzhandelsroute von Quebec zum Lake Superior folgt.

Westlich von Ottawa (vgl. S. 171) hört die landwirtschaftliche Nutzung allmählich auf und die rechtwinkligen Nebenstraßen werden seltener. Pembroke lag noch bis vor kurzem mitten im Wald; von dort an gibt es nur noch Truppenübungsplätze (Petawawa), Kernkraftwerke (Chalk River), Holzfällerdörfer und Provincial Parks. Unter letzteren ist der **Samuel de Champlain Provincial Park** westlich von Mattawa hervorzuheben. Im dorti-

Lagerstätte bei Sault Ste. Marie

gen Voyageur Heritage Centre wird nachdenklichen Besuchern klar, zu welch unglaublichen Leistungen sich ein halbes Weltreich bemüßigt sah, nur um europäische Häupter mit Filz zu bedecken.

Für die 2000 km von Montreal bis Fort William (Thunder Bay) am Lake Superior benutzten die Pelzhändler das bis zu 12 m lange *Montreal canoe* oder *canot de maître*. Eines dieser Kanus ist mit den Lasten, die es befördern mußte, im Samuel de Champlain Provincial Park ausgestellt. Diese erstaunlichen Fahrzeuge waren robust genug, um kleinere Stromschnellen zu bewältigen, aber an Wasserfällen vorbei und über Landengen mußten sie und ihre Fracht oft getragen werden. Diese Strecken, *portages* genannt, waren jedem *voyageur* namentlich und mit ihrer Länge in Schritten bekannt. Im Champlain-Park sind sie beschildert: »Portage Campion, 184 paces«. Die Kanuroute der Pelzhändler führte über den Lake Nipissing und den French River zum Lake Huron und weiter zum Lake Superior.

Sudbury ist bereits von der Runde um die Georgian Bay bekannt (vgl. S. 225). Wer sie nicht gemacht hat und nach langen Fahrten durch Busch und Granit in pastoraler Umgebung rasten möchte, kann bei Espanola nach Manitoulin Island abbiegen. Der Highway 17 trifft bei Spanish auf den Huron-See und folgt diesem dann, meist in einiger Entfernung, aber oft in Blickweite, bis **Sault Ste. Marie**.

Wie der Name sagt, fällt der St. Marys River bei Sault (ßuh) Ste. Marie vom Niveau des Superior- zu dem des Huron-Sees. An dieser *portage* verbrachten jesuitische Missionare den Sommer 1641 mit den Algonkin-Indianern. Sie und die Pelzhändler, die ihnen folgten,

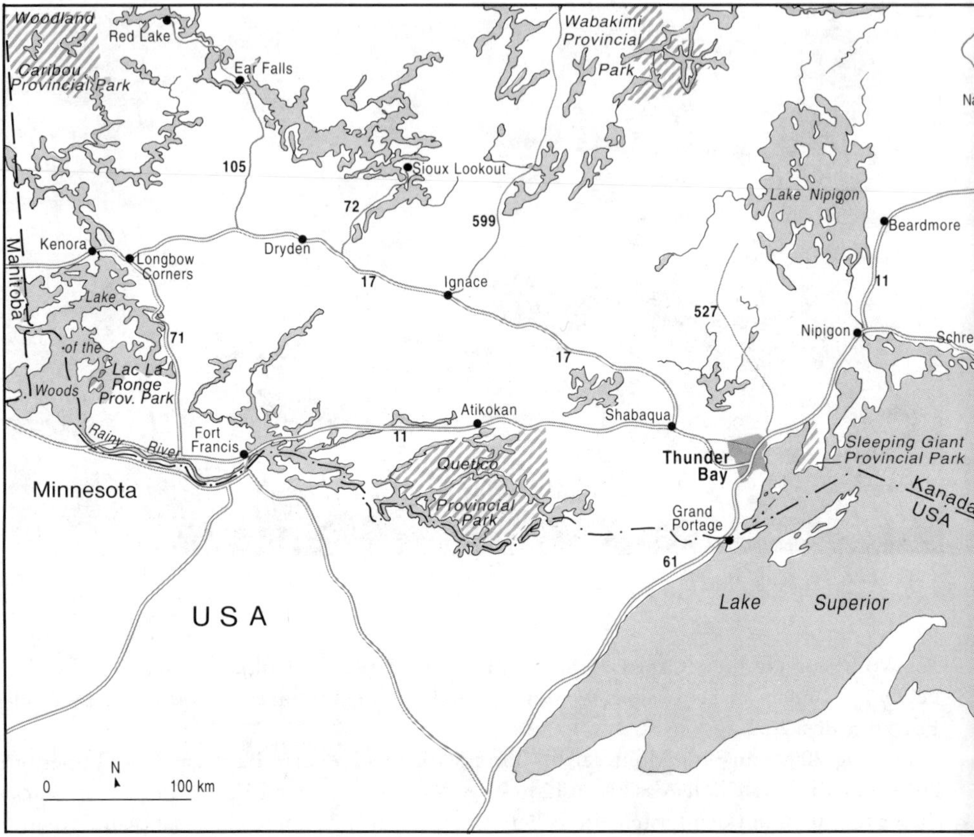

Nord-Ontario

mußten 1689 vor den anrückenden Irokesen weichen. Im Jahre 1750 nahmen die Franzosen Sault Ste. Marie wieder in Besitz, nur um es 1761 an die Briten zu verlieren. Diese mußten ihrerseits während eines vom Ohio-Tal um sich greifenden, vom Ottawa-Häuptling Pontiac geleiteten Indianeraufstands zwei Jahre später wieder abrücken. 1783 übernahm die North West Company, das Montrealer Pelzmonopol, den Posten und überwand den Höhenunterschied von 7 m zwischen den Seen durch einen Kanal mit Schleuse. Im Jahre 1812 zerstörten die Amerikaner Sault Ste. Marie und die Kanalanlagen.

Die bewegte Geschichte von Sault Ste. Marie – kurz The Soo – hinterließ keine konkreten Spuren. Moderne Schleusen ermöglichen Überseeschiffen den Verkehr bis zum Lake Superior. Die zweistündige Bootstour durch die amerikanische Schleuse und zu den Algoma-Stahlwerken ist empfehlenswert.

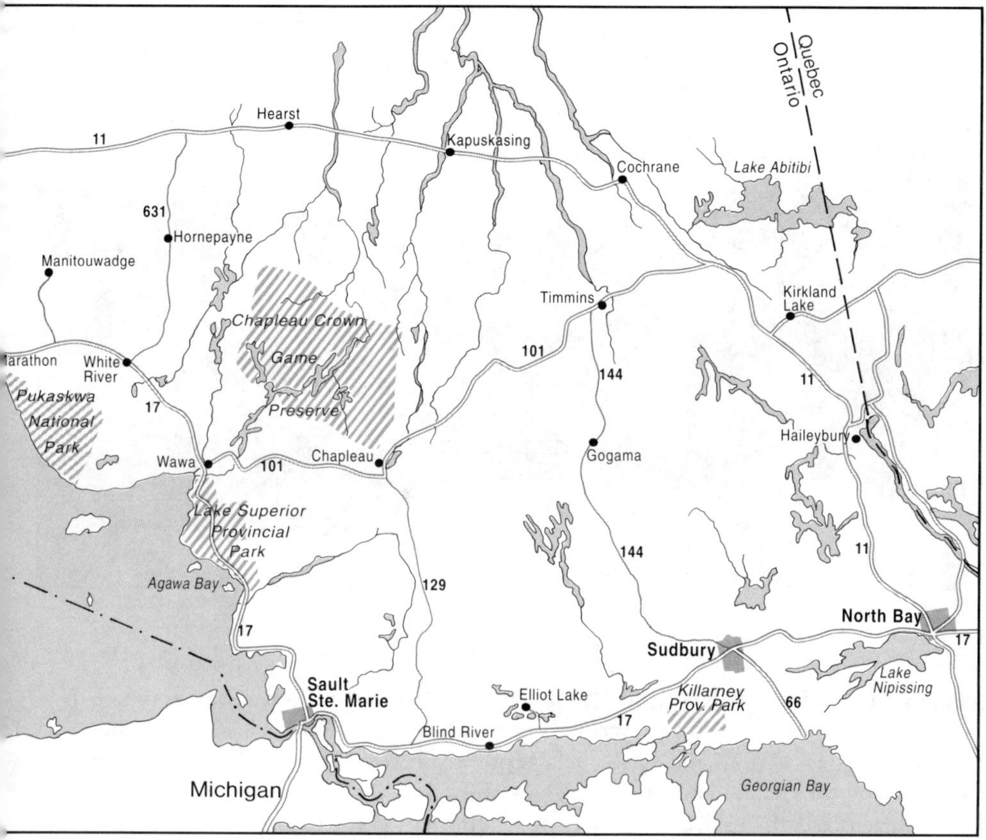

Die Straße von Sault Ste. Marie nach Wawa hält sich an den Westen des Lake Superior Provincial Park. Dieses letzte, erst 1962 fertiggestellte Glied im TransCanada Highway-System ist eines der schönsten. Wer nicht nach Manitoba will, sondern nur den größten der Großen Seen kennenlernen möchte, sollte sich wenigstens einige Stunden im Lake Superior Provincial Park aufhalten. Acht Kilometer nördlich von Agawa Bay gibt es einen Parkplatz, von dem ein 400 m langer Pfad durch tiefe Klüfte und Gesteinstrümmer zu den **Agawa Rock Indian Pictographs** hinabführt. Ojibwa-Indianer schmückten das Steilufer dort vor vielleicht 300 Jahren mit mehr als 30 ockerfarbenen Bildern mythischer Tierfiguren. Man kann sich keinen harmonischeren Kontakt zwischen See und Schild ausmalen als die Bucht Katherine Cove, an der man die weißen Quarzadern, die das zerrüttete Urgestein vor Jahrmillionen durchdrangen, bis weit ins glasklare Wasser verfolgen kann. Ganz

Seenlandschaft in Nord-Ontario

anders die sandige, von bewaldeten Steilufern umrahmte Old Woman Bay kurz vor dem nördlichen Parkausgang. Beide Buchten laden an warmen Sommertagen zum Baden ein, aber das Wasser ist kühl, und der Lake Superior ist für seine plötzlichen Stimmungswechsel berüchtigt. Es kann in kürzester Zeit kalt, stürmisch oder neblig werden.

Der nächste Park am See, der **Pukaskwa National Park**, ist so neu, daß er noch nicht recht zugänglich ist, und wenn man die offizielle Broschüre durchblättert, bekommt man den Eindruck, daß er unerschlossen bleiben soll: steile, schlüpfrige Hänge, durchschnittliche Wassertemperatur 4° Celsius, aggressive Mücken, Fliegen, Bären und – Mäuse. Das sollte aber niemanden davon abhalten, kurz vor Marathon links in die Straße 627 einzubiegen und Hattie Cove am äußersten Nordende des Parks zu besuchen. Das Ufer dort hat schöne kleine Buchten, die selbst bei stillem Wetter die Gewalt des Sees und seiner Winde nicht verleugnen können. Der Strand ist mit Treibholz bedeckt, Treibsand hat die tiefliegenden Felsen blankpoliert.

Gefährlicher als die aufdringlichen Mücken und Mäuse von Hattie Cove ist das Wild, das sich nachts und in der Dämmerung auf die Straße verirrt. Die Warnschilder am Highway sollte man ernst nehmen, Elche weichen nicht aus, die Beulen, die sie an Autos hinterlassen, sind groß und teuer. Zwei Blicke aus schwindelnder Höhe, die man nicht verpassen sollte:

Torhaus des Fort William, Thunder Bay

Die großartigste Fernsicht über den größten Süßwassersee der Welt hat man vom Kama Lookout, dem etwa 25 km östlich von **Nipigon** gelegenen Picknickplatz. Westlich von Nipigon lohnt sich der Abstecher zum Ouimet Canyon und der kurze Fußmarsch zum über 100 m hohen Indian Head Lookout. Dicht daneben kann man mit einiger Phantasie an einer freistehenden Felssäule ein Indianerprofil erkennen.

Die Granite des Kanadischen Schildes wurden im Laufe ihrer Milliarden Jahre alten Geschichte oftmals verfaltet, zerbrochen und von vulkanischen Lösungen durchdrungen. Diese haben nördlich des Lake Superior in Granitklüften Amethyst hinterlassen, ein durch Eisen verunreinigtes Quarzmineral. Amethyste von Schmucksteinqualität werden heute vor allem in Brasilien gefunden oder synthetisch erzeugt, aber mehrere Gruben in der Umgebung von Thunder Bay sind noch in Betrieb. Ihre Ausbeute wird an Ort und Stelle verarbeitet und an der Straße angeboten. Wer selbst nach dem Mineral suchen will, hat dazu in der Thunder Bay Amethyst Mine bei **Loon** Gelegenheit. Der Abstecher ist lang, steil und holperig, aber die ausgestellten Fundstücke sind prächtig, und die Wühlarbeit lohnt sich, wenn man mit nicht ganz kristallklaren Proben zufrieden ist.

Im **Sleeping Giant Provincial Park**, 40 km östlich von Thunder Bay, sagen sich buchstäblich die Rotfüchse Gute Nacht. Man kann in der Abenddämmerung kaum in das Naturschutzgebiet auf der Halbinsel hinausfahren, ohne den an sich scheuen, hier aber recht zutraulichen Tieren zu begegnen. Der Name des Parks rührt von einem weithin sichtbaren Höhenrücken im Süden her, der einem schlafenden Riesen gleicht.

Kanada hat keinen vorbehaltlos akzeptierten Nationalhelden, keinen Napoleon, keinen Washington, keinen Gandhi. Selbst die Größe von Sir John A. Macdonald (s. S. 54), ohne den es vielleicht kein Kanada gäbe, wird von Abstinenzlern angezweifelt. Wenn es einen kanadischen Volkshelden gibt, dann ist es der Student Terry Fox (1958–81), der, nachdem er durch Knochenkrebs ein Bein verloren hatte, im April 1980 in Neufundland einen *Marathon of Hope* begann, um Geld für die Krebsforschung zu beschaffen. Am 1. 9. hatte die Krankheit seine Lungen ergriffen, und er mußte seinen Lauf dort aufgeben, wo am Trans-Canada Highway bei Thunder Bay sein Denkmal steht.

Um 1660 drangen Pierre-Esprit Radisson und Médard Chouart des Groseilliers, die später an der Gründung der englischen Hudson's Bay Company beteiligt waren, weit in den Lake Superior vor, ob sie aber sein Nordufer besuchten, ist fraglich. Fest steht, daß Neu-Frankreich 1670 zwei Agenten dorthin entsandte, um die Quelle des indianischen Kupferreichtums zu finden. Neun Jahre später errichtete Daniel Greysolon Dulhut (woraus die Amerikaner zu seinen Ehren Duluth machten), eine befestigte Pelzhandelsstation am Kaministiquia (Kaministikwia) River, aus der später Fort William und schließlich durch Zusammenlegung mit dem benachbarten Port Arthur **Thunder Bay** wurde.

Anfang des 19. Jh. war Fort William der wichtigste Umschlagplatz der North West Company und damit entweder der Anfang oder das Ende der Zivilisation, je nachdem, ob man mit pelzbeladenen Nord-Kanus aus den Wäldern des Nordwestens oder mit Tauschwaren im Montreal-Kanu vom St. Lorenz kam. Der Posten wurde als Old Fort William am Südrand von Thunder Bay historisch getreu wieder zum Leben erweckt. Old Fort William zählt zu den besten Museumsdörfern in Kanada. Das hervorragende Büchlein »Old Fort William« leitet Besucher durch die 42 Häuser und Werkstätten der Anlage und zeichnet ein amüsantes, aber geschichtlich einwandfreies Bild des Pelzhandels. Unter den Schaustücken sind die meterbreiten Rollen von Birkenrinde, die in den beiden *canoe sheds* zum Bootsbau bereitstehen, und die zu handlichen Ladungen zusammengepreßten Pelzballen in den *fur stores*.

Heutzutage verbindet vor allem der Getreidehandel West und Ost in Thunder Bay. Ein großer Teil der Weizenernte aus den Prärieprovinzen wird hier in langen Zügen angeliefert und in den riesigen Speichern am Hafen bis zur Verschiffung an die Ostküste und über den Atlantik gelagert. Auch Schwefel aus Alberta und Kali aus Saskatchewan werden hier von der Bahn in die Schiffsbäuche verladen. Im übrigen lebt auch diese Stadt weitgehend von der Holz- und Papierindustrie, hier waren es vor allem Finnen, die Ende des 19. Jh. zur Arbeit anheuerten. Thunder Bay hat heute noch eine Einwohnerschaft von 14 000 Finnen, einer der nächsten Orte am Highway nach Westen heißt Finmark.

In Shabaqua teilt sich der TransCanada Highway in zwei Arme, von denen der südliche (Highway 11) über Fort Frances der schönere ist, weil er dicht am **Quetico Provincial Park** und am Lake of the Woods vorbeiführt. Nur French Lake am Nordrand des Quetico Park ist mit Straßenfahrzeugen erreichbar, der Rest ist Wildnis, in die man nur mit dem Kanu eindringen kann. An rund zwei Dutzend über den Park verstreuten Granitwänden hinterließen die Ojibwa teils alte, teils neuzeitliche Ockermalereien von Menschen und Tieren. Über die stillen, abgelegenen Seen erschallt nachts der unheimliche Ruf des Eistauchers.

Man kann dem Highway 11 bis an die US-amerikanische Grenze folgen und nach Norden zum **Lake of the Woods Provincial Park** abbiegen, aber dieser Umweg über verlassene Landstraßen lohnt sich nicht. Man tut besser daran, auf dem TransCanada Highway, nun Highway 71, zu bleiben und sich durch die abwechslungsreiche Seenlandschaft östlich vom Lake of the Woods zu winden. Auch an dieser Route laden drei kleine Provincial Parks, Caliper Lake, Sioux Narrows und Rushing River, zum Rasten ein. Der Ausflugsort **Kenora** liegt zwar noch in Ontario, aber man kann sicher sein, dort vor allem Besucher aus den flachen Weiten von Manitoba anzutreffen.

Die Prärieprovinzen Manitoba, Saskatchewan und Alberta

Die Prärieprovinzen im Überblick

Bei der Aufteilung von Rupert's Land zunächst in Territorien und dann in Provinzen muß darauf geachtet worden sein, daß alle Prärieprovinzen mit rund 650 000 km² etwa so groß wie der US-Staat Texas werden. Ins kontinentale Europa verlegt, würde jede von ihnen Frankreich, die Beneluxländer und einen oder zwei benachbarte deutsche Kreise bedecken. Die Bezeichnung ›Prärieprovinz‹ ist eigentlich in keinem Fall gerechtfertigt.

In **Manitoba** greift der Kanadische Schild am weitesten nach Süden vor, nur das südwestliche Viertel der Provinz ist flach und landwirtschaftlich nutzbar. Saskatchewan besteht fast zur Hälfte aus Granit. Alberta hat nur im Nordosten einen kleinen Anteil am Schild, aber dafür ist der Westrand gebirgig und die Nordhälfte so dicht bewaldet, daß man sie nicht zur Prärie rechnen kann. Von 1 Mio. *Manitobans* lebt über die Hälfte in der Hauptstadt Winnipeg, die meisten anderen auf Farmen und in Dörfern und Städten am Südrand der Provinz. Saskatchewan und Alberta haben immerhin in Saskatoon und Edmonton je ein zweites Bevölkerungszentrum im Präriebereich.

Das breite geologische Rückgrat von Manitoba, das sich von der Nordwestecke in südöstlicher Richtung nach Ontario hinein erstreckt, gehört zum Kanadischen Schild und besteht dementsprechend aus Graniten und Gneisen, die zum Teil mit glazialem Schutt, vor allem aber mit Seen und borealen Nadelwäldern bedeckt sind. Dieses Gelände geht nach Nordosten in das baum- und strauchlose Hudson Bay-Tiefland über, in dem Sümpfe und Oser – wallartige Ablagerungen subglazialer Schmelzwasserbäche – vorherrschen. Beim Abklingen der Eiszeit entstand im Südwesten des Schildes der prähistorische Lake Agassiz, der bei Winnipeg 200 m tief war, und von dem die Seen Winnipegosis, Manitoba und Winnipeg nur kleine Reste sind. Er wurde von einem sehr viel voluminöseren Vorläufer des Assiniboine River gespeist, der seine Sedimentlast in einem großen fächerförmigen Delta im Raum zwischen Brandon und Portage la Prairie ablud. Vor rund 5000 Jahren machte der zurückweichende Eisrand der aufgestauten Wassermasse einen Weg in die Hudson Bay frei. Östlich des Brandon Deltas blieb neben den Seen die flache, fruchtbare Ebene der Manitoba Lowlands zurück. Sie endet im Südwesten am sogenannten Manitoba Escarpment, dem einstigen Ufer des Lake Agassiz. Auf dieser fast unmerklichen Geländestufe, der ersten, in denen die Prärie nach Westen ansteigt, liegt die leicht gewellte, zum Teil bewaldete Moränenlandschaft der Southwestern Uplands.

Saskatchewan, die einzige genau viereckige kanadische Provinz, hat keine natürlichen Grenzen. Obgleich sie als die Prärieprovinz par excellence gilt, entfällt fast die ganze nördliche Hälfte auf den Kanadischen Schild. Der Rand des Schildes ist klar aus jeder Karte

Landschaft in Süd-Alberta

ersichtlich, denn nördlich davon drängen sich die Seen. An den Schild schließt sich im Süden ein 120 bis 200 km breiter Streifen von sogenanntem Parkland an, in den von Norden boreale Nadelwälder und von Süden Espenhaine, offenes Grasland und wenige Straßen vorstoßen. In diesem Streifen liegen die Porcupine und Pasquia Hills, Ausläufer des Manitoba Escarpment. Dort, wo das anbaufähige Grasland beginnt, wird das Straßennetz dichter. Entlang einer 100 km westlich von Regina in nordwestlicher Richtung verlaufenden Stufe macht die Prärie den zweiten Schritt aufwärts zum Plateau du Grand Coteau du Missouri, heute schlicht Alberta-Plateau. Im äußersten Südwesten liegen die Cypress Hills, Reste eines von der Vereisung verschont gebliebenen Hochlands.

Rund 80% der Grundfläche von **Alberta** gehören zu der großen nordamerikanischen Ebene, die sich vom Golf von Mexiko bis zum Arktischen Ozean erstreckt. Ölbohrungen und geophysikalische Messungen zeigen, daß die Granite und kristallinen Schiefer des Kanadischen Schildes nach Südwesten unter eine immer mächtiger werdende Sedimentdecke und dann weiter unter die Rocky Mountains abtauchen. Die Oberfläche besteht mit wenigen Ausnahmen aus glazialem, sowohl vom Schild wie aus den Bergen stammenden Schutt. In Süd-Alberta blieben nur die Cypress Hills und Teile der Porcupine Hills vom Eis verschont.

Die Lage an der Südwestflanke des Kanadischen Schildes machte die Provinz Alberta zu einer der reichsten Kanadas. Bis dorthin erstreckten sich vor etwa 150 Mio. Jahren die Ausläufer eines westlichen Ozeans, der Erdölmuttergesteine in Form mächtiger Ton- und Kalkablagerungen zurückließ. In der Kreidezeit wurde Alberta durch das Aufsteigen der Rocky Mountains vom offenen Meer abgeschnitten und begann zu verlanden, ein Umstand, den sich vor ihrem Aussterben eine reiche Dinosaurierfauna zunutze machte.

Die Kurzgrasprärie südöstlich und östlich von Calgary, die zu Pallisers semi-aridem Dreieck gehört, geht nach Norden und Westen zunächst in fruchtbareres Grasland über und dann im Gebiet von Red Deer und Edmonton in Espenparkland. Die Nordhälfte der Provinz ist bis auf das dichter besiedelte und landwirtschaftlich stärker genutzte Becken des Peace River weitgehend mit borealen Nadelwäldern bedeckt.

Manitoba wurde erst lange nach dem Eintreffen des ›Weißen Mannes‹ zur Kornkammer. Bei Lockport nördlich von Winnipeg waren Indianer unbestimmter Herkunft vor etwa 700 Jahren dem Beispiel südlicherer Stämme gefolgt und lebten kurze Zeit von einer Art Land- oder Gartenwirtschaft. Um 1500 wurde das Klima schlechter, der Mais reifte so hoch im Norden nicht mehr. Gleichzeitig stießen die Ojibwa – nach den Stromschnellen, von denen sie kamen, auch Saulteaux genannt – von den Großen Seen in die Ebenen des Westen vor, zunächst ihrem eigenen und dann dem Drang des Pelzhandels folgend. Wie ihre östlichen Verwandten widmeten sie sich der Fischerei sowie der Kleinwildjagd und sammelten in den Seen wilden Reis. Zusätzlich wandten sie sich der Jagd auf Bisons zu, welche die Prärie in jener Zeit in unübersehbaren Herden bevölkerten. Die nordwestlichen Nachbarn der Ojibwa waren die ebenfalls algonkisch sprechenden Cree, im Südwesten saßen die zur Sprachfamilie der Sioux gehörenden Assiniboine.

Der erste Weiße lernte nicht die Prärie von Manitoba kennen, sondern die unwirtliche Küste der Hudson Bay. Dem Fluß, an dessen Mündung Kapitän Thomas Button den Winter 1612/13 verbrachte, gab er den Namen seines Navigators Nelson, das Land nannte er

Manitoba

Postalisches Kürzel: MB
Größe: 649 950 km^2
Hauptstadt: Winnipeg
Bevölkerung: 1,1 Mio.
Wirtschaft: Landwirtschaft
Information: Travel Information Centre, Room 101, Legislative Bldg., Winnipeg MB, R3C 0V8, ✆ 800-665-0040
Anflug: Winnipeg über Toronto
Reisezeit: Ende Juni bis Anfang September

Treffen von Schiffen der Hudson's Bay Company, historische Darstellung aus dem Jahre 1821

nach seiner Heimat New Wales. Die gesuchte Nordwest-Passage nach Asien fand Button ebensowenig wie vor ihm der Engländer Henry Hudson, aber er wies den Weg für Englands später erfolgreichen Flankenangriff auf das französische Pelzimperium am St. Lorenz-Strom.

Auf Betreiben zweier abtrünniger Franzosen, Pierre-Esprit Radisson und Médard Chouart des Grosseilliers, lief Kapitän Zachariah Gillams bescheidener Zweimaster »Nonsuch« im August 1668 in die Hudson Bay ein und kehrte ein Jahr später pelzbeladen nach London zurück. Im Jahre 1670 erließ König Charles II. einen Freibrief an »The Governor and Company of Adventurers of England trading into Hudson's Bay«, kurz Hudson's Bay Company. Der Gouverneur war Prinz Ruprecht von der Pfalz, des Königs Vetter und verdienter Heerführer. Der Einzugsbereich der Hudson Bay war deshalb lange als Rupert's Land bekannt. Im Jahre 1684 übernahm die Hudson's Bay Company ein ehemaliges französisches Fort an der Mündung des Nelson River und machte es unter dem Namen York Factory zum Hauptquartier und Umschlagplatz für ihren gesamten Pelzhandel. Von dort reiste Henry Kelsey 1690 bis 1692 den Nelson River aufwärts und erreichte als erster Europäer Lake Winnipeg sowie die Prärie.

Frankreich nahm die englische Ausbreitung im Norden nicht ohne Gegenzug hin. Die Niederlassungen an der Hudson Bay wechselten mehrmals den Besitzer, bis sie im Frieden von Utrecht 1713 endgültig England zugesprochen wurden. Dann konzentrierte sich Neu-

Frankreich darauf, sein Pelzimperium über Land zu erweitern, eine Aufgabe, die Pierre Gaultier de La Vérendrye (1686–1749) und seinen vier Söhnen zufiel. Bis 1743 waren sie so weit in die Great Plains vorgedrungen, daß sie möglicherweise sogar der Rocky Mountains ansichtig wurden. Von der französischen Konkurrenz ließ sich die Hudson's Bay Company nur vorübergehend stören – 1760 brachte das Ende von Neu-Frankreich. Die Rupertsländer mußten sich nun mit Schotten und Yankees auseinandersetzen, die den Pelzhandel in Montreal übernahmen, straffer organisierten, und seit 1783 unter dem Namen North West Company weiterführten.

Das Stück Prärie, in dem heute Winnipeg liegt, war das erste erreichbare, nutzbare Land, das den Briten nach der amerikanischen Unabhängigkeitserklärung jenseits der Großen Seen geblieben war, denn zwischen Süd-Ontario und dem Red River-Tal erstreckten sich 1500 km unfruchtbaren Granits. Es lag in der Natur von Britisch-Nordamerika, daß die Entwicklung am Red River eigene Wege einschlug und eigenwillige Geister entweder anlockte oder hervorbrachte. Einer von ihnen war Thomas Douglas, Earl of Selkirk (1771–1829), ein Teilhaber der Hudson's Bay Company. Seinem sozialen Gewissen kam der Wunsch der Gesellschaft entgegen, eine landwirtschaftliche Versorgungsbasis zu schaffen, und so wurde ihm Assiniboia, ein Distrikt im heutigen Süd-Manitoba und Minnesota, zur Besiedlung überschrieben. Von 1812 bis 1815 rekrutierte Selkirk unter der verarmten Landbevölkerung von Schottland und Irland 280 Auswanderer und brachte sie auf dem Weg über York Factory an den Red River. Später stießen entlassene Soldaten eines schweizerischen Söldnerregiments dazu, zu denen sich Frankokanadier und schließlich 170 weitere Schweizer gesellten. Sie wurden an den Ufern des Red und Assiniboine River nach bewährtem französischem Muster in *river lots* angesiedelt, langgestreckten Grundstücken, die mit einer Schmalseite am Fluß und mit der anderen im Wald lagen, so daß alle Zugang zu Wasser und Holz hatten.

Doch das Leben in der Prärie war schwerer als es sich Selkirks Europäer vorgestellt hatten, und sie wurden schon bald von einer härteren Eingeborenenrasse, den Métis, abgelöst. Die Métis, Nachkommen indianischer Mütter und vorwiegend französischer, aber auch schottischer Väter, hatte es im Dienst der North West Company nach Westen verschlagen. Diese Gesellschaft machte der Red River Colony das Leben schwer. Im Jahre 1816 stiftete sie eine militante Gruppe von Métis dazu an, den Gouverneur der Kolonie und 20 seiner Leute bei Seven Oaks (Winnipeg) zu massakrieren. Hierfür revanchierte sich Lord Selkirk mit Hilfe seiner schweizer Söldner noch im gleichen Jahr durch die Einnahme von Fort William (Ontario). Bereits 1826 hatten die kalten Winter, die jährlichen Überschwemmungen des flachen Red River-Tals sowie sommerliche Heuschrecken- und Mäuseplagen die Kolonisten soweit entmutigt, daß die weniger widerstandsfähigen abwanderten. Ende der 20er Jahre konnten sich nur noch die bedürfnislosen Hochland-Schotten des inzwischen eingezogenen Pelzfriedens erfreuen. Im Streit der beiden Gesellschaften im Handelsgebiet und vor Gericht erwies sich die Hudson's Bay Company, der die Kredite der Bank von England zur Verfügung standen, als die stärkere. Im Jahre 1821 ging der gesamte Pelzhandel in Kanada in ihre Hände über.

Métis bei der Bisonjagd

Die Métis, die sich nun weiter mit den übriggebliebenen Schotten mischten, wuchsen vorwiegend, aber nicht ausschließlich, im katholischen Glauben auf. Obwohl sie feste Wohnsitze hatten, lebten sie erst in zweiter Linie von der Landwirtschaft. Ihre Hauptbeschäftigung war die Bisonjagd, zu der sie zweimal im Jahr auszogen, um die Pelzhändler mit Fleisch, Häuten und Pemmikan – einer haltbaren Mischung aus getrocknetem Fleisch, Fett und Beeren – zu versorgen.

Bis auf eine bewaffnete, aber unblutige Revolte unter Jean Louis Riel 1849 herrschte in der Kolonie bis 1859 Frieden. Dann erschienen die ersten Dampfboote auf dem Red River. Sie übernahmen den bis dahin von den Métis betriebenen Flußverkehr mit Minnesota; die Hudson's Bay Company begann, sich auf diesem und dem amerikanischen Schienenweg versorgen zu lassen. Gleichzeitig traf Welle auf Welle protestantischer Immigranten aus

Louis Riel
Volksheld oder Landesverräter?

Unter Führung von Louis Riel lehnten sich die Métis zweimal gegen die Bundesregierung auf, 1869/70 in Manitoba (Red River Rebellion) und 1885 in Saskatchewan (North West Rebellion). Der Name Riel beschwört Gegenpole herauf, die latent im kanadischen Spannungsfeld ruhen: Anglo- und Frankokanadier, Protestanten und Katholiken, Weiße und Indianer, Ost und West.

Die Métis sind Nachkommen vor allem frankokanadischer, aber auch schottischer Pelzhändler und indianischer Frauen. Verstärkt durch Mischlinge aus dem St. Lorenz-Gebiet und englisch-indianische *halfbreeds*, begannen sie Ende des 18. Jh. am Red River im heutigen Manitoba mehr oder weniger seßhaft zu werden. Zweimal im Jahr, im Frühsommer und im Herbst, zogen sie auf Bisonjagd und widmeten sich ihr mit einer militärischen Disziplin, die ihnen später anderweitig zustatten kam. Das erbeutete Fleisch wurde zu Pemmikan verarbeitet und an die Pelzgesellschaften verkauft, die Felle gingen im Flußtransport und mit zweirädrigen Wagen (*Red River carts*) nach Minnesota. Den Winter verbrachten die Métis auf meilenlangen, nach französischem Muster mit einer kurzen Schmalseite an den Fluß grenzenden *river lots.*

Im Jahre 1867, im Geburtsjahr des kanadischen Bundesstaates, verkaufte Rußland Alaska an die Vereinigten Staaten. Dies war das Signal für London, seine nordamerikanischen Besitzungen zu konsolidieren und Kanada zum Erwerb des bisher von der Hudson's Bay Company verwalteten Gebiets zu ermutigen. Ottawa konnte sich nicht entschließen, die von der HBC fallengelassenen Zügel in Rupert's Land und den North West Territories fest in die Hand zu nehmen, beeilte sich aber, das neuerworbene Land für die Besiedlung durch Immigranten vorzubereiten.

Die Métis, deren Anzahl inzwischen auf über 5000 angewachsen war und die die Mehrheit der Bevölkerung am Red River ausmachten, standen Politikern, Spekulanten und protestantischen Einwanderern aus dem Osten mißtrauisch gegenüber. Am bedrohlichsten erschienen die Landvermesser, die eine neue quadratische Flurordnung mitbrachten und keine klaren Anweisungen für die Behandlung der bestehenden *river lots* hatten. Als Premierminister John A. Macdonald (vgl. S. 54) ausgerechnet William McDougall, den für das neue Vermessungswesen verantwortlichen Minister, zum ersten Gouverneur der neuerworbenen Territorien machte, wurden die Métis rebellisch.

Louis Riel wurde 1844 in der französischsprachigen katholischen Mischlingsgemeinde Saint-Boniface geboren. Er war intelligent, ehrgeizig, beredt und kehrte nach einer geistlichen Ausbildung in Montreal gerade rechtzeitig an den Red River zurück, um in dem Interregnum zwischen der HBC und der Bundesregierung die Führung der Métis zu übernehmen.

Vor dem Bau von Eisenbahn- und Telegraphenlinien vollzog sich der gesamte Verkehr zwischen Ottawa und dem kanadischen Westen auf einem langen Umweg über die Vereinigten Staaten. Nicht zuletzt deshalb kam die Vernunft in dem nun folgenden Widerspiel von mäßigen Worten und hitzigen Taten zu kurz. Im Herbst 1869 stellte sich Riel mit einer

Handvoll von Gefolgsleuten einem Vermessungstrupp in den Weg. Kurz darauf verwehrten 200 bewaffnete Métis dem neuen Gouverneur an der amerikanischen Grenze die Einreise und bemächtigten sich des Forts Garry, des Hauptquartiers der Hudson's Bay Company. Angesichts dieser entschlossenen Haltung schob Ottawa die Machtübernahme hinaus. Den trotzdem von McDougall unternommenen Versuch, die Verwaltung zu übernehmen, beantwortete Riel im Dezember 1869 mit der Verhaftung einer Gruppe kanadischer Parteigänger und der Ausrufung einer provisorischen Regierung.

Während der folgenden Verhandlungen gerieten die Kampfhähne am Red River aneinander. Thomas Scott, einer der rabiateren Anführer der anglo-kanadischen Partei, wurde vor ein improvisiertes Kriegsgericht gestellt, Riel machte den Fehler, das Todesurteil im März 1870 ausführen zu lassen. Gleichzeitig liefen die Verhandlungen mit Ottawa weiter. Den Forderungen der Métis nach Wahrung ihrer Besitzrechte und nach einem katholischen Schulsystem wurde stattgegeben, am 12. 5. 1870 wurde am Red River ein Quadrat von 100 Meilen Seitenlänge zur Provinz Manitoba erklärt.

Obgleich sich Riel nun mit Recht als Gründer von Manitoba fühlen durfte, hatte er angesichts der Hinrichtung von Thomas Scott berechtigte Zweifel daran, in den Genuß einer 1869 zugesagten Amnestie zu kommen. Eine zur Sicherung des Friedens und zur Beschwichtigung anglophiler Interessen entsandte Streitmacht benötigte über drei Monate, um unter Umgehung US-amerikanischen Hoheitsgebiets an den Red River zu gelangen, und so konnte Riel sich im August 1870 rechtzeitig in die Vereinigten Staaten absetzen. Seine Anhänger wählten ihn in den folgenden Jahren zweimal in absentia ins House of Commons. Sobald er sich aber in Ottawa sehen ließ, wurde ein Haftbefehl erlassen, dem er sich nur durch Flucht entziehen konnte.

Riel verfiel dem religiösen Wahn, als Prophet der Neuen Welt das auserwählte Volk der Métis in die Zukunft führen zu sollen. Im Jahre 1876 erlitt er einen Nervenzusammenbruch und wurde, obgleich er erst im Vorjahr mit der Maßgabe begnadigt worden war, dem Land weitere fünf Jahre fernzubleiben, incognito in eine Heilanstalt bei Montreal eingeliefert. Nach seiner Entlassung kehrte er nach Montana zurück und nahm 1883 die amerikanische Staatsangehörigkeit an.

In Manitoba hatten inzwischen protestantische Einwanderer bedrohlich zu- und Bisons alarmierend abgenommen. Sowohl Métis wie auch englisch-indianische *halfbreeds* waren nach Westen ausgewichen und hatten sich im Tal des South Saskatchewan River auf den gewohnten, streifenförmigen Flußgrundstücken angesiedelt. Der Druck, dem sie sich auch hier bald ausgesetzt sahen, war ungleich höher als vorher am Red River. Einmal machte das Verschwinden der Bisons Seßhaftigkeit und Grundbesitz unabdinglich, zum anderen bedrohte der fortschreitende Bahnbau den Fluß- und Wagentransport, auf den sich die Métis spezialisiert hatten. Die Canadian Pacific Railway war auch in sofern verhängnisvoll für die Métis, als ihre Finanzierung in Ottawa eine politische Krise hervorrief, welche die im Westen aufziehenden Gewitterwolken verdeckte.

Im Jahre 1884 wandten sich die Métis wieder an Louis Riel. Dessen Sendungsbewußtsein hatte keineswegs abgenommen, und wie vorher am Red River rief er nun am South Saskatchewan eine provisorische Regierung aus. Anfangs begnügten er und sein Truppenführer Gabriel Dumont sich mit drohenden Gebärden, aber am 26. 3. 1885 wurde es ernst. Eine Abteilung der North-West Mounted Police ließ sich bei Duck Lake in ein blutiges Feuergefecht mit den Métis verwickeln, und diesmal dauerte es nur wenige Wochen, bis 8000 kanadische Milizsoldaten im Westen einsatzbereit waren. Eine der Marschkolonnen stellte die Aufständischen bei Fish Creek und besiegte sie wenig später bei Batoche. Die North West Rebellion, in der beide Seiten insgesamt 100 Mann verloren, endete am 15. 5. 1885 mit der Kapitulation von Riel.

Louis Riel wurde im gleichen Sommer in Regina wegen Hochverrats vor Gericht gestellt und zum Tode verurteilt. Es wäre nun an Premierminister Macdonald gewesen, Staatsraison walten zu lassen. Statt dessen führte die Hinrichtung am 16. 11. 1885 zum Wiedererwachen alter Spannungen zwischen Vertretern sprachlicher, religiöser, rassischer und regionaler Interessen, die bis heute nachhallen.

Grab des Louis Riel in St. Boniface

Ontario ein, und mit ihnen kamen Landvermesser, die dem traditionellen, aber nicht katasteramtlich verbuchten *river lot*-System der Métis ein Ende zu bereiten drohten.

Im Jahre 1869 wollte das inzwischen zum britischen Dominium gewordene Kanada die Erbschaft der Hudson's Bay Company in Rupert's Land antreten, doch der Widerstand gegen die befürchtete Neuordnung war zu weit gediehen. Der erste, der handelte, war der charismatische Louis Riel, der Sohn des Anführers von 1849 (vgl. S. 248ff.). Er bemächtigte sich des Forts Garry, ließ einen hitzköpfigen protestantischen Widersacher aus Ontario standrechtlich erschießen, rief eine provisorische Regierung aus und bestand darauf, dem Bundesstaat die Red River-Kolonie als gleichberechtigte Provinz anzugliedern. Die 1870 gegründete Provinz Manitoba umfaßte zwar nur ein ca. 150 km^2 großes Viereck zwischen Lake Winnipeg und der amerikanischen Grenze, aber es wurden dort französische Sprache und katholische Schulen garantiert.

Als Politiker hatte Louis Riel somit einen gewissen Erfolg, aber um das protestantische Element in Ontario zu beschwichtigen, entschloß sich Ottawa, die Ruhe am Red River durch einige Bataillone zu sichern. Mit der kanadischen Jurisprudenz hatte Riel weniger Glück als auf der politischen Bühne, denn ihm und wenigen Rädelsführern von 1869 wurde die Amnestie verweigert. Er floh kurz vor Eintreffen der Truppen nach Montana, tauchte aber im Laufe seiner bizarren Karriere mehrmals wieder auf, einmal um sich als Abgeordneter ins House of Commons wählen zu lassen, ein anderes Mal, um als Patient in eine Heilanstalt für Geisteskranke in Montreal eingeliefert zu werden.

Bis zum ausgehenden 19. Jh. hatten sich die landwirtschaftlichen Qualitäten der Ebenen in Manitoba herumgesprochen. Deutschsprachige Mennoniten aus Rußland waren die ersten, die sich hier wohlfühlten. Ihnen folgten Isländer und Ukrainer, vor allem aber Protestanten aus Ontario. Auch der Zuzug zahlreicher Frankokanadier konnte an der Schrumpfung der ehemaligen französischsprachigen, katholischen Mehrheit nichts ändern. Die Métis, wieder in die Defensive gedrängt, wichen zu Tausenden nach Westen aus, um sich in neuen *river lots* am Saskatchewan River und seinen Nebenflüssen anzusiedeln.

Die monatelange Dauer der militärischen Red River-Expedition unterstrich die Tatsache, daß Kanada im Westen, der zunehmend an wirtschaftlicher Bedeutung gewann, praktisch machtlos war. Für den Bau der schon geplanten und strategisch unabdingbaren Canadian Pacific Railway, aber auch um das Siedlungsgebiet zu erweitern, wurde die Ausdehnung der Provinz nach Westen 1881 auf ihren heutigen Stand gebracht. Die endgültige Grenzziehung im Osten und Norden ließ bis 1889 bzw. 1912 auf sich warten.

Alles, was vor den Reisen von Vater und Söhnen de la Vérendrye, also vor Mitte des 18. Jh., in der Prärie geschah, gilt als prähistorisch. **Saskatchewan** war das Jagdrevier zweier nomadischer Stämme. Die Cree hielten sich im Norden auf, die Assiniboine im Süden, aber obgleich sie nicht sprachverwandt waren, machten sie häufig ihre Jagd- und Kriegszüge gemeinsam. Wie die benachbarten Ojibwa im Osten und die Blackfoot im Westen gehörten die Cree zur größten kanadischen Sprachfamilie, der algonkischen. Die Assiniboine waren mit den südlich der Grenze nomadisierenden Sioux oder Dakota gleichzeitig verwandt und verfeindet. Die planmäßige Erkundung der Prärie ließ lange auf sich warten, denn außer als Versorgungsbasis war sie für die Pelzhändler uninteressant. Die ersten Siedler waren diesmal keine Europäer, sondern Métis, die aus Manitoba in vermeintlich ungestörte Lebensräume auswichen.

Die Verhältnisse in der Prärie änderten sich nach 1870 schnell. Das Ende des amerikanischen Bürgerkriegs (1861–65) hatte in den USA nicht nur Menschen für die Besiedlung

Saskatchewan

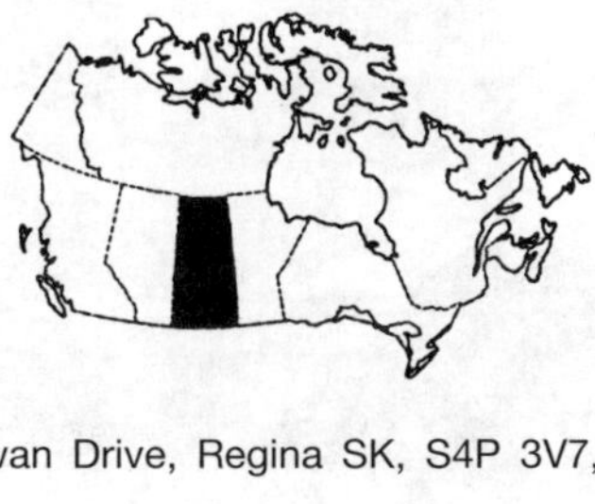

Postalisches Kürzel: SK
Größe: 652 000 km^2
Hauptstadt: Regina
Bevölkerung: 1 Mio.
Wirtschaft: Landwirtschaft, Bergbau
Information: Tourism Saskatchewan, 1919 Saskatchewan Drive, Regina SK, S4P 3V7, ✆ 800-667-7191
Anflug: Regina über Toronto
Reisezeit: Ende Juni bis Anfang September

des eigenen Westens freigemacht, sondern auch für Übergriffe auf kanadisches Gebiet. Als die Besuche von Whisky-Schmugglern aus Montana überhand nahmen, wurde 1874 eine berittene Polizeitruppe, die North-West Mounted Police, nach Westen entsandt (vgl. S. 268). 1874 und 1876 wurden den Indianern in Saskatchewan vertragsmäßig Reservate zugewiesen. Im Jahre 1875 dampfte die »Northcote« den North Saskatchewan River aufwärts bis nach Fort Edmonton, und die *fire canoes* begannen, den bis dahin von den Métis besorgten Flußtransport zu übernehmen. Um 1880 waren die großen Bisonherden aus Kanada verschwunden; 1884 gab es in der Bahnlinie der Canadian Pacific Railway von Montreal bis an die Rockies nur wenige Lücken.

Wieder fühlten sich die Métis bedroht, 1885 holten sie Louis Riel aus dem Exil in Montana zurück. Wie am Red River rief er eine provisorische Regierung aus, gegen die nun die North-West Mounted Police eingesetzt wurde. Die Métis waren geschicktere Krieger, die Polizeitruppe mußte sich nach dem ersten Gefecht bei Duck Lake unter Zurücklassung von zehn Toten nach Prince Albert zurückziehen. Als die Häuptlinge Poundmaker und Big Bear mit mehreren hundert Cree, die sich nicht an ihre neuen Reservate gewöhnen konnten, in die Kampfhandlungen eingriffen, wurden im Osten 8000 Soldaten mobilisiert und mit der fast vollendeten Bahn nach Saskatchewan entsandt. Die Kampfstätten am North Saskatchewan River, an denen die Aufständischen schließlich bezwungen wurden, gehören zu den wichtigsten historischen Sehenswürdigkeiten der Provinz.

Nach der Niederwerfung der North West-Rebellion begann die kanadische Regierung, die Einwanderung vor allem aus Nordeuropa in großem Stil zu fördern. Grundstücke

Getreidesilos in der kanadischen Prärie

(homesteads) von 65 ha Größe waren für 10 Dollar zu haben. Die rund 1 Mio. Einwohner von Saskatchewan setzten sich vorwiegend aus Nachkommen ukrainischer, russischer, deutscher, skandinavischer und anderer kontinentaleuropäischer Farmer zusammen – Angelsachsen sind in der Minderheit.

Wer sich für die Entwicklung großflächiger Landwirtschaft interessiert, wird wenigstens eines der vier Western Development Museums (North Battleford, Saskatoon, Moose Jaw und Yorkton) besuchen. Da 60% der kanadischen Weizenernte aus Sakatchewan kommen, steigt und sinkt der Wohlstand der Provinz mit den Schwankungen des Klimas und der Weizenpreise. Die Wirtschaftskrise und die Dürre der 30er Jahre wirkten sich verheerend aus und zwangen die damals noch vorwiegend ländliche Bevölkerung zur Selbsthilfe. In den *Dirty Thirties* und der Folgezeit gingen von Saskatchewan gemeinnützige Bewegungen aus, die jetzt einen der großen Unterschiede zwischen dem kanadischen und dem amerikanischen öffentlichen Fürsorgesystem ausmachen.

Heute lebt mehr als die Hälfte der Bevölkerung in Städten. Die größte, Saskatoon, hat rund 185 000, die Hauptstadt Regina 180 000 Einwohner. Aber in Saskatchewan herrscht nicht nur Land-, sondern auch Provinzflucht; es ist die einzige Provinz, aus der mehr Menschen abwandern als dort geboren werden. Ein Erwerbszweig, der weniger vom Wetter und den Weltmarktpreisen abhängt, ist der Fremdenverkehr. Insbesondere die Anziehungskraft der fischreichen Seen auf amerikanische Angler fällt wirtschaftlich ins Gewicht. Auf der offiziellen Straßenkarte sind die vielen, nur mit Wasserflugzeugen erreichbaren Fishing Camps mit augenfälligen Symbolen vermerkt.

Die eiszeitliche Vergletscherung von **Alberta** geschah von zwei Seiten, von der kordillerischen Eiskappe im Westen und von der laurentischen über der Hudson Bay. In diesen beiden Richtungen zog sich das Eis vor 11 000 oder 12 000 Jahren auch wieder zurück und machte damit im Osten der Rocky Mountains einen Korridor frei, durch den die erste Welle sibirischer Jäger nach Nordamerika kam. Spärlich bevölkert wurde das Gebiet erst später, und zwar in umgekehrter Richtung durch Paläo-Indianer mit südwest-amerika-

Alberta

Postalisches Kürzel: AB
Größe: 661 185 km^2
Hauptstadt: Edmonton
Bevölkerung: 2,5 Mio.
Wirtschaft: Landwirtschaft, Öl und Gas
Information: Travel Alberta, P.O. Box 2500, Edmonton AB, T5J 2Z4, ✆ 800-661-8888
Anflug: Direkt nach Calgary oder Edmonton
Reisezeit: Sommermonate; zum Skilaufen Januar bis März

nischen Traditionen. Im Jahre 1754, als Anthony Henday im Dienst der Hudson's Bay Company als erster Weißer nach Alberta kam, hatten die Eingeborenen bereits mehrere Völkerwanderungen hinter sich. Im Süden zogen die Stämme der Blackfoot-Nation hinter den Bisonherden her, im Norden lagen die Jagdgründe der Cree. Beide gehören zur Sprachfamilie der Algonkin, was sie aber nicht daran hinderte, häufig gegeneinander auf den Kriegspfad zu gehen.

Ihnen allen wurden im ausgehenden 19. Jh. getrennte Reservate zugewiesen. Die Cree findet man heute in Dutzenden kleinerer Gemeinden im mittleren und nördlichen Alberta. Die Blackfoot leben östlich von Calgary auf der Blackfoot Reserve, zwischen Lethbridge und Cardston auf der Blood Reserve und südwestlich von Fort Macleod auf der Peigan Reserve. Die Sarcee am Stadtrand von Calgary sowie die in den beiden Nordecken der Provinz lebenden Beaver-, Slavey- und Chipewyan-Stämme gehören sprachlich zu den Athapasken. Die Stoneys in den Foothills westlich von Calgary sind eine Splittergruppe der Sioux oder Dakota.

Im Gegensatz zu Manitoba und Saskatchewan fand die Kolonisierung von Alberta nicht im Zuge des allgemeinen, in erster Linie landwirtschaftlich motivierten Drangs nach Westen und möglichst weit im Süden statt. Den Vorläufern europäischer Zivilisation ging es nur um Pelze, die ersten Entdeckungsreisenden waren lediglich an einem gang- bzw. schiffbaren Weg zum Pazifik interessiert. Sie alle bewegten sich entlang der Flußläufe im zentralen und nördlichen Teil der Provinz, dort findet man deshalb auch die frühesten britischen Stützpunkte und die ältesten Siedlungen.

Weiter im Süden stockte der Einwandererstrom trotz des unmittelbar bevorstehenden Bahnbaus vor Pallisers Dreieck. Als bald nach 1870 die letzten Bisons verschwanden, die Indianer ›gezähmt‹ waren und die Prärie für Zuchtvieh frei wurde, kamen statt dessen Cowboys mit ihren Herden aus den westlichen Staaten. Dieser ersten Welle von Menschen und Rindern folgten Mormonen und dann Geologen, Ingenieure und Unternehmer der Ölindustrie. Wahlverwandtschaften mit dem amerikanischen Nachbarn spielen daher in Süd-Alberta eine größere Rolle als in anderen kanadischen Landschaften. Als die beiden provisorischen Distrikte geschaffen wurden, aus denen 1905 Alberta und Saskatchewan hervorgingen, vertrat der Marquis of Lorne als Generalgouverneur seine Schwiegermutter, die Königin Victoria, in Kanada. Deshalb kehren alle drei Namen ihrer Tochter, Louise, Caroline und Alberta, in der Provinz wieder.

Südost-Manitoba – Winnipeg und Umgebung

Auch in diesem Häusermeer war der erste Tropfen eine mit Holzpfählen befestigte französische Handelsniederlassung. Ihr Gründer, Pierre Gaultier de la Vérendrye, nannte sie 1738 Fort Rouge. Als erste Kolonisten bezogen Métis Parzellen am Red River und dessen Nebenfluß, dem Assiniboine. In ihrer Mitte ließ sich ein schottischer Händler nieder, nach dem die Siedlung zuerst McDermotsville hieß. Erst kurz bevor Winnipeg 1870 zum Regie-

Historische Ansicht von Winnipeg

rungssitz von Manitoba bestellt wurde, entlieh der Ort seinen heutigen Namen einem ähnlich klingenden Wort der Cree-Indianer, mit dem diese das schlammige Wasser des nahe gelegenen Sees bezeichneten. Aus dem Dorf entwickelte sich innerhalb weniger Jahrzehnte nicht nur eine moderne Stadt, in der schon um die Jahrhundertwende ansehnliche, zum Teil erhaltene Hochhäuser standen, sondern auch zum Kulturzentrum. Als einzige kanadische Präriestadt hat Winnipeg zwei wohlrenommierte Universitäten und ein weltbekanntes Ballett (Royal Winnipeg Ballet). Die Winnipeg Art Gallery besitzt der Welt größte Sammlung von Inuit-Artefakten.

Wenn man von dem ›Golden Boy‹ auf der Kuppel des **Provinzparlaments** absieht, hat Winnipeg außer dem imposanten Glasberg der **Royal Canadian Mint** am Südostrand der Stadt nichts Auffallendes zu bieten. Die Münzanstalt versorgt nicht nur Kanada, sondern viele andere Länder mit Kleingeld. Für Besucher von weit her ist die wichtigste Sehenswürdigkeit das ausgezeichnete **Manitoba Museum of Man and Nature** im nördlichen Stadtzentrum. Neben den Galerien, die in die Erdgeschichte und in die natürlichen Regionen der Provinz (Subarktik, boreale Wälder und Grasland) einführen, ist besonders die originalgetreue Nachbildung des Schiffchens »Nonsuch« hervorzuheben, das Kapitän Gillam 1668 über den Atlantik und in die Hudson Bay navigierte.

Am jenseitigen, rechten Ufer des Red River liegt der Stadtteil St. Boniface. Was Bonifazius, der ›Apostel der Deutschen‹, in Manitoba zu suchen hat, ergibt sich aus der Geschichte des Regiments, das der Earl of Selkirk 1816 gegen die North West Company ins Feld führte. Es wurde am Red River aufgelöst, seine deutschsprachigen katholischen Söldner ließen sich dort nieder. Die Frankokanadier, die sich später zu ihnen gesellten, machten St. Boniface zur größten französischsprachigen Gemeinde westlich von Quebec.

Das älteste in Winnipeg erhaltene Gebäude wurde 1846 für den Schwesternorden der Grey Nuns nach einer Methode errichtet, die hier *Red River frame construction* heißt, die aber als *pièce sur pièce* schon bei den ersten französischen Siedlern am Atlantik und am St. Lorenz üblich war. Im Gegensatz zu den aus langen, unbehauenen Baumstämmen bestehenden Blockhäusern im Westen wurden für das Red River-Haus kurze quadratische Balken verwendet, die durch Spundung in einen Rahmen aus Pfosten gleichen Querschnitts eingepaßt wurden. Im ehemaligen Grey Nuns Convent ist das **St. Boniface Museum** untergebracht, in dem besonders die Räume interessieren, die das halbnomadische Leben der Métis zum Thema haben.

Vor der benachbarten **Kathedrale von St. Boniface** befinden sich das Grab des umstrittenen Louis Riel (vgl. S. 248ff.) und das Denkmal von Jean-Baptiste de la Vérendrye und dessen Vater Jean-Pierre Aulneau, die 1736 auf einer Insel im Lake of the Woods von Sioux umgebracht wurden. Die Kathedrale vereint in lobenswerter Harmonie die nach dem Brand von 1968 erhaltene Fassade des Gotteshauses aus weißem Kalkstein mit einem modernen Langbau in warmen Holztönen. Von der Uferpromenade (Promenade Taché), an der Museum und Kathedrale liegen, hat man einen schönen Blick auf die gegenüberliegende Innenstadt von Winnipeg.

Rupert's Land wurde im Namen der Hudson's Bay Company zuerst auf dem Wasserweg erkundet, aber die eigentliche Erschließung dessen, was nach 1870 die Northwest Territories wurden, geschah weitgehend durch *bush pilots* aus der Luft. Kein Wunder also, daß das **Western Canada Aviation Museum** am Flughafen den Maschinen der Buschpiloten einen besonderen Platz einräumt.

Der Name Whiteshell soll auf eine weiße Schneckenschale zurückgehen, durch die laut Ojibwa-Legende der Schöpfer dem ersten Menschen Atem eingeblasen hat. Erholungsuchende aus der Prärie fingen in den 20er Jahren an, hier Sommerhäuser zu errichten, während der Wirtschaftskrise wurden zur Arbeitsbeschaffung Straßen gebaut, die zu weiterer Erschließung führten. Als 1961 der **Whiteshell Provincial Park** eröffnet wurde, hatte die Zivilisation schon ihre Spuren hinterlassen. Besonders der leicht zugängliche Süden könnte ein Vorort von Winnipeg sein, und manche meinen gar, daß der Meteor, der den West Hawk Lake schuf, 100 Mio. Jahre zu früh einschlug. Erst wenn man den See rechts liegengelassen hat, fühlt man sich in einen kanadischen Naturpark versetzt.

Bei Rennie verläßt man den Highway 44 und fährt auf der Straße 307 durch den nördlichen Teil des Parks. In diesem seenreichen, leicht sumpfigen Gebiet gedeiht der wilde Reis, den die Indianer im Herbst ernten. Die Methode ist einfach: Eine Person stakt das Kanu durch das Zizania-Gras, die zweite biegt es mit einem Stab nach innen und schlägt mit einem anderen so lange auf die Ähren, bis die reifen Körner ins Boot fallen.

Die Beschilderung läßt zu wünschen übrig, und eine der wichtigsten Sehenswürdigkeiten des Parks verpaßt man, wenn man eine unauffällige sechseckige Tafel mit der Aufschrift »Boulder Mosaics« auf einem staubigen Parkplatz nördlich des Betula Lake übersieht. Es ist der einzige Hinweis auf die *petroforms*, die von unbekannten Vorläufern der Ojibwa auf kahlen Felsflächen im Wald ausgelegt wurden. Unter den mehrere Meter langen Figuren aus aneinandergereihten Granitgeröllen sind die Schildkröten am leichtesten zu erkennen.

Der Winnipeg River, der den Park im Norden begrenzt, gehört heute zu einem beliebten Rundkurs für erfahrene Kanuten. Auf dem Weg vom Lake of the Woods wird dieser Fluß siebenmal durch Kraftwerke gebändigt. Das größte liegt am westlichen Parkausgang bei Seven Sisters Falls, drei weitere Staudämme folgen, bevor der Fluß in den See gleichen Namens mündet. Auf der Halbinsel zwischen See und Flußmündung liegt der **Grand Beach Provincial Park** mit breiten Sandstränden hinter hohen Dünen, an denen sich allerdings die Nähe von Winnipeg bemerkbar macht.

Der schnellste Weg zurück zur Hauptstadt von Manitoba führt über den Highway 59, aber für geologisch und technisch Interessierte lohnt sich der Umweg über Beauséjour

Tyndall-Steinbruch bei Garson

(Highway 12, dann 44). Vor 450 Mio. Jahren lag Laurentia am Äquator, Nordamerika war von einem warmen Meer bedeckt. Im Kalkschlamm an dessen Boden hinterließen vielerlei Fossilien Spuren, die heute dem repräsentativsten Baumaterial in Kanada sein charakteristisches Aussehen verleihen. Der ordovizische Kalkstein bildet den tieferen Untergrund des gesamten Red River-Tals, aber nur nordöstlich von Winnipeg tritt er so nah an die Oberfläche, daß er abgebaut werden kann. Da man ihn anfangs nur per Bahn verschiffte, ist er unter dem Namen der nächstgelegenen Station als *Tyndall Stone* bekannt. Bei **Garson** am Highway 44 wird der Kalkstein abgebaut. Gut 2 m hohe diamantbesetzte Kreissägen zerlegen den Stein in 90 cm dicke Blöcke, die man dann abhebt und an Ort und Stelle weiterverarbeitet. Zum ersten Mal verwendete die Hudson's Bay Company dieses Baumaterial für ihr Lower Fort Gary am Red River. In Winnipeg wurde *Tyndall Stone* vor allem für das Parlamentsgebäude (Legislative Building) von Manitoba, die keilförmige Art Gallery und den Bahnhof der Canadian National Railway Company (Union Station) benutzt. In Ottawa ist das kanadische Parlament damit ausgekleidet, seine wohl schönste Verwendung aber fand der Stein in Douglas Cardinals Canadian Museum of Civilization in Hull, Quebec.

Auf dem Rückweg über den Highway 59 nach Winnipeg überquert die Straße ein trockenes Kanalbett, das die häufigen Flutwasser des Red River an der Stadt vorbeileitet.

Etwa 20 km nordöstlich vom Stadtrand von Winnipeg, an der gleichen Stelle, an der es 1830 errichtet wurde, liegt **Lower Fort Gary**. Die Anlage diente nacheinander als regionales Hauptquartier der Hudson's Bay Company, als Garnison eines englischen Infanterieregiments, als erstes Hauptquartier der North-West Mounted Police, als Zuchthaus, als Irrenanstalt und schließlich als Automobilklubhaus. Im Jahre 1871 wurde hier auch der erste der elf Verträge mit den Indianerstämmen des Westens von den Plains Ojibwa (Saulteaux) feierlich unterzeichnet.

Der Highway 9 führt durch flaches Farmland zum Lake Winnipeg und, vorbei an dem vielbesuchten Badestrand **Winnipeg Beach**, nach New Iceland. Die ersten 150 Isländer kamen 1873 nach einem der katastrophalen Ausbrüche des Vulkans Hekla nach Kanada. Sie und eine zweite Welle von 365 Landsleuten suchten vergeblich in Ontario nutzbaren Boden und wurden 1875 an den Lake Winnipeg geführt. Im Jahre 1887 erfolgte eine weitere Masseneinwanderung, **Gimli** (›Wohnsitz der Götter‹) ist heute die größte isländische Siedlung außerhalb der Heimatinsel. Wie die Isländer sich auf das neue Land ein-, und von der Salz- auf die Süßwasserfischerei umstellten, wird im Gimli Historical Museum gezeigt.

Für den Rückweg nach Süden empfiehlt sich der Umweg durch die Interlake-Region zwischen den Seen Manitoba und Winnipeg, in dessen kalkigem Untergrund zirkulierendes Wasser die Vorbedingungen für ein einzigartiges Naturschauspiel schufen. Große Hinweisschilder fehlen zwar, aber man kann die Schlangengruben am Highway 17 nördlich von **Narcisse** nicht verpassen. Selbst im Hochsommer, wenn die meisten der zur Familie der

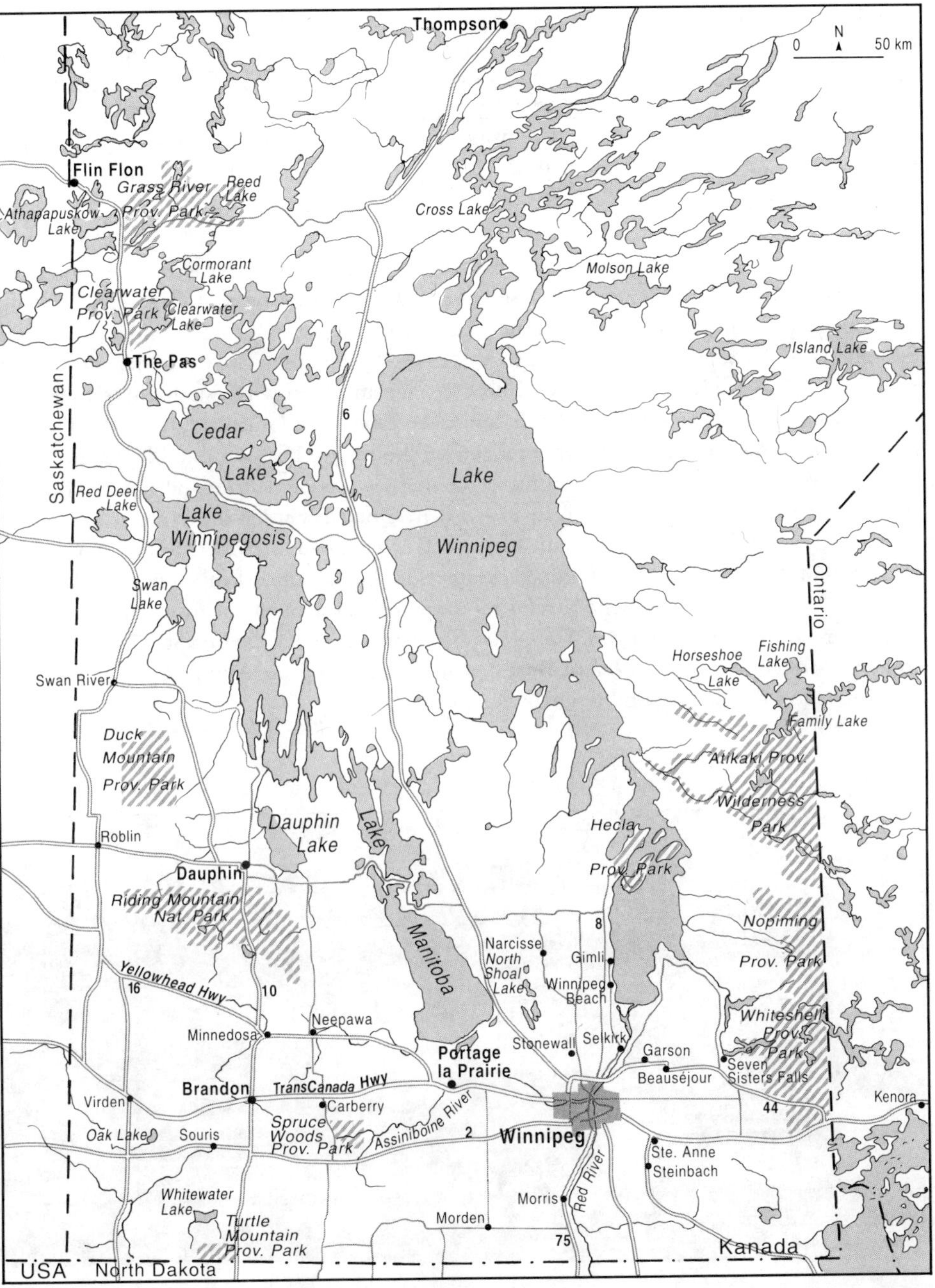
Thompson
0 N 50 km
Flin Flon
Grass River Prov. Park
Reed Lake
Athapapuskow Lake
Cross Lake
Cormorant Lake
Clearwater Prov. Park
Clearwater Lake
Molson Lake
Island Lake
The Pas
Saskatchewan
6
Cedar Lake
Lake Winnipeg
Red Deer Lake
Lake Winnipegosis
Swan Lake
Ontario
Horseshoe Lake
Fishing Lake
Swan River
Family Lake
Duck Mountain Prov. Park
Atikaki Prov. Wilderness Park
Dauphin Lake
Lake Manitoba
Hecla Prov. Park
Roblin
Dauphin
Riding Mountain Nat. Park
Nopiming Prov. Park
8
Narcisse
North Shoal Lake
Gimli
Yellowhead Hwy
16
10
Winnipeg Beach
Whiteshell Prov. Park
Neepawa
Minnedosa
Stonewall
Selkirk
Garson
Portage la Prairie
Seven Sisters Falls
Beausejour
Brandon
TransCanada Hwy
Virden
Carberry
Kenora
44
Spruce Woods Prov. Park
Assiniboine River
Oak Lake
Souris
2
Winnipeg
Ste. Anne
Steinbach
Red River
Whitewater Lake
Morris
Turtle Mountain Prov. Park
Morden
75
Kanada
USA
North Dakota

harmlosen Nattern gehörenden *red-sided garter snakes* einzeln im Gelände der Nahrungssuche nachgehen, zeigt die zunehmende Zahl der auf der Straße Überfahrenen die Nähe ihrer herbstlichen Sammellager an. Auch in die frostfreien Tiefen anderer unterirdischer Höhlen und Spalten des Interlake-Gebiets ziehen sich die Schlangen im Herbst zurück, aber in drei *snake dens* in der **Narcisse Wildlife Management Area** treffen sie sich für den Winterschlaf und die anschließende Paarung in Massen, die an Spaghetti auf einem übervollen Teller erinnern.

Flacher als auf dem ehemaligen Grund des Lake Agassiz, auf dem der Red River sich mangels Gefälle in großen Mäandern von Süden auf Winnipeg zu bewegt, kann man sich die Erdoberfläche nicht vorstellen. Der Boden ist gleichmäßig schwarzbraun und, anders als in der mit glazialem Schutt bedeckten Prärie weiter im Westen, ohne Steine. In der südlich von Winnipeg gelegenen Region, in der vor allem Weizen angebaut wird, wechseln französische mit deutschen Namen ab. In **Steinbach**, zwischen Flug- und Golfplatz, heißt das Mennonitische Dorfmuseum in mehreren Sprachen willkommen. Die Windmühle zeugt davon, daß auch die pazifistische Tradition dieser Gemeinde aus dem Friesland des 17. Jh. herrührt, aber anders als die Pennsylvania Dutch in Ontario kamen die Prärie-Mennoniten 1874 aus der Ukraine. Sie waren es, die hier den Weizenanbau in großem Stil einführten. Im Jahre 1896 folgten russisch-orthodoxe Ukrainer der kanadischen Einladung, die Prärie zu besiedeln. Ihre erste bescheidene Kirche auf diesem Kontinent steht unweit der US-amerikanischen Grenze in **Gardenton.** Ste. Anne, St. Pierre, La Rochelle und St. Malo sind Zentren des großen *franco-manitoban* Bevölkerungsanteils, der nicht nur von Quebec, sondern auch von Frankreich und Belgien herrührt.

Durch Manitoba nach Westen

Genau wie die Canadian Pacific Railway nicht lange ausreichte, um die diversen Wirtschaftsräume des Westens miteinander zu verbinden, so erwies sich auch der erst 1962 vollendete TransCanada Highway als ungenügend. Weiter nördlich gelegene Gemeinden haben sich deshalb mit um den Ausbau einer zweiten transkanadischen Durchgangsstraße von Winnipeg über Saskatoon, Edmonton und den Yellowhead-Paß nach Prince Rupert an der Westküste bemüht. Bis Portage la Prairie benutzen beide Straßen das gleiche Bett, dann macht der Yellowhead sich als Highway 16 nach Nordwesten selbständig. Der erste Teil der Fahrt durchs pfannkuchenplatte Ackerland bietet wenig Abwechslung. Bei **Neepawa** wird es hügelig, Bäume und Sträucher werden üppiger. Margaret Lawrence, eine der bedeutendsten modernen Schriftstellerinnen in Kanada, setzte ihrem Geburtsort in dem Romanzyklus »Manawaka« ein Denkmal.

Die Stadt **Minnedosa** wurde schon mehrmals zur hübschesten der Provinz erklärt. Von hier zielt der Highway 10 nach Norden auf den einzigen Nationalpark in Manitoba, **Riding Mountain.** Im Osten des Parks gedeiht eine Eichenart *(Bur Oak)*, deren kalorienreiche Früchte die hiesigen Schwarzbären zu den größten der Welt machten. Zur Zeit der Eichelreife im August werden im Riding Mountain National Park bis zu 16 Bären pro Quadratkilometer beobachtet.

Der Highway 26 am bewaldeten Flußbett des Assiniboine ist der abwechslungsreichere Weg von Winnipeg nach Portage la Prairie. Kurz bevor der TransCanada Highway die Abzweigung dieser Nebenstraße nach Nordwesten erreicht, überquert er den *principal meridian*. Von diesem Meridian wurde die kanadische Prärie in den 70er Jahren des 19. Jh. schachbrettartig in *townships* von sechs Meilen Seitenlänge eingeteilt, die weiter in 36 *sections* von je einer Quadratmeile zerfallen. Erst als dies geschehen war, konnte Land, meist in Viertelsektionen von 65 ha, an Siedler vergeben werden. **Portage la Prairie** liegt an der Stelle, von der die Pelzhändler ihre geschulterten Kanus und Lasten vom Assiniboine River am wenigsten weit zum Lake Manitoba tragen mußten. Im Jahre 1738 gründete Pierre Gaultier de la Vérendrye hier Fort la Reine als Stützpunkt für die weitere Erkundung des Westens.

Voyageurs *bei einer* portage

Westlich von Portage wird die Landschaft lebhafter, der TransCanada Highway verläßt nun den flachen Boden des urzeitlichen Lake Agassiz und steigt auf die Sandschüttungen des Deltas von Brandon. Aus dem, was der einstmals mächtige Assiniboine River bei seinem Eintritt in den Agassiz-See ablud, wurden die Spirit Sands, eine wüstenartige Dünenlandschaft mit Kakteen und Eidechsen im **Spruce Woods Provincial Park** südlich von Carberry am Highway 258. Gleich westlich davon machte die kanadische Armee den gleichen unwirtlichen Boden als Truppenübungsplatz nutzbar. Manch deutscher Soldat wird sich an seinen ersten Besuch in Kanada und an Canadian Forces Base Shilo erinnern.

Anders als weiter im Norden vollzieht sich der Anstieg von den Deltasanden auf das Manitoba Escarpment bei Brandon fast unmerklich. Von dort an ist der Prärieboden mit Steinen übersät, die Generationen von Farmern das Leben sauer gemacht haben. Anderen bereiten sie Freude. **Souris**, 40 km südwestlich von Brandon, besitzt eine nervenkitzelnd schwankende Fußgängerbrücke über den Souris River, unter Liebhabern schöner Steine aber ist die Stadt für die Mineralien (Achat, Jaspis, Epidot, versteinertes Holz und andere) bekannt, die in einer Kiesgrube zu finden sind. Die besten Exemplare allerdings sieht man im Rock Shop, den man ohnehin besuchen muß, um sich für einige Dollar die Erlaubnis zum Schürfen einzuholen.

In Virden und Umgebung fallen die nickenden Köpfe von Ölpumpen auf. Im Untergrund taucht das granitische Grundgebirge des Kanadischen Schildes nach Südwesten in ein geologisches Becken ab, aus dem sich ölführende Sedimente bis nach Manitoba erstrecken. Der Hauptanteil des Ölreichtums des sogenannten Williston-Beckens entfällt allerdings auf die Nachbarprovinz Saskatchewan.

Nach Churchill an der Hudson Bay

Selbst Kanadier vergessen, daß eine ihrer Prärieprovinzen an Salzwasser grenzt. Lange bevor die Hudson's Bay Company dort ihre Stützpunkte hatte, jagten nacheinander Paläo-Eskimo, Eskimo der Dorset-Kultur und Indianer Seehunde sowie Rentiere in dem Küstenstreifen, den Manitoba von der Pelzgesellschaft erben sollte. Im Jahre 1670 übernahm die Hudson's Bay Company das Binnenmeer und gründete 1682 am Nelson River York Factory, auch Fort York oder Port Nelson genannt. Ein 1689 angelegtes Fort wurde nach dem damaligen Gouverneur von Rupert's Land und späteren Herzog von Marlborough Fort Churchill getauft. Diese Stützpunkte gingen nach einigen Seegefechten bis zum Frieden von 1713 an die Franzosen verloren. Erst dann konnte die Gesellschaft an die Verwirklichung ihrer Pläne denken, zu denen ein neues Fort am Westufer des Churchill River gehörte. Fort Prince of Wales war 1771 nach jahrzehntelanger Bauzeit einsatzbereit, aber so schwach besetzt, daß es 1782 kampflos einer kleinen französischen Flotte übergeben wurde, welche die Amerikaner im Unabhängigkeitskrieg unterstützte.

Seit 1929 ist Churchill auf einem Umweg durch Saskatchewan per Bahn mit Winnipeg verbunden. Die Linie dient vor allem der Weizenausfuhr, bringt aber dreimal in der Woche

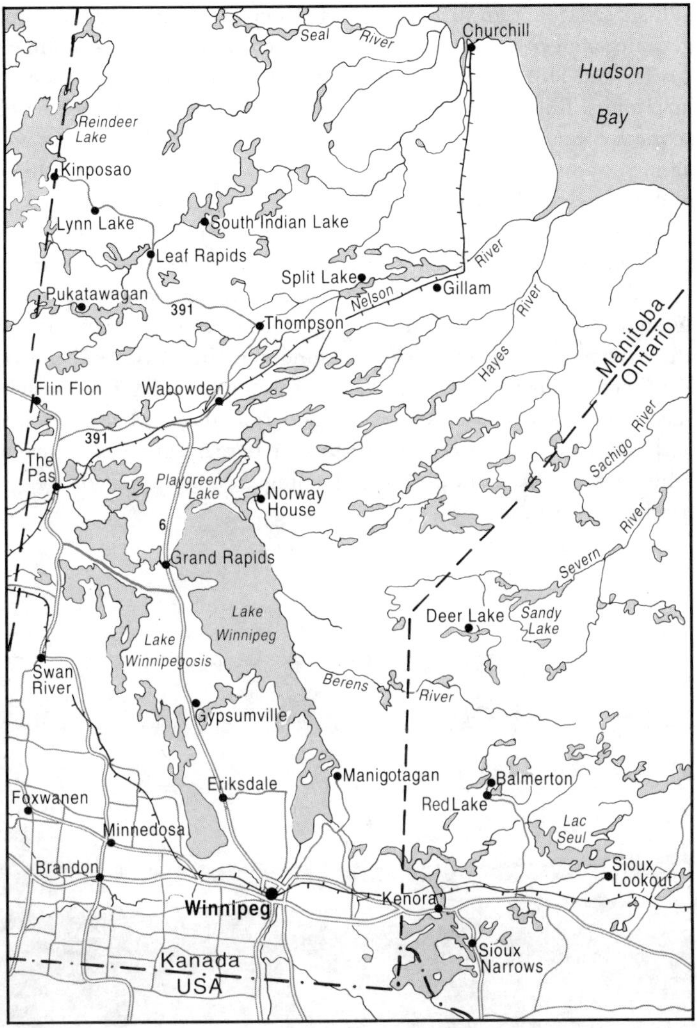

Eisenbahnstrecke von Winnipeg nach Churchill an der Hudson Bay

in 35stündiger Fahrt durch Wald und Tundra Passagiere zum *Polar Bear Capital of Canada.* Für den, der Eisbären sehen will, lohnt sich die Fahrt oder der sehr viel bequemere, zweistündige Flug nur im Spätherbst. Dann beginnt die Hudson Bay, vom Ufer her zuzufrieren, und *Ursus maritimus* kommt hungrig aus dem Landesinnern, um von den ersten Eisschollen Seehunde zu jagen oder bei menschlichen Behausungen nach Abfall zu suchen.

Eisbären gehören zu den gefährlichsten Raubtieren, aber vom Tundra Buggy, einem geländegängigen Autobus auf mannshohen Ballonreifen, kann man die Tiere in aller Ruhe aus sicherer Höhe photographieren. Auch im Sommer ist es ein einzigartiges Erlebnis, sich im Tundra Buggy durch Sumpf und See schaukeln zu lassen und Wasservögel, Füchse sowie Rentiere zu beobachten. Im Meer herrscht im Sommer sogar Hochbetrieb, denn dann versammeln sich die weißen Beluga-Wale zu Hunderten an der Churchill-Mündung und tummeln sich um die Ausflugsboote.

In **Churchill** sollte man auf keinen Fall das Eskimo Museum verpassen. Das äußerlich bescheidene, innen aber um so reichhaltigere Museum ist der Initiative eines Ordens französischer Missionare *(Pères Oblats de Marie-Immaculée)* zu verdanken, die seit 1912 im Westen der Hudson Bay tätig sind. Alle Kulturen der kanadischen Arktik sind mit zahlreichen Artefakten vertreten. Von besonderem Interesse sind die rätselhaften, nur wenige Zentimeter langen, aus Walroßzahn geschnitzten Figuren schwimmender Wasservögel. Rätselhaft deshalb, weil keines der anderen, gleich lebenswichtigen jagbaren Tiere (Wal, Seehund, Fisch, Rentier) in Miniaturform dargestellt wurde. Neben dem Eskimo Museum lohnt sich ein Besuch der Arctic Trading Company mit vielseitigem Angebot an Kunsthandwerk der Inuit.

An der Hudson Bay

Regina und Südost-Saskatchewan

Als die Vermesser der Canadian Pacific Railway 1882 in Regina eintrafen, gab es dort nichts als kahle Prärie und einen Bach, an dem die Cree große Haufen von Bisonknochen aufgestapelt hatten. Vom algonkischen Wort *oskana* (Knochen) stammt der Name des Bachs, Waskana. Bevor der künftige Verwaltungssitz der Northwest Territories offiziell mit dem lateinischen Titel der Königin Victoria geehrt wurde, war Regina unter dem Namen *Pile of Bones* (Knochenhaufen) bekannt.

Zur Arbeitsbeschaffung während der *Dirty Thirties* wurde der Waskana Creek aufgestaut und zu einem gewundenen See verbreitert, an dem die **Parlaments- und Verwaltungsgebäude** der Provinz, sowie die University of Regina und mehrere Kulturzentren einen parkartigen Rahmen fanden. Eine besonders empfehlenswerte Einführung in die unterschiedlichen Landschaften von Saskatchewan bietet das **Museum of Natural History.** Die auf den ersten Blick so eintönig wirkende Provinz zeigt Naturfreunden eine erstaunliche Vielfalt an grundverschiedenen Lebensräumen, von See- und Dünenlandschaften mit Pelikanen und Kranichen bis zu Talböden mit Klapperschlangen und Räuberhöhlen.

In Regina erhalten die Rekruten der Royal Canadian Mounted Police (vgl. S. 268) ihre sechsmonatige Grundausbildung. Das **Royal Canadian Mounted Police Museum** im Westen von Regina ist eines der meistbesuchten Museen in Kanada. Es geht dort weniger um Fahndung und Mordwaffen als um die bewegte, eng mit dem Geschick von West- und Nord-Kanada verbundene Geschichte der anfangs paramilitärischen Truppe. Auf dem gleichen Gelände findet im Hochsommer jeden Dienstagabend die Sunset Ceremony der in Parade-Uniform gekleideten Rekruten der Polizeischule statt, ein farbenprächtiger Zapfenstreich nach britischem Muster. Im August wird Louis Riel (vgl. S. 248ff.) im Theater der **Mackenzie Art Gallery** neben dem Natural History Museum wieder zum Leben erweckt, allerdings nur, um ihn in einer Neu-Inszenierung der dramatischen Gerichtsverhandlung von 1885 wieder zum Tode zu verurteilen.

Von Regina geht es auf schnurgeraden Straßen zunächst nach Süden und dann nach Südosten Richtung Weyburn. Midale und Yellow Grass halten den kanadischen Hitzerekord mit 45° Celsius. Durchschnittlich 2540 Sonnenstunden pro Jahr berechtigen **Estevan** dazu, den Titel *Sunshine Capital of Canada* zu führen. Aber nicht nur über, sondern auch unter und auf der Erde ist die Gegend reichlich mit Energie versorgt. Nach dem Zweiten Weltkrieg fand man hier große Vorräte an Erdöl. Südlich und östlich von Estevan wird seit 1930 Braunkohle gewonnen, lange offensichtlich, ohne Rücksicht auf das zukünftige Aussehen der Landschaft zu nehmen. Bereits in Betrieb und im Bau befindliche Staudämme am Souris River und seinen Nebenflüssen sollen Überflutungen verhindern, Felder und Wiesen bewässern, aber auch Kühlwasser für die Kohlekraftwerke liefern, die Saskatchewan mit preiswertem Strom versorgen.

Das Dorf **Hirsch** am Highway 18 östlich von Estevan ist nach einem deutschen Baron benannt, der vor der Jahrhundertwende versuchte, hier eine Gruppe osteuropäischer Juden

Regierungsgebäude in Regina

seßhaft zu machen. Großartigere Andenken an einen anderen Fehlschlag finden sich weiter nordöstlich am Highway 13. Im **Cannington Manor Provincial Historic Park** ließen sich ehemalige Zöglinge englischer Privatschulen 1882 an der vermeintlichen Trasse einer Zweiglinie der Canadian Pacific Railway nieder. In Erwartung von Reichtümern stampften sie ein Landgut mit Herrenhaus, Cricket-Feldern, Tennisplätzen sowie Stallungen für Rennpferde und Jagdhunde, allerdings auch mit zwei Käsefabriken, aus dem Boden. Als die Schienen dann jedoch zehn Meilen weiter südlich verlegt wurden, verfiel Cannington Manor bis auf die im historischen Park verbleibenden Reste.

Die Moose Mountains sind eine bewaldete, aus eiszeitlichen Moränen bestehende, rund 150 m hohe Insel im Gras- und Weizenmeer, deren schönste Espen- und Birkenbestände 1931 zum **Moose Mountain Provincial Park** erklärt wurden. Elche, die der Name der Berge verspricht, kommen tatsächlich vor, zusammen mit Weißwedel- und Wapitihirschen. Man kann es den Farmern aus der trockenen Einöde nicht verdenken, daß sie hier Zuflucht suchten, aber wie andere Oasen in der Prärie leidet auch diese darunter, daß sie für viele zur Sommerfrische wurde, bevor sie unter Naturschutz gestellt werden konnte. Der Vergnügungsbetrieb beschränkt sich allerdings auf den Ort **Kenosee Lake** am gleichnamigen

Royal Canadian Mounted Police

Die *mounties* der berühmten kanadischen Polizei unterscheiden sich nicht nur durch die breitrandigen Hüte, die roten Röcke und die Reitstiefel ihrer Paradeuniform von den Rechtshütern aller anderen Länder. Die R.C.M.P. ging aus der paramilitärischen North-West Mounted Police (N.W.M.P.) hervor, die bis 1919 im kanadischen Westen nicht nur der Gefahrenabwehr diente, sondern in Ermangelung örtlicher Zivil- und Justizinstanzen notgedrungen auch administrative Aufgaben für die Bundesregierung erfüllte. Damit wich die N.W.M.P. von dem englisch-amerikanischen Ideal streng getrennter, von Gemeinden und Grafschaften *(counties)* getragener Polizei- und Verwaltungsbehörden ab. In der zentralen Lenkung und den weitgehenden Befugnissen folgte die kanadische Polizeitruppe eher Justizsystemen europäischer Tradition. Das Regiment der modernen R.C.M.P. ist ein gelungener und typisch kanadischer Kompromiß zwischen beiden Prinzipien, ausreichend straff, um die ersehnte Ordnung zu gewährleisten und wohlwollend genug, um den Einzelnen vor der Staatsgewalt zu schützen.

Die North-West Mounted Police war ein integraler Bestandteil der von Premierminister John A. Macdonald (vgl. S. 54) betriebenen Politik, der benachbarten Republik einen transkontinentalen britischen Riegel vorzuschieben. Hierbei dem US-amerikanischen Muster zu folgen, verbot sich nicht nur wegen des auf die Pelzhändler zurückgehenden, verhältnismäßig guten Einvernehmens mit den Ureinwohnern, sondern allein aus pekuniären Gründen. Um 1870 belief sich der gesamte kanadische Staatshaushalt auf rund 19 Mio. Dollar, eine Summe, die in den USA nicht ausgereicht hätte, um die Feldzüge der Armee gegen Indianer zu finanzieren.

Im Jahre 1869 brachen in den bis dahin von der Hudson's Bay Company verwalteten Territorien Unruhen aus, zu deren Befriedung die kanadische Regierung Milizbataillone an den Red River entsandte (vgl. S. 250). Diese wurden von der neu aufgestellten, berittenen Polizei abgelöst. Gemäß dem Auftrag, die gesamten von der Handelsgesellschaft übernommenen Gebiete zu überwachen, zog das erste Kontingent der N.W.M.P. mit 24 Offizieren, 295 Mann und dem dazugehörigen Troß im Sommer 1874 von Manitoba nach Westen, nicht auf den bewährten, von den Wagen der Métis vorgezeichneten Transportwegen, sondern schnurgerade entlang der Grenze. Ob der lange Marsch den vorgeblichen Zweck erfüllte, die Amerikaner zu beeindrucken, ist ungewiß, aber der entbehrungsreiche Ritt durch die weglose, wasserarme und unkartierte Prärie ging als *long march* in die Geschichte ein.

Die Indianer und nicht zuletzt die Stämme der streitbaren Blackfoot-Konföderation in Alberta begrüßten das Eingreifen der *mounties* gegen die Whisky-Händler, welche die Indianer von Montana aus mit *fire water* versorgten – Feuerwasser deshalb, weil die nach obskuren Rezepten zusammengepanschte Mischung nur dann die versprochene Menge Alkohol enthielt, wenn sie, ins Feuer gespuckt, aufloderte. Die Fairness der N.W.M.P. besonders den Indianern gegenüber sprach sich auch südlich der Grenze herum. Im Jahre 1876, nach der Vernichtung des General Custer und seines Kavallerieregiments in Montana, brachten sich 3000 Dakota (oder Sioux) in Süd-Saskatchewan in Sicherheit und wurden dort von Superintendent J. M. Walsh und einem kleinen Trupp berittener Polizisten empfangen. Ihr Häuptling Sitting Bull lehnte es in den folgenden Jahren mehrmals ab, in die USA zurückzukehren. Erst 1881, nachdem sein Freund Walsh abkommandiert worden war und als mit dem Verschwinden der Bisons Hungersnöte unter den Indianern ausbrachen, war er dazu zu bewegen, sein kanadisches Asyl zu verlassen.

Die von der N.W.M.P. angelegten Stützpunkte in der Prärie – Wood Mountain Post, Fort Walsh, Fort Macleod, Fort Calgary – wurden nie ernstlich auf die Probe gestellt. Dem Whisky-Schmuggel machten die *mounties* ein schnelles Ende, und die Indianer erkannten bald, daß Königin Victoria Pferdediebstahl als Vergehen ansah. Die Polizei konnte sich einer anderen Rolle zuwenden, die Sir John A. Macdonald ihr zugedacht hatte.

Die kanadische Bundesregierung verfährt seit 1867 nach dem Prinzip, daß den Indianern die Nutznießung des von ihnen bevölkerten Raumes zusteht. Bevor Ländereien an Immigranten vergeben werden konnten, mußten die Ureinwohner deshalb für den Verlust des Nießbrauchs entschädigt werden. Dies geschah durch die Schaffung von Reservaten und die vertragsmäßige Zahlung von *treaty money* an die dort Ansässigen. In der Prärie wurde 1867 Vertrag Nr. 6 mit den Chippewyan, Cree und Assiniboine abgeschlossen, und 1877 trat Treaty 7 für die Blackfoot, Blood, Peigan, Sarcee und Stoney in Kraft. Da aber niemand gezwungen werden konnte, *treaty Indian* zu werden, oblag es nun den *mounties*, die Indianer dazu zu bewegen, die Jagd aufzugeben und seßhaft zu werden. Dieser Aufgabe entledigten sie sich mit einem Maß von Takt und Diplomatie, das man vielleicht nur in Kanada von der Polizei erwarten darf.

Im Jahre 1881 wurden die Grenzen von Manitoba erweitert, im folgenden Jahr wurden die Northwest Territories in Distrikte eingeteilt, aus denen 1905 die Provinzen Saskatchewan und Alberta hervorgingen. Von diesen Veränderungen blieben die Pflichten der Polizei im wesentlichen unberührt. Ihre Streifen ließen sich regelmäßig in abgelegenen Siedlungen sehen, ihre Offiziere fungierten als Friedensrichter. Für Weiße wie Indianer verkörperte die N.W.M.P. die kanadische Regierung. Der internationale Ruf der *mounties* beruht weitgehend auf der Besonnenheit, mit der sie 1896 am Yukon unter den ungebärdigen, aus Kalifornien herbeigeeilten Goldsuchern Ordnung hielten. Und natürlich auf den Legenden, die Hollywood daraus wob.

Kurz vor Ausbruch der North West Rebellion von 1885 hatte man die N.W.M.P. in aller Eile von 300 auf 1000 Mann verstärkt, aber selbst wenn diese Sollstärke rechtzeitig erreicht worden wäre, hätte sie zur Niederwerfung der räumlich sehr weit verbreiteten Unruhen nicht ausgereicht. Bis auf das unglückliche Eröffnungsgefecht bei Duck Lake war die Polizei deshalb (zu ihrer eigenen Unzufriedenheit) an den Kampfhandlungen gegen Louis Riel und seine Métis nur indirekt beteiligt – anders im Burenkrieg (1899–1902), für den die Truppe zahlreiche Freiwillige stellte, und der ihr den Ehrentitel Royal North-West Mounted Police eintrug.

Im Jahre 1919 wurde die R.N.W.M.P. mit der im Osten zum Schutz von Bundeseigentum eingesetzten Dominion Police zur Royal Canadian Mounted Police vereint. Diese nimmt heute alle polizeilichen Interessen des Bundes, von acht Provinzen und rund 200 Gemeinden wahr. Quebec, Ontario und alle größeren Städte haben eigene Polizeiverwaltungen. Aus den 300 Reitern von 1874 ist eine moderne Organisation mit den neuesten technischen und wissenschaftlichen Hilfsmitteln geworden. Die kavalleristische Tradition der R.C.M.P. lebt nur noch in ihrem Namen und im Zeremoniell ihres bei besonderen Gelegenheiten in aller Welt vorgeführten ›Musical Ride‹ weiter.

See. Nebenstraßen führen von dort in den weitaus stilleren Westen des Moose Mountain Park.

Eine knappe Fahrstunde weiter nördlich überquert der Highway 9 eine der reizvollsten Landschaften in Saskatchewan, das **Tal des Qu'Appelle River**, dem man auf dem Highway 247 nach Westen folgt. Der Qu'Appelle speiste vor rund 12 000 Jahren den Lake Agassiz mit Schmelzwasser der zurückweichenden eiszeitlichen Gletscher. Mit dem Wasserstand des Sees änderte sich das Gefälle des Flusses mehrfach. Die Talböden, auf denen er sich in seinen trägeren Jahrhunderten gen Osten schlängelte, blieben hier und da in Form von horizontalen Terrassen erhalten. Als später andere Flüsse die Hauptwasserführung übernahmen und das Klima wärmer wurde, verlor der Qu'Appelle als Wasserlauf an Bedeutung.

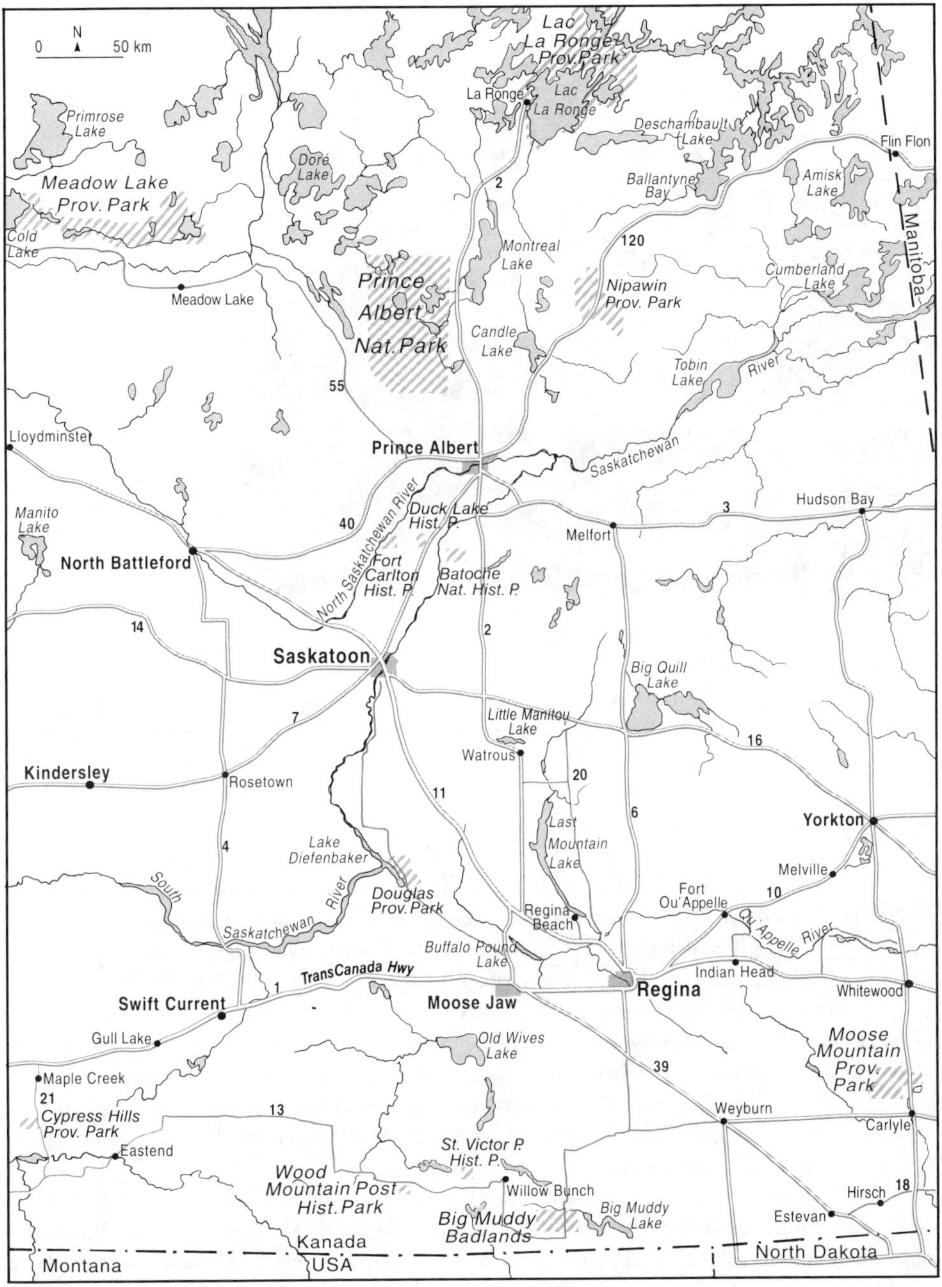
0 N 50 km
Lac La Ronge Prov. Park
La Ronge
Lac La Ronge
Primrose Lake
Doré Lake
Meadow Lake Prov. Park
Cold Lake
Meadow Lake
Prince Albert Nat. Park
Montreal Lake
Candle Lake
Deschambault Lake
Ballantyne Bay
Flin Flon
Amisk Lake
Manitoba
Cumberland Lake
Nipawin Prov. Park
Tobin Lake
River
Saskatchewan
Lloydminster
Prince Albert
Hudson Bay
Melfort
Manito Lake
North Battleford
Duck Lake Hist. P.
Fort Carlton Hist. P.
Batoche Nat. Hist. P.
North Saskatchewan River
Saskatoon
Big Quill Lake
Little Manitou Lake
Watrous
Kindersley
Rosetown
Last Mountain Lake
Yorkton
Melville
Lake Diefenbaker
South Saskatchewan River
Douglas Prov. Park
Fort Qu'Appelle
Qu'Appelle River
Regina Beach
Buffalo Pound Lake
Indian Head
TransCanada Hwy
Swift Current
Moose Jaw
Regina
Whitewood
Gull Lake
Old Wives Lake
Moose Mountain Prov. Park
Maple Creek
Cypress Hills Prov. Park
Weyburn
Carlyle
Eastend
St. Victor P. Hist. P.
Wood Mountain Post Hist. Park
Willow Bunch
Big Muddy Badlands
Big Muddy Lake
Hirsch
Estevan
Kanada
USA
Montana
North Dakota
2
120
55
40
3
14
2
7
16
20
11
6
4
10
1
39
21
13
18

Hütte von Grey Owl im Prince Albert National Park

Der Name des Flusses geht auf eine indianische Legende zurück, derzufolge ein junger Krieger einen Hilferuf zu hören wähnte und ihn mit »Qu'appelle?« (Wer ruft?) beantwortete. Als er ins Lager zurückkehrte, war seine Geliebte tot. Die Dichterin Pauline Johnson (1862–1913), Tochter eines Mohawk-Häuptlings und einer englischen Mutter, kleidete die Legende in Verse.

An der Talstrecke, die der Highway 247 begleitet, verbreitert sich der Fluß zu zwei Seen. Am Round Lake wurde 1884 eine Mission für die Cree gegründet. Bei Untersuchungen eines 1000 Jahre alten Grabhügels am Crooked Lake wurden die Reste von zwölf Skeletten freigelegt. Die vorletzte Ruhe fanden die Toten der Präriestämme bis in historische Zeiten in Bisonfelle gehüllt auf hohen Gestellen außer Reichweite räuberischer Tiere. Erst nach angemessener Zeit wurden die Knochen, oft mit Ocker gerötet, der Erde anvertraut.

Um zum nächsten erreichbaren Stück des Qu'Appelle zu kommen, muß man einen Umweg über den TransCanada Highway machen. In **Indian Head**, von wo der Highway 56 wieder in das grüne Tal zurückführt, wurde 1887 die erste landwirtschaftliche Versuchsstation in den derzeitigen Northwest Territories gegründet. Im Jahre 1902 entstand hier eine Baumschule, von der Hunderte von Farmen mit Stecklingen für die Windschutzgürtel versorgt wurden, die allenthalben die Gehöfte umgeben.

Dort, wo später Fort Qu'Appelle entstand, gründete die Hudson's Bay Company 1794 eine Pelzstation, die zunächst Indianer und dann katholische Missionare anzog. Von mehreren aufeinanderfolgenden Handelsposten existieren nur noch Museumsstücke. Eine

Feldsteinkathedrale von 1865 in **Lebret** am Mission Lake dagegen zeugt noch von der erfolgreichen Seelsorge. Es waren wohl weniger landschaftliche Reize als landwirtschaftliche Vorteile gegenüber der kahlen, vom Wind zerzausten Prärie, welche die ersten Siedler anlockten. Zu ihrem Schutz wurde 1875 das Fort gebaut. Das Tal hat nicht nur Platz für Äcker, sondern auch für eine Kette von Seen und die an ihnen aufgereihten Sommerhäuser der Bürger des nahen Regina. Aus dem Fort wurde ein Ausflugsort. Der Keller eines alten Postens der North-West Mounted Police und die Hütte, in der General Frederick Middleton während der North West Rebellion 1885 vorübergehend Quartier machte, sind die einzigen Überbleibsel aus der Frühzeit.

Zum Prince Albert National Park

Präriebewohner, die nach langen Reisen von den engen Tälern des Westens oder den schmalen Straßen des Ostens wieder ins überschaubare Flachland zurückkehren, atmen auf. Auch sie jedoch streiten nicht ab, daß stundenlanges Fahren auf schnurgeraden Straßen durch *miles and miles of nothing but miles and miles* einschläfernd wirkt. Glücklicherweise enthüllt die Einöde dem, der bereit ist, Umwege und Abstecher zu machen, doch auch Kleinodien.

Von den Straßen, die von Regina nach Norden führen, ist der Highway 20 am abwechslungsreichsten. Die schmale Sichel des Last Mountain Lake ist alles, was von einem größeren See übrigblieb, der vor 12 000 Jahren in den Qu'Appelle River entwässerte. An dessen Südende finden die Großstädter Badegelegenheit (Regina Beach, Saskatchewan Beach), von 1869 bis 1871 handelte die Hudson's Bay Company hier mit Bisonfleisch und Fellen. Kopien dreier Gebäude dieses Postens sind im **Last Mountain House Provincial Historic Park** zu sehen. In einer Schlucht am See-Ufer westlich von Bulyea, am Ende einer 22 km langen Stichstraße, liegt ein schöner Picknickplatz, Rowan's Ravine Provincial Park. Am Nordende des Sees, zugänglich über Govan, liegt das älteste Vogelschutzgebiet in Nordamerika, das 1887 geschaffene **Last Mountain Lake Bird Sanctuary.** Hier kann man neben dem gefährdeten Singkranich den Sandhill Crane, Kormorane, Pelikane und viele Dutzende anderer Arten beobachten. Zugvögel machen im Mai auf dem Weg nach Norden und von Mitte August bis Mitte September auf dem Rückweg Rast. Um die Vögel von den Getreidefeldern der Umgebung abzulenken, wird in der Nähe Gerste für sie angebaut.

Der Little Manitou Lake bei Watrous ist dreimal salziger als der Ozean, tragfähiger sogar als das Tote Meer, in dem man nicht untergehen kann. ›See der heilenden Wässer‹ nannten ihn die Indianer, **Manitou Beach** galt vor Jahren als das ›Karlsbad von Kanada‹. Auch tief unter der Erdoberfläche gibt es hier viel Salz. Vor 360 Mio. Jahren, im mittleren Devon, lag Saskatchewan wenige Grade südlich des Äquators. Nur im äußersten Nordosten und Südwesten der Provinz war Land, den Rest bedeckte ein tropisches Meer, aus dem mehr Wasser verdampfte, als die Flüsse liefern konnten. Die ausfallenden Salze, die sich in mächtigen Schichten am Meeresboden absetzten, werden heute in einigen Kalischächten *(potash*

Historische Abbildung der zweirädrigen red river carts

mines) abgebaut, von denen die meisten im weiteren Umkreis von Saskatoon liegen. Der Highway 2 führt an mehreren Schachtanlagen vorbei.

Saskatoon und die Stätten der North West Rebellion links liegenlassend, zielt der Highway 2 durch zunehmenden Baumwuchs über Prince Albert auf den gleichnamigen Nationalpark. Der Park wurde 1927 gegründet, früh genug, um der Ansiedlung von Feriengästen wenigstens vorzubeugen. Sommerhäuser, Motels und Geschäfte sind auf ein locker gegliedertes, gut gepflegtes Städtchen, Waskesiu Townsite am Waskesiu Lake, beschränkt. Hier liegt auch das Hauptquartier des Parks mit einem Informationszentrum, und von hier führen Autostraßen an beiden Ufern des Waskesiu-Sees entlang. Um weiter in den Park einzudringen, muß man wandern oder sich ein Kanu leihen. Der **Prince Albert National Park** liegt im Übergangsgebiet zwischen dem Espenparkland im Süden und den borealen Nadelwäldern im Norden. Elche, Schwarzbären, Wölfe, Füchse und Biber sind häufig. Weiße Pelikane, die in einer großen Kolonie am unzugänglichen Lavallee Lake im Norden des Parks nisten, statten auch anderen Seen oft Besuche ab.

An einem anderen abgelegenen, aber zu Fuß erreichbaren See, Ajawaan Lake, steht die Blockhütte Beaver Lodge. Hier lebte und wirkte sieben Jahre lang eine legendäre und umstrittene Figur der kanadischen Literatur. Grey Owl (1888–1938) arbeitete eine Zeitlang als Trapper und Fremdenführer in Nord-Ontario. Er galt allgemein als Ojibwa, gab sich selbst aber nur als Halbblutindianer aus. Nachdem seine Gefährtin vom Stamm der Mo-

Fort Carlton, Handelsposten der Hudson's Bay Company

hawk ihn dazu inspiriert hatte, populäre Tiergeschichten und Wildnisabenteuer (»Pilgrims of the Wild«, »Men of the Last Frontier«) zu schreiben, wurden ihm ehrenamtliche Parkwärterposten zunächst im Riding Mountain National Park in Manitoba und dann im Prince Albert National Park angeboten. Erst nach seinem Tod wurde bekannt, daß die ›Graue Eule‹ als Archibald Stansfield Belaney im englischen Hastings zur Welt gekommen war. Er liegt am Ajawaan Lake begraben.

Wenn man von den Pelzhandelsposten absieht, begann die Besiedlung von Saskatchewan mit James Isbister, einem englisch-indianischen Mischling, der sich 1862 dort niederließ, wo heute **Prince Albert** liegt. Die presbyterische Mission, die hier wenige Jahre später entstand, wurde zum Anziehungspunkt anderer *halfbreeds.* Sechzig Kilometer weiter südlich gründeten französisch-sprechende Métis, die den immer kleiner werdenden Bisonherden nicht nach Montana folgen wollten, die Gemeinde St. Laurant mit dem Hauptsitz Batoche. Ähnliche Bestrebungen und Beschwerden, wie diejenigen, welche die Red River Rebellion und die Gründung der Provinz Manitoba zur Folge hatten, führten 1884 dazu, daß sich die Métis ihres Anführers von 1869 besannen und ihn aus Montana zurückholten. Historiker sind uneinig, wie berechtigt die North West Rebellion war und ob Louis Riel 100 Jahre nach seinem Tod als Rebell oder als Held anzusehen ist. Fest steht, daß die Métis unter seinem Oberkommando, aber im Feld von dem erfahrenen Bisonjäger und Fährmann Gabriel Dumont befehligt, 1885 mit der Waffe in der Hand aufstanden.

Knapp 60 km südwestlich von Prince Albert markiert ein turmgekröntes Informations- und Ausstellungsgebäude die Abzweigung vom Highway 11 zum Duck Lake und zum historischen **Fort Carlton.** Dort machten vor 150 Jahren Wagenführer mit ihren zweirädrigen *red river carts* oder vierrädrigen Planwagen auf der 1440 km und sechs Wochen langen Reise zwischen Edmonton und Winnipeg Rast. Flußschiffer auf dem Weg nach Fort Cumberland handelten von Indianern und Métis Bisonfleisch und Felle gegen Gewehre, Äxte, Tabak und Wolldecken ein. Alles unter den wachsamen Augen der Agenten der allmächtigen Gesellschaft.

Das Fort wurde 1967 zur Hundertjahrfeier des kanadischen Bundesstaats so wiederhergestellt und eingerichtet, wie es bis zum Aufstand der Métis funktionierte. Als die Unruhen sich am politischen Horizont abzeichneten, wurde eine Abteilung der North-West Mounted Police nach Fort Carlton beordert. Eine ihrer Patrouillen verlor am 26. 3. 1885 am Duck Lake im ersten Feuergefecht der North West Rebellion zehn Mann. Bei der daraufhin angeordneten Evakuierung brach ein Feuer aus, das die Anlage teilweise einäscherte. Das Dorf Duck Lake ist jüngeren Datums, aber sehenswert, weil viele der Hauswände mit Darstellungen aus der Geschichte der Métis bemalt sind.

Nach der Nachricht von der Niederlage am Duck Lake entsandte die Bundesregierung auf der inzwischen fast fertiggestellten Bahnlinie der Canadian Pacific Railway ein kleines Heer von Milizsoldaten gen Westen. Dessen Marsch am South Saskatchewan River entlang nach Norden konnte die Guerillataktik von Gabriel Dumont am Fish Creek vorübergehend aufhalten, aber am 12. 5. mußten sich 300 Métis bei Batoche einer fast dreifachen Übermacht beugen. An dieser entscheidenden Begegnung nahm auch die ›Präriemarine‹ in der Gestalt des Heckraddampfers »Northcote« teil, den der listige Dumont allerdings mit über den Fluß gespannten Kabeln außer Gefecht setzen konnte. Nach der entscheidenden Niederlage von Batoche stellte sich Riel, im gleichen Jahr wurde er in Regina zum Tode durch den Strang verurteilt. Dumont entkam in die Vereinigten Staaten, trat dort eine Weile in Buffalo Bills Wild West Show auf und kehrte, inzwischen begnadigt, kurz vor der Jahrhundertwende nach St. Laurant zurück.

Von den beiden historischen Parks, Fish Creek und Batoche, ist letzterer der weitaus interessantere. Wenn der lichte Stahl- und Glasbau des Informationszentrums die Nüchternheit unterstreichen soll, mit der man das Für und Wider der North West Rebellion betrachten muß, dann erfüllt er seinen Zweck. Die Exponate, darunter ausgezeichnete Dioramen von Métis auf der Bisonjagd und in Schützenlöchern, sind eher geeignet, dem gegenwärtigen Zeitgeist entsprechende Sympathien für die zweifellos heroischen, nicht aber ganz ohne Grund zur Rechenschaft gezogenen Aufständischen zu wecken.

Über ihre Philosophie kann man sich streiten, aber Sinn für Schönheit hatten die Abstinenzler, die **Saskatoon** 1882 als *temperance colony* gründeten. Anders als Regina wurde diese Stadt nicht in die flache Prärie ›gestellt‹, sondern in das anmutige Tal des South Saskatchewan River eingebettet. Heute ist Saskatoon mit bald 190 000 Einwohnern die größte Stadt der Provinz und Sitz der wohlrenommierten University of Saskatchewan. Lange bevor die ersten Weißen hier erschienen, hatten indianische Jäger und Sammler sich das windgeschützte Tal des South Saskatchewan River nördlich von Saskatoon als Wohnstätte ausgesucht. In **Wanuskewin** entsteht abseits des Highway 11 ein historischer Park, in dem an die 20 prähistorische, bis zu 6000 Jahre alte Grabungsobjekte, *medicine wheels, tipi rings* und für die Treibjagd benutzte Bisongehege, freigelegt werden.

Für die Rückfahrt nach Regina tut man gut, nicht den Superhighway 11 zu wählen, sondern den Highway 219. Dieser führt zunächst durch Sandhügel und dann durch Wiesen, Felder und immer kahleres Gelände, bis plötzlich ein großer See in der Trockensteppe auftaucht. In den 60er Jahren wurde hier der South Saskatchewan River mit dem Gardiner Dam zum Lake Diefenbaker aufgestaut, der nun Südwest-Saskatchewan mit Elektrizität und das Ödland mit Wasser versorgt.

Big Muddy Badlands und Cypress Hills

Im Jahre 1857 entsandte die britische Kolonialverwaltung Captain John Palliser, um das Gebiet zwischen dem Red River in Manitoba und den Rocky Mountains auf landwirtschaftliche Tauglichkeit zu untersuchen. Sein Urteil über das nach ihm benannte, aus Südwest-Saskatchewan und Südost-Alberta bestehende Dreieck fiel negativ aus: semi-arid, dünne Bodendecke ausreichend für kurzes Gras, nicht aber für Getreide. Der schnellste Weg durch diese karge Kurzgrasprärie ist der TransCanada Highway. Weitaus schöner und

In den Cypress Hills

interessanter ist der Umweg durch den äußersten Südwesten der Provinz, zur Castle Butte in den **Big Muddy Badlands,** zu den St. Victor's Petroglyphs, zum Wood Mountain Post und zu den Cypress Hills.

Die 8 km lange ungepflasterte, aber bei trockenem Wetter gut passierbare Stichstraße zur Castle Butte in den Badlands zweigt 22 km nördlich der Grenze mit dem US-Staat Montana vom Highway 34 nach Südwesten ab. Badlands, die *mauvaises terres* der französischen Kundschafter, entstehen in gemäßigten Breiten dort, wo das Klima keine üppige Vegetation zuläßt, wo flachliegende, unverfestigte Sedimente den Untergrund bilden und wo dieser Untergrund nicht durch eine dicke Decke von glazialem Schutt vor der Erosion durch fließende Wässer geschützt ist. In den Höhlen und verlassenen Seitentälern der Badlands von Saskatchewan suchten um die Jahrhundertwende Banden von amerikanischen Viehdieben und Bankräubern Zuflucht.

Im **St. Victor Petroglyphs Provincial Historic Park** ritzten prähistorische Indianer Bilder tierischer Fußspuren, menschlicher Gesichter und immer wieder Darstellungen von Schildkröten in den Sandstein. Ein hölzerner Fußsteig führt auf die Höhe, von der man einen einzigartigen Blick in die leicht gewellte Prärielandschaft hat, der man ihre Dürre meist erst im Spätsommer ansieht.

Etwa 60 km westlich von St. Victor wurde der **Wood Mountain Post,** einer der ersten Stützpunkte der North-West Mounted Police, in einem historischen Park wiederaufgebaut. Nahebei empfing im Frühjahr 1877 ein kleiner Trupp der berittenen Polizei den Häuptling Sitting Bull, der mit 3000 Sioux nach dem Sieg über das Kavallerieregiment des General Custer in Montana die kanadische Grenze überschritt.

Die französischen *voyageurs,* die der schlanken, hochgewachsenen ›Zeltstangenkiefern‹ *(lodgepole pines)* zuerst ansichtig wurden, fühlten sich an mediterrane Zypressen erinnert, und so kamen die Plateaus an der Grenze zwischen Saskatchewan und Alberta zu ihrem Namen. Die Cypress Hills erheben sich nicht nur 450 bis 750 m über ihre unmittelbare Umgebung, ihr Westrand ist mit 1465 m über dem Meer die höchste Erhebung zwischen den Bergen an der Küste von Labrador und dem Vorgebirge der Rocky Mountains.

Im Frühjahr 1873 kam es am Südrand des Westblocks zu dem berüchtigten *Cypress Hills Massacre*, bei dem amerikanische Whisky-Händler und Wolfsjäger ungefähr 20 Assiniboine töteten, die sie – wahrscheinlich zu Unrecht – des Pferdediebstahls bezichtigten. Dies war einer jener Anlässe, die zur beschleunigten Aufstellung der North-West Mounted Police führte. Einer der sechs nach Westen entsandten Züge von je 50 Mann wurde nach einjährigem Marsch an Ort und Stelle des Massakers stationiert. Das Fort trägt den Namen von Superintendant James Walsh, der wenig später für die friedliche Abfertigung von Sitting Bulls Sioux verantwortlich war. **Fort Walsh** wurde wiederhergestellt. Wer romantische Vorstellungen vom Leben der Polizeitruppe im wilden kanadischen Westen hegt, sollte die Führung durch die Fort Walsh National Historic Site mitmachen und sich eine Kopie der »Scarlet Review« geben lassen. Zwei Schlagzeilen lauten »Living Conditions Deplorable« (Lebensbedingungen erbärmlich) und »Desertation Rates Soar« (Desertationsrate steil ansteigend).

Calgary und Süd-Alberta

Durch besondere geographische und geologische Gegebenheiten kam Alberta zu einer soziologischen und wirtschaftlichen Nord-Südpolarität, die sich auch im Charakter der beiden Großstädte Calgary und Edmonton äußert. Calgary ist nicht nur für die Ölleute aus Texas, sondern auch für Besucher aus Übersee leicht erreichbar. Ob man sich der Stadt durch die Luft oder auf der Straße von Osten nähert, der erste Eindruck ist, daß sie am Westrand der Prärie emporschoß, ein natürliches Etappenziel vor dem Vorstoß hinter die Kulissen der Rocky Mountains. Wer der erste *Calgarian* war, ist nicht überliefert, aber sein Zelt stand wahrscheinlich dort, wo der Elbow in den Bow River fließt und wo ein Trupp der North-West Mounted Police im August 1875 ein befestigtes Lager errichtete. Nach dem schottischen Geburtsort des Polizeiobersten James F. Macleod benannt, wurde Fort Calgary schon acht Jahre später Bahnstation der Canadian Pacific Railway Company. Von da ab ging es aufwärts, auch weil es keine Bisons mehr gab und die inzwischen auf Reservate verteilten Indianer mit Zuchtvieh versorgt werden mußten. Aus der *railway town* wurde eine *cow town*.

Im Jahre 1912 kam ein amerikanischer Veranstalter auf die Idee, ein gefürchtetes Ereignis im Cowboy-Leben, die panische Flucht *(stampede)* einer Herde von Rindern oder Pferden, zum Thema für ein Rodeo zu machen, das seit 1923 alljährlich stattfindet. Die Stam-

Der Saddledome in Calgary

Cowboys und Rodeos

Einige der besten Cowboys sind Kanadier, und eines der größten Rodeos der Welt findet alljährlich in Calgary statt. Der Beruf aber und die Veranstaltung haben ihren Ursprung in Mexiko, und die Subkultur, zu der beide gehören, entsproß dem amerikanischen Westen. Die ersten Cowboys waren mexikanische *vaqueros.* Von ihnen lernten abgemusterte Kavalleristen, die nach dem Bürgerkrieg gegen die Nordstaaten 1866 nach Texas zurückkehrten, ihr Gewerbe. Wer kein Pferd mitbrachte, mußte nur einen Mustang einfangen und zureiten. Langhornrinder, ebenfalls von den Spaniern eingeführt und dann verwildert, hatten sich vermehrt und lösten die selten werdenden Bisonherden ab. Sie brauchten nur zum nächsten Markt getrieben zu werden, der allerdings meist Hunderte von Kilometern weiter im Norden lag.

Zur ›Brutstätte‹ von Wildwest-Legenden wurde das neue Arbeitsfeld erst 1902, als Owen Wister mit seinem Roman »The Virginian« den Sattelhelden schuf, den Hollywood fortan mit einer dauerhaften Aura von Kühnheit, Treue und Opferbereitschaft umgab. Gelegentlich wurden die Viehherden tatsächlich von weißen oder roten Banden heimgesucht, doch gibt es sicher mehr Schauspieler, die auf der Leinwand *gunfighters* darstellten als Cowboys, die sich mit dem *sixshooter* verteidigen mußten. Die gefürchtetsten Ereignisse beim *cattle drive* waren Gewitter und andere harmlose Anlässe, welche die Herden in wilde Flucht *(stampede)* versetzten.

Chuckwagon race bei einem Rodeo

Als die Zahl der Viehfarmen anwuchs und ihre Herden sich im Winter auf den noch uneingezäunten Weiden mischten, wurden im Frühjahr *round-ups* (spanisch *rodeos*) abgehalten, bei denen die Rinder nach Brandzeichen sortiert und die neugeborenen Kälber gebrandmarkt wurden. Hierbei kam es zu reiterischen Wettkämpfen, die später unter dem – nun meist auf der ersten Silbe betonten – Namen Rodeo zu kommerziellen Sportveranstaltungen wurden.

Im letzen Viertel des 19. Jh. verringerten sich auch in Alberta die Bisons, die Indianer konnten sich in ihren Reservaten nicht mehr selbst ernähren, Polizei, Miliz und Bahnarbeiter mußten verpflegt werden, und so machte sich die Viehwirtschaft auch in Alberta bezahlt. Unternehmer und Kapital kamen zumeist von Osten, während die Herden und mit ihnen die Cowboys aus dem amerikanischen Westen heraufzogen.

Unter den vielen Rodeos, die jedes Jahr von Morris (Manitoba) bis Williams Lake (British Columbia) abgehalten werden, ist die Calgary Stampede das bedeutendste und eines der größten der Welt. Die Cowboys, die bei diesen Veranstaltungen vor Tausenden von Zuschauern ihre Knochen aufs Spiel setzen, kommen bis aus Australien. Sie alle haben einmal als Landarbeiter auf abgelegenen Ranches angefangen und kämpfen nun nach genauen Regeln in halsbrecherischen Wettbewerben um Punkte, Titel und stattliche Summen. Die vom Veranstalter zur Verfügung gestellten und eigens für diesen Zweck gezüchteten Reittiere sind um so wertvoller, je tobsüchtiger und bockiger sie sich während des Rodeos gebärden.

Bareback riding ist die anstrengendste Art des Rodeosports. Der sattel- und zügellose Cowboy darf sich nur mit einer Hand an einem Ledergurt festhalten. Mit der anderen darf er weder sich noch das Pferd berühren, und je wilder er dem Tier die Sporen gibt, um so mehr Punkte bekommt er. Vorausgesetzt, daß er acht Sekunden lang beritten bleibt. Beim *saddle bronc riding* ist das Pferd zwar gesattelt, aber ungezügelt. Der Reiter hat nur den Halfterstrick in der einen Hand und darf auch hier die andere nur dazu benutzen, acht Sekunden Balance zu halten.

Besonders spektakulär ist das *bull riding*. Die Regeln sind die gleichen wie auf dem sattellosen Pferd, aber die Chancen sind geringer, denn der Stier hat einen größeren Leibesumfang und ein lockeres Fell. Vor allem aber hat er ein bösartiges Temperament und versucht, den Reiter auf die Hörner zu nehmen, gleichgültig, ob er ihn vor oder nach acht Sekunden los wird. Bei dieser Darbietung sind deshalb zwei Rodeo-Clowns in der Arena und versuchen, den Bullen abzulenken, während der Reiter sich in Sicherheit bringt.

Calf roping und *steer wrestling* sind Fertigkeiten, die beim *round-up* zur Routine gehörten und bei denen Reiter und Pferd zusammenarbeiten. Im ersten Fall fängt der Cowboy das fliehende Kalb mit der Lariat (vom spanischen *la reata*, Seil oder Lasso) ein, springt vom Pferd, wirft das Kalb zu Boden und fesselt es mit einem Strick, den er zwischen den Zähnen bereithält. Das dauert oft nur sechs Sekunden. Das Pferd hält inzwischen das am Sattel befestigte Lasso in Spannung. Die gestoppte Zeit gilt nur, wenn der Reiter wieder aufsteigt, das Lasso entspannt und die Fessel dann noch sechs Sekunden hält. Beim *steer wrestling* muß der Cowboy sich im vollen Galopp auf den Jungstier werfen, ihn bei den Hörnern packen und so zu Fall bringen, daß er auf der Seite liegt. Auch das nimmt nur wenige Sekunden in Anspruch.

Der eleganteste Rodeo-Sport ist der, bei dem Pferd und Reiter nicht nur gemeinsame Sache machen, sondern von Anfang bis Ende wie miteinander verwachsen bleiben. Beim *ladies barrel racing* geht es darum, drei im Abstand von 18 bis 36 m aufgestellte Fässer in möglichst kurzer Zeit in einer Kleeblattfigur zu umrunden.

Am aufregendsten sind die *chuckwagon races*. Bei den *round-ups* stellte jede Ranch für ihre Cowboys einen vierrädrigen, gedeckten Wagen als Feldküche. Die ersten Rennen sollen nach der Arbeit auf dem Weg zum nächsten Saloon stattgefunden haben. Bei den *chuckwagon races* beginnt die Aufregung gleich beim Start. An jedem Rennen nehmen vier Wagen teil. Sobald das Horn erklingt, muß die aus vier *outriders* bestehende Begleitmannschaft zunächst Herd und Zeltzubehör auf den Wagen werfen, worauf der Fahrer sein Vierergespann in vollem Galopp in einer möglichst engen Achterfigur um zwei Fässer lenkt. Dann jagen die vier Gespanne in wilder Fahrt einmal um die Rennbahn. Wenn Fässer umfallen, wenn Utensilien liegenbleiben oder wenn nicht alle *outriders* ihren Wagen vor dem Ziel eingeholt haben, gibt es Strafsekunden. Bei der Calgary Stampede wiederholt sich dies Schauspiel zehnmal am Abend vor vollbesetzten Tribünen. Die Gruppierung der Teilnehmer in jedem Rennen richtet sich nach der Gesamtzeit der Vortage, so daß sich der Wettbewerb zwischen gleich guten Fahrern bis zum Ende der Rennwoche immer mehr zuspitzt.

pede hat Calgary zunächst in Nordamerika und dann, wenn man den Broschüren glauben kann, in aller Welt berühmt gemacht. Später kam eine landwirtschaftliche Ausstellung hinzu, die Calgary Exhibition and Stampede ist heute das Ereignis des Jahres. Die Bevölkerung – sofern sie nicht vor dem Ansturm der Besucher aus nah und fern das Weite gesucht hat – trägt zehn Julitage lang auch im eleganten Wolkenkratzerbüro Blue Jeans, Cowboystiefel und Stetson-Hüte. Nach der Arbeit, die in diesen Tagen nicht ernstgenommen wird, trifft man sich in einem der vielen auf ›westlich‹ hergerichteten Lokale zu fortgesetztem Feiern. Wer Calgary nur einmal besuchen will, sollte es Anfang Juli tun. Nicht des Jahrmarktsrummels und der Straßen-Cowboys wegen, sondern um das Rodeo und die *chuckwagon races* zu sehen. Die Akrobatik der Reiter auf bockenden Pferden und Stieren, mit und ohne Sattel, ist halsbrecherisch, die wilde Jagd im Vierergespann der gedeckten Wagen, mit denen zur guten alten Zeit die Cowboys weit draußen verpflegt wurden, ist atemberaubender als das spannendste Derby.

Den besten Gesamteindruck von der Stadt und die bequemste Übersicht über das, was dort zu sehen ist, vermittelt der 190 m hohe **Calgary Tower,** der leider nicht mehr alles überragt. Es ist noch nicht lange her, daß Calgary sich gern als *cow town* ausgab. Im Jahre 1960 stand hier noch kein Hochhaus von mehr als zwölf Stockwerken. Das imposante Stadtbild von heute existiert erst seit zwei Jahrzehnten. Die vielen Wolkenkratzer, in denen die Ölgesellschaften ihre Bohrfeldzüge planen und die Banken die notwendigen Dollarmillionen vorschießen, haben immer noch keine rechten Großstadtgefühle erweckt. Es ist kein Zufall, daß das gedeckte Stadion im Stampede-Gelände im Südosten, in dem 1988 die olympischen Eislaufveranstaltungen stattfanden und jetzt die Calgary Flames der National Hockey League zu Hause sind, die Gestalt eines Sattels hat und den offiziellen Namen Saddledome führt. Im Gegensatz zu anderen olympischen Austragungsorten gingen die Spiele 1988 nicht zu Lasten der Bevölkerung. Ein weithin sichtbares Andenken an den wirtschaftlichen Erfolg der Winterspiele ist der **Canada Olympic Park** am TransCanada Highway westlich der Stadt: Sprungschanzen, Bob- und Rodelbahn sowie die Ausstellungsräume der Olympic Hall of Fame.

Wer sich für die Geschichte des kanadischen Westens interessiert, sollte mehrere Stunden für das am Fuße des Turms gelegene **Glenbow Museum** reservieren. Es hat eine der besten Prärie-Indianer-Sammlungen der Welt, ist aber auch gut bestückt mit arktischen Exponaten und Schaustücken aus der Kolonialzeit. Besonders beachtlich ist die Mineraliensammlung.

Der **Heritage Park** im Südwesten der Stadt liegt thematisch auf der gleichen Linie wie die Museumsdörfer in anderen Teilen Kanadas, wirkt aber weniger echt als beispielsweise Ontarios Upper Canada Village oder Kings Landing in New Brunswick. Die malerische Lage am Glenmore Lake ist ebenso untypisch für das ländliche Süd-Alberta wie Windmühle, Raddampfer und Palisadenzaun. Sehenswert ist die authentische Maschinerie, mit der die ersten Ölbohrungen im Seilschlagverfahren niedergebracht wurden und das ebenso echte zweistöckige *outhouse* (Plumsklo) beim Wainwright Hotel.

Um Zebras und Tiger zu sehen, muß man nicht nach Kanada kommen, aber wer sich

Calgary und Süd-Alberta

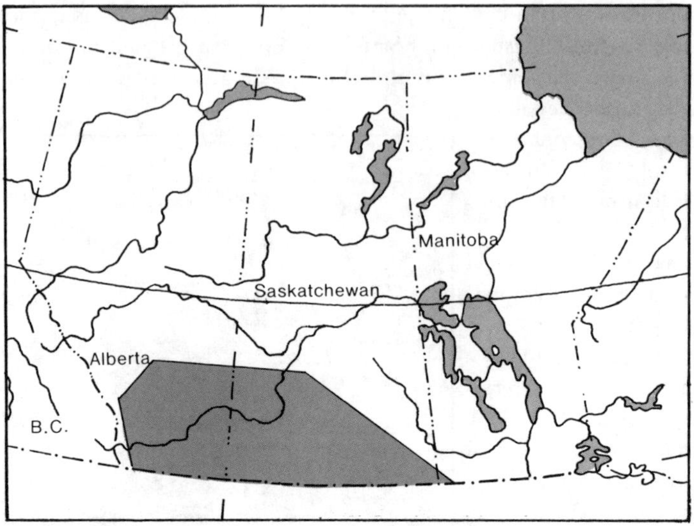

Pallisers Dreieck

auf die Tierwelt in den Nationalparks des Westens vorbereiten will, wird von einem Gang durch den **Zoo** am Bow River im nordöstlichen Stadtzentrum profitieren. Auch die prähistorische Abteilung mit Dinosaurierattrappen ist instruktiv, aber wahre Liebhaber mesozoischer Reptilien werden nicht nach Europa zurückkehren, ohne den Umweg durch das Tal des Red Deer River gemacht zu haben.

Wer Calgary lediglich als Tor in die Rocky Mountains betrachtet, verschenkt die Gelegenheit, sich zwei der größten Indianerreservate in Kanada anzusehen, die Jagdmethoden der Ureinwohner kennenzulernen und die Gefilde zu besuchen, in denen vor 75 Mio. Jahren Herden von Dinosauriern umherzogen. Auch hat Palliser, zum Glück für Generationen von Neuankömmlingen aus Süd und Ost, den Wert des nach ihm benannten Dreiecks stark unterschätzt. Er konnte nicht wissen, daß die kurzen Präriegräser für das genügsame Vieh des amerikanischen Westens ausreichend nahrhaft sind. Auch ahnte er nicht, daß ein ausgedehntes Netz von Bewässerungsgräben einmal reiche Mais- und Zuckerrübenernten zulassen würde. Eine Rundfahrt von etwa drei Tagen mit Übernachtungen vielleicht in Lethbridge und Drumheller sollte ausreichen, um all dies zu inspizieren. Man kann die Fahrt auch mit einem Besuch des Waterton Lakes National Park verbinden (vgl. S. 312).

Der Highway 2, die schnelle, aber doch recht eintönige Ausfallstraße Richtung USA, verläßt man am besten am Südrand von Calgary und nimmt den Highway 22 nach Westen. Hier finden Anhänger des Reitsports Spruce Meadows, eine vorbildliche Anlage von internationalem Ruf, auf der jedes Jahr mehrere erstklassige Turniere stattfinden. Nach 17 km biegt der Highway 22 Richtung Süden ab. Bei Turner Valley wurde 1914 das erste Ölfeld in

Alberta entdeckt. Südlich davon breiten sich die hügeligen und bis auf wenige Kleinstädte fast menschenleeren Weidegründe der großen *cattle ranches* aus, durch welche die Straße entlang der Chain Lakes und Porcupine Hills zur Kreuzung mit dem Highway 3 führt.

Wenn man dem Highway 3, der auch Southern TransCanada Highway genannt wird, nach Westen in die Rocky Mountains folgt, kommt man nach 15 km durch ein riesiges Trümmerfeld aus gigantischen Felsbrocken. Bevor das Geröll am 29. 4. 1903 innerhalb von weniger als zwei Minuten einen Teil der Stadt **Frank** und 70 ihrer Einwohner verschüttete, bildete es die Nordwand des Turtle Mountain. Im Frank Slide Interpretive Centre werden der Bergsturz und die Geschichte des Kohlenbergbaus am Crowsnest Pass sehr anschaulich dargestellt.

Landschaft in Süd-Alberta

In östlicher Richtung führt der Highway 3 an der Straße nach Pincher Creek und zum Waterton Lakes National Park (vgl. S. 312) vorbei. Brocket ist der Verwaltungssitz der **Peigan Indian Reservation.** Das Reservat wurde 1877 einem Zweig der Blackfoot zugewiesen. So wie hier leben überall die Nachfahren der einst frei herumziehenden Rothäute in bescheidenen vier Wänden, mit Elektrizität, Fernsehen und sanitären Anlagen, bar jeglicher Wildwestromantik. Tipis und Tänze um das Lagerfeuer sind für den Fremdenverkehr.

Einen Blick in die ehemalige Welt der Prärie-Indianer vermittelt das nächste Ziel, **Head-Smashed-In Buffalo Jump,** 18 km westlich von Fort Macleod an der Straße Nr. 785. Was sich hier und an zahlreichen ähnlichen Geländestufen in der nordamerikanischen Prärie jahrhundertelang wiederholte, war kaltblütig grausam, aber von hohem Nutzeffekt. Von schreienden und lanzenschwingenden Reitern gehetzt, stürzten ganze Bisonherden über ein Felsenkliff in die Tiefe. Unten wurden die verkrüppelten und betäubten Tiere von anderen Mitgliedern der Jagdpartie erschlagen oder erstochen, abgehäutet und zerlegt. Ob sie immer vollends ausgewertet wurden, bleibt dahingestellt.

Karl Mays edle Wilde waren Menschen wie alle anderen, und als solche betrieben sie gelegentlich Raubbau. Zweifellos hat auch die Nachfrage weißer Händler nach Fellen, die zu *buffalo robes* verarbeitet wurden, das Ende der Bisons beschleunigt. Geschickt eingebaut in das verhängnisvolle Kliff ist ein großes, hochinteressantes, von Indianern betriebenes Interpretation Centre, in dem Jäger und Gejagte in Bild und Ton sowie naturgetreuen Exponaten wieder auferstehen. Außerdem bekommt man den nicht unwillkommenen Eindruck, daß die schonungslose Treibjagd auch menschliche Opfer forderte. So soll sich der Name des Schlachtfelds nicht auf den Schädel eines Bisons, sondern den eines Indianers beziehen.

Von **Fort Macleod,** wo der erste, von der North-West Mounted Police 1874 errichtete befestigte Stützpunkt in Alberta als Museum wieder aufgebaut wurde, kann man nach Süden abbiegen und durch die ausgedehnte **Blood Indian Reservation** nach Cardston fahren, um dort den imposanten Mormonentempel zu besichtigen, von außen allerdings nur, wenn man der Sekte nicht angehört. Leichter, nämlich mit dem westlichen Rückenwind, der hier gewaltig wehen kann, kommt man nach Lethbridge.

Wenn auch Bisons die Prärie-Indianer jahrtausendelang mit fast allem versorgten, was sie brauchten, so ist ihr Verschwinden doch nicht allein schuldig am Niedergang des ›Roten Mannes‹. Zum Andenken an die Rolle, die der ›Weiße Mann‹ nicht nur mit seinen Krankheiten, sondern mit seinem Feuerwasser spielte, wurde am Oldman River in **Lethbridge** das einstige Fort Whoop-up wiedererrichtet. In seinem Namen hallt der übermütige Streitruf trunkener Indianer wider, bei denen amerikanische Händler Bisonfelle gegen eine alkoholische Mixtur fragwürdiger Herkunft eintauschten. Den Namen *fire water* verdiente sie nur, wenn sie, ins Lagerfeuer gespuckt, aufflammte. Die Polizeitruppe machte diesem Treiben ein schnelles Ende. Dort, wo Fort Whoop-up heute steht, fielen noch 1870 mehrere hundert Cree und Blackfoot in der letzten ihrer traditionellen Auseinandersetzungen.

Eine Gedenkstätte ganz anderer Art erinnert an die hysterische, von Politikern und habgierigen Nachbarn geschürte Angst vor Bürgern japanischer Abkunft im Zweiten Welt-

Hoodoos *bei Drumheller*

krieg. Dem Beispiel der Vereinigten Staaten folgend, wurden etwa 20 000 von ihnen nach dem japanischen Angriff auf Pearl Harbor 1941 an der Westküste praktisch enteignet und im Inland interniert. Eines der Lager war in Lethbridge, dort entstand 1967 aus den stillen Elementen japanischer Gartenarchitektur, Felsen, Teichen, Brücken und Pavillons eine Insel der Besinnlichkeit. Der Nikka Yuko Garden am Henderson Lake ist ein Symbol der wieder hergestellten Freundschaft zwischen Kanada und Japan. Eine andere Verbindung mit der Westküste stellt die Universität von Lethbridge dar, für die der Architekt Arthur Erickson aus Vancouver einen eleganten Langbau in das tiefeingeschnittene Trockental des Oldman River gesetzt hat.

Der Milk River ganz im Süden der Provinz ist der einzige kanadische Fluß, dessen Wasser (über Missouri und Mississippi) in den Golf von Mexiko fließt. Im Tal dieses Flusses liegt der **Writing-On-Stone Provincial Park,** eine landschaftliche und archäologische Kostbarkeit, die man von Lethbridge mit einem Abstecher von 120 km erkaufen muß. Als der Milk River noch eiszeitliches Schmelzwasser führte, bahnte er sich einen Weg durch Sandsteine und eisenhaltige Schichten der jüngeren Kreidezeit. Nachträgliche Erosion hinterließ im ehemaligen Flußbett Myriaden von *hoodoos,* rundlichen Sandsteinkegeln, deren jeder von einer Kappe aus härterem Toneisenstein beschirmt wird. Soweit die Wissenschaft.

Für die Eingeborenen war das Milk River Valley eine magische Landschaft, in der junge Krieger in einsamen Nächten mit ihren Schutzgeistern um Offenbarungen rangen. Im Verlauf von 3000 Jahren fand die Visionssuche *(vision quest)* ihren Niederschlag in Hunderten von Felszeichnungen, die mit geschärften Knochen in den Sandstein geritzt wurden. An Stil und Ausrüstung der dargestellten Figuren erkennt man unter sachverständiger Führung, in welcher Epoche die einzelnen Bilder entstanden: Vor 500 gab es weder Pfeil noch Bogen, Schilde wurden um 1300 eingeführt, Pferde und Feuerwaffen erst im 18. Jh.

Das nächste Ziel ist der **Dinosaur Provincial Park** rund 150 km Luftlinie östlich von Calgary, dem man sich von dort auf dem TransCanada Highway, von Lethbridge über die Highways 3 und 36, von Milk River über die Highways 4 und 36 nähert. Vor 75 Mio. Jahren war Süd-Alberta von wasserreichen Ebenen bedeckt, die sich zwischen den im Westen aufsteigenden Rocky Mountains und den nördlichen Ausläufern des Golfs von Mexiko erstreckten. Hier zogen Dinosaurier umher, teils als fleischfressende Einzelgänger, vor allem aber in vegetarischen Herden. Ihre versteinerten Reste wurden nach der Entdeckung um 1910 im Tal des Red Deer River waggonweise in die Museen der Welt verschickt, bis dem *Great Canadian Dinosaur Rush* 1925 Einhalt geboten wurde und planmäßige Ausgrabungen begannen – Hauptfundgebiet ist der Dinosaur Provincial Park.

Der Park ist nicht nur wegen seines Reichtums an Fossilien und seines sehr maßvoll als *field station* bezeichneten Museums sehenswert, sondern auch wegen seiner landschaftlichen Eigenart. Die ersten, die es in die tiefeingeschnittenen Flußtäler der semi-ariden amerikanischen Steppe verschlug, hatten wenig Sinn für malerische Hindernisse, und diese gingen daher als *mauvaises terres* oder *badlands* in die geographische Literatur ein. Im Dinosaurierpark schufen Geologie und Klima einige der schönsten Beispiele dieser Topographie. Spärliche, aber konzentrierte Niederschläge schnitten aus dem weichen, pastellgetönten Gestein des Red Deer-Tals ganze Kolonnen von Kegeln und Pilzen heraus, wie sie fotogener auch in den berühmteren Badlands von South Dakota (USA) nicht zu finden sind.

Was im Dinosaur Provincial Park ausgegraben wird, ist im Royal Tyrrell Museum of Paleontology in **Drumheller** zu sehen. Architektonisch ansprechend und vorbildlich ins Red Deer-Tal eingefügt, wurde diese Forschungsstätte zu einem Mekka für Fachleute. Darüber hinaus aber ziehen die riesigen, vollkommen erhaltenen und lebensecht in den Raum gestellten Dinosaurierskelette jedes Jahr Hunderttausende von Laien aus aller Welt an.

Edmonton

Im flußreichen, leichter zu bereisenden Norden gelegen, wurde Edmonton schon 1846 als Fort und Handelsniederlassung der Hudson's Bay Company gegründet und fühlt sich schon deshalb gesetzter als Calgary. Auch laufen hier, im **Regierungsviertel** um die obligate Parlamentskuppel, die Fäden der Bürokratie zusammen. Am soliden, residenzstädtischen Charakter neuweltlicher Prägung kann auch Edmontons Rolle als Zentrum der hemdsärmeligen Bohr- und Feldbetriebe der Ölindustrie nichts ändern.

Nichtsdestoweniger haben die alljährlichen Klondike Days den frivolen, aber rein äußerlichen Anstrich der *Gay Nineties.* In den 90er Jahren des 19. Jh. wurden am Klondike,

Nachbau der »Santa Maria« von Christoph Kolumbus in der West Edmonton Mall, dem größten Einkaufszentrum der Welt

einem Nebenfluß des Yukon, dicht an der Grenze mit Alaska Gold gefunden, und Tausende von Glücksrittern aus allen Ecken des Kontinents machten sich nach Norden auf. Die meisten versuchten, den Yukon auf dem Seeweg über die Westküste zu erreichen. Viele aber ließen sich überreden, den Landweg via Edmonton einzuschlagen, ein unpraktisches, riskantes und langwieriges Unternehmen. Aber die Goldsucher kamen, allein im Jahr 1897 wuchs die Bevölkerung der Stadt aufs Dreifache an. Damit war Edmontons Name als *backdoor to the Yukon* gemacht. Die Klondike Days sind jünger, sie sind Edmontons Antwort auf die Calgary Stampede und finden gleich anschließend an diese statt. Wer also den Wilden Westen mehr als einmal erleben will, braucht nur seine Cowboy-Ausrüstung gegen ein viktorianisches Kostüm einzutauschen und den Airbus nach Edmonton zu nehmen.

Calgary rühmt sich der *greatest outdoor show on earth*, aber der Welt größte *indoor show* findet man in Edmonton. Die **West Edmonton Mall** ist eine gigantische Kombination aus überdimensionalem Einkaufszentrum mit rund 800 Geschäften und Supervergnügungspark mit U-Booten und Wellenbad. Edmonton hat auch gediegenere Sehenswürdigkeiten. Auf der Nordseite des North Saskatchewan River sticht – buchstäblich – das **Space and Science Centre** ins Auge, die stachelige Spirale des von Douglas Cardinal entworfenen Planetariums. Nicht weit davon liegt das **Provincial Museum of Alberta** mit historischen, archäologischen und naturwissenschaftlichen Ausstellungen. Südlich des Flusses interessieren die vier unterschiedlich klimatisierten Gewächshauspyramiden des **Muttart Conservatory** und das wiedererstandene **Fort Edmonton** aus der Pelzhandelszeit.

Die Nationalparks in den Rocky Mountains

Von den Rocky Mountains fließen alle Gewässer entweder nach Westen in den Pazifischen oder nach Osten in den Arktischen bzw. Atlantischen Ozean. Im Südteil des Gebirges fällt die Wasserscheide mit der Grenze zwischen British Columbia und Alberta zusammen. Beide Provinzen haben also Anteil an dem touristischen Prunkstück, das jeder Besucher früher oder später gesehen haben muß.

Man kann die Rockies zum Ziel einer längeren Fahrt von Vancouver durch British Columbia machen, aber das nächstgelegene Einfallstor ist Calgary in Alberta, und für diesen Ausgangspunkt sind die hier vorgeschlagenen Touren ausgelegt: über Banff und Lake Louise nach Jasper, durch den Kootenay National Park nach Radium und durch den Yoho National Park nach Golden. Auch der Waterton Lakes National Park, den man keinesfalls übersehen sollte, ist am leichtesten von Alberta zu erreichen. Man sollte sich für die Fahrt durch die Nationalparks in den Rockies mindestens eine Woche Zeit nehmen.

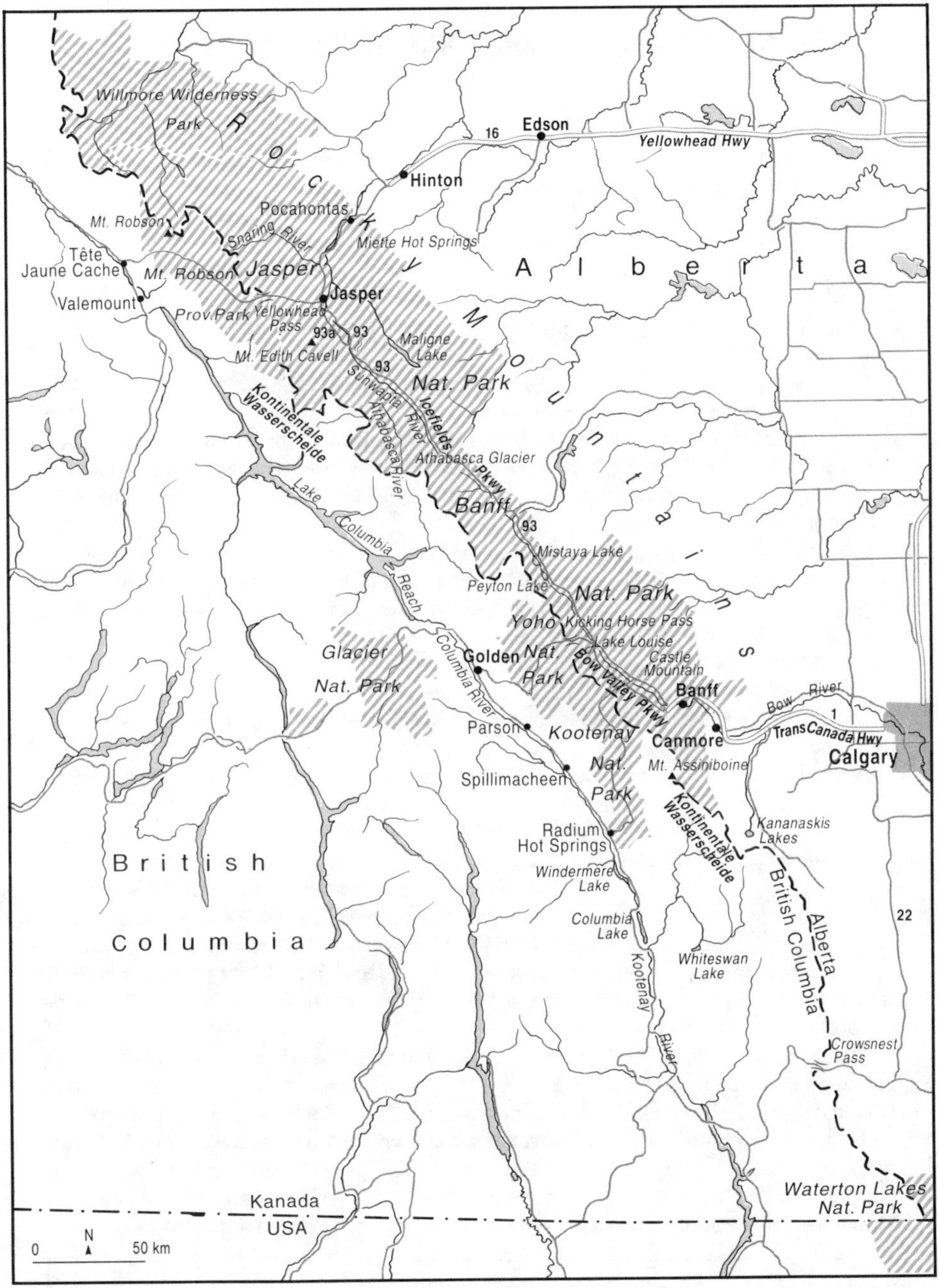

Willmore Wilderness Park
Rocky Mountains
Edson
16
Yellowhead Hwy
Hinton
Pocahontas
Mt. Robson
Snaring River
Miette Hot Springs
Alberta
Tête Jaune Cache
Mt. Robson Prov. Park
Jasper
Valemount
Yellowhead Pass
93a
93
Maligne Lake
Mt. Edith Cavell
Nat. Park
Kontinentale Wasserscheide
Sunwapta River
Athabasca River
Icefields Pkwy
Athabasca Glacier
Banff
Lake
Columbia
Reach
Mistaya Lake
Peyton Lake
Nat. Park
Yoho
Kicking Horse Pass
Lake Louise
Castle Mountain
Glacier Nat. Park
Golden
Nat. Park
Columbia River
Bow Valley Pkwy
Banff
Bow River
1
Parson
Kootenay Nat. Park
Canmore
TransCanada Hwy
Calgary
Spillimacheen
Mt. Assiniboine
Kananaskis Lakes
Radium Hot Springs
British Columbia
Windermere Lake
Columbia Lake
Kootenay River
Whiteswan Lake
22
Alberta
British Columbia
Crowsnest Pass
Waterton Lakes Nat. Park
Kanada
USA
0
N
50 km

Die Entstehung der Rocky Mountains

Wie Vulkane aufsteigen, wußten schon die alten Griechen aus eigener Anschauung, und wie die Erosion aus einem Hochplateau Tafelberge macht, war schon Leonardo da Vinci klar. Bei langgestreckten Gebirgsketten dagegen sind nicht nur physikalische Kräfte, Dimensionen und Zeiträume im Spiel, vor denen der gesunde Laienverstand versagt, sondern auch Vorgänge, die selbst Geologen bis vor kurzem unbekannt waren. Forschungen in British Columbia und in den kanadischen Rocky Mountains trugen maßgeblich dazu bei, daß man heute eine recht gute Vorstellung davon hat, wie alpenähnliche Ketten- oder Faltengebirge entstehen.

Im Sprachgebrauch wird den Rocky Mountains sogar in Kanada oft mehr Platz eingeräumt, als ihnen zusteht. Genau genommen bildet das ›Felsengebirge‹ nur den östlichsten Strang der Kordilleren, die sich im Westen der amerikanischen Kontinente über 15 000 km von Alaska bis nach Feuerland hinziehen. Die scharfe Westgrenze der Rocky Mountains ist der Rocky Mountain Trench, das Tal, in dem die Oberläufe der Flüsse Fraser, Columbia und Kootenay liegen.

Die Rocky Mountains bestehen vorwiegend aus kalkhaltigen, auf dem amerikanischen Kontinent abgelagerten Schichten. All die Granite und Sedimente der restlichen Kordillere dagegen sind entweder aus großen Tiefen aufgestiegen oder aus dem pazifischen Raum angetrieben. Die Rockies unterscheiden sich aber nicht nur in ihren Gesteinen von den küstennäheren Gebirgen, sondern auch durch ihren weit weniger chaotischen Baustil.

Vor 200 Mio. Jahren erlebte die Erdkruste eine große Reorganisation. Der Superkontinent, in dem bis dahin alle Festländer vereint waren, löste sich auf. Der Atlantik öffnete sich, und Nordamerika begann nach Westen zu driften. Gleichzeitig machten sich auf der pazifischen Seite der auseinanderbrechenden Landmasse Festlandssplitter, vulkanische Inseln und unterseeische Plateaus selbständig und trieben auf Amerika zu. Die ersten dieser ›exotischen Terrane‹ trafen vor rund 160 Mio. Jahren an der damaligen, etwa am Shuswap Lake gelegenen Westküste ein und wurden im Verlauf weiterer Kollisionen auf den alten Kontinent aufgeschoben. Spätere Ankömmlinge wurden außen angeschweißt und bilden heute die Unterlage des westlichen British Columbia. Daß die Terrane im Kartenbild lange, küstenparallele Streifen bilden, erklärt sich daraus, daß sie nicht direkt von Westen kamen, sondern in einer großen Kreisbewegung entgegen dem Uhrzeigersinn von Südwesten auf Nordamerika aufliefen und ihre Bruchstücke nacheinander an der Küste hängenblieben.

Während dieses über 100 Mio. Jahre andauernden Vorgangs stieg die Oberfläche im Landesinneren von British Columbia auf ein Mehrfaches ihrer jetzigen Höhe an, zum einen wegen der aufgeschobenen Terrane, zum anderen weil der Kontinentalrand zusammengestaucht wurde und drittens, weil Granitmassen von unten in die geschwächte Kruste eindrangen.

Durchquert man die Rocky Mountains von Osten nach Westen, dann fällt eine gewisse Monotonie ihres Bauplans auf: Lange Bergrücken mit nach Westen abfallenden, anscheinend gleichartigen Kalkschichten wechseln mit ebenso langen Nord-Süd-Tälern ab. Es sieht aus, als seien gigantische Kalkplatten von Westen her schuppenartig aufeinandergeschoben worden. Geophysikalische Forschungen, Tiefbohrungen und geologische Kartierungen erwiesen, daß dieser Eindruck in großen Zügen richtig ist. Man kann die Überschiebungen auf dem Papier wieder rückgängig machen und sieht dann, daß alle Kalkschuppen einmal eine zusammenhängende Fläche bildeten. Die Schichten des charakteristischen Mount Rundle bei Banff etwa wurden wahrscheinlich über 200 km weiter westlich abgelagert. Wie der ehemalige Meeresboden auf die Hälfte seines ursprünglichen Raums zusammengeschoben wurde, gehörte noch vor kurzem ins Reich der Spekulation.

»Panta rei«, alles fließt, sagte schon Heraklit, ohne zu wissen, daß sein Diktum auch auf mineralische Materie zutrifft. Unter hoher Auflast, in Tiefen von Dekakilometern und bei Temperaturen von mehreren hundert Grad Celsius werden Gesteine plastisch. Für das Supergebirge in British Columbia, für das es heute kein Gegenstück mehr gibt, hieß dies, daß es unter seinem eigenen Gewicht buchstäblich in die Breite floß. Hierin und nicht in der einfachen seitlichen Fortpflanzung des Kollisionsdrucks an der Küste liegt die Erklärung des Baustils der Rocky Mountains.

Die Entstehungsgeschichte der Rockies und ähnlicher Kettengebirge ergab sich also nicht ohne weiteres aus der relativ neuen Plattentheorie, derzufolge Kontinente auf einer zähflüssigen Unterlage treiben. Erst die noch jüngere Erkenntnis, daß der Westen von British Columbia gewissermaßen aus geologischen Treibschollen besteht, lieferte den fehlenden Schlüssel.

Zum Verständnis des weiten Transportwegs, den die einzelnen Schollen der Rocky Mountains zurücklegten, muß man wissen, daß die Stapelung im Westen begann und sich

Die Entstehung der Rocky Mountains

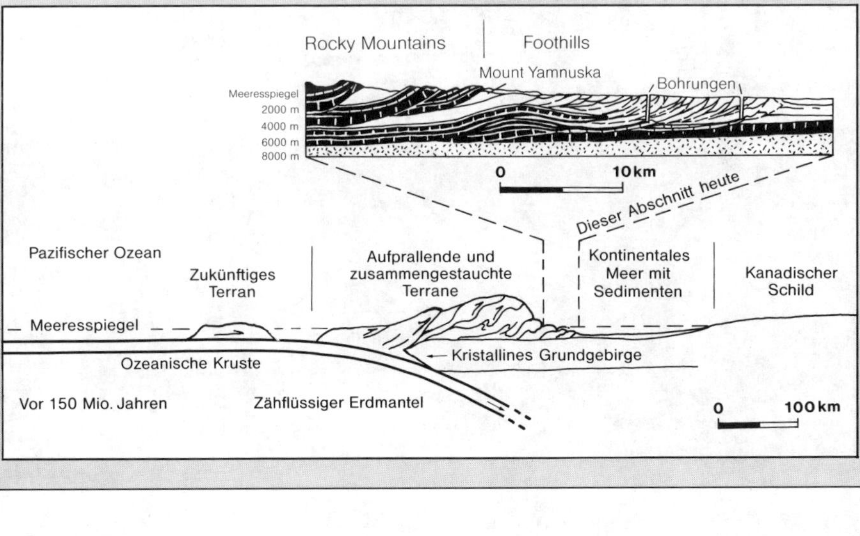

durch die immer höhere Anhäufung von Schuppen nach Osten fortpflanzte. Etwas Ähnliches geschieht, wenn man eine Schaufel vor sich her durch den Schnee schiebt. Die ältesten und weitesten Überschiebungen sind in British Columbia, die jüngsten und kürzesten in Alberta zu finden. Da der ganze Prozeß 100 Mio. Jahre in Anspruch nahm, mußte sich Mount Rundle jedes Jahr nur durchschnittlich 2 mm vorwärts bewegen, ein Tempo, das in einem Zeitalter und in einem Gebiet großer Erdbebenhäufigkeit leicht einzuhalten war.

Wenn die Rocky Mountains nicht ausschließlich aus schräggestellten steifen Schichtpaketen bestehen, sondern offensichtlich auch Knicke und Falten aufweisen, so liegt das daran, daß Gesteine nur dicht unter der Erdoberfläche spröde sind. Bis zum Abschluß der Gebirgsbildung waren die Rockies sehr viel höher als jetzt, und ihre tieferen Stockwerke reagierten deshalb stellenweise nicht durch Bruch, sondern durch Biegung. Die Erosion der letzten 60 Mio. Jahre hat die Rockies allmählich auf ihre jetzige Höhe reduziert. Eiszeitliche Gletscher und fließendes Wasser haben sie zu dem gemacht, was sie heute sind.

Historisches Photo des Banff Springs Hotel

Als die Eisenbahnmagnaten um die Jahrhundertwende ihre Schienen durch die Rocky Mountains verlegen ließen, blieb ihnen die Anziehungskraft nicht verborgen, welche die neuerschlossene Bergwelt auf den Fremdenverkehr haben würde. Aus dem ersten Naturschutzgebiet an der Canadian Pacific Railway wurde 1887 der Rocky Mountains (später Banff) National Park. An der weiter nördlich gelegenen Route der Canadian National Railway wurde 1907 Jasper National Park abgesteckt. Beide Parks liegen in Alberta. In ihren Luxushotels stiegen Gäste aus allen Teilen des Empire ab, die nach Fertigstellung der transkanadischen Bahnlinien mit rein britischen Verkehrsmitteln um die Welt reisen konnten.

Banff, Jasper und drei weitere Nationalparks, Yoho sowie Kootenay in British Columbia und Waterton an der amerikanischen Grenze in Alberta, sorgen mit einigen Provincial Parks dafür, daß praktisch die gesamten kanadischen Rocky Mountains dort unter Naturschutz stehen, wo sie zugänglich sind.

Von Calgary in die Nationalparks Banff und Jasper

Die schnellere Straße nach Banff ist der TransCanada Highway oder Highway 1, aber schöner ist der schmalere, kurvenreiche Highway 1A, der in Calgary als Crowchild Trail beginnt und der die Stadt in nordwestlicher Richtung verläßt. Calgary nennt sich *The Foothills City*, aber die Stadt liegt noch in der Prärie. Die Foothills treten erst westlich von Cochrane in Erscheinung, zunächst mit Sandsteinrücken, die rechts und links der Straße aus dem leicht gewellten Weideland auftauchen und dann mit immer höher werdenden bewaldeten Hügeln. Dieses Vorgebirge, genau wie die dahinter aufragenden Berge, ist das Ergebnis des geologischen Treibscholleneffekts.

Ein guter Teil des Foothills-Geländes beiderseits der Highways 1 und 1A gehört zum **Reservat der Stoney**, einer Gruppe der Sioux oder Dakota. Südlich des Highway 1A, etwa 30 km westlich von Cochrane, wurde 1876 eine kleine, weißgestrichene Missionskirche für sie errichtet. Auf der anderen Seite des Bow River, an dem geeignetes Holz für die Bögen wuchs, sieht man die Indianer-Siedlung **Morley**. Noch 25 km weiter westlich, wo der Highway 1X, vom TransCanada Highway kommend, auf den Highway 1A trifft, lohnt es sich, anzuhalten und einen Blick auf die Felswand des Mount Yamnuska zu werfen, der sich in einer Entfernung von ungefähr 3 km rechts der Straße erhebt.

Der Mount Yamnuska ist eines der zugänglichsten Beispiele für die Überschiebungen, die den Baustil aller Hochgebirgsketten charakterisieren. Weiter im Innern der Rocky Mountains, wo alle Berge aus dem gleichen Material zu bestehen scheinen, sind die Lagerungsverhältnisse oft sehr viel schwerer erkennbar. Hier dagegen liegt ein massiver, mehrere hundert Meter dicker und 535 Mio. Jahre alter Kalksteinblock auf weicheren und 460 Mio. Jahre jüngeren Sand- und Tonsteinen. Der Mount Yamnuska ist der Rest einer Felsfront, die im Zuge der von British Columbia ausgehenden Gebirgsbildung Dutzende von Kilometern weiter nach Osten geschoben wurde. Diese Felsfront ihrerseits quetschte und stauchte die in Alberta vorherrschenden, weicheren Sedimente dann zu dem zusammen, was wir heute als Foothills bezeichnen. Der scharfe Kontakt, der am Mount Yamnuska auf halber Höhe zu sehen ist, bildet also die genaue Grenze zwischen den Rockies und ihrem Vorgebirge.

Als ob er zögere, bevor er sich aus den Rocky Mountains in die Prärie ergießt, erweitert sich der Bogen-Fluß bei Exshaw zum See der Bögen (Lac des Arcs). Von dort folgen die Highways 1 und 1A den Kurven des Bow River bis Canmore getrennt und führen dann gemeinsam in den **Banff National Park**. Canmore hat sich 1988 anläßlich der Olympischen Winterspiele als Austragungsort für nordische Skirennen bewährt, und da der Ort in einem Tal dicht beim, aber nicht im Nationalpark liegt, machen sich die Einwohner mit gemischten Gefühlen auf einen geplanten Zuwachs an Luxushotels gefaßt.

Nordamerikaner glauben nicht an die Heilwirkung mineralischer Wässer, Ansprüche auf periodische Kuraufenthalte in Solbädern würden in Kanada mit schallendem Gelächter quittiert. Trotzdem verdanken Banff und der Banff National Park ihre Gründung den heißen, schwefelhaltigen Quellen, die an den Hängen des Sulphur Mountain entspringen. In weitsichtiger Erwartung touristischen Zulaufs wurde 1885, zwei Jahre nach der Ankunft der Eisenbahn, das Gebiet um das Abstellgleis Nr. 29 zu einem Reservat erklärt, in dem Land weder erworben noch besiedelt werden durfte. Zwei Jahre später entstand daraus Kanadas ältester Nationalpark.

Alle Nationalparks stehen unter der Verwaltung der Bundesregierung. Es ist ihr erklärter Hauptzweck, die schönsten Teile des Landes für alle Zukunft soweit wie möglich in ihrem Urzustand zu bewahren. Insbesondere die Parks in den Rocky Mountains entstanden aber in enger Zusammenarbeit mit den Eisenbahngesellschaften, denen vor allem daran lag, Reisende anzulocken. Der dadurch hervorgerufene Konflikt zwischen pflegerischen und wirtschaftlichen Interessen besteht nach wie vor, und

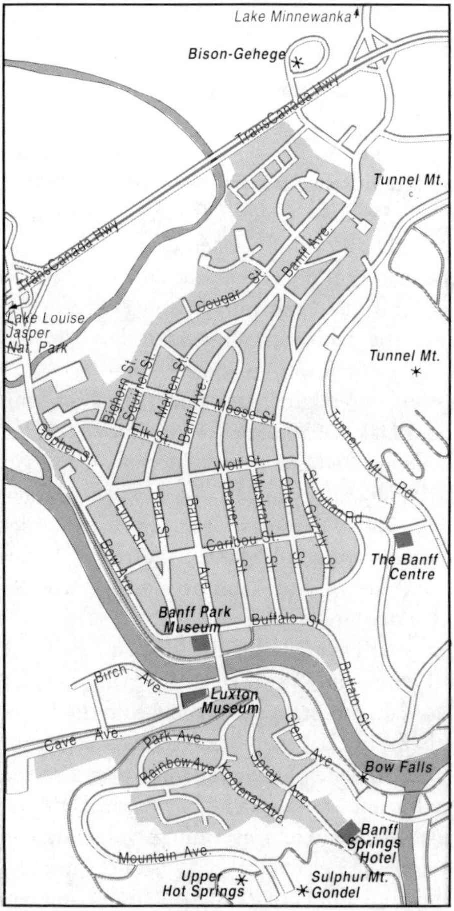

Der Banff National Park

er kommt in der Stadt **Banff** mit all ihren Hotels, Restaurants und Geschäften recht deutlich zum Ausdruck.

Banff hatte von jeher einen internationalen Anstrich. In der Eisenbahnepoche kamen die Arbeiter aus China und Irland, die Landvermesser und Ingenieure aus den USA und die Reisenden aus dem britischen Weltreich. Zwischen und nach den Weltkriegen waren es häufig Einwanderer aus den Alpenländern, die sich hier wohlfühlten und Geschäfte gründeten oder übernahmen. Heute stellen japanische Reisegesellschaften ein rundes Drittel der Kundschaft des altehrwürdigen Banff Springs Hotels, japanische Schriftzeichen zieren die Schaufenster der Banff Avenue.

Blick auf Banff

Naturfreunden hat die Stadt nicht sehr viel zu bieten. Das Banff Park Museum mit sterilen, vorwiegend zoologischen Sammlungen ist ein Museum, das eigentlich in ein Museum gehört. Gediegener präsentiert sich das Loxton Museum auf der anderen Seite des Flusses, in dem das Leben der Prärie-Indianer zur Zeit der weißen Landnahme anschaulich dargestellt wird.

Schön sind die Wanderungen und Fahrten in die nähere Umgebung von Banff, etwa zu den beiden warmen Bädern, **Cave and Basin** am Bow River nördlich vom Sulphur Mountain und **Upper Hot Springs** am Westhang des gleichen Bergs. Den Besuch des letzteren kann man mit einer Seilbahnfahrt auf den Sulphur Mountain verbinden, von dessen Höhe man einen herrlichen Blick in die umliegenden Täler genießt. Sehr eindrucksvoll ist auch der Blick vom Banff Springs Hotel (wo man allerdings nicht gut parken kann) auf das Bow River-Tal und den gegenüberliegenden Tunnel Mountain. Fast ebenbürtig ist die entgegengerichtete Aussicht vom Tunnel Mountain auf der anderen Seite des Flusses. Bei der Fahrt auf dem Tunnel Mountain Drive passiert man das Banff Centre, eine Musik- und Kunsthochschule. Auch ein bequemer Fußweg führt von der Straße hinauf auf den Gipfel.

Im Westen von Banff lohnt sich vor allem die Fahrt auf dem **Vermilion Lakes Drive** (s. Farbabb. 13) an den sumpfigen Niederungen vorbei, welche die Mäander des Bow River hinterlassen haben. Der Blick von dort auf das markante Pult des Mount Rundle wurde durch Postkarten in aller Welt bekannt.

Nördlich vom TransCanada Highway sollte man zum Lake Minnewanka hinauffahren und die Runde durch das ›Büffelgehege‹ (Buffalo Paddock) machen. Wenn sich die Bisons im Hochsommer ins schattige Innere des Geheges zurückziehen, kann man sich an den zutraulicheren Murmeltieren erfreuen. Andere Vierbeiner, die man in der Nähe von Banff häufig sieht, sind Wapiti-Hirsche und Dickhornschafe. Erstere, die sogenannten *elks*, kommen bis an den Stadtrand und machen, da sie herdenweise auftreten und aggressiv werden können, im Herbst den Golfplatz unsicher. *Bighorn Sheep* bevorzugen die Berghänge am TransCanada Highway.

Spätestens in Banff muß man daran denken, daß dieser Park und der von Jasper zu den meistbesuchten Reisezielen in Nordamerika zählt. Vor allem auf Lake Louise, das nächste Etappenziel, trifft das gleiche zu, wie etwa auf die Niagara-Fälle: In der Hauptreisesaison muß man entweder am frühen Vormittag eintreffen, oder auf Tuchfühlung mit anderen Besuchern und Parkplatzsuche gefaßt sein. Es ist am besten, in oder bei Lake Louise rechtzeitig ein Zimmer oder einen Campingplatz zu reservieren.

Man kann auf dem TransCanada Highway bleiben, aber der etwa 6 km westlich von Banff abzweigende **Bow Valley Parkway** (auch Highway 1A) ist idyllischer und weit geruhsamer. Der Nadelwald hier besteht fast ausschließlich aus *lodgepole pines*, Kiefern also, welche die Indianer als Zeltstangen für ihre Tipis benutzten. Sawback Range, der sägeförmige Bergrücken, der das Tal im Osten begleitet, ist nichts als ein besonders steilgestelltes Stück ehemaligen Meeresbodens. Castle Mountain dagegen, der burgartige rotbraune Berg, der nach einer Weile auftaucht, ist der Rest einer zufällig waagerecht gebliebenen, aber ebenfalls weit von Westen kommenden Gesteinsscholle.

Lake Louise im Banff National Park

Johnston Canyon ist nicht die aufregendste Klamm in den Rockies, aber der fast 6 km lange, aus Fußpfaden und Gehsteigen bestehende Wanderweg hinauf zu den blaugrünen Quellteichen *(ink pots)* führt an schönen Wasserfällen und Strudellöchern vorbei. Auf einer Wiese 5 km weiter westlich schoß gleich nach der Ankunft der Eisenbahn eine der *boom towns* aus dem Boden, die auch für den gar nicht so wilden kanadischen Westen bezeichnend sind. Zwar fand man hier nur unbedeutende Spuren von Silber, aber sie hatten zunächst die Gründung von Silver City und dann die schadenfrohe Umbenennung von The Cache in Golden City (heute Golden im Rocky Mountain Trench) zur Folge. Bei Castle Junction trifft der aus dem Kootenay National Park kommende Highway 93 auf die Straßen am Bow River, von denen der ruhigere Bow Valley Parkway weiterhin vorzuziehen ist.

Lake Louise wurde nach der Prinzessin Louise Caroline Alberta benannt, Tochter der Königin Victoria und Gemahlin des Marquis of Lorne, des Generalgouverneurs von Kanada während des pazifischen Bahnbaus. Der Ort gleichen Namens liegt im Bow River-Tal, der See nimmt eine von eiszeitlichen Gletschern ausgeräumte Mulde oberhalb der Talsohle ein. Was den durch Gletschertrübe blaugrün gefärbten Lake Louise so sehenswert macht, ist das natürliche Dreiviertel seines Rahmens: im Hintergrund der 3464 m hohe schneegekrönte und gletscherbewehrte Mount Victoria, rechts und links die bewaldeten Hänge von Beehive und Fairview Mountain. Weniger glücklich nimmt sich das aus den 20er Jahren stammende Hotel Château Lake Louise in der anderweitig vollendeten Komposition aus.

Von der Straße, die Ort und See Lake Louise miteinander verbindet, führt ein 12,5 km langer Abstecher zum **Moraine Lake** (s. Farbabb. 17). Weil unmittelbar dahinter eine Kette von schroffen Dreitausendern mit vereisten Kerben und Scharten aufragt, ist dieser See noch fotogener als Lake Louise. Auch der Moränensee ist überlaufen, aber hier macht besonders die Beleuchtung einen frühen Besuch ratsam. Das Bergpanorama verliert im nachmittäglichen Gegenlicht seine Kulissenwirkung. Den besten Blick hat man von der Trümmerhalde am Nordende. Sie ist übrigens keine Moräne, ein Bergrutsch vom benachbarten Berg Tower of Babel dämmte den See ein.

Die Athabasca-Fälle am Icefields Parkway

Kurz hinter Lake Louise verläßt der TransCanada Highway das Bow River-Tal und für die nächsten 230 km übernimmt der Highway Nr. 93 den Verkehr nach Jasper. In diesem Abschnitt der Rocky Mountains reiht sich auf der *Great Divide*, der Wasserscheide, hinter der British Columbia liegt, ein Gletscher an den anderen. Viele dieser Eisfelder sind von der Straße sichtbar, weshalb der Highway 93 zwischen Lake Louise und Jasper auch als **Icefields Parkway** bekannt ist. Der Waputik-Gletscher, der den Hector Lake speist, trägt den Namen der Stoney für die Schneeziege. Der Crowfoot Glacier sah wirklich einmal wie ein Krähenfuß aus, aber die dritte unterste Zehe fiel der allgemeinen Gletscherschmelze der letzten 50 Jahre zum Opfer. Am Wapta-Eisfeld und in dem von ihm gespeisten Bow Lake hat der Bow River seinen Ursprung.

So manches in dieser überwältigenden Landschaft, in der jede Kurve und jedes Seitental neue Ausblicke eröffnet, kann man im Vorbeifahren genießen. Für den Fall, daß Leib oder Seele Halt gebieten, sind Wanderwege, Park-, Picknick- und Campingplätze deutlich beschildert. Eine Station, die man nicht verpassen darf, liegt am Ende einer kurzen Seitenstraße von der Paßhöhe des Bow Summit hinauf zum Peyto Lake Viewpoint, einem der schönsten Aussichtspunkte in den Rockies. Beginnend am Peyto-Gletscher im Westen, streift der Blick hinab zum blaugrünen **Peyto Lake** (s. Farbabb. 11) und weit über ihn hinweg nach Norden, wo sich der Icefields Parkway im Dunst zwischen den Bergen verliert.

Vom Bow Summit begibt sich der Bow nach Süden und mündet weit in der Prärie in den South Saskatchewan River. Der Mistaya fließt nach Norden und ergießt sich schon 20 km nach seinem Austritt aus dem **Mistaya Lake** (s. Farbabb. 16) in den North Saskatchewan River. Nord- und Süd-Saskatchewan River vereinen sich in der gleichnamigen Provinz zu einem Strom und fließen weiter in die Hudson Bay. Was am Bow Summit an Niederschlägen fällt, nimmt also zwei ganz verschiedene Wege, um sich 800 km weiter östlich wiederzutreffen.

Den Mistaya Lake sieht man von der Straße nicht, dafür entschädigen die Waterfowl Lakes. Ob man Wasservögel oder gar einen Grizzlybären beobachten kann, nach dem die Cree den Mistaya benannten, ist fraglich. Der Campingplatz zwischen den Seen ist Ausgangspunkt für Wanderungen zu zwei weiteren Seen, Cirque und Chephren, und in den sumpfigen Niederungen am Mistaya lassen sich in der Dämmerung Elche sehen. Ein Dutzend Kilometer weiter nördlich vom Lower Waterfowl Lake und nur einige hundert Meter unterhalb der Straße ist die Klamm des Mistaya Canyon einen Blick in den Abgrund wert.

Bei Saskatchewan River Crossing mündet der Mistaya in den North Saskatchewan River, und dieser schickt sich dann an, in die Prärie auszubrechen. Es geht nun am North Saskatchewan aufwärts und in einer großen Serpentine 425 m hinauf zum Sunwapta-Paß 2035 m über dem Meer. Diese zweite Wasserscheide auf dem Icefields Parkway bildet die Grenze zwischen den Nationalparks von Banff und Jasper. Von dort fließt alles entweder nach Süden in die Hudson Bay oder nach Norden in den Arktischen Ozean.

Vom Columbia Icefield, dem größten zusammenhängenden Gletscherfeld in den Rocky Mountains, sieht man von der Straße lediglich den äußersten Rand. Nur einem seiner Ableger, dem Athabasca-Gletscher im **Jasper National Park**, ist es gelungen, der Schwerkraft

Pyramide Lake im Jasper National Park

folgend, bis auf die Talsohle hinabzukriechen. Im Columbia Icefield Information Bureau und Interpretive Centre lernt man, wie das vor sich geht und warum diese Gletscherzunge im Laufe des 20. Jh. von der Straße bis zu ihrer heutigen Position zurückgeschmolzen ist. Von einem Parkplatz im Gletschervorfeld kann man die Eisfront leicht zu Fuß erreichen. Unvergeßlicher ist eine Busfahrt an der Seitenmoräne aufwärts und dann mit ShowCoaches, Spezialfahrzeugen mit mannshohen Reifen, auf den Gletscher. Für diesen Ausflug braucht man etwa anderthalb Stunden.

Aus dem Bach, der aus dem Schmelzwassersee am Gletscherfuß kommt, wird schnell ein turbulenter Fluß, *sunwapta* in der Sprache der Stoney. Am Sunwapta River geht es abwärts an hängenden Gletschern, Schluchten, Wasserfällen und Bergrutschen vorbei 49 km bis zu einer kurzen Seitenstraße zu den Sunwapta Falls. Hier stürzt der Fluß durch einen engen Canyon auf den Athabasca River zu. Der Icefields Highway erreicht den Athabasca erst 16 km weiter flußabwärts, bald darauf macht ein Schild an der Straße auf den Goat Viewpoint aufmerksam. Wenn man Glück hat, sieht man hier am Steilhang unter dem Picknickplatz Schneeziegen, immer aber hat man einen schönen Blick hinab ins Athabasca-Tal, das hier noch flach und breit erscheint. Nur wenig später wird der Fluß plötzlich eng, stürzt über die Athabasca Falls in eine kurze Klamm und breitet sich dann wieder aus.

Beim Athabasca-Wasserfall hat man die Wahl, entweder auf dem Icefields Parkway am rechten Flußufer weiterzufahren oder ein älteres, 24 km langes Stück des alten **Banff-Jasper Highway** (93A) zu nehmen. Wie schon am TransCanada Highway ist auch hier die ältere Strecke ruhiger und interessanter.

Etwa 10 km nördlich des Wasserfalls, dort, wo der Athabasca den Whirlpool River aufnimmt, steht eine Gedenktafel. Im Jahre 1811 zog David Thompson auf der Suche nach einer Route für die Pelzhändler der North West Company über die Rocky Mountains den Athabasca River aufwärts und hatte das Glück, am Ende des im Südwesten zwischen den Bergen verschwindenden Whirlpool-Tals den Athabasca-Paß und damit den Weg ins Columbia-Tal zu entdecken.

Nach weiteren 8 km führt eine enge, serpentinenreiche Stichstraße am Astoria River

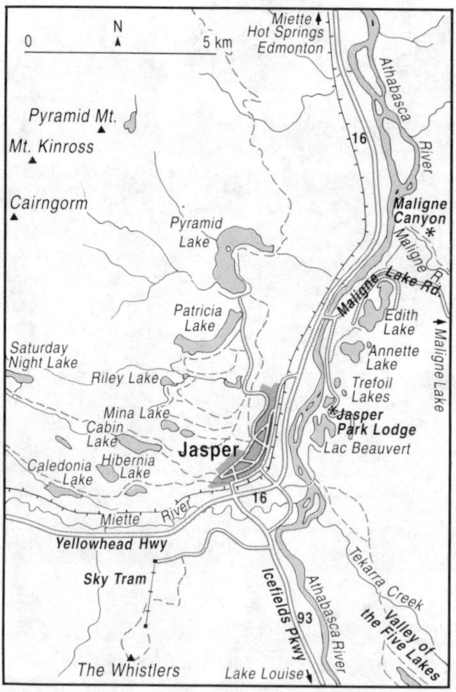

Der Jasper National Park und Umgebung

aufwärts zum 3368 m hohen Mount Edith Cavell. Dieser höchste Berg weit und breit, im frühen 19. Jh. als Montagne de la Grande Traverse bekannt, war der Wegweiser ins Whirlpool-Tal und über den Athabasca-Paß. Vom Parkplatz am Ende der Straße kann man Wanderungen machen, 19 km zu den Amethyst-Seen im Tonquin Valley oder zum näheren Angel Glacier, der mit ausgebreiteten Flügeln über dem blaugrünen Cavell Lake schwebt.

Fünf Kilometer nördlich von dem Punkt, an dem der Highway 93A wieder auf den Icefields Parkway trifft, zweigt eine Straße nach Westen zur Talstation des Jasper Tramway ab. Die Drahtseilbahn führt auf einen Berg, der nach den pfeifenden Murmeltieren The Whistlers genannt wird. Wer mit dem grandiosen Blick von der Bergstation in 2500 Höhe auf Jasper hinab und in alle Täler, die hier zusammentreffen, noch nicht zufrieden ist, kann 184 m weiter bis auf den Gipfel steigen.

Als der 49. Breitengrad 1846 zur Grenze zwischen den Vereinigten Staaten und British Columbia erklärt und der Columbia River damit für den kanadischen Pelzhandel uninteressant wurde, gewannen die Yellowhead-Route und Jasper an Bedeutung. Jasper liegt im Schnittpunkt von vier breiten Tälern und ist deshalb nicht von gleich grandiosen Bergen umgeben wie Banff. Dafür entschädigen einige besonders schöne Ausflugsziele.

Maligne Lake im Jasper National Park

Eine der mit Recht beliebtesten Touren am Maligne River aufwärts verläßt den **Yellowhead Highway** (Nr. 16) etwa 5 km nördlich von Jasper und überquert den Athabasca River. Die bösartigen Stromschnellen, denen der Maligne seinen Namen verdankt, sieht man nicht, statt dessen erblickt man den Fluß erst nach rund 6 km tief unter sich im Maligne Canyon. Diese vielleicht schönste Klamm in den Rocky Mountains ist bis zu 55 m tief, aber stellenweise nur 2 m breit. Wer den Canyon in seiner ganzen Länge abwärts wandert, wird bemerken, daß unten mehr Wasser herauskommt, als oben zufließt. Das liegt daran, daß ein Teil des Schmelzwassers und der Niederschläge im Maligne-Tal in einem tiefliegenden Spaltensystem verschwindet und erst im Canyon wieder austritt. Etwas Ähnliches geschieht 15 km weiter oben, wo der Maligne einen See speist, der keinen Abfluß hat und trotzdem im Sommer allmählich austrocknet. Der streckenweise unterirdisch und wahrscheinlich in mehreren Spalten verlaufende Maligne River tritt erst weiter flußabwärts wieder zutage. Da hier etwas nicht mit rechten Dingen zuzugehen schien, nannten die Indianer den See Medicine Lake. Die ausgeprägte Schichtung der schroffen Bergwand im Osten führt vor Augen, wie steil manche der Kalkschuppen der Rocky Mountains im Verlauf der Gebirgsbildung gestellt wurden.

Der **Maligne Lake** am Ende der Straße ist ein ganzjährig mit Wasser gefüllter See (s. Farbabb. 12). Man kann sein Nordwestende von zwei Parkplätzen zu Fuß erkunden, doch um ihn zu sehen, wo er am schönsten ist, muß man die anderthalbstündige Bootstour zu den Samson Narrows mitmachen. Dort bietet sich Spirit Island, eine kleine Insel oder Halbinsel (je nach Wasserstand) mit einem Dutzend Lodgepole-Kiefern als Vordergrund für eine der berühmtesten Landschaftsaufnahmen in den Rocky Mountains an.

Die Fahrt zu den Miette Hot Springs in einem etwas entfernteren Seitental des Athabasca River lohnt sich nicht nur wegen des warmen Bades, sondern auch wegen der Tiere, die man unterwegs oft aus der Nähe sieht. Auf den 44 km von Jasper nach Norden, wo der Athabasca an Gefälle ab- und das Tal an Breite zunimmt, grasen stattliche Wapiti-Hirsche am Straßenrand. Im Frühjahr und Herbst machen Wandervögel – Enten, Gänse und Reiher – an den Mäandern und Nebengewässern des Flusses Station. Im Sommer kann man auch Fischadler und kleinere Gefiederte beobachten.

Bei Pocahontas verläßt man den Yellowhead Highway und biegt rechts in die 17,5 km lange Bergstraße zu den heißesten Quellen in den Rocky Mountains ein. Die Miette Hot Springs waren Indianern und Pelzhändlern längst bekannt, bevor sie 1913 durch ein nur zu Pferd erreichbares ›Sanatorium‹ zivilisiert wurden. Die moderne Anlage ist von Rasenflächen umgeben, auf denen gegen Abend gern eine Herde von Bergschafen grast.

Westlich von Jasper führt der Yellowhead Highway am Miette River aufwärts und dann über den niedrigsten Paß zum höchsten Berg in den Rocky Mountains. Nach wem der Yellowhead Paß benannt wurde, ist nicht ganz klar, aber es soll ein hellhaariger Irokese, also ein Indianer aus der Gegend der Großen Seen gewesen sein, der hier mit Pelzen handelte und weiter im Westen (Tete Jaune Cache) ein Lager unterhielt.

Am Yellowhead-Paß (1131 m) grenzen Alberta und der Jasper National Park an den **Mount Robson Provincial Park** in British Columbia. Von der Paßhöhe geht es am Yellow-

Blick auf den Mount Robson Park

head Lake vorbei ins Fraser-Tal. Am Moose Lake beginnt man, nach der Gletscherkappe Ausschau zu halten, die rechts über der Straße in 3954 m Höhe erscheinen muß. Da sie das Haupt des Mount Robson bedeckt, heißt sie treffend The Helmet. Von dem so gekrönten Berg weiß man nicht genau, ob er nach einem Pelzhändler oder einem Premierminister von British Columbia getauft wurde. Von hier könnte man dem Fraser auf seinen großen Umwegen bis nach Vancouver folgen.

Der Kootenay National Park

An der Westseite der großen Wasserscheide der Rocky Mountains, also in British Columbia, liegt der Kootenay National Park. Aus Europa kommend, erreicht man ihn am leichtesten über Calgary und den TransCanada Highway. Die Fahrt beginnt im Banff National Park an der Castle Junction, wo der Highway 93 den TransCanada Highway in westlicher Richtung verläßt. Nach einem Anstieg von etwa 5 km durch dichte Kiefernwälder lohnt es sich, bei einer Gruppe von Blockhäusern (Storm Mountain Lodge) anzuhalten und einen Blick zurück auf den Castle Mountain zu werfen, dessen rote Zinnen und Scharten man hier in ihrer ganzen Pracht überblicken kann. Voraus sieht man, wo 1968 ein Waldbrand über 2500 ha Wald vernichtete. Viele Feuersbrünste sind auf Lagerfeuer zurückzuführen, aber dieser begann mit einem Blitzschlag. Er endete nach vier Tagen wie durch ein Wunder in unmittelbarer Nähe der Storm Mountain Lodge. Fünf Kilometer weiter westlich liegt der Vermilion Pass mit Provinzial- und Parkgrenze noch mitten im Brandgebiet. Junge *lodgepole pines* versuchen hier bereits, die verkohlten Stümpfe ihrer Vorgänger in den Schatten zu stellen.

Auch westlich der *Great Divide* behalten die Rocky Mountains den relativ einfachen Bauplan bei, der ihnen lange, durch ebensolche Täler getrennte, parallele Bergrücken vorschreibt. Bei genauerem Hinsehen erweist sich, daß Gestalt und Aufbau der Gebirgszüge von dem relativ einfachen Schuppenbau im Banff National Park abweichen. Das liegt zum einen daran, daß hier im Laufe der Gebirgsbildung ältere, sandigere und tonigere Gesteine zusammengestaucht wurden, die anders reagieren als die steifen Kalkplatten weiter im Osten. Ausschlaggebender ist, daß die westlichen Rockies unmittelbar neben dem ehemaligen Supergebirge in British Columbia liegen, dem sie ihre Entstehung verdanken.

Sieben Kilometer südwestlich des Vermilion Pass fließt der Tokumm Creek durch den Marble Canyon, bevor er sich in den Vermilion River ergießt. Dies ist die dritte sehenswerte Klamm in den Rocky Mountains, die anderen sind Mistaya Canyon im Banff National Park und Maligne Canyon im Jasper National Park. Ein kilometerlanger Pfad mit mehreren Brücken über die 60 m tiefe Schlucht beginnt dicht an der Straße. Um echten Marmor handelt es sich übrigens nicht, aber der hohe Gebirgsdruck hier im Westen hat immerhin zu einer marmorähnlichen Umkristallisation des weißen Kalksteins geführt, so daß der Canyon seinen Namen nicht ganz zu Unrecht trägt.

Die Paint Pots 2,5 km weiter flußabwärts sind eine Sehenswürdigkeit ganz anderer Art. Vom Parkplatz geht eine Brücke über den Vermilion River, nach einer kurzen Wanderung durch den grünen Wald steht man plötzlich am Rand einer sumpfigen Lichtung, auf der alles – Pfad, Erde und Wasser – ockerfarben getüncht erscheint. Der Fußweg führt weiter an gelb- bis orangebraunen Tümpeln und Lehmflächen vorbei zu den kreisrunden ›Farbtöpfen‹, aus denen das eisenhaltige Wasser austritt, das dem Gelände seine rostbraune Farbe verleiht. Der ockerfarbene Lehm war nicht nur bei den Indianern eine begehrtes Pigment. Zurückgelassene Maschinerie verrät, daß er zeitweilig auch industriell zur Farbherstellung verwertet wurde.

Gleich unterhalb der Paint Pots biegt die Straße in das Längstal ein, in dem der Vermilion nach Südosten fließt. Bei Vermilion Crossing trägt eine Brücke die Straße auf die linke Seite des Flusses. Gut 2 km weiter flußabwärts liegt die einzige Stelle, von der Autofahrer den Mount Assiniboine sehen können. Das 3618 m hohe ›Matterhorn der Rocky Mountains‹ lugt von der *Great Divide* aus einer Entfernung von 27 km zwischen Bergen und Baumwipfeln hervor.

Kurz darauf benutzen Fluß und Highway eine Berglücke, um ins nächste Längstal hinüberzuwechseln, wo der Vermilion sogleich in den Kootenay River mündet. Ihm folgt die

Der Marble Canyon im Kootenay National Park

Straße nach Südosten an drei attraktiven Picknickplätzen (Dolly Varden, McLeod Meadows und Kootenay River) vorbei. Diese Strecke ist besonders schön im Herbst, wenn Herden von Wapiti-Hirschen an der Straße grasen und wenn die Lärchen mit ihrem goldgelben Nadelkleid aus den dunkelgrünen Hängen aufleuchten.

Nun geht es aufwärts, und kurz bevor die Straße das Tal mit einer großen Rechtskurve verläßt, kann man von einem ausgebauten *viewpoint* einen Blick zurück ins Tal werfen. Tief unten setzt der Kootenay River seinen umständlichen Weg nach Montana und zurück nach British Columbia fort, um schließlich bei Castlegar in den Columbia zu münden. Der Highway 93 steigt noch etwas weiter zum Sinclair Pass und folgt dann, kurvenreich und schnell an Höhe verlierend, dem Sinclair Creek nach Radium Hot Springs. In der rotwandigen Schlucht, kurz bevor man die heißen Quellen durch einen Tunnel erreicht, stellt sich oft eine Herde von Dickhornschafen an und auf der Straße ein.

Radium Hot Springs ist einer der beliebtesten Ausflugsorte im Süden der Rocky Mountains. Die heißen Quellen mit dazugehörigen gastlichen Anlagen liegen noch im Nationalpark. Die Straße führt weiter durch den Sinclair Canyon und den westlichen Parkeingang nach Radium Junction und in den Rocky Mountain Trench.

Der Kicking Horse River im Yoho National Park

Der Yoho National Park

Im Banff National Park, etwa 20 km nördlich von Lake Louise, beginnt eine der schönsten und interessantesten Strecken, die der TransCanada Highway auf seiner gesamten Länge von 7300 km zu bieten hat. In der Sprache der Cree ist *yoho* ein Ausdruck ehrfürchtiger Bewunderung.

Das östliche Tor zum Yoho National Park ist der Kicking Horse Pass auf der Wasserscheide, welche die Grenze zwischen Alberta und British Columbia bildet. Nach erhitzten Debatten zwischen den Protagonisten verschiedener Alternativrouten wurde der Kicking Horse Pass 1880 zur günstigsten Bresche für die Canadian Pacific Railway bestimmt. Bei der Verlegung der Schienen vier Jahre später erwies sie sich als ein Alptraum für Ingenieure, Bahnarbeiter und Lokomotivführer. Statt des vertraglich vereinbarten Maximalgefälles von 2,2% – 22 m pro km – mußte 25 Jahre lang über 12 km eine Neigung von 4,4% in Kauf genommen werden.

Selbst kurze, von Westen kommende Züge brauchten vier bis fünf Lokomotiven, um die letzten Kilometer bis zur Paßhöhe zu bewältigen. Im Jahre 1909 wurde die Abhilfe geschaffen, die man von dem berühmten Spiral Tunnel Viewpoint 9 km westlich von der Paßhöhe bestaunen kann. Die Bahnlinie beschreibt hier eine große vollständige Serpentine, bei der an die Stelle der Haarnadelkurven zwei Spiraltunnel in zwei getrennten Bergen treten. Von Westen kommende Züge verschwinden im gegenüberliegenden Mount Ogden, tauchen ein Stockwerk höher wieder auf, kommen über den Kicking Horse River zurück, steigen im Cathedral Mountain hinter dem Beschauer eine zweite Tunnelspirale aufwärts und setzen dann hoch über dem Talboden die Reise nach Osten fort. Der eine Tunnel ist 887 m, der andere 975 m lang.

Das Yoho-Tal, in das man vom gleichen Aussichtspunkt links vom Mount Ogden hineinblickt, ist einen Abstecher wert, der etwa 4 km weiter flußabwärts beginnt. Beim Aussichtspunkt Meeting-of-the-Waters nimmt der reißende, klare Kicking Horse River, der seine Sedimentlast bereits in mehreren Seen zurückgelassen hat, den turbulenten Yoho mit all seiner Gletschertrübe auf. Am Ende der 13 km langen Yoho-Straße, die wegen ihrer scharfen Serpentinen für große Wohnmobile nicht gut geeignet ist, wird man von den Takakkaw Falls belohnt, einem der höchsten Wasserfälle der Welt und dem zweithöchsten (380 m) in Kanada.

Am Kicking Horse River gibt es zwei weltbekannte Fossilfundstätten, die Amateursammlern allerdings nichts nützen, denn aus den Nationalparks darf man keine Blume, keinen Stein und schon gar kein Fossil mitnehmen. Zu der einen Stelle, an der 530 Mio. Jahre alte Trilobiten aus dem Kambrium gefunden werden, führt ein Pfad vom Ort Field am Westhang des Mount Stephen empor bis zur Waldgrenze. Die andere, etwa gleichaltrige und noch berühmtere Fundstelle liegt in dem Sattel zwischen Wapta Mountain und Mount Field östlich des Emerald Lake. Wie merkwürdig die Fossilien aus diesem Steinbruch im Burgess-Schiefer sind, geht allein daraus hervor, daß Paläontologen für sie Namen wie Hallucigenia und Anomalocaris erfunden haben.

Die Straße zum Emerald Lake zweigt 2,5 km westlich von Field nach Norden ab. Auf dem Weg dorthin kommt man schon bald zu einer natürlichen Brücke, die, obgleich inzwischen eingestürzt, immer noch Natural Bridge genannt wird. Darunter hatte sich der Kicking Horse River einen kurzen Tunnel durch den Kalkstein gegraben. Der malerische blaugrüne Emerald Lake ist Ausgangspunkt für mehrere gut markierte Bergwanderungen, etwa zum Fossilsteinbruch. Den See kann man auf dem leicht zu bewältigenden Fußpfad umrunden oder mit Leihkanus erkunden.

Der TransCanada Highway folgt dem Kicking Horse River aus dem Yoho National Park und nach Golden, dem Ort, der sich mit Recht für gediegener hielt als das vergängliche Silver City im Banff National Park.

Der Waterton Lakes National Park

Dieser Park für Kenner liegt an der amerikanischen Grenze abseits vom Durchgangsverkehr und nimmt dadurch sowie durch seine Geologie und seine Geschichte unter den kanadischen Nationalparks in den Rocky Mountains eine Sonderstellung ein.

Ein Blick auf die Karte zeigt, daß die südlichsten Ausläufer der kanadischen Rockies einen Bogen nach Osten machen. Geologisch heißt das, daß sie hier die komplizierteren Formen ihrer amerikanischen Nachbarn annehmen. Die westliche Begrenzung durch den Rocky Mountain Trench ist weniger eindeutig, die auch hier weit von Westen gekommene Schubmasse ist älter und sandiger, und das Gebirge ist nicht so klar in parallele Grate und Täler gegliedert wie weiter im Norden. Das Vorgebirge wurde hier in der Eiszeit weitgehend abgeschliffen und begraben.

Man erreicht den Parkausgang entweder von Norden über Pincher Creek oder von Osten über Cardston. **Waterton Townsite**, das kommerzielle Zentrum des Parks, liegt am Bosporus, der oberen der zwei ›Meerengen‹, welche die drei Waterton-Seen trennen. Die andere heißt natürlich Dardanelles. Das Südende des Upper Waterton Lake, das man mit einem Ausflugsboot besuchen kann, liegt im Glacier National Park im US-Staat Montana. Die benachbarten Parks wurden 1932 zum International Peace Park erklärt.

In unmittelbarer Umgebung der Townsite sollte man nicht versäumen, den Cameron-Wasserfall zu besuchen, der durch die Schrägstellung seiner geschichteten Unterlage besonders malerisch wirkt. Auf einem kleinen Plateau über dem Ort liegt in *splendid isolation* das alte Prince of Wales Hotel, von dem man bis ans Ende des Sees nach Süden blicken kann (s. Titelbild).

Von allen Nationalparks in den kanadischen Rockies hat Waterton das dichteste Netzwerk der besten Wanderwege. Die meisten eignen sich für Tagestouren verschiedener Anstrengungsgrade, aber nicht alle sind harmlos. Um etwa zum Crypt Lake zu kommen, muß man sich über den See setzen lassen, eine Leiter erklimmen, durch einen Tunnel kriechen und schließlich, an ein Drahtseil geklammert, an einem Abgrund entlangbalancieren.

Bequemer sind die beiden möglichen Abstecher mit dem Auto. Zum stillen Cameron

Emerald Lake im Yoho National Park

Lake geht es von der Townsite 16 km am Cameron Creek aufwärts, vorbei an einem stilisierten Bohrturm zur Erinnerung an das erste westkanadische Erdöl, das hier 1902 gefördert wurde. Das hüfthohe Gewächs mit dem dicken, weißen Blütenkopf am Straßenrand ist das Bärengras, das in Kanada östlich der *Great Divide* nur hier vorkommt. Cameron Lake liegt unmittelbar unter der Wasserscheide, die auch hier die Grenze zwischen Alberta und British Columbia bezeichnet.

Am Ende der anderen, beim Golfplatz nordöstlich von Waterton Townsite beginnenden Seitenstraße führt ein hübscher Spaziergang am Red Rock Canyon entlang. Die Farbenpracht des Gesteins kommt besonders dort zur Geltung, wo es an seichten Stellen im Bachbett vom glasklaren Wasser bespült wird.

British Columbia

British Columbia im Überblick

B. C., wie die Provinz kurz genannt wird, ist mit 948 596 km^2 nur wenig kleiner als Ontario. Die meisten der rund 3,5 Mio. Einwohner leben im äußersten Südwesten, der Rest von British Columbia ist nur dünn besiedelt. Die Bevölkerung von B. C. nimmt schneller zu als in anderen Provinzen. Wenn östlich der Rocky Mountains gelegentlich von *British California* gesprochen wird, dann äußert sich darin eine gewisse Schadenfreude, denn das leichtere Leben lockt auch leichtlebigere Elemente an. Nur in der Nordostecke hat die Provinz Anteil an den Great Plains. Östlich des 120. Längengrads muß British Columbia die Rocky Mountains entlang der Wasserscheide mit Alberta teilen. Den scharfen westlichen Abschluß dieses Gebirges bildet ein Längstal, der Rocky Mountain Trench.

Die Gebirge des Omineca-Systems (Cariboo, Monashee, Selkirk, Purcell Mountains) westlich des Rocky Mountain Trench setzen sich aus Gesteinen verschiedenster Natur und Herkunft zusammen, die im Zuge des wiederholten Aufpralls pazifischer Inseln auf den amerikanischen Kontinent aufgeschoben wurden. Der ursprüngliche Westrand von Amerika liegt tief unter dem Shuswap-See. Intermontan, das heißt zwischen den Bergen des Omineca-Systems im Osten und den Küstengebirgen im Westen, liegt ein breiter Streifen von Hochplateaus – Reste einer jüngeren Schar pazifischer Treibschollen.

Das festländische Küstengebirge (Coast Mountains) besteht vorwiegend aus granitischen und anderen kristallinen Tiefengesteinen, die erst nach dem ›Eintreffen‹ von Vancouver Island und der Queen Charlotte Islands aufstiegen. Die Coast Mountains sind erhabener

British Columbia

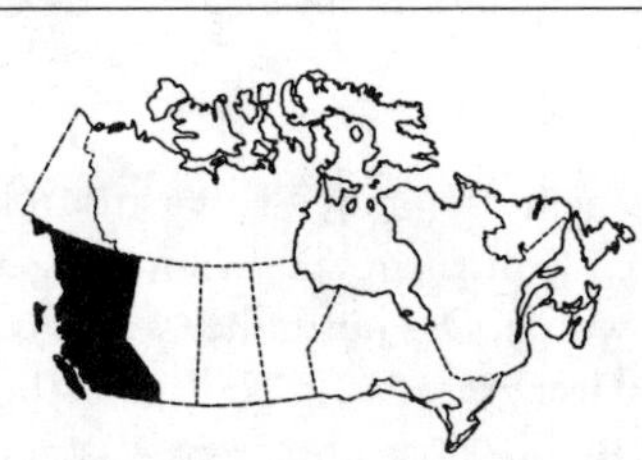

Postalisches Kürzel: BC
Größe: 948 596 km^2
Hauptstadt: Victoria
Bevölkerung: 3,3 Mio.
Wirtschaft: Holz und Papier, Bergbau, Öl und Gas, Landwirtschaft
Information: Ministry of Tourism, Parliament Bldg., Victoria BC, V8V 1X4, ✆ 800-663-6000
Anflug: Direkt nach Vancouver
Reisezeit: Frühjahr bis Herbst, zum Skilaufen Januar bis März

als die Rockies. Mit 4663 m ist Fairweather Mountain an der Grenze mit Alaska der höchste Berg in British Columbia, der 5950 m hohe Gipfel von Mount Logan im Yukon-Territorium ist der höchste in Kanada.

Distanz von den Großmächten, schroffe Küsten und abweisende Gebirge isolierten die maritime Urbevölkerung von europäischen Einflüssen. Im Innern der Provinz erschwerten Höhenzüge und Flußtäler Übergriffe auf den Lebensraum benachbarter Stämme. So war den Ureinwohnern von British Columbia länger als anderen Indianern präkolumbische Stabilität vergönnt. Daß ihre Vorfahren bei eiszeitlich gesenktem Meeresspiegel über die Beringbrücke kamen, steht fest. Es ist möglich, daß die Küste mehr oder weniger gleichzeitig auf dem Wasserweg von Norden her besiedelt wurde, aber eventuelle Anzeichen hierfür wären 100 m unter dem heutigen Meeresspiegel zu suchen.

Den Küstenstämmen (oder -nationen, wie man heute sagt), von den Haida und Tsimshian im Norden zu den Coast Salish im Süden, stand alles Lebensnotwendige in überreichem Maß zur Verfügung – Lachse und Muscheln als Nahrung, Pelztiere für die Bekleidung sowie Zedernholz für den Haus- und Bootsbau. Das Kulturgut der Westküste, von dem Wappen- oder Totempfähle nur ein kleiner Ausschnitt sind, zeugt davon, daß der Kampf ums Leben wenig Zeit beanspruchte. Die Gliederung der Küste in Hunderte von Inseln und Dutzende von tief eingeschnittenen Fjorden unterband eine straffe Stammesorganisation und begünstigte statt dessen eine auf Clans beruhende Sozialstruktur, in der die Sippenhäupter *(chiefs)* mehr oder weniger unumschränkt herrschten. Zu ihren Rechten und

Blick auf den Lac des Roches

Landschaft bei Moricetown

Pflichten gehörte es, Kunstwerke in Auftrag zu geben und sie in verschwenderischen Festen *(potlatches)* zur Schau zu stellen.

Die Plateau-Stämme im Landesinnern, die Athapasken im Norden, die Interior Salish im Süden und die Kutenai im Osten, hatten es schwerer. Der Lachsfang mit Speeren vom Flußufer war mühseliger. Häuser wurden zum Schutz gegen sommerliche Hitze und winterliche Kälte halb in den Boden versenkt. Wie ihre Nachbarn jenseits der Rockies lebten die Kutenai in Tipis und später mit Pferden weitgehend nomadisch.

Der erste Kontakt mit Europäern fiel ins 18. Jh. Die Spanier hatten zwar schon 1513 den Isthmus von Panama überquert und den Pazifik für sich in Anspruch genommen, aber soweit es kanadische Breiten betraf, blieb es zunächst bei dieser Geste. Der erste, der nahekam, war der Däne Vitus Bering. Nachdem er bereits 1728 in russischen Diensten festgestellt hatte, daß die später nach ihm benannte Wasserstraße Amerika von Asien trennt, segelte er 1741 an der Küste von Alaska entlang, bis er möglicherweise der Berge von British Columbia ansichtig wurde. Bering starb auf dieser Expedition an Skorbut, aber sein Schiff kehrte mit Hunderten von Seeotterpelzen zurück. Seither war das seidenweiche Fell von *Enhydra lutris* in Rußland und China ein begehrtes Handelsobjekt.

Im Jahre 1774 erschien das erste spanische Schiff unter Juan Perez bei den Queen Charlotte-Inseln, nahm Kontakt mit den Haida auf und ankerte auf dem Rückweg nach Mexiko kurz in einer geschützten Bucht, Nootka Sound, an der Westküste von Vancouver Island. An den wißbegierigen Kapitän der beiden nächsten spanischen Expeditionen, Juan Francisco de la Bodega y Quadra, erinnern mehrere geographische und Straßennamen. Quadra stieß bis an die Küste von Alaska nach Norden vor und errichtete dort an zwei Stellen die obligaten hölzernen Kreuze. Als Captain James Cook, von England entsandt, um der Nordwest-Passage vom Pazifik aus nachzugehen, im März 1778 im Nootka-Sound vor Anker ging, betrat der erste Europäer den Boden von British Columbia.

Die Nachricht vom Reichtum an Otterpelzen an der Nordwest-Küste machte mit erstaunlicher Geschwindigkeit die Runde. Die russischen Händler bekamen Konkurrenz, über den Stützpunkt Nootka wäre es 1790 zu einer bewaffneten Auseinandersetzung zwischen England und Spanien gekommen, wenn sich die Mächte nicht rechtzeitig über die gemeinsame Benutzung des Hafens geeinigt hätten. Zwei Städte und eine Insel tragen den Namen des Kapitäns George Vancouver, der von 1791 bis 1795 die englischen Interessen vertrat. Kurz darauf begann Napoleon die Aufmerksamkeit der europäischen Mächte in Anspruch zu nehmen, der Pelzhandel an der Nordwestküste blieb Russen und Amerikanern überlassen.

Selbstverständlich hätten auch kanadische Gesellschaften, insbesondere die in Montreal beheimatete Northwest Company, gern an der Otterbeute teilgenommen, doch es dauerte lange, bis sie geeignete Pässe und Wasserstraßen für ihre Pelzbrigaden fanden. Der Nor'wester Alexander Mackenzie war der erste, der sich 1793 auf indianischen Handelspfaden bis nach Bella Coola durchfragte, aber seine Route lag zu weit im Norden und erwies sich als unpraktisch. Im Jahre 1808 folgte Simon Fraser dem später nach ihm benannten Fluß, den er allerdings für den Columbia River hielt, bis ihn die geographische Breite der Mündung eines Besseren belehrte.

Erst David Thompson fand 1811 heraus, welches der wahre Oberlauf des Columbia ist. Damit waren die Transportprobleme keineswegs gelöst. Die Maserung von British Columbia zwingt die großen Flüsse – Columbia, Kootenay und Fraser – zu Umwegen, die Reisende heute noch überraschen und verwirren. Überdies fehlte es hier im Westen an dem wichtigsten Bau- und Flickmaterial für die Frachtkanus der Pelzbrigaden. So kam es wenigstens einmal vor, daß Birkenrinde von Montreal über London an die Columbia-Mündung verschifft wurde.

Mit der Einverleibung der North West Company im Jahre 1821 wurde die Hudson's Bay Company an der Küste aktiv, und sie vertrat hier im Vakuum zwischen amerikanischen und russischen Interessengebieten die britischen Belange. Es galt vor allem, dem Expansionsdrang der Amerikaner zu begegnen, die unter dem Wahlspruch »fifty-four forty or fight« alles Land bis nach Russisch-Alaska (54°40′ nördlicher Breite) zu annektieren drohten.

Als Verwaltungssitz für das Columbia Department gründete die Hudson's Bay Company 1843 Victoria, von dort überwachte James Douglas ein Netzwerk von Versorgungszentren und Transportwegen. Im Jahre 1846 einigten sich London und Washington auf den 49. Breitengrad als Grenze, die Gesellschaft wurde zur offiziellen Vertreterin des britischen Weltreichs zwischen den Rocky Mountains und der Küste.

Ohne die Hudson's Bay Company gäbe es wahrscheinlich kein British Columbia, aber in der neuen Rolle fühlte sich die Gesellschaft nur vorübergehend wohl. Der Pelzhandel war im Abklingen begriffen, und was von ihm verblieb, sollte nun durch die neue Auflage Einwanderer anzuwerben weiter bedroht werden. Genau wie die englischen Fischereimagnaten in Neufundland keine Farmer duldeten und das französische Pelzmonopol am St. Lorenz sich nicht durch Ansiedler stören lassen wollte, ließen sich Handels- und Einwanderungspolitik am Pazifik nicht vereinbaren. Im Jahre 1849 wurde Vancouver Island zur britischen Kolonie erklärt, blieb allerdings zunächst unter der Verwaltung der Company. Nachdem die Entdeckung von Gold in den Sandbänken des Fraser River eine Invasion kalifornischer Prospektoren ausgelöst hatte, wurde 1858 auch das Festland unter dem Namen British Columbia und mit dem Verwaltungssitz New Westminster dem Kolonialamt in London unterstellt. Die vereinigte Kolonie British Columbia mit der Hauptstadt Victoria wurde 1866 geschaffen.

Auf dem TransCanada Highway

Verglichen mit dem kalifornischen *gold rush* von 1849 und dem am Klondike 1896 erscheint der britisch-kolumbische als zahme Angelegenheit, aber er war richtungweisend für die weitere Entwicklung der Provinz. Er machte dem wohlgeordneten Pelzhandel und dem bis dahin recht stabilen Leben der Plateau-Indianer ein rapides Ende. Zehntausende von Goldgräbern schürften sich am Fraser und Thompson River aufwärts bis ins Cariboo Country und nach Barkerville. Ihnen folgten, meist ebenfalls aus Kalifornien, chinesische Arbeitskräfte. Nur wenige Indianer verließen ihre Dörfer, um in den Goldfeldern zu arbeiten, aber der Kontakt genügte, um die eingeborene Bevölkerung innerhalb von zehn Jahren durch Krankheiten auf schätzungsweise 50% zu dezimieren. An der Küste bemühten sich inzwischen Missionare darum, Medizinmänner und kultische Veranstaltungen wie das *Potlatch*-Fest in Mißkredit zu bringen und unterminierten damit indianische Traditionen.

Was der systematischen Siedlungspolitik nicht gelang, vollbrachte der *gold rush* in wenigen Jahren: Die Bevölkerung nahm schlagartig zu. Viele der Goldgräberstädte waren kurzlebig, aber die Maultierpfade, Wagenstraßen und Flußdampferrouten, die sie verbanden, zeichneten die Hauptverbindungsstraßen des modernen Verkehrsnetzes vor. Die teuren, zum Teil von britischen Pionieren ausgeführten Bauarbeiten waren auch in sofern zukunftsträchtig, als sie die Kolonie in schwere Schulden stürzten. Deren zugesicherte Tilgung war einer der Anreize zum Beitritt zur kanadischen Föderation im Jahre 1871. Die ebenfalls versprochene Bahnverbindung mit dem Osten ließ auf sich warten, bis 1885 in der Nähe von Revelstoke der letzte Schienennagel in die Schwelle getrieben wurde.

British Columbia rückte 1915 mit dem Bau des Panama-Kanals in die wirtschaftliche Reichweite von Europa, aber sein Handelsraum sind die Länder des Pazifik. Was an Holz, Fischereiprodukten und Bodenschätzen verschifft wird, geht nach Ostasien. Landwirtschaftliche Erzeugnisse – Gemüse vom Unterlauf des Fraser, Obst vom Okanagan-Tal und Rindfleisch vom Cariboo-Gebiet – decken nur die Nachfrage des regionalen Markts.

Mit Recht nennt die Historikerin Jean Barman ihre Geschichte der Provinz »The West beyond the West«. Aus der Sicht der politischen und wirtschaftlichen Zentrale von Kanada bestand der Westen aus den Wäldern und Ebenen von Rupertsland, die Pelze liefern und Siedler aufnehmen konnten. Für kanadische Geschichtsschreiber und Staatsmänner endete der Westen bis in jüngster Zeit am Fuße der Rocky Mountains. Von Victoria aus gesehen, ist B.C. der wahre Westen. Alles andere ist Osten, die Prärieprovinzen der nahe, Ontario und Quebec der mittlere und die atlantischen Provinzen der ferne.

Man kann die drei Großlandschaften von British Columbia – Küste, inneres Hochland und Rocky Mountains – auf einer großen Rundreise kennenlernen. Sie würde in Vancouver beginnen, über Victoria an die Nordspitze von Vancouver Island und zur Fähre durch die Inside Passage führen. Von Prince Rupert ginge es ostwärts in die Rocky Mountains und dann, teils auf dem TransCanada Highway und teils durch die Nebentäler im Süden der Provinz, zurück nach Vancouver. Das ist in einem Monat zu schaffen, aber die erhoffte Traumfahrt wird es nur dann, wenn man zusätzlich zwei oder drei mehrtägige ›Muß‹-Abstecher einplant. Im folgenden werden deshalb mehrere ›handliche‹ Touren zur Auswahl gestellt.

Vancouver und Umgebung

Den Osten von British Columbia erkundet man bequemer von Calgary, doch für den, der die ganze Provinz kennenlernen möchte, ist Vancouver (Betonung auf der zweiten Silbe) das logische Anflugziel. Rund 1,5 Mio. Menschen, fast die Hälfte aller *British Columbians,* leben hier und sind stolz darauf. Für welch andere Großstadt haben Fluß, Meer und Berge gleich großzügig Fundament, Rahmen und Hintergrund bereitgestellt (s. Farbabb. 3)?

Der Bannkreis von Vancouver nimmt das ganze Delta ein, das der Fraser an seiner Mündung aufgeschüttet hat. Die Nervenstränge der Metropole laufen nicht in ihrem geographischen Zentrum zusammen, sondern auf einer von Buchten und Meeresarmen umsäumten Halbinsel am Nordrand. Vancouvers Schmuckstück, der Stanley Park, nimmt gleich daneben eine eigene, nur wenig kleinere Halbinsel ein. Dahinter, über den Hängen der Wohnviertel von Nord- und West-Vancouver, erhebt sich die Kulisse der Küstenkordillere. Zur malerischen Umgebung kommt ein zwar oft regnerisches, aber immer mildes Klima. Kein Wunder also, daß die Bürger von Vancouver den Neid aller anderen Großstädter in Kanada erregen. In der Übergangszeit zwischen Sommer und Winter, die im übrigen Land zum letzteren zählt, kann man in unmittelbarer Nähe der Metropole am gleichen Tag Winter- und Wassersport betreiben.

Vancouver ist noch keine anderthalb Jahrhunderte alt. Weder Pelzhändler noch Goldgräber machten lange an der Fraser-Mündung halt. Im Jahre 1862 ließen sich drei junge Engländer, *the three greenhorns*, dort nieder, um Ziegel zu brennen. Es folgten Sägemühlen und eine Kneipe, an deren redseligen *(gassy)* Besitzer das vielbesuchte Stadtviertel Gastown erinnert. Eine Stadt zu gründen, lohnte sich erst, als Vancouver 1886 zur Endstation der transkontinentalen Eisenbahn erklärt wurde. Der erste planmäßige Passagierzug traf im folgenden Jahr ein.

Mit der Indienststellung des ersten Passagierdampfers der Canadian Pacific Railway Company wurde die Stadt 1891 ein wichtiges Glied in der *all-red route*, welche die Welt ganz auf britischem und auf den damaligen Karten rot eingezeichnetem Gebiet umspannte. Heute ist Vancouver der bedeutendste Hafen an der Westküste von Nordamerika und das kanadische Tor zu den pazifischen Anrainerstaaten. Die 1997 bevorstehende Rückkehr der britischen Kronkolonie Hongkong in den chinesischen Hoheitsbereich hat eine so kaufkräftige Einwanderungswelle in Bewegung gesetzt, daß alte *Vancouverites* ihre Stadt schon als ›Hongcouver‹ sehen.

Wer nicht geschäftlich in Vancouver zu tun hat, wird nicht viel Zeit in der Innenstadt verbringen, aber ein Bummel um die sechs Straßenblocks zwischen Hornby, Georgia, Granville und Nelson Streets ist doch recht erbaulich. Er führt am ehrwürdigen **C.P.R.-Hotel Vancouver** (1) vorbei, das an die Zeit erinnert, da die Canadian Pacific Railway Company hier Hauptarbeitgeber war, und vorbei an den Glaswänden des neuen **Justizpalasts** (2). Dort hat Arthur Erickson, der ideenreichste der Westküsten-Architekten, in wenigstens einem Sinn für das gesorgt, was Kanadier von ihrem Rechtssystem fordern »justice must not only be done, it must be seen to be done«.

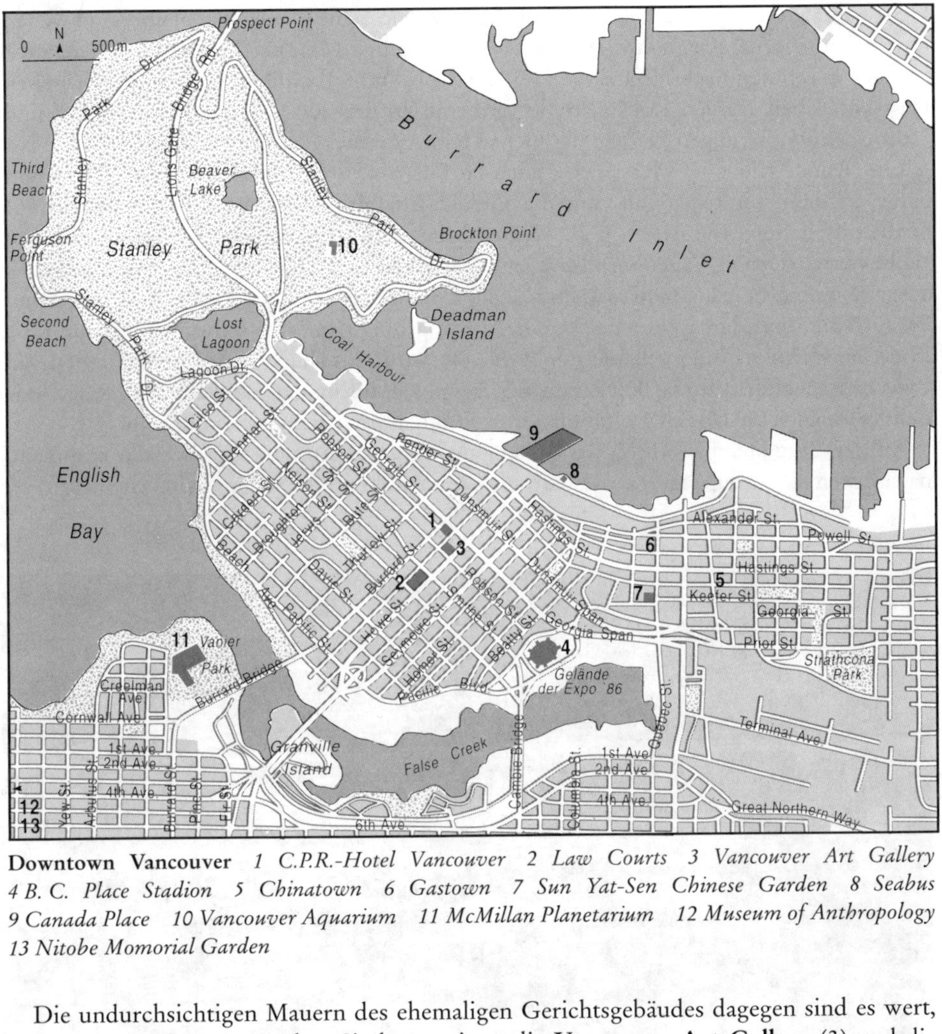

Downtown Vancouver *1 C.P.R.-Hotel Vancouver 2 Law Courts 3 Vancouver Art Gallery 4 B. C. Place Stadion 5 Chinatown 6 Gastown 7 Sun Yat-Sen Chinese Garden 8 Seabus 9 Canada Place 10 Vancouver Aquarium 11 McMillan Planetarium 12 Museum of Anthropology 13 Nitobe Momorial Garden*

Die undurchsichtigen Mauern des ehemaligen Gerichtsgebäudes dagegen sind es wert, von innen gesehen zu werden. Sie bergen jetzt die **Vancouver Art Gallery** (3) und die Gemälde der beiden wohl bedeutendsten Maler des kanadischen *West beyond the West.* Emily Carr (1871–1945) und Jack Shadbolt (geb. 1909) führen auf ganz verschiedene Weise in die Welt der Küstenindianer ein, die Besuchern in British Columbia auf Schritt und Tritt, aber meist in weniger gediegener Form begegnet. Carr reiste unentwegt, um schwermütige Landschaften festzuhalten, solange noch Totempfähle vor drohendem Gewölk gen Himmel ragten und der Wind noch raunende Schamanenstimmen durch die Regenwälder trug. Shadbolt fand seine Motive nur noch in völkerkundlichen Sammlungen und rief sie im

Geist von Miró und Picasso wieder ins Leben zurück. Seine Haida-Wappentiere schweben frei im Raum, seine Kwakiutl-Tanzmasken zerfallen in diverse perspektivische Elemente.

Quer durch den Sechserblock verläuft die Robson Street, die einst mit bajuwarischen Gaststätten den Namen Robsonstraße verdiente, in der nun aber die kulinarischen und elektronischen Errungenschaften des hier so nahen Fernen Ostens überwiegen.

Eine Runde (für gute Marschierer auch zu Fuß und für Autofahrer aus gutem Grund entgegen dem Uhrzeigersinn) um die Geschäftshalbinsel erschließt fünf verschiedene Stadtlandschaften: Industrie- und Veranstaltungsgelände, Altstadt, Hafen, Parks und Wohnviertel. Die in Vancouver stark auf den amerikanischen Durchschnittsgeschmack ausgerichtete offizielle Stadtrundfahrt beginnt im Süden zwischen Pacific Boulevard und False Creek, und dies ist auch ein guter Ausgangspunkt für eine selbständige Tour. B.C. Place, einst Ausstellungsgelände der Expo 86, wird allmählich anderen repräsentativen Zwecken zugeführt. Im 60 000 Zuschauer fassenden, luftkissengedeckten **B.C. Place Stadion** (4) spielen die British Columbia Lions Football nach kanadischen Regeln.

An der Basis der Halbinsel, wo die Hauptverkehrsadern von Nordwesten kommend nach Osten abbiegen, liegt die Altstadt mit **Chinatown** (5) im Süden und **Gastown** (6) im

Im Altstadtviertel Gastown

Norden. Die ersten Chinesen kamen 1858 im Gefolge der Goldgräber aus San Francisco. Weitere 17 000 wurden in ihrem Heimatland von den Eisenbahngesellschaften zum Streckenbau angeworben. Das 1997 bevorstehende Ablaufen des britisch-chinesischen Pachtvertrags für Hongkong löste die jüngste Einwanderungswelle aus. Das Chinesenviertel von Vancouver ist nach dem von San Francisco das zweitgrößte in Nordamerika. Nach dem orientalischen Leben und Treiben in den Straßen von Chinatown bietet sich ein Gang durch einen stillen Garten im Stil der Ming-Dynastie an. Die Anlage wurde nach Vorbildern aus dem 14. bis 17. Jh. mit importierten Kalksteinen, Dachpfannen, geschnitzten Fensterrahmen und Brückenbogen ausgestattet und zur Weltausstellung 1986 als **Sun Yat-Sen Chinese Garden** eröffnet (7).

Gleich nördlich von Chinatown erreicht man die in ihren viktorianischen Zustand zurückversetzte Gastown, betriebsam und amüsant, mit kosmopolitischen Restaurants und Boutiquen jeder Qualität und Geschmacksrichtung. An der Waterfront, in günstiger Entfernung von Gastown und Downtown, sind die Landeplätze von vier verschiedenen Verkehrsmitteln aufgereiht. Hubschrauber verkürzen den Weg zum Flugplatz, eine **Schnellfähre** (8, **Seabus**) verbindet die Innenstadt mit North Vancouver, beim Messezentrum **Canada Place** (9) mit schneeweißen, segelartigen Hauben legen die großen Kreuzfahrtschiffe an, etwas weiter westlich landen und starten die Wasserflugzeuge von Air B.C. mit großem Getöse. Auf der Landseite der Seabus-Station liegt die Endstation der Hochbahn (Sky Train), die den Hafen mit dem Expo-Gelände und New Westminster verbindet.

Den Stanley Park kann man auf dem Seawall in beiden Richtungen zu Fuß umwandern, für die motorisierte Besichtigung schreibt die Einbahnstraße Scenic Drive eine große Linkskurve vor. Das heißt, daß man sich, von der Georgia Street kommend, auf der Landenge zwischen Lost Lagoon und Coal Harbour rechts halten muß, um nicht unversehens vom Durchgangsverkehr über die Lions Gate-Brücke nach West Vancouver getragen zu werden. Mit 400 ha ist der Stanley Park einer der größten und wahrscheinlich der landschaftlich schönste aller nordamerikanischen Stadtparks. Das Parkinnere ist dicht mit Zedern, Laub- und Nadelbäumen bewaldet, durch die viele kilometerlange Wander- und Radpfade die Lichtungen, Spiel- und Sportplätze, Seen und Buchten miteinander verbinden. Der Scenic Drive führt an den meisten Sehenswürdigkeiten vorbei, nicht aber am **Vancouver Aquarium** (10), das man auf keinen Fall verpassen sollte und zu dem man gleich in die erste Nebenstraße nach links einbiegen muß.

Das Vancouver Aquarium ist eines der größten der Welt. Man kann dort leicht einen ganzen Tag damit verbringen, Fische jeder Größe, Farbe und Gestalt aus allen Teilen des Pazifik hinter dicken Glaswänden an sich vorüberziehen zu lassen und nebenbei auf Lebensäußerungen von Kraken, Seesternen und anderen seßhaften Kreaturen zu hoffen. In einer anderen Abteilung wandert man in drückender Schwüle durch ein Stück tropischen, von Alligatoren, Faultieren und bunten Vögeln bevölkerten Regenwalds. Die größten Zu-

Die Skyline von Vancouver ▷

schauermengen sammeln sich zur *show time* um die Becken, in denen man Raub- und Beluga-Wale sowohl über Wasser wie aus der Taucherperspektive beobachten kann. Am lebhaftesten geht es zur Fütterungszeit im Becken der Seeotter zu, ohne die British Columbia vielleicht erst im 19. Jh. erforscht worden wäre.

Andere, direkt am Scenic Drive gelegene Attraktionen sind kaum zu übersehen, die 9-Uhr-Kanone, die Totempfähle und Cricketplätze am Brockton Oval und vor allem Prospect Point mit Blick auf die Lions Gate-Brücke und den Schiffsverkehr darunter.

Im Gegensatz zur Mehrzahl aller nordamerikanischen Großstädte läßt es sich im Zentrum von Vancouver nicht nur gut arbeiten, sondern auch beneidenswert schön wohnen. Den Nachweis hierfür liefert die Fahrt auf der Beach Avenue, in die der Scenic Drive am Ausgang des Stanley Park übergeht. Von den Fenstern und Balkonen hoch über der English Bay hat man einen herrlichen Blick, nach Westen über Grünanlagen und Strand auf die blaue Bucht, nach Osten auf Stadt und Hafen oder nach Norden auf den Park und die Berge.

Nach der Runde um die Innenstadt kann man die systematische Tour durch Vancouver fortsetzen, indem man über die Burrard-Brücke ans Südufer des False Creek fährt. An dessen Mündung findet man inmitten ausgedehnter Parkanlagen das **McMillan Planetarium** (11) sowie das angegliederte Vancouver Museum mit Sammlungen und Schaubildern aus der indianischen und der Entdeckungsgeschichte der Westküste. Das ungewöhnlichste Ausstellungsstück im Park ist der Motorsegler »St. Roch« beim Maritime Museum. Dieses 31,5 m lange, hölzerne Boot wurde 1928 von der Royal Canadian Mounted Police in Dienst gestellt, um in der Arktik die kanadische Flagge zu zeigen und abgelegene Außenposten zu versorgen. Im Juni 1940 verließ die »St. Roch« Vancouver und traf 28 Monate später in Halifax ein, das erste Schiff, dem die Reise durch die Nordwest-Passage in östlicher Richtung gelungen war. Die Rückkehr auf einer etwas anderen Route im Sommer 1944 dauerte nur 85 Tage. Im Jahre 1950 wurde die »St. Roch« mit einer Reise nach Halifax, diesmal durch den Panama-Kanal, das erste Schiff, das ganz Nordamerika umfahren hat.

Eingebettet in üppige Grünanlagen an der Meeresstraße von Georgia nimmt die UBC, die University of British Columbia, unter allen kanadischen Universitäten wohl die schönste Lage ein. Doch der Hauptgrund für die Fahrt in den äußersten Westen der Stadt ist das direkt an der Strait of Georgia gelegene **Museum of Anthropology** (12, s. Farbabb. 8). Die Exponate kommen aus aller Welt, vorwiegend aber von der Nordwestküste. Für die Ausstellung schuf Arthur Erickson einen architektonischen Rahmen, der gleichzeitig dramatische Darbietung wie wissenschaftliche Auswertung des übernommenen Kulturguts erlaubt.

Schon am Eingang grüßt ein großartiges, von Künstlern der Gitksan-Nation im Norden von B.C. geschnitztes Portal die Besucher. Von der Eingangshalle geht es auf einer von reich ornamentierten Objekten aus indianischen Plankenhäusern flankierten Rampe hinab in die 41 m hohe Große Halle der Totempfähle. Hier fällt die unterschiedliche Ausdrucksform der nördlichen und südlichen Holzschnitzer auf. Die Wappenfiguren der Haida sind streng stilisiert, in der gedrängten Packung der Extremitäten kommt der *horror vacui*, die

Furcht vor der Leere, stärker zum Ausdruck als bei den Kwakiutl, die ihre mythischen Figuren naturalistischer sehen und sich nicht scheuen, einige Flächen unbeschnitzt zu lassen. Für die Skulptur »The Raven and the First Men« von Bill Reid entwarf Erickson eine Rotunde, in der man aus jeder Perspektive miterleben kann, wie der Rabe nach alter Haida-Legende in einer Muschel die ersten Menschen entdeckt. Auch der Bär und der Seewolf in der Great Hall sowie kleinere Kunstwerke in Gold, Silber und schwarzem Schiefer *(argellite)* in der Masterpiece Gallery stammen von Reid. Nicht weniger eindrucksvoll als die Prunkstücke des Museums sind die wissenschaftlichen Sammlungen, die man in übersichtlichen Schaufenstern und mit Hilfe detaillierter Kataloge aus der Nähe studieren kann.

Einem anderen Kulturbereich entspringt der in der Nähe des Anthropologischen Museums gelegene **Nitobe Memorial Garden** (13). Inazo Nitobe war ein japanischer Erzieher und Diplomat, der sich bis zu seinem Tode 1933 um die transpazifische Zusammenarbeit verdient machte. In dieser Gedenkstätte gelang es einem japanischen Gartenarchitekten, durch das harmonische Nebeneinander von Kunst- und Naturformen in kleinem Rahmen ein Gefühl von Frieden und Gemütsruhe zu vermitteln. Einigen einheimischen Bäumen und Sträuchern konnten japanische Kleinformen beigebracht werden, andere Gewächse wurden eingeführt.

Die Stadtteile nördlich vom Burrard Inlet liegen am Fuße der Küstenkordillere. Dortige Sehenswürdigkeiten sind hohe Aussichtsberge und schwankende Fußgängerbrücken über tiefeingeschnittenen Tälern, von Osten nach Westen: Mount Seymour im gleichnamigen Provincial Park, Lynn Canyon Suspension Bridge (80 m hoch), Capilano Suspension Bridge (70 m hoch und mit 135 m der Welt längste) und die Seilbahn auf den Grouse Mountain, von dem man bei klarem Wetter einen wahrlich phantastischen Blick auf eine der schönsten Städte der Welt hat. Anhand eines guten Stadtplans sind sie leicht über den TransCanada Highway zu erreichen. Folgt man diesem über die Second Narrows Bridge zunächst nach Norden und dann nach Westen, so kommt man schließlich nach Horseshoe Bay und zur Fähre nach Nanaimo. Die Kilometerentfernungen zum Fähranleger stimmen mit den Nummern der Ausfahrten am Highway überein.

Man kann die Fahrt zur Horseshoe Bay auch zu einer schönen Tagestour ausdehnen. Der Highway 99 hält sich dicht an die Steilküste des Queen Charlotte Channel und des Howe Sound und führt dann in das alpine Feriengebiet um Whistler im Garibaldi Provincial Park.

Wenn man nicht ohnehin nach Osten weiterreisen will, bietet sich das untere Fraser-Tal für eine Zweitagestour an und zwar auf dem TransCanada Highway flußaufwärts bis Hope und auf dem Highway 7 am anderen Ufer zurück nach Vancouver, mit Übernachtung vielleicht in Harrison Hot Springs. Das Lower Mainland, wie die weite Flußebene des Fraser genannt wird, ist die fruchtbarste Landschaft von B.C.

Die Fahrt an ausgedehnten Wiesen, Obstplantagen und Feldern vorbei ist nicht sonderlich abwechslungsreich, aber schon im Stadtteil Langley weisen Schilder an der Autobahn auf die erste Sehenswürdigkeit hin: **Fort Langley National Historic Park**. Als George Simpson, Gouverneur der Hudson's Bay Company, 1827 den Bau von Fort Langley anord-

Fort Langley, ehemals Trading Post der Hudson's Bay Company

nete, glaubte er noch, daß der Fraser bis weit ins Landesinnere schiffbar sei. Daß das Fort trotz dieses Irrtums jahrzehntelang seinen Zweck als Trading Post erfüllte, war vor allem der Indienststellung des Dampfschiffs »Beaver« zu verdanken, das seit 1836 die Handelsniederlassungen der HBC und der Russian American Company in Alaska verband.

Die landwirtschaftliche Blüte des Fraser-Tals begann mit dem Auftrag, nicht nur die eigenen, sondern auch die amerikanischen und russischen Otterpelzhändler zu verpflegen. Weil außerdem große Mengen von gesalzenen Lachsen an die Eingeborenen der Sandwich Islands (Hawaii) verkauft wurden, war der Böttcher *(cooper)* von Fort Langley einer der wichtigsten Handwerker. Wie die meisten befestigten Stützpunkte spielte Langley nie eine militärische Rolle. Mit dem Grenzvertrag über den 49. Breitengrad verlor die HBC 1846 Fort Vancouver (das zweite Vancouver am Columbia River im US-Staat Washington). Damit und zwölf Jahre später mit der Versorgung der Goldgräber gewann Fort Langley vorübergehend an Bedeutung. Im Big House, in dem der Chief Trader Hof hielt, rief Gouverneur Douglas 1858 die Crown Colony British Columbia aus. Bis auf eines der alten Lagerhäuser verfiel die Anlage allmählich, bis sie seit 1955 wieder in den ursprünglichen Zustand versetzt wurde.

Etwa 120 km östlich von Vancouver, wo der Highway 9 von Norden auf den TransCanada Highway stößt, liegt rechts der Straße neben einem überflüssigen Vergnügungspark der **Bridal Veil Provincial Park** mit einem hübschen Wasserfall. Auf der anderen Seite der Autobahn sind die **Minter Gardens** jüngeren Datums, weniger bekannt und weniger überlaufen, aber auf ihre Weise ebenso schön wie die Butchart Gardens bei Victoria. Reizvoll hier ist das Geschick, mit dem frei gestaltete wie streng geometrische Blumen- und Sträuchergärten in den bestehenden alten Zedernhain einbezogen wurden, ohne diesem seinen urtümlichen Charakter zu nehmen.

Bei **Hope** wird das Fraser-Tal plötzlich eng, und von hier führen drei Straßen durch die Berge nach Osten. Der TransCanada Highway bleibt im Canyon des von Norden kommenden Fraser, der gebührenpflichtige Coquihalla Highway zielt ohne große Umschweife auf Kamloops, und der Highway 3 hält sich dicht an die US-amerikanische Grenze. Es lohnt sich, letzterem noch 16 km weiter landeinwärts bis zum Johnson Peak Landslide zu folgen. Dort begrub ein Bergrutsch im Januar 1965 die Straße in Sekunden unter einer 45 m mächtigen Trümmerhalde. Im Fraser Canyon werden alle drei Verkehrswege, TransCanada Highway, Canadian Pacific und Canadian National Railways, fast jedes Jahr zeitweilig durch kleinere oder größere Erdrutsche unterbrochen.

Für die Rückfahrt nach Vancouver überquert man den Fraser in Hope und folgt dem Highway 7 nach Westen, sollte aber nicht versäumen, in Agassiz nach Norden abzubiegen und einen der gediegeneren Badeorte zu besuchen. Die 130 km, die **Harrison Hot Springs** von Vancouver trennen, gelten in Kanada als Ausflugsentfernung. Wenn sich trotzdem verhältnismäßig wenig Großstädter auf diesen Weg machen, so liegt das daran, daß die Bürger der Metropole durch viele noch näher gelegene Ziele verwöhnt sind. Kein Bauwerk versucht, der Natur Konkurrenz zu machen, alle Reklame ist gedämpft. Neben dem öffentlichen Thermalbad und einem halben Dutzend unaufdringlicher Restaurants scheint eine künstlich vom Harrison Lake abgetrennte Lagune die einzige Konzession an den Tourismus zu sein. Selbst das weitberühmte Luxushotel bescheidet sich mit einem Platz am äußersten Ende der gepflegten Uferpromenade. Die heißen Quellen wurden beim *gold rush* von Prospektoren entdeckt, die abseits des gefürchteten Fraser Canyon einen Weg ins Eldorado suchten.

Trading Store des Fort Langley

Victoria und Vancouver Island

Für den Besuch der Insel hat man die Wahl zwischen zwei Fährverbindungen. Will man zuerst Victoria besichtigen, so empfiehlt sich die Fähre von Tsawwassen nach Swartz Bay. Die Rückfahrt nach Vancouver kann dann über Nanaimo-Horseshoe Bay erfolgen. Für erstere Route ist ein rechtzeitiger Aufbruch anzuraten. Die Fähren verkehren stündlich, aber wegen des großen Andrangs ist mit Wartezeiten zu rechnen. Auch wer auf etwa halbem Weg von Swartz Bay zur Hauptstadt den vielgerühmten Butchart Gardens einen Besuch abstatten will, muß entsprechend planen.

So wie British Columbia keine typisch kanadische Provinz ist, ist Victoria keine typisch kanadische Großstadt (s. Farbabb. 5). Das Klima ist zu mild und viel sonniger als das von Vancouver, das Tempo zu verhalten, die bauliche Silhouette zu gedämpft und das Durchschnittsalter der Bevölkerung zu hoch. Wenn er die Wahl hätte, würde schätzungsweise jeder zweite Kanadier sein Geld in Vancouver verdienen, den Rest seines Lebens aber in Victoria verbringen. Rund 250 000 Menschen verbinden schon jetzt das Nützliche mit dem Angenehmen.

Wahrscheinlich war es der geschützte Hafen und nicht das gesegnete Klima, welches die Hudson's Bay Company dazu veranlaßte, ihr pazifisches Hauptquartier von Fort Vancouver am Columbia River ans Südende von Vancouver Island zu verlegen. Der Bau von Fort

Vancouver Island

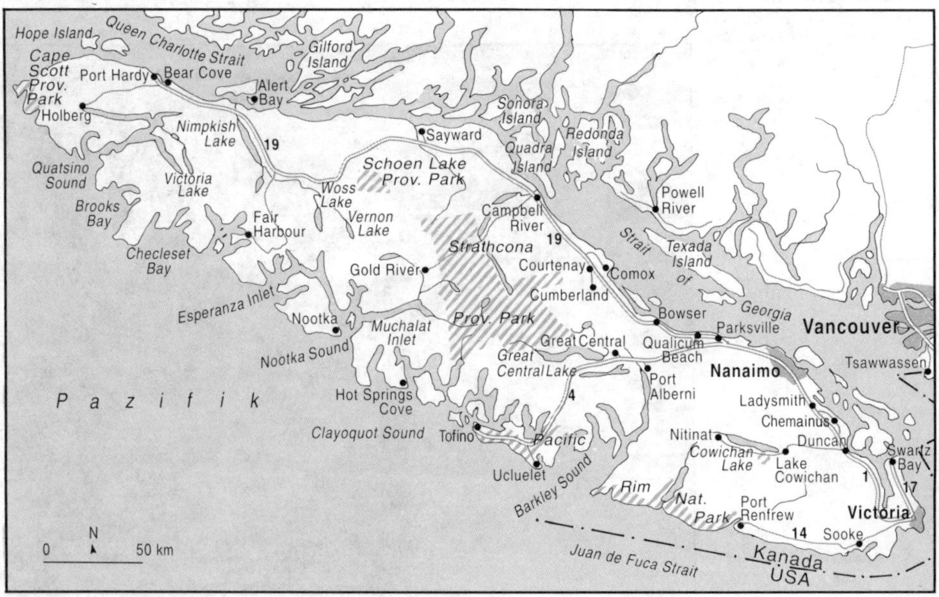

Totempfähle im Thunderbird Park, Victoria

Victoria begann 1843 mit einheimischen Arbeitskräften. Für eine der begehrten Wolldekken der Gesellschaft mußte jeder Indianer 40 Palisadenpfähle liefern. Mit der Erklärung von Vancouver Island zur britischen Kronkolonie wurde Victoria 1848 zur Hauptstadt. Als zehn Jahre später der *gold rush* beängstigende Formen annahm, bestimmte Gouverneur Douglas Victoria zur einzig zulässigen Eingangspforte für Prospektoren, und mit dem Durchzug von 30 000 Goldberauschten allein 1858 begann die erste Wachstumsphase von Victoria. Im Jahre 1866 wurde die Stadt Verwaltungssitz der Kolonie British Columbia. Das angrenzende Esquimalt (›eskwaimalt‹, Betonung auf der zweiten Silbe) war der nordpazifische Stützpunkt der britischen und ist der jetzige der kanadischen Kriegsmarine.

Empress Hotel, Victoria

Vor allem das Stadtzentrum um den Hafen herum vermittelt den Eindruck, als hätte hier um die Jahrhundertwende ein viktorianischer Dornröschenschlaf begonnen. In jener Zeit entwarf Francis Rattenbury das neogotische **Parlamentsgebäude** und im vermeintlich französischen Schloßstil das **Empress Hotel**. Diese beiden alten Damen beherrschen das Hafenbecken im rechten Winkel. Dort, wo ihre Baufluchten sich treffen, schaltet sich das ausgehende 20. Jh. mit dem **Royal British Columbia Museum** ein.

Das Hotel im Efeukleid ist eine Teestunde am Nachmittag wert, das Provinzparlament wird abends imposant erleuchtet, doch von höherem Rang ist das Museum: *Royal* dürfen sich im British Commonwealth nur die besten Institutionen nennen. Die originalgetreuen Schaubilder der historischen Abteilungen von der First Peoples Gallery bis zur Modern History Gallery sowie die Nachbildung von Captain Vancouvers Schiff »Discovery« bringen die Geschichte von British Columbia auch dem nah, der nicht vorwiegend zum Lernen gekommen ist. Andere Abteilungen sind den verschiedenen Lebensräumen der Küstenprovinz gewidmet. Unter ihnen ist wohl das offene Meer (Open Ocean) der faszinierendste. Um Gedränge zu vermeiden, sollte man sich der Öffnungszeiten des Royal British Columbia Museum vergewissern und entsprechend rechtzeitig frühstücken.

Der **Thunderbird Park** gleich neben dem Museum stellt eine der besten Kollektionen von historischen Totempfählen zur Schau, darunter Werke des berühmten Kwakiutl-Künstlers Mungo Martin. Auch eine neue Generation von Holzbildhauern kann man hier oft bei der Arbeit beobachten.

Nördlich des Hafens nach einem anregenden Spaziergang durch Victorias bessere Ladenstraßen erreichbar, ist in einem ehemaligen Justizpalast am Bastion Square das **Maritime Museum of British Columbia** untergebracht. Die Modelle und Exponate im Untergeschoß stammen aus der frühen Entdeckungs- und Handelsepoche, aus der Blütezeit der dreimastigen *China Clippers*, die England mit Tee versorgten, und aus der Zeit des Walfangs, der bis 1967 betrieben wurde. Eine besondere Abteilung ist Seeleuten und ihren Booten gewidmet, welche die Erde im Alleingang umsegelten. Im Obergeschoß befindet sich die Modellsammlung von Schiffen der Canadian Pacific Steamship Company, die das englische Weltreich bis zum Zweiten Weltkrieg mit einem luxuriösen Passagierdienst versahen.

Victoria kehrt nicht nur am Hafen seine beste Seite dem Wasser zu. Verläßt man die Innenstadt auf der Douglas Street in südlicher Richtung, so läßt man zunächst den Beacon Hill Park links liegen und fährt dann um diesen herum auf der Uferstraße (Dallas Road/Beach Drive) zunächst nach Osten und dann nach Norden. Diese Route erschließt Grünanlagen, Golfplätze, Buchten mit allerdings steinigen Stränden, Aussichtspunkte und gepflegte bis vornehme Wohnviertel, alle mit Blick auf die Juan de Fuca Strait und die gegenüberliegende Küste des US-Staats Washington.

Zwanzig Kilometer nördlich von Victoria, und am besten auf dem Weg vom oder zum Fährhafen Swartz Bay zu besuchen, liegen die **Butchart Gardens**. Der Park wurde vor 80 Jahren von der Frau eines Zementfabrikanten in einem aufgelassenen Kalksteinbruch angelegt und mit immer neuen einheimischen Pflanzen und exotischen Raritäten versorgt. Auf

Im Hafen von Ucluelet

dem Weg zum Garten kommt man an der Butterfly World vorbei, einem Gewächshaus, in dem Hunderte von Schmetterlingen zwischen tropischen Bäumen umherflattern.

Man kann nicht aufs Festland zurückkehren, ohne den **Pacific Rim National Park** besucht zu haben. Dessen südlichster Zipfel ist leicht zu erreichen, wenn man dem Highway 14 von Victoria westwärts bis zum Ende folgt. Doch von Port Renfrew braucht man als Wanderer etwa eine Woche Zeit, Ausdauer und die nötige Ausrüstung für den wunderschönen, aber 70 km langen, großenteils weg- und völlig obdachlosen West Coast Trail. Man gelangt nach Bamfield, von wo man entweder zurückmarschieren oder sich zum Ausgangspunkt zurücktransportieren lassen muß. Zum bekannteren Teil des Parks, Long Beach, führt von Victoria nur ein großer Umweg, dieser allein aber lohnt sich.

Der TransCanada Highway verläuft an der Ostküste der Insel nach Norden. Etwa 30 km nördlich von Victoria laden kurz hintereinander zwei Aussichtspunkte (Malahat Summit und Gulf Islands Viewpoint) zu Fernblicken über Brentwood Bay und die vorgelagerten Inseln ein.

Wenn man das indianische Wort *khowutzun* deutsch ausspricht, kommt man dem beabsichtigten Klang näher, als es den ersten Angelsachsen mit *cowichan* gelang, aber so heißt

Streitsache Wald

Kanadas Forst- und Papierindustrie wird nirgends stärker kritisiert als im eigenen Land, und diese Kritik scheint sich positiv auszuwirken. Europäern fiel der Rückgang ihrer Wälder schon vor Jahrhunderten auf, aber es ist verständlich, daß diese Erkenntnis angesichts der endlos erscheinenden nordamerikanischen Bestände verlorenging. Die ersten weißen Kanadier taten dem Wald nichts an, die Fischer kümmerte er nicht, und die Pelzhändler lebten von ihm. Was die Siedler für landwirtschaftliche Zwecke rodeten, fiel zunächst kaum ins Gewicht. In Neu-Frankreich wurden schon im 17. Jh. Sägemühlen für den örtlichen Bedarf gebaut und ausgewählte Stämme für den Schiffbau exportiert, aber erst im 18. Jh. machte sich der Bedarf der britischen Marine an Masten unter den Weißkieferbeständen am Atlantik bemerkbar. Die planmäßige Ausbeutung setzte im 19. Jh. mit dem Export von Bauholz nach Übersee ein. Ottawa ist nur eine von vielen kanadischen Städten, deren erstes Haus eine Holzfällerhütte war. Im Jahre 1869 entstand in Quebec die erste Fabrik zur chemischen Behandlung von Holzfasern, 1901 nahm das erste Zellstoffwerk *(pulp mill)* in British Columbia den Betrieb auf. Damit wurden die unermeßlichen kanadischen Wälder zum Wirtschaftsobjekt.

Holzprodukte liegen mit weitem Abstand an der Spitze aller kanadischen Exporte, gefolgt von Energie. Kanadier sind nach wie vor die sprichwörtlichen Holzfäller und Wasserschöpfer *(hewers of wood and drawers of water)*, als die der Naturforscher Abraham Lesner seine Landsleute 1849 bezeichnete. Jeder vierzehnte Kanadier und mehr als 300 Gemeinden ernähren sich direkt oder indirekt von der Forstwirtschaft. Unter diesen Umständen ist es schwer, Maßnahmen durchzusetzen, die Arbeitsplätze kosten.

Die Kritik an der Forstindustrie im weiteren Sinn richtet sich vorwiegend gegen das Kahlschlagen am Anfang und die Wasserverunreinigung am Ende der Holzverarbeitung. Man kann auf dem TransCanada Highway tagelang durch dichte Wälder fahren, und nur die vorbeirauschenden Langholzlaster verraten, was die Baumkulisse verbirgt. Wenn man hinter sie blickt, etwa beim Flug von Toronto nach Winnipeg oder von Calgary nach Westen, erscheint die einst dichte Baumdecke wie von Motten zerfressen. Nicht immer werden die künstlichen Lichtungen schamhaft verborgen, die Hänge über dem Hafen von Ucluelet dicht beim Pacific Rim National Park sehen aus, als seien sie zum Trotz kahlgeschlagen.

Zwischen den Holzfällern, welche die Bäume schlagen, und den *tree huggers*, die sie umarmen möchten, klaffen Abgründe. Kaum haben die einen sich an die Forderung langfristiger Nutzung gewöhnt, die sie zum Aufforsten zwingt, da kommen die anderen und verkünden, daß nur ein Wald mit vielen Baumgenerationen auf die Dauer lebensfähig ist. Die Provinzialregierungen, welche die Forstpolitik bestimmen, und die Forstbiologen, die entscheiden müssen, welche Art der Waldpflege unter verschiedenen ökologischen Bedingungen am Platz ist, schwanken im Kreuzfeuer.

Die Notwendigkeit nachhaltiger Nutzung wurde in Kanada erst im 20. Jh. erkannt, und da die Folgen des Raubbaus sich zuerst im Osten einstellten, sind die atlantischen Provin-

Beim selective logging transportieren Hubschrauber die gefällten Stämme

zen forstpflegerisch am fortgeschrittensten. Trotzdem ist New Brunswick bisher die einzige Provinz, in der vergangene Entwaldung durch Aufforsten in zufriedenstellendem Maß wieder rückgängig gemacht werden konnte. Ontario, Manitoba und British Columbia sind in dieser Hinsicht bedauerlich im Rückstand.

Auch in Kanada wird immer mehr Altpapier wiederverwendet, und der Bedarf an Papierholz nimmt dementsprechend ab. Auf Bauholz aber kann man hier, wo fast alle Wohnhäuser aus Holzrahmen zusammengenagelt werden, nicht verzichten. Die Frage ist, wie der Bedarf in den Provinzen, die zu spät mit der Regeneration abgeholzter Flächen begonnen haben, in den nächsten zwei bis drei Jahrzehnten ohne weiteren Raubbau zu decken ist.

Der Zyklus der Waldbewirtschaftung in British Columbia nimmt 60 bis 80 Jahre in Anspruch. Er beginnt in 90% aller Fälle mit dem hochmechanisierten Großkahlschlag und dem Abtransport der gefällten Bäume. Anschließend wird das zurückgebliebene Abfall- und Unterholz aufgehäuft und verbrannt. Die so vorbereitete Fläche bestückt man nach einiger Zeit mit Setzlingen der bevorzugten Nadelholzart. Während der nächsten Jahre wird gedüngt, alles, was als Unkraut gilt, wird beseitigt, Schädlinge werden bekämpft, und etwa ein Dutzend Jahre nach dem Pflanzen werden die schwächeren Bäumchen entfernt. Man kann diese forstwirtschaftliche Abfolge auf Vancouver Island vom Highway 19 studieren, wo große Schilder auf die verschiedenen Stadien der Aufforstung hinweisen.

So erfreulich die Aufforstung ist, ob der Waldboden die Plantagenkultur ohne Folgeschäden erträgt, wird sich erst im 22. Jh. zeigen. Inzwischen setzen sich Naturschutzverbände mit ansehnlichem Erfolg für die Erhaltung ›wirklicher‹ Wälder mit uraltem Baumwuchs und natürlich gemischter, von Tieren belebter Unterholzvegetation ein. Ihren und den Bemühungen gleichgesinnter Indianer ist es zu verdanken, daß allein in British Columbia in den letzten Jahren ganze Inseln und Flußtäler der kommerziellen Forstwirtschaft entzogen wurden.

Der zweite wunde Punkt der kanadischen Holz- und Papierindustrie ist die Wasserverschmutzung. Unvorsichtiges Roden in Flußtälern hat in der Vergangenheit zahlreiche Laichgründe des pazifischen Lachses (vgl. S. 394 ff.) unbrauchbar gemacht und wird jetzt unterbunden. Ernster ist die Wasservergiftung durch die Abwässer der Papierfabriken. Für die Papierherstellung wird das Holz zu einem Faserbrei zerkleinert. Die Pulpe kann ohne kostspielige weitere Aufbereitung für Zeitungspapier verwendet werden, sie enthält aber noch das harzartige Lignin, das im Sonnenlicht gelb wird. Um dies zu beseitigen, muß der Brei gekocht und chemisch behandelt werden, entweder im sauren Sulfit- oder im alkalischen Sulfatverfahren. Das erstere und ältere wird als umweltfreundlicher angesehen, aber das zweite, eine deutsche Erfindung, hat sich weltweit durchgesetzt. Es hat jedoch den Nachteil, dunkle Zwischenprodukte zu liefern, aus denen braunes Packpapier gemacht wird. Hochwertige Papiersorten hingegen erfordern starkes Bleichen mit Chlorverbindungen, die allerdings in den Abwässern Giftstoffe hinterlassen, die noch vor zehn Jahren nicht im Brockhaus standen. In Europa geht man zur Sauerstoffbleiche über, aber die Umstellung ist kostspielig, und sie wird von kanadischen Unternehmen mit der Begründung angefochten, daß auch deren Konsequenzen für die Umwelt heute noch nicht übersehbar sind.

Um der zunehmenden Kritik die Spitze abzubrechen, bemüht sich die Industrie besonders in British Columbia, Einheimischen und Touristen die Methoden und Probleme der modernen Forstwirtschaft durch Museen, Ausstellungen und Führungen nahezubringen. »Logging as a tourist attraction!« Wer sich ein eigenes Urteil bilden will, sollte davon Gebrauch machen.

nun der Fluß und das an seinen Ufern gelegene Reservat der Coast Salish bei Duncan. Der alte Name lebt weiter in dem beachtlichen Native Heritage Centre, das der Stamm am Südrand von **Duncan** eingerichtet hat. Das Big House wurde im Stil der großen Plankenhäuser der Küstenindianer für die Expo '86 gebaut und nach der Ausstellung von Vancouver nach Duncan verladen. Hier werden Tänze vorgeführt und Feste gefeiert. Im Schuppen daneben entstehen neue Totempfähle für die Straßen der Stadt. Die Khowutzun Gallery zeigt Hunderte von prachtvollen, käuflichen Beispielen aus der traditionellen indianischen Volkskunst der Nordwestküste. Ein Handwerk, das die Ureinwohner erst von weißen Siedlern gelernt, dann aber sehr erfolgreich auf ihre eigenen Bedürfnisse abgestellt haben, ist das Stricken naturfarbener Wolljacken, der berühmten Cowichan Sweater, die heute zahlreiche Käufer finden.

Als die alte Sägemühle in **Chemainus** 1982 stillgelegt wurde, kamen die Stadtväter auf die Idee, die Wirtschaft durch gesteigerten Fremdenverkehr wieder anzukurbeln. Es half, 300 000 Touristen kommen jedes Jahr, um durch die Straßen zu schlendern und sich an rund zwei Dutzend überlebensgroßen Wandgemälden mit Themen aus der holzverarbeitenden Vergangenheit zu erfreuen. Auch die weniger malerische Zukunft wurde inzwischen durch eine hochmoderne Bauholzfabrik sichergestellt.

Bei **Nanaimo** fing die Hudson's Bay Company 1852 an, Kohle abzubauen. Die weithin sichtbare Bastion, das Wahrzeichen der Stadt, ist ein Teil des einstigen Forts, das zum Schutz der Bergleute errichtet wurde. Heute ist Nanaimo vor allem als Fährhafen und als Start des Great International Bathtub Race im Juli bekannt, bei dem Dutzende von motorisierten Badewannen versuchen, Vancouver zu erreichen.

Parksville ist ein beliebter Badeort, vor dem das Wasser bei Ebbe weit zurücktritt und eine breite Sandfläche freilegt. In den knietiefen, warmen Lagunen sind Muscheln, See-Igel sowie viel anderes Getier und Gewächs des Tidenbereichs zu finden. Obgleich Parksville keine schlechte Wahl für eine eventuelle Wartezeit ist, sollte die Entscheidung über die Weiterfahrt im Hochsommer nicht erst hier fallen, sondern schon im heimatlichen Reisebüro oder spätestens in Vancouver. Der Highway 4 geht nach Westen zum Pacific Rim National Park, der Highway 19 nach Norden zur Fähre Port Hardy-Prince Rupert. In beiden Richtungen sind Vorbestellungen angebracht, an der Westküste für Motels oder Campingplätze und am Fähranleger für die Passage.

Pacific Rim wurde erst 1971 zum Nationalpark erklärt. Bis dahin hatte sich die Mär von Long Beach zwischen den malerischen Fischereihäfen **Ucluelet** (juklu-elet) und **Tofino** (Betonung jeweils auf der zweiten Silbe) nur bei Eingeweihten herumgesprochen. Die Reise dorthin war nur an Wochenenden auf *logging roads* – konzerneigenen Schotterstraßen – möglich, auf denen wochentags die Holzlaster in Staubwolken gehüllt dahinpolterten. Die Holzfällerei findet heute meist abseits des Highway 4 mit seinen zahlreichen Aussichtspunkten und Rastplätzen statt. Unter letzteren ist Cathedral Grove besonders bemerkenswert, ein etwa 25 km westlich von Parksville gelegener, von der Industrie verschonter Bestand turmhoher Douglas- und Hemlocktannen sowie Riesen-Thujas, die zum Teil über 500 Jahre alt sind. Daß **Port Alberni** von der Holzindustrie lebt, erkennt man nicht nur an mehreren Säge- und Sperrholzwerken. Im Jahre 1894 wurde hier die erste Papierfabrik in British Columbia gebaut. Das unangenehm süßliche Aroma, das solche Betriebe verbreiten, hat in den letzten Jahren überall stark abgenommen, aber bei ungünstigem Wetter hängt es in Port Alberni noch in der Luft.

Der **Pacific Rim National Park** besteht aus drei Sektoren, von denen zwei, der West Coast Trail und die Broken Group Islands, nur guten Marschierern (von Port Renfrew) und Seefesten (von Port Alberni) anzuraten sind. Der Highway 4 erschließt das Kernstück des Parks, das sogenannte Long Beach Segment. Hier wechseln kilometerlange Sandstrände, brandungsumtoste Kaps, felsige Steilküsten und geschützte Buchten voller Strandgut einander ab. Einige liegen dicht an der Straße, andere sind nur auf abenteuerlichen Pfaden erreichbar. Florencia Bay im Südosten heißt aus naheliegenden Gründen auch Wreck

Blick auf den Skeena River

Bay, aber es liegt kein Wrack mehr vor der Bucht. An der Mündung des Lost Shoe Creek wurde um die Jahrhundertwende nach *nuggets* gegraben. Es heißt, daß vereinzelte Siedler, die hier vor 1971 ohne Rechtstitel, aber mit um so mehr Optimismus ihre Hütten und Zelte aufgeschlagen hatten, noch gelegentlich Goldstaub fanden. Florencia Bay liegt abseits des Verkehrs und ist bis auf die Brandung erfreulich still.

Long Beach an der Wickaninnish-Bucht ist fast 12 km lang und nur stellenweise leicht zugänglich. Folglich drängen sich auch hier die Besucher nur an wenigen Stellen, um das Wickaninnish Centre, das Ausstellungs- und Informationszentrum im Südosten, in der Nähe des Campingplatzes Green Point im Zentrum und an einem unmittelbar an der Straße gelegenen Badestrand im Nordwesten.

Noch hat der Massentourismus die Westküste von Vancouver Island nicht entdeckt; Hotelpaläste fehlen. Eine der größeren Herbergen ist die »Canadian Princess«, ein im Hafen von Ucluelet festgemachtes, ehemaliges Forschungsschiff. Bei Tofino gibt es noch etliche sandige Buchten, die frei von gastlichen Betrieben jeder Art sind. Ein segensreicher Zustand, aber im Hochsommer tut man gut daran, sich im voraus in einem der verhältnismäßig wenigen Motels und Campingplätze anzumelden.

Nach Prince Rupert und in das Land der Goldgräber

Die lohnende Fahrt erfordert Geduld, besonders wenn man nicht schon vor Wochen die Passage auf der Fähre von Port Hardy nach Prince Rupert gebucht hat. Bis Campbell River bleibt der Highway 19 dicht an der Ostküste von Vancouver Island, dann geht es durch ehemals dichte, jetzt aber in verschiedenen Stadien der Abholzung und Aufforstung befindliche Wälder nach **Port Hardy**. Wer im Campmobil unterwegs ist, erspart sich einen frühen Aufbruch von einem Campingplatz, wenn er sich abends zum Fähranleger begibt und dort übernachtet. Man tut ferner gut daran, in Prince Rupert anzurufen und sich eines Stellplatzes für die nächste Nacht zu versichern, denn landeinwärts sind die Campingplätze dünn gesät.

Wie der Name sagt, vermeidet die Inside Passage die temperamentvollen Gewässer der Westküste und bedient sich statt dessen der fjordartigen Kanäle, welche die Eiszeit vor 10 000 Jahren bei 100 m niedrigerem Wasserstand hinterließ. Die 274 Seemeilen lange Fahrt auf der mit allem Komfort versehenen »Queen of the North« endet spät abends in Prince Rupert. Es empfiehlt sich, dort zu übernachten.

Prince Rupert ist ein wichtiger Ausfuhrhafen und Verkehrsknotenpunkt mit Luft-, See- und Überlandverbindungen ins Landesinnere von British Columbia, nach Alaska und zu den Queen Charlotte Islands. Biologen sehen die Queen Charlottes als das kanadische Galapagos. Anthropologen und Liebhaber heraldischer Kunst der Nordwestküste schätzen die Inseln als Haida Gwaii, das Reich der Haida, in dessen Regenwald noch uralte Totempfähle stehen und liegen, und wo Generationen von Steinschnitzern den kohlschwarzen Schiefer (Argillit) für ihre Miniaturen und Schmuckstücke fanden. Von Prince Rupert verkehrt eine Fähre nach Skidegate (›skiddiget‹), der Flugplatz liegt in Sandspit.

Prince Rupert ist der westliche Endpunkt des Yellowhead Highway (Highway 16), der als eine Art nördlicher TransCanada Highway die Küste über den Yellowhead-Paß und Jasper mit Edmonton und Winnipeg verbindet. Wenn der Skeena River, an den sich die Fahrbahn hält, zunächst recht träg erscheint, so liegt das daran, daß sein Unterlauf noch von Flut und Ebbe beherrscht wird. Erst bei **Terrace** bricht er aus den schneegekrönten Coast Mountains hervor und nimmt die Gestalt eines Gebirgsflusses an. Am Highway 37, 20 km südlich von Terrace, kann man ein heißes Schwimmbad nehmen und eine halbe Stunde später in Kitimat eines der größten Aluminiumwerke der Welt besichtigen. Frachter mit Rohmaterial aus Australien und Jamaika legen im werkseigenen Hafen an, die erforderliche Elektrizität wird an Ort und Stelle durch Wasserkraft erzeugt.

Am Oberlauf des Skeena ist der zum Volk der Tsimshian gehörige Gitksan-Stamm zu Hause. Seine in **Kitwanga** (vgl. Farbabb. 6) unweit vom Highway aufgereihten Totempfähle unterscheiden sich von denen der Küstenindianer durch die bevorzugte Darstellung von terrestrischen Zwei- und Vierbeinern in weniger streng stilisierter Form. Fünfzehn Kilometer weiter nördlich, abseits des Highway 37, liegt halbverlassen **Kitwancool**, kein

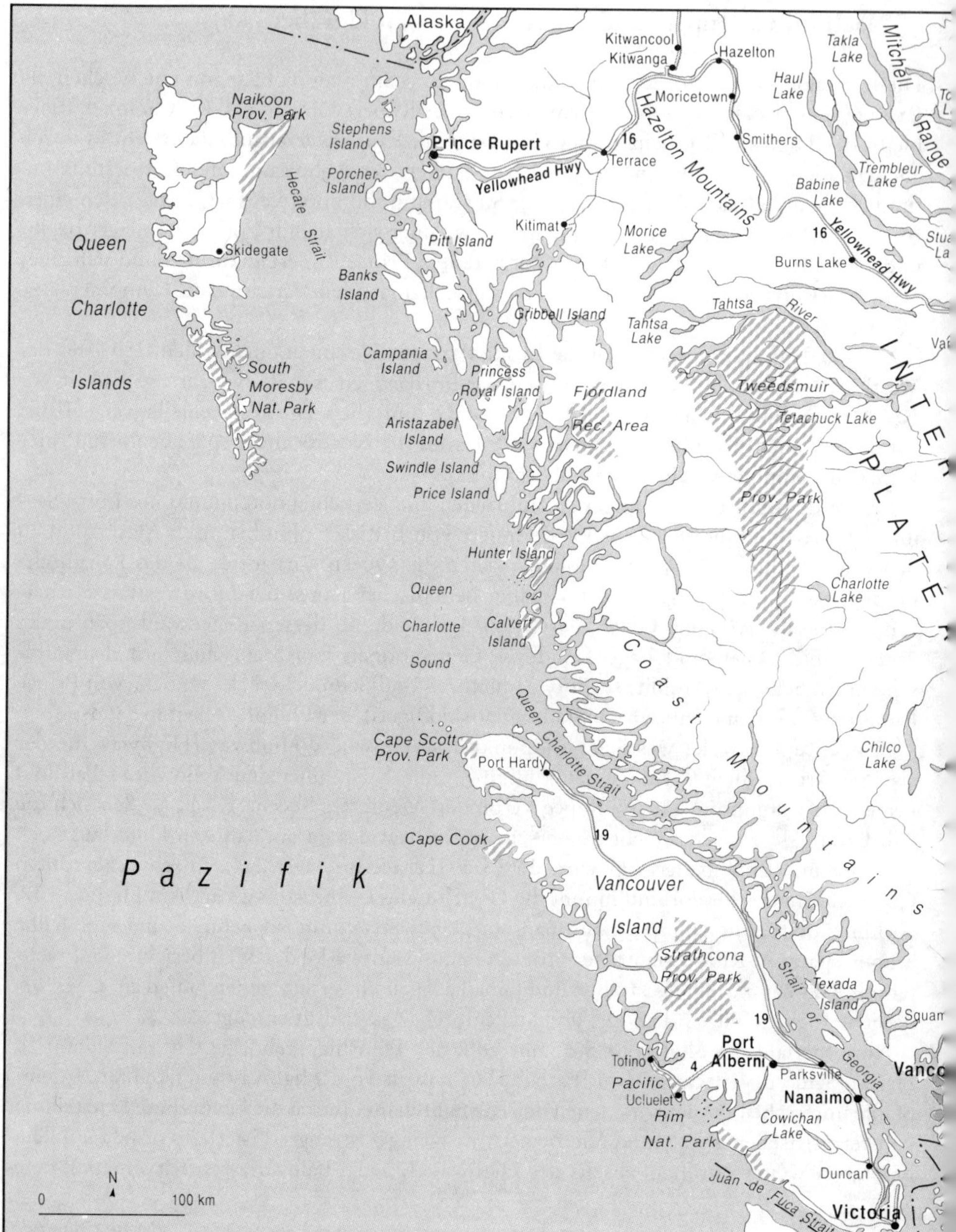
Alaska
Kitwancool
Kitwanga
Hazelton
Takla Lake
Mitchell Range
Naikoon Prov. Park
Moricetown
Haul Lake
Hazelton Mountains
Stephens Island
Prince Rupert
16
Smithers
Terrace
Porcher Island
Hecate Strait
Yellowhead Hwy
Trembleur Lake
Babine Lake
Kitimat
Morice Lake
16
Yellowhead Hwy
Queen
Charlotte
Islands
Skidegate
Pitt Island
Banks Island
Burns Lake
Gribbell Island
Tahtsa River
Tahtsa Lake
Campania Island
South Moresby Nat. Park
Princess Royal Island
Fjordland Rec. Area
Tweedsmuir
Tetachuck Lake
INTER PLATE
Aristazabel Island
Swindle Island
Price Island
Prov. Park
Hunter Island
Queen
Charlotte
Sound
Calvert Island
Charlotte Lake
Coast Mountains
Cape Scott Prov. Park
Queen Charlotte Strait
Port Hardy
Chilco Lake
Cape Cook
19
Pazifik
Vancouver Island
Strathcona Prov. Park
Strait of Georgia
Texada Island
19
Port Alberni
Tofino
4
Pacific Rim Nat. Park
Ucluelet
Parksville
Nanaimo
Cowichan Lake
Duncan
Juan de Fuca Strait
Victoria
0
N
100 km

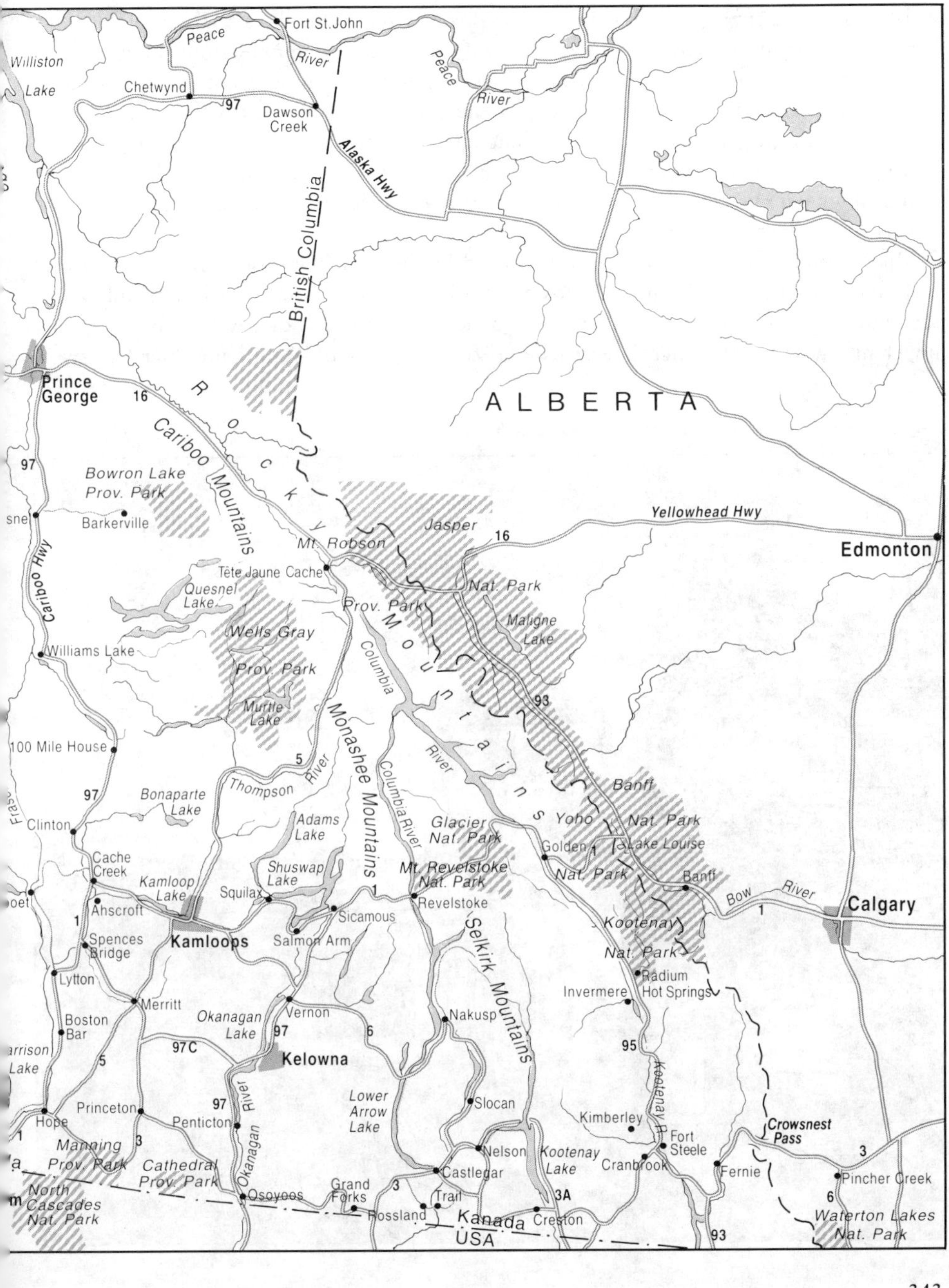
Fort St. John
Peace
River
Williston
Lake
Chetwynd
97
Dawson
Creek
Peace
River
Alaska Hwy
British Columbia
Prince
George
16
R o c k y
Mountains
Cariboo Mountains
ALBERTA
97
Bowron Lake
Prov. Park
Barkerville
Jasper
Yellowhead Hwy
Mt. Robson
Prov. Park
16
Edmonton
Tête Jaune Cache
Nat. Park
Quesnel
Lake
Cariboo Hwy
Maligne
Lake
Wells Gray
Prov. Park
Williams Lake
Columbia
Murtle
Lake
93
100 Mile House
Monashee Mountains
River
5
Thompson
River
97
Bonaparte
Lake
Banff
Yoho
Nat. Park
Adams
Lake
Columbia River
Glacier
Nat. Park
Clinton
Golden
Lake Louise
Cache
Creek
Shuswap
Lake
Mt. Revelstoke
Nat. Park
Nat. Park
Banff
Kamloop
Lake
Squilax
1
Revelstoke
Bow
River
Calgary
Ahscroft
Sicamous
1
Kootenay
1
Spences
Bridge
Kamloops
Salmon Arm
Selkirk Mountains
Nat. Park
Lytton
Radium
Hot Springs
Invermere
Merritt
Vernon
Nakusp
Boston
Bar
Okanagan
Lake
97
6
97 C
Kelowna
95
5
Kootenay R.
Lake
River
97
Lower
Arrow
Lake
Slocan
Hope
Princeton
Penticton
Okanagan
Kimberley
Crowsnest
Pass
1
3
Fort
Steele
Manning
Prov. Park
Nelson
Kootenay
Lake
3
Cathedral
Prov. Park
Castlegar
Cranbrook
Fernie
Pincher Creek
North
Cascades
Nat. Park
Osoyoos
Grand
Forks
3
Trail
3A
6
Rossland
Kanada
Creston
Waterton Lakes
Nat. Park
USA
93

offizielles Touristenziel, aber deshalb um so sehenswerter. Achtzehn alte Totempfähle blikken dort noch mit unerschütterlicher Gelassenheit auf Schuppen mit bereits umgestürzten Exemplaren herab und über die menschenleere Dorfstraße hinweg auf die verfallenden Häuser ihrer Schöpfer. Im Entstehen begriffene neue Pfähle deuten auf Versuche hin, der Misere Einhalt zu gebieten. Offizielles Zentrum der Gitksan-Kultur mit Wappenpfählen und bemalten Plankenhäusern ist das Museumsdorf Ksan am Zusammenfluß von Skeena und Bulkley bei **Hazelton** (s. Farbabb. 7). Dort wird auch der kunsthandwerkliche Nachwuchs ausgebildet.

Mit New Hazelton erreicht der Yellowhead Highway seinen nördlichsten Punkt und biegt dann ins Bulkley-Tal nach Südosten. Bei **Moricetown** zwängt sich der Fluß weißschäumend durch einen engen Canyon, den sich die Carrier-Indianer für das nicht ganz ungefährliche Gewerbe der Speerfischerei zunutzemachen. Man kann hier preiswert

Barkerville war um 1860 Zentrum des Goldrausches

Lachse für die Abendmahlzeit am Lagerfeuer oder in der Motelküche erstehen. Wer selbst fischen will, kommt an den Bächen und Seen des Anglerparadieses auf seine Kosten, das sich von Houston bis Prince George beiderseits der Straße weit nach Norden und Süden erstreckt.

Von **Prince George** kann man auf dem Yellowhead Highway über den gleichnamigen Paß in die Rocky Mountains weiterfahren. Die vorgeschlagene Rundfahrt folgt dem Cariboo Highway (Nr. 97) im Fraser-Tal nach Süden, zunächst bis Quesnel. Von dort geht ein Abstecher von 80 km nach **Barkerville**, das um 1860 zum Schauplatz des großen Goldrausches wurde. Rund die Hälfte der Stadt, die einmal zur größten Menschenansammlung nördlich von San Francisco und westlich von Chicago zu werden drohte, steht noch, der Rest wurde wieder aufgebaut. Heute sind die umliegenden Hänge wieder bewaldet, damals aber lieferten sie zunächst das Holz für Bauten, Wasserleitungen und Schächte, dann den Schlamm, der sich in der Hauptstraße sammelte und schließlich wieder die Bretter für die notwendigen Gehsteige von Haus zu Haus.

In den Cariboo Mountains östlich von Barkerville liegt der **Bowron Lake Provincial Park**, auf der Karte an dem markanten Parallelogramm seiner Seen erkenntlich, die durch zum Teil schiffbare Kanäle verbunden sind. Die Rundstrecke von 116 km ist nur gut ausgerüsteten, erfahrenen Kanuten anzuraten, die sich nicht vor kilometerlangen Portagen scheuen.

Von Quesnel bis Clinton fällt der Highway 97 mit dem Gold Rush Trail zusammen, auf dem eine ununterbrochene Prozession Hoffnungsvoller dem Ende des Regenbogens in Barkerville zustrebte. Der Trail begann in **Lillooet**, wohin man zunächst über den Harrison-See und eine Kette von Land- und Wasserwegen und später durch den von britischen Pionieren passierbar gemachten Fraser Canyon gelangte. Als Lasttiere wurden zeitweise neben Pferden, Ochsen und Maultieren auch Trampeltiere, zweihöckrige Kamele, eingesetzt. Von Lillooet wurden die Entfernungen der Raststationen am Wege gemessen, und so kamen Orte wie 70 Mile House, 100 Mile House und 150 Mile House am Highway 97 zu ihrem Namen. In der kleinen Gemeinde Soda Creek konnten die Goldgräber einen der Raddampfer besteigen, die nach Quesnel hin und her pendelten. In Cache Creek trifft der Cariboo Highway auf den TransCanada Highway, auf dem man entweder nach Vancouver zurück oder ostwärts in die Rocky Mountains fährt.

Auf dem TransCanada Highway in die Rocky Mountains

Durch das untere Fraser-Tal geht die Fahrt nach Hope, wo der Highway nach Norden in den ebenso schönen wie berüchtigten Canyon einbiegt. Für Simon Fraser war der nach ihm benannte Strom eine doppelte Enttäuschung. Einmal mußte er 1808 im Verlauf seiner flußabwärts führenden Reise feststellen, daß das, was er für den Columbia hielt, viel zu weit nördlich in den Ozean mündet, zudem erwies sich der erhoffte Wasserweg für die Kanus der Pelzhändler als unpassierbar. Das Fraser-Tal ist nur streckenweise ein wirklicher

Canyon, aber wo vertikale Felswände emporragen, kann man Stromschnellen nicht auf Fußwegen umgehen. Erst für die Goldgräber wurde der Fraser Canyon 50 Jahre später dem Verkehr erschlossen, zunächst auf halsbrecherischen Maultierpfaden und dann durch britische Pioniere, die im Auftrag der Kolonialregierung den Cariboo Wagon Road von Yale nach Barkerville bauten. Bis Yale war der Fraser mit Raddampfern schiffbar. Von dort ging die Reise auf dem 5 m breiten Wagenpfad weiter, der stellenweise noch deutlich am Westhang des Tals erkennbar ist.

Von der Brücke nördlich von **Spuzzum** (›spasm‹ mit weichem zweitem s), die den Trans-Canada Highway vom rechten aufs linke Fraser-Ufer trägt, sieht man unten am Fluß die außer Dienst gestellte Alexandria Bridge, die 1926 eine noch ältere Hängebrücke ersetzte. Vom **Alexandria Bridge Provincial Park** geht ein hübscher Spaziergang zur alten Brücke hinunter.

Kurz darauf kommt man zum Hells Gate Fishways Viewpoint, einem Aussichtspunkt, von dem die engste Stelle im Flußbett zu übersehen ist. Schilder erläutern, wie trotz drastisch wechselnder Wasserstände jährlich 2 Mio. Lachsen die Wanderung flußaufwärts zum Laichen ermöglicht wird. Einige Kilometer weiter, an der Talstation einer drei Minuten währenden Seilbahnfahrt mit der Hells Gate Airtram über den brodelnden Fraser, kann man die Fischleitern aus der Nähe betrachten. Ein Film und Modelle erklären, wie sie funktionieren.

Es gibt kaum einen Ortsnamen im Fraser-Tal, hinter dem sich keine abenteuerliche Geschichte, keine bemerkenswerte Persönlichkeit verbirgt: China Bar, Boston Bar, Kanaka Bar, Lytton. Daß sie über den Pazifik und über den Kontinent kamen, um Gold aus den Sandbänken im Fluß zu waschen, ist nichts Neues, aber ›Kanaken‹ aus Hawaii? Sir Edward Bulwer Lytton ist nur noch als Verfasser des Romans »Die letzten Tage von Pompeji« bekannt, doch verdienter war er zweifellos als britischer Kolonialminister der Goldrauschzeit, und als solcher hat er seinen Namen dort hinterlassen, wo der Thompson River in den Fraser fließt.

Der Highway 12 macht einen noch größeren Umweg als der TransCanada Highway, und deshalb bleibt er meist links liegen, aber er führt durch einen der eindrucksvollsten Abschnitte des Fraser Canyon nach **Lillooet**. Dort stauten sich Mitte des 19. Jh. bis zu 15 000 Goldsucher, 100 Jahre später führte die Journalistin Ma Murray mit dem Blättchen »Bridge River-Lillooet News« das geistige Regiment. Ihre unverblümten zeitgeschichtlichen Kommentare machten im ganzen Land die Runde.

Der Fraser Canyon fällt mit dem Ostrand des Küstengebirges zusammen. Der Unterlauf des Thompson, an dem der Cariboo Highway von Lytton nach Norden führt, liegt noch tief zwischen bewaldeten Höhen, diese aber gehören schon zum Thompson-Plateau, einem Teil des intermontanen Hochlands zwischen den Coast Mountains im Westen und den Omineca-Bergen im Osten. Sobald die Straße oberhalb von Spences Bridge das Flußtal verläßt, wird deutlich, daß sich mit der Landschaft auch das Klima geändert hat.

Im Regenschatten der Küstenberge erstreckt sich das karge Trockengebiet des amerikanischen Westens bis weit nach British Columbia hinein. In dem semi-ariden Landstrich

Das Tal des Fraser River oberhalb von Hell's Gate

am oberen Thompson River waren alle ackerbaulichen Experimente vergeblich, die ehrgeizigen Bewässerungsversuche vergangener Jahrzehnte kommen nur noch der Heuernte für die größten Rinderherden des kanadischen Westens zugute. Bei Savona stößt der Trans-Canada Highway wieder auf den Thompson und auf den Kamloops-See, mit dem der Fluß bis hier sein Bett teilt. Auf der Nordseite des Highway, etwa 5 km östlich von Savona, liegt ein Rastplatz mit der schönsten Aussicht weit und breit. Unten im Wasser spiegelt sich das

Blick auf den Kamloops Lake

rötlich gefärbte Gestein des gegenüberliegenden Ufers, am fernen Ostende des Sees sieht man die Stadt Kamloops liegen.

Kamloops, das Wort für Zusammenfluß in der Sprache der Shuswap-Indianer, bezieht sich auf die Vereinigung des von Norden kommenden North Thompson mit dem von Osten kommenden South Thompson River. An diesem Knotenpunkt indianischer und kolonialer Kanurouten wurde Kamloops 1812 als Pelzhandelsstation gegründet und wuchs seitdem ständig, besonders in den 60er Jahren des 19. Jh. durch den Zuzug ehemaliger Goldgräber und nach 1886 durch den Bahnbau.

Bei Chase grüßt der westlichste Ausläufer des weitverzweigten Shuswap-Sees, an dessen Südufer sich die Straße nun zu halten sucht. Im **Roderick Haig-Brown Provincial Park** am Adams River nördlich von **Squilax** kann man alljährlich im Oktober eines der unglaublichsten Naturschauspiele beobachten, die man sich vorstellen kann. Nach einer im Pazifik beginnenden Reise von 500 km und der Überwindung eines Höhenunterschiedes von fast 400 m nähern sich hier im Herbst Hunderttausende von Lachsen *(sockeye salmons)* ihren Laichgründen und dem Ende ihres Lebens. Ähnliches geschieht in Dutzenden Flüssen an der kanadischen und amerikanischen Westküste, aber der *salmon run* im Adams River ist der größte von allen. Es hängt mit dem vierjährigen Lebenszyklus der Spezies *Oncorhynchus nerca* zusammen, daß die Zahl der pilgernden Fische in den Jahren der olympischen Winterspiele (1994, 1998 usw.) 1 Mio. übersteigt.

Man kann den Abstecher zum Adams River mit einem weiteren zum **Shuswap Lake Provincial Park** bei Scotch Creek verbinden. Dort wurde noch in den 40er Jahren Gold gewaschen, das Interessanteste aber ist die Nachbildung eines halb in die Erde versenkten Rundhauses *(kekuli)*, in dem die Shuswap den Winter verbrachten.

Der pazifische Lachs

Schon lange bevor der ›Weiße Mann‹ an der Nordwestküste erschien, nannten sich die Ureinwohner dort *the salmon people*. Als es um 1830 mit dem Pelzhandel zu Ende ging, fing die Hudson's Bay Company an der Fraser-Mündung an, eingesalzene Lachse nach Hawaii und Asien zu verschiffen. Während die Wirtschaft am Atlantik vom König Kabeljau (vgl. S. 93) beherrscht wird, regiert in British Columbia der Lachs. Mit dem Unterschied, daß das Reich von *King Salmon* sich nicht auf die Küste beschränkt, sondern Hunderte von Kilometern landeinwärts reicht.

Die Gattung *Oncorhynchus*, zu der alle pazifischen Lachse gehören, hat fünf Arten. In Kanada ist der besonders wohlschmeckende Blaurückenlachs *(sockeye salmon)* am wichtigsten. Außerdem gibt es den Buckellachs *(pink salmon)*, den Coho-Lachs, den Chinook-Lachs und den Keta-Lachs.

Die Lachse beginnen und enden ihren Lebenslauf nach geographisch wie zeitlich genau vorgeschriebenen, nur von Art zu Art leicht abweichenden Plänen. Sie werden in Bächen weit über dem Meeresspiegel geboren und lassen sich entweder gleich oder nach ein bis drei Jugendjahren im nächsten See abwärts zum Meer treiben. Dort reifen sie und kehren etwa im sechsten Lebensjahr zu ihrer Flußmündung zurück, manchmal aus Entfernungen bis zu 4000 km. Dann beginnt die erschöpfende und gefährliche Wanderschaft an den massierten Fanggeräten von Sport- und Berufsfischern vorbei in die Nebenflüsse, wo Indi-

aner mit Speeren und Handnetzen warten, und weiter aufwärts über Wasserfälle und Fischleitern mit unbeirrbarem Instinkt zurück in den Geburtsbach. Dort angekommen, räumt das Weibchen Vertiefungen im Bachbett aus und legt bis zu 8000 Eier, die vom Männchen sofort mit einer milchigen Spermatozoenwolke befruchtet werden.

Die Inkubationszeit der Eier, die sich nach der Temperatur des jeweiligen Laichorts richtet, kann sehr unterschiedlich sein. Damit die jungen *sockeyes* genau zur nährstoffreichsten Planktonblüte in dem See ankommen, der ihnen als Kinderstube dient, muß das Laichen am oberen Adams River Mitte September und am unteren Mitte Oktober stattfinden. Das heißt, daß Lachse aus verschiedenen Heimatbächen den Pazifischen Ozean zu unterschiedlichen Zeiten verlassen müssen, um die Fortpflanzung in der geeignetsten Woche einzuleiten.

Lachse haben nicht nur ein gutes Zeitgefühl, sondern einen ausgezeichneten Orientierungssinn, der sie aus fernen Meeresteilen an den richtigen Küstenabschnitt zurückführt. Welche Organe sie dazu befähigen, ist noch nicht klar. Sobald sie aber die richtige Flußmündung erreicht haben, verlassen sie sich ganz auf ihren Geruchssinn. Sie folgen dem besonderen Aroma, das die örtlichen botanischen und geologischen Verhältnisse ihrem Geburtsbach verliehen haben. Selbst industrielle Verschmutzung kann sie nur beirren, wenn sie von Sauerstoffmangel begleitet ist. Wurde allerdings das programmierte Bukett im Quellgebiet inzwischen etwa durch Abholzen gründlich verfälscht, nimmt der jeweilige Zweig der Spezies ein vorzeitiges Ende. Es ist deshalb nicht verwunderlich, daß in British Columbia ein spürbarer Konflikt zwischen den Interessen der Lachsfischerei und der Forstwirtschaft (vgl. S. 336 ff.) besteht.

Während der wochenlangen Reise fluß- und bachaufwärts nehmen die Lachse keine Nahrung zu sich und altern zusehends, die silbrigen Schuppen werden immer roter, die Flossen fransen aus, die Männchen entwickeln einen deutlichen Buckel, und ihr Unterkiefer nimmt die charakteristische Hakenform an. Im Gegensatz zur atlantischen Gattung

Wegen seines Lachsreichtums hieß der südlichste Arm des Shuswap-Sees schon bei den ersten Siedlern Salmon Arm. Wenn es stimmt, daß sie die Fische mit Forken aus dem Wasser holten und zur Düngung auf ihre Felder schafften, war die Methode erfolgreich. Obstbau und Milchwirtschaft sind heute die wichtigsten Erwerbszweige in der Umgebung der Stadt **Salmon Arm.** Sicamous (›ßickamuhs‹, betont auf der ersten Silbe) darf sich mit einigem Recht *Houseboat Capital of Canada* nennen. Von der Straßenbrücke, die über den Verbindungskanal zwischen Shuswap- und Mara-See führt, kann man die stetige Parade der 300 Hausboote beobachten, die in Sicamous vermietet werden.

Von Sicamous geht es am Eagle River aufwärts in die alpine Landschaft der Monashee Mountains und zu einem der historisch bedeutsamsten Punkte des Landes. In **Craigellachie** (schottisch: ›kregellakie‹, Betonung auf der zweiten Silbe) trieb Donald Smith, Direktor der Canadian Pacific Railway Company, am 7. 11. 1885 den letzten Schienennagel in die Schwelle und verknüpfte Kanada damit offiziell von Meer zu Meer.

Salmo hat *Oncorhynchus* mit der einmaligen Wiederkehr in seinen Heimatbach seinen Lebenszweck erfüllt und geht innerhalb weniger Tage nach dem Laichen ein.

Der Adams River, der den Adams Lake mit dem Shuswap Lake verbindet, ist jeden Oktober rot verfärbt von Tausenden sterbender und toter *Sockeye*-Lachse, die nun Adlern, Möwen und Krähen den Winter über als Nahrung dienen. Das Drama von Zeugung und Tod, das jährlich Hunderte von Zuschauern an den Fluß lockt, ist aus einem unbekannten Grund in jedem vierten Jahr (1994, 1998, 2002 usw.) besonders eindrucksvoll.

In welchem Maß veränderte Umweltbedingungen den Lebenszyklus der Lachse beeinflussen, illustriert die Geschichte von Hell's Gate, der Flußenge oberhalb von Yale am Fraser River. Im Jahre 1913 wurde an der Fraser-Mündung ein Rekordfang von 31 Mio. *sockeye salmons* verzeichnet. Im gleichen und im folgenden Jahr brachen im Zuge des Bahnbaus der Canadian National Railway am Hell's Gate große Mengen von Gesteinsschutt ins Flußbett, die Laichwanderung oberhalb von Yale kam praktisch zum Stillstand, und die Lachsbestände im Einzugsgebiet des Fraser gingen drastisch zurück. Erst von 1944 bis 1966 wurden am Hell's Gate an beiden Ufern Fischwege einbetoniert, welche die Lachswirtschaft im oberen Fraser-System weitgehend wiederherstellten. Glücklicherweise wurde der Fraser noch nicht für die Elektrizitätserzeugung herangezogen. Amerikanische Versuche, Staudämme am Columbia River durch Fischwege zu umgehen, sind fehlgeschlagen, vor allem weil die Lachse es schwer haben, einen Ausweg aus dem unnatürlich stillen See über dem Damm zu finden, und weil das Wasser dort oft auf Temperaturen ansteigt, die den Fischen nicht bekommen.

Um die Schäden auszugleichen, die dem Lachs durch die Zivilisation zugefügt wurden, legte man am Unterlauf des Fraser schon 1883 die erste künstliche Laichstätte *(fish hatchery)* an. Heute gibt es in allen Teilen von British Columbia Fischzuchtanstalten, in denen neben dem Coho- und Chinook-Lachs die zur gleichen Familie gehörige Regenbogenforelle aufgezogen wird, um in geeigneten Gewässern ausgesetzt zu werden.

Revelstoke, Mitte des 19. Jh. von Goldgräbern gegründet, wurde zu einem wichtigen Etappenziel der Eisenbahn, an dem man nach der Bewältigung der Gebirgspässe Lokomotiven und Personal auswechselte. Auf dem TransCanada Highway macht der Verkehr normalerweise nur zum Tanken Station, und das ist schade. Man sollte wenigstens den kurvenreichen, aber bequemen und mit vielen Aussichtspunkten versehenen Abstecher von 26 km auf den Mount Revelstoke im **Mount Revelstoke National Park** machen. Weil selbst eine geringe Zahl trampelnder Menschen sich in der empfindlichen alpinen Vegetation verheerend auswirkt, muß man sein Fahrzeug beim Picknickplatz am Balsam Lake zurücklassen und erreicht den Gipfel entweder in einer Viertelstunde zu Fuß oder mit dem Pendelbus. Der Berg ist nur 1938 m hoch, aber er steht allein da, und man hat von oben einen freien Blick auf ferne Dreitausender.

Bald geht es in den **Glacier National Park,** den kanadischen, wie man wissen muß, denn in den Rocky Mountains gibt es auch einen US-amerikanischen. Wieder fühlt man sich vom transkanadischen Fernverkehr mitgerissen, aber das Information Centre am Rogers Pass ist eine Pause wert. Dort läuft eine Modelleisenbahn über den Paß von 1890 und durch die *snow sheds,* die sich jetzt die Straße zunutze macht. In den 30 Jahren um die Jahrhundertwende kamen bei der winterlichen Aufrechterhaltung des Bahnverkehrs durch die Columbia Mountains 250 Menschen ums Leben. Der letzte technische Schrecken wurde dem Rogers Pass erst 1988 mit der Eröffnung des längsten nordamerikanischen Eisenbahntunnels durch den Mount Macdonald genommen. Der alte Connaught Tunnel war in westlicher Richtung nur mit Hilfe von sechs starken Lokomotiven mit je 3000 PS zu bewältigen.

Vom Rogers Pass geht es langsam abwärts nach Golden am Columbia River, der hier im Rocky Mountain Trench auf einem seiner großen Umwege nach Nordwesten fließt. Von Golden kann man entweder auf dem TransCanada Highway weiter in die Nationalparks Yoho und Banff fahren (vgl. S. 311 bzw. 296) oder nach Süden in den Einzugsbereich des Kootenay River.

In das Kootenay-Bergland und zum Okanagan Lake

In der Südostecke von British Columbia scharen sich die Barrieren, die von alters her den kulturellen Austausch zwischen Ost und West erschwerten. So ist es wohl zu erklären, daß der Stamm der Kootenay oder Kutenai, die hier vor den Weißen lebten, anscheinend keiner der großen indianischen Sprachfamilien angehört. Nur in ihrer traditionellen Lebensweise waren sie eher mit den Prärie- als den Plateaubewohnern verwandt. Als Pelzhandel, Gold und Rohstoffe das Kootenay Country für weiße Einwanderer interessant machten, mußten auch diese sich mit den von der Natur diktierten Umwegen abfinden. Noch heute ist es schwer, alle Teile von British Columbia politisch unter einen Hut zu bringen und von Victoria aus zu regieren. Doch das rührt Besucher ebenso wenig wie Ansässige. Für die einen sind die dicht aufeinanderfolgenden Täler, Seen und Flüsse reizvoll und abwechslungsreich, anderen gestattet die Abgeschiedenheit, Traditionen zu wahren und Schrullen zu frönen.

Am Zusammenfluß des vom Kicking Horse Pass kommenden Kicking Horse River mit dem Columbia, also an strategischer Stelle gelegen, hieß **Golden** einst The Cache, das Proviantlager. Der neue Name, ursprünglich Golden City, war die herausfordernde Antwort auf Silver City, eine kurzlebige Gründung am Ort eines fragwürdigen Silberfunds im heutigen Banff National Park. Gold wurde erst später entdeckt und zwar südlich von Golden am Canyon Creek, wo es noch heute zu finden sein soll.

Der Rocky Mountain Trench, das grabenartige, mehr als 1000 km lange Tal, trennt das Felsengebirge scharf von den Purcell Mountains im Columbia-Gebirge. Hier hat der Columbia River so wenig Gefälle, daß sich beiderseits des Flusses ausgedehnte Marschen bilden konnten. Die Gerüste im Wasser sind als Niststätten für Wildgänse gedacht. Wirtschaftlich gehört der Rocky Mountain Trench zum Einflußbereich von Alberta. Calgary ist nur drei Fahrstunden entfernt, von dort kommen die meisten Badegäste der heißen Quellen von **Radium Hot Springs** sowie die Besitzer der Sommerhäuser am Windermere Lake. Bei **Invermere** am Nordufer des Sees gründete David Thompson 1807 als ersten Pelzhandelsposten westlich der Rockies Kootenae House. **Fairmont Hot Springs** ist die zweite heiße Badegelegenheit im Tal. Südlich von Fairmont, wo die vereinten Highways 93 und 95 den Columbia River kreuzen, führt die Straße an einem auffallenden Kliff aus Sand, Geröll und Ton vorbei. Die Zinnen oder *hoodoos* dort oben entstehen dadurch, daß eine durch Sonnenbestrahlung verhärtete Deckschicht die darunterliegenden weichen Sedimente vorübergehend vor der Abtragung schützt.

Der Columbia River entspringt im Columbia Lake und fließt von dort durch den Windermere Lake im Rocky Mountain Trench nach Norden. Der Kootenay River kommt aus dem gleichnamigen Nationalpark in den Rocky Mountains und fließt, dicht am Columbia Lake vorbei, im gleichen Tal nach Süden, wo er jedes Jahr nach der Schneeschmelze über die Ufer zu treten droht. Um dies zu verhindern, kam ein Findiger in den 80er Jahren des 19. Jh. auf die Idee, den Kootenay in den Columbia Lake und damit nach Norden abzulenken. Obgleich sich die Eisenbahner dagegen wehrten, wurde unter dem Vorwand, eine schiffbare Verbindung zu schaffen, ein kurzer und kurzlebiger Kanal zwischen den beiden Flußsystemen gebaut – daher der Name Canal Flats.

Etwa 12 km südlich von Skookumchuck teilt sich die Straße. Der Highway 95A geht nach **Kimberley,** der Highway 93/95 nach Fort Steele. Wie die Patenstadt in Südafrika ist Kimberley auf Bergbau gegründet, nur daß hier nicht Diamanten, sondern Silber, Blei und

Fort Steele am Kootenay River

Zink gefördert werden. 1113 m über dem Meer kann sich die Stadt mit Recht die höchste in Kanada nennen, aber bei der Wahl des Werbetitels *The Bavarian City of the Rockies* war die lokale Obrigkeit schlecht beraten. Es gibt zwar ein halbes Dutzend pseudobajuwarischer Fassaden, doch die Tränken dahinter sind sonntags geschlossen. Und Kimberley liegt nun einmal nicht in den Rockies, sondern in den Purcell Mountains.

Das wichtigere Ziel ist **Fort Steele,** eines der besser gelungenen Freiluftmuseen in Kanada. Im Jahre 1863, als am nahen Wild Horse Creek Gold gefunden wurde und der *Kootenay Gold Rush* ausbrach, hieß der Ort noch Galbraith's Ferry. Das Fort wurde erst 1887 von Superintendent Sam Steele für eine Polizeiabteilung errichtet, mit der er den vorübergehend bedrohten Frieden mit den Kootenay wiederherstellen sollte. Steele entledigte sich dieser Aufgabe mit dem gleichen diplomatischen Geschick, mit dem er später beim Klondike Gold Rush am Yukon für Ruhe und Ordnung sorgte. Damit erübrigte sich das Fort. Die Siedlung behielt so lange ihre Bedeutung als regionales Versorgungszentrum, bis die ersehnte, über den Crowsnest Pass von Osten kommende Bahnlinie an Fort Steele vorbei über Cranbrook geleitet wurde.

Von Fort Steele fließt der Kootenay nach Süden und von Kanada in die USA. Deshalb und nicht weil es indianisch klingt hat man den jüngst an der Grenze entstandenen Stausee Lake Koocanusa getauft. Nach einem großen Bogen durch die US-Bundesstaaten Montana und Idaho kehrt der Kootenay südlich von Creston wieder nach British Columbia zurück. Fort Steele ist der östlichste Punkt auf dieser Rundfahrt. Von nun an gibt es keine geraden Straßen mehr. Selbst dem Highway 3, dem sogenannten Southern TransCanada Highway, zwingt die Topographie erhebliche Umwege auf, und die Schönheit der Seitentäler verlockt zu noch größeren Abschweifungen.

Von **Cranbrook** bis Creston ist nur zu entscheiden, wo man anhalten will. Im Cranbrook Railway Museum sind neun Waggons ausgestellt, die 1929 als Wohn-, Schlaf-, Speise- und Aufenthaltsräume eines rollenden Luxushotels dienten. Am Nordende vom Moyie Lake gibt es einen hübschen Provincial Park mit Badegelegenheit. Dem Ort Moyie am Ostufer sieht man noch seine bergbauliche Vergangenheit an, aber was dort an Blei und Silber vorhanden war, ging längst den Weg aller erreichbaren Rohstoffe.

Das Tal von **Creston,** in dem der Kootenay wieder nach Kanada heimkehrt, ist eine der wenigen geräumigen Niederungen im Süden von British Columbia. Bis man ihn eindeichte, trat der Fluß hier jedes Frühjahr über die Ufer und hinterließ eine fruchtbare Ebene für Farmen sowie Obstplantagen. Ein Teil des Marschlands wurde in seinem natürlichen Zustand belassen und zum Tierschutzgebiet erklärt. Es liegt an der westlichsten der amerikanischen Vogelzugstraßen, dem Pacific Flyway, an dem Tausende von Schwänen, Wildgänsen und weitere Zugvögel Station machen. Viele andere Arten sind hier zu Hause, man kann sie beim Creston Valley Wildlife Centre am Highway 3 westlich der Stadt von Gehsteigen und Kanus aus beobachten.

Slocan – hier lebt man von der Holzwirtschaft

Von Creston kann man über den Kootenay Skyway, eine schöne Straße und die höchste (1774 m) geteerte in Kanada, mehr oder weniger geradeaus nach Westen fahren. Noch schöner ist der Highway 3A am Kootenay-See entlang nach Norden, besonders, wenn man sich keine Sorge um die Abfahrtszeit der Fähre macht, die stündlich von Kootenay Bay nach Balfour verkehrt. Man tut besser daran, die Aussicht auf den See zu genießen und von einer der Kuriositäten Notiz zu nehmen, die so gut in die Seitentäler von British Columbia passen. Vier Kilometer nördlich des Örtchens Sanca, das auch einmal einen Goldrausch erlebte und rund 1500 Einwohner zählte, sieht man am Straßenrand ein Glashaus. Es besteht aus 500 000 Flaschen, mit deren Inhalt ein ehemaliger Bestattungsunternehmer seine Klienten einbalsamierte. Weniger makaber, aber nicht weniger skurril ist Gray Creek, wo man stolz darauf ist, *metric free* zu sein. Daß hier weiter nach Füßen gemessen und gallonenweise getankt wird, findet den Beifall vieler älterer Kanadier und aller Amerikaner, die sich nicht vom Zollstock trennen können.

Nach 40 Minuten auf der ›längsten kostenlosen Fährstrecke der Welt‹ landet man in Balfour. Hier verlassen der Kootenay River und der Highway 3A den See in westlicher Richtung. Dem Durchgangsverkehr gleich zu folgen hieße, auf den Besuch eines der schönsten und interessantesten Thermalbäder in Kanada zu verzichten. **Ainsworth Hot Springs** liegt 15 km nördlich von Balfour hoch über dem See. Die heißen Quellen waren ihren Wiederentdeckern – den Kootenay waren sie ja seit Jahrhunderten bekannt – eine Plage. In Ainsworth überfluteten sie einen hufeisenförmigen Stollen, der eigentlich Edelmetalle hergeben sollte. Durch diese inzwischen dick mit Travertin verkrustete Tropfsteinhöhle kann man heute in gespenstischem Halbdunkel durch hüfthohes, 43° Celsius warmes Wasser waten und sich anschließend unter einem eisigen Gebirgswasserfall erfrischen. Vom wohltemperierten Schwimmbecken genießt man einen herrlichen Blick über den Kootenay-See.

Im Kootenay-Gebiet wurden in der zweiten Hälfte des vorigen Jahrhunderts reiche Vorräte an Silber-, Blei- und Zinkerzen gefunden. Ein guter Teil dessen, was Glück, Spekulation oder harte Arbeit an Reichtümern einbrachte, fand in der landschaftlich wie verkehrsmäßig begünstigten Stadt Nelson seinen Niederschlag. Nur Francis Rattenbury, der Architekt des Parlamentspalasts und des Empress-Hotels in Victoria, war gut genug, ein Gerichtsgebäude für Nelson zu entwerfen. Andere bauliche Statussymbole aus der Gründerzeit werden vor dem Verfall bewahrt und gesellen sich zu den vielen, die bereits an vergangene Glanzzeiten erinnern.

Kootenay und Columbia, die beiden großen Flüsse, die in ihren entgegengesetzten Oberläufen dicht aneinander vorbeifließen, treffen sich schließlich, der eine auf einem großen Umweg von Süden und der andere auf einem noch größeren von Norden kommend. Sie vereinen sich bei **Castlegar,** der bemerkenswertesten der im innern Grenzgebiet gelegenen Städte. Von den zwei Wegen, die von Nelson dorthin führen, empfiehlt sich der längere über Salmo, weil sich Castlegar dann zuerst von seiner besten Seite zeigt, nämlich von einem spektakulären Viewpoint mit Parkplatz hoch über dem Columbia im Süden der Stadt.

Im Gebiet nördlich und westlich von Castlegar endete die Odyssee des größten monokulturellen Einwanderungsschubs der kanadischen Geschichte. Rund 7000 Doukhobors, russische Anabaptisten aus dem Kaukasus, wurden 1898 zunächst in Saskatchewan angesiedelt. Im Jahre 1907, als ihnen bedeutet wurde, daß die Britische Krone neben anderen Widrigkeiten den gleichen Treueschwur erwartete, den sie dem Zaren verweigert hatten, siedelte der charismatische Peter Vasiliwitsch Verigin die fanatischsten unter ihnen nach British Columbia um. In den abgeschiedenen Tälern ließ man die ›Sons of Freedom‹ mehr oder weniger in Ruhe, Verigin aber fiel 1924 einem Bombenanschlag zum Opfer, und noch 1950 wurden 400 Doukhobors verhaftet, weil sie sich weigerten, ihre Kinder in die Schule zu schicken. Dies hatte zur Folge, daß die entschlossensten Söhne der Freiheit ihre Häuser ansteckten und die resolutesten ihrer Frauen zum Protest unbekleidet durch die Straßen marschierten.

Die ersten Siedler in Castlegar waren Angestellte der Canadian Pacific Railway Company, die 1902 eine Brücke über den Columbia baute. Fünf Jahre später kamen die Doukhobors. Von ihren traditionellen quadratischen Gemeinschaftshäusern, in denen bis zu 50 Menschen in einem großen Raum lebten, stehen nur noch wenige. Um einen Einblick in die höchst eigenartige, mit den Ideen von Leo Tolstoi beginnende Geschichte der Doukhobors zu gewinnen, muß man nicht in die Innenstadt fahren. Das Doukhobor Historical Museum liegt am Ostufer des Columbia, wo der Highway 3 über den Fluß nach Westen abbiegt und der Highway 3A nach Norden abzweigt.

Acht Kilometer flußaufwärts von Castlegar staut der 50 m hohe Hugh Keenleyside-Damm den Columbia auf. Der so geschaffene, 230 km lange Arrow Lake erstreckt sich bis nach Revelstoke am TransCanada Highway. Der nach Süden bis an den Grand Coulee-Damm im US-Staat Washington reichende, 460 km lange Wasserweg war einmal für Raddampfer schiffbar. Am Keenleyside-Damm sorgt die einzige Schiffsschleuse im kanadischen Westen dafür, daß das System für den Bootsverkehr benutzbar bleibt.

Die Reise geht weiter auf dem Highway 3A am Kootenay und auf dem Highway 6 am Slocan River entlang zum Slocan Lake. Den Ort **Slocan** läßt die Straße links, tief unten am Südende des Sees liegen. Sein Schicksal ist typisch für viele der im Gefolge von Blei- und Silberfunden um die Jahrhundertwende in den West Kootenays gegründeten Siedlungen. Von der hohen Warte des ersten Aussichtspunkts über dem See sieht man auf das herab, was von Slocan übrig blieb, an den Pyramiden von Sägespänen und den kreisförmigen Flottillen von Baumstämmen im Wasser erkennt man, wovon das Dorf heute lebt. Die Wälder auf der anderen Seite des Sees gehören zum **Valhalla Provincial Park,** der nur auf Schotterstraßen oder mit Booten erreichbar ist.

Auch andere Orte am Slocan Lake erinnern an vergangene Glorie. Der Name Silverton bedarf keiner Erklärung. Von New Denver versprach man sich in besseren Zeiten Anklänge an die Metropole in Colorado. Östlich von New Denver liegen mehrere *ghost towns,* die sich von dem Nachlassen des bergbaulichen Segens nicht erholten. Die bekannteste ist Sandon 5 km südlich des Highway 31A. Nach einer längst verflossenen Blütezeit mit zwei Dutzend Hotels und einer gleichen Anzahl von Kneipen bedurfte es hier allerdings einer Überschwemmungskatastrophe, um die Stadt in ihren augenblicklichen wildromantischen Zustand zu versetzen.

Der Highway 6 trifft bei **Nakusp** auf den Arrow Lake. Von den heißen Wässern, die in dessen Tal austreten, sind manche nur Eingeweihten bekannt und andere schwer erreichbar. Lediglich die Nakusp Hot Springs, nordöstlich von Nakusp am Ende einer landschaftlich schönen, 13 km langen asphaltierten Bergstraße, sind wirklich nutzbar. Eingefaßt in einen kreisrunden modernen Bau mit zwei Becken unterschiedlicher Temperatur, sind sie nicht nur thermisch, sondern auch visuell von angenehmer Wirkung. Nur mit Wohn- und Campgelegenheiten ist Nakusp Hot Springs noch nicht ausreichend versorgt.

Bei Nakusp schlägt der Highway 6 einen Haken nach Süden zur Fähre, die zwischen Fauquier und Needles pendelt. Je weiter man dann auf der gewundenen, aber verkehrsarmen Straße durch die Monashee Mountains nach Westen vorstößt, um so seltener werden Bergbauruinen und Kahlschläge, und desto häufiger sieht man Viehweiden, Felder und Obstplantagen. Damit kündigt sich The Okanagan, das vielgepriesene Tal des Okanagan River, an.

Grüner und seenreicher als die Prärie, sonniger als die Küste und von Calgary wie Vancouver an einem Fahrtag erreichbar, ist das **Okanagan-Tal** das populärste Urlaubsziel im kanadischen Westen. Am Nordende, an der Kreuzung zweier verkehrsreicher Täler und umgeben von drei Seen, liegt Vernon, das nicht nur von der Sommersaison lebt und sich deshalb nüchtern geschäftsmäßig geben kann.

Anders die Städte, die der Highway 97 auf dem Weg durch das Ferienparadies

Blick auf Osoyoos

berührt. Südlich von Vernon steigt die Straße am Westufer des Kalamalka-Sees empor. Von dort kann man zurückblicken auf die Monashee Mountains und in das Tal, in dem der Highway 6 von Osten kommt. Die Orte an den nächsten kleinen Seen sind noch recht ländlich, hier gibt es auch schon die ersten Weingüter. Dann aber bündelt sich der Verkehr, um sich geduldig über die Pontonbrücke zum anderen Ufer des Okanagan-Sees zu zwängen. **Kelowna** ist so in den Geruch gekommen, eine meilenlange *strip mall* zu sein, in der sich nichts als Reklameschilder, Tankstellen, Reparaturwerkstätten, Motels und Schnellimbißbuden aneinanderreihen. Einen vorteilhafteren Eindruck von Kelowna gewinnt man, wenn man aus der Fahrzeugschlange ausschert und zum Stadtpark am See fährt, wo ein alter Raddampfer festgemacht hat und die schneeweißen Segel der eleganten Skulptur »Sails« in den Himmel ragen. Ob die Missionare, die sich 1859 hier niederließen, schon wußten, daß Kelowna mit 2000 Sonnenstunden pro Jahr rechnen kann, ist ungewiß, aber sie pflanzten die ersten Obstbäume, und auch der Weinbau gehört zu ihren guten Werken, die seit den 30er Jahren mit künstlicher Bewässerung fortgeführt werden. Nur sehr verwöhnte Önologen haben etwas an den Produkten der Winzer des Okanagan-Tals auszusetzen.

In Summerland sollte man vom Highway abbiegen und zum See hinunterfahren. Am südlichen Ortsausgang liegt eine landwirtschaftliche Versuchsstation mit schönem Ziergarten. Bis Penticton hält sich nun auch die Durchgangsstraße dicht an den See, dort haben sich die Straßenbauer mit einigen hübschen, schattigen Picknickplätzen besondere Mühe gegeben.

Mit ›pen-tak-tin‹ bezeichneten die Indianer einen Ort, an dem man ewig verweilen will. In der Tat haben sich in **Penticton** viele Rentner zur Ruhe gesetzt. Die Anziehungskraft der Stadt beruht vor allem auf ihrer Lage zwischen zwei Seen. Dem Okanagan Lake wendet sich die repräsentative Uferpromenade zu, mit Badestrand auf der einen sowie gepflegten Motels und Hotels auf der anderen Seite. Hier hat man auch den Raddampfer »S.S. Sicamous« an Land gezogen, der von 1914 bis 1935 zwischen Penticton und Vernon verkehrte. Am Skaha Lake gibt es Campingplätze und Vergnügungsparks. Vom verbindenden, zum Kanal begradigten Okanagan River erschallen die Lautsprecher der Rastlosen, die sich mit Gummischläuchen, Luftmatratzen und Schlauchbooten die 7 km von einem See zum anderen treiben lassen, immer wieder, denn für die Fahrt zurück steht ein Bus bereit.

Dreizehn Kilometer südlich von Penticton wird der Highway 97 mit dem Highway 3A eine Hälfte des Ferienverkehrs los – den aus Vancouver –, und nun wird das Okanagan Valley stiller. In einem Seitental bei **Kaleden** haben sich Sandhill-Kraniche und viel kleineres Gefieder den White Lake zum Rastplatz auserkoren. Gleich daneben nutzt das Dominion Radio Astrophysical Observatory die stadtferne Stille und wolkenlose Klarheit, um mit Reflektoren und Antennen der Entwicklung des Weltalls spektralanalytisch auf die Spur zu kommen.

Es ist einerseits bedauerlich, daß die Wasserfälle, die bei **Okanagan Falls** nach indianischer Überlieferung einst weißsprühend und mit der Stimme des Donners aus dem Skaha-See kamen, dem *water management* zum Opfer fielen. Andererseits gäbe es ohne gelenkte Wasserwirtschaft im Okanagan-Tal keine Obstplantagen und Weinberge. Auch die Fauna scheint unter dem Eingriff nicht gelitten zu haben. Die sandigen Ufer und Schilfdickichte des seichten Vaseux Lake südlich von Okanagan Falls laden alle Vögel zur Rast ein, die im Frühjahr und Herbst auf der westlichen Vogelzugroute unterwegs sind. Viele andere Arten fühlen sich zu jeder Jahreszeit in diesem Naturschutzgebiet wohl. Vom Vaseux Lake Wildlife Centre führen Pfade an die besten Aussichtspunkte. Im Winterhalbjahr kommen Dickhornschafe bis an die Straße.

Osoyoos rühmt sich, den wärmsten Süßwassersee in Kanada zu haben. An dessen Ufern beginnt die Obstblüte schon Mitte April, Mitte Juni gibt es Kirschen, dann folgen nacheinander Aprikosen, frühe Pfirsiche, Pflaumen, späte Pfirsiche, Äpfel und Trauben. Einem Farmer am östlichen Stadtausgang ist es sogar gelungen, Bananen reifen zu lassen. Noch ein Stück weiter östlich hat man von einem Aussichtspunkt in den Serpentinen am Highway 3 einen auch photographisch sehr ergiebigen Blick zurück in das Tal. Aber das ist nur ein Abstecher, die Reise geht auf dem gleichen Highway in westlicher Richtung weiter.

Wer landschaftliche und klimatische Abwechslung sucht, findet sie an der nun folgenden Strecke des sogenannten Southern TransCanada Highway. Zunächst bleibt es noch trocken, so trocken, daß der Spotted Lake 8 km westlich von Osoyoos im Sommer nur in kreisrunden Lachen Wasser führt. Der Rest des Sees ist mit Magnesium-, Natrium- und Kalziumsalzen verkrustet, deren heilende Wirkung schon Indianern bekannt war und derentwegen sie ihn Medicine Lake nannten. Im Similkameen-Tal auf der anderen Seite des Richter-Passes sieht es schon grüner aus, doch daß die Sonne auch hier noch eine reiche Obsternte garantiert, ist nicht zu übersehen. Für Keremeos kommt der Titel *Fruit Stand Capital of Canada* in Frage, so dicht sind die Verkaufsstände am Highway aufgereiht. Der Highway 3 war die erste durchgehende Straßenverbindung südlich des TransCanada Highway, aber nicht der erste Weg von West nach Ost. Im Jahre 1860, als auch im Grenzgebiet Gold gefunden wurde, beauftragte James Douglas, der erste Gouverneur der neuen Kolonie British Columbia, den Landvermesser Edgar Dewdney, einen Weg anzulegen, der bei Hope am Fraser begann und später bis Fort Steele am Kootenay verlängert wurde. Dem Dewdney Trail folgt der Highway von Keremeos bis Princeton durch ein Gebiet, dem seine bergbauliche Vergangenheit noch deutlich anzusehen ist. Bis in die 50er Jahre wurde in der Umgebung von Hedley an mehreren Stellen Gold, Silber und Kupfer abgebaut, und neuerdings versucht man wieder, noch das letzte aus den alten Gruben und Halden herauszuholen. Den Indianern war die ockerfarbene Erde, die sie am Tulameen River bei **Princeton** fanden, wertvoller als Gold. Andere Stämme kamen von weit her, um den begehrten Farbstoff bei den Salish einzuhandeln. Princeton ist heute eine vielbesuchte Hochburg der Segelfliegerei.

Der Similkameen River, an dem es nun weiter aufwärts geht, kommt aus den Cascade Mountains. Sie zählen zum Küstengebirge und sind entsprechend empfänglich für pazifische Niederschläge. Was sie hier ohne menschliches Zutun zu liefern bereit ist, stellt die Natur im **Manning Provincial Park** an schroffen Bergen und blauen Seen aus, dichte Koniferenwälder, bunte Wiesen mit alpiner Flora und wildem Rhododendron, Maultierhirsche, Schwarzbären und Murmeltiere.

Wenige Kilometer westlich des Parkausgangs kommt man am Hope Slide vorbei, der 1965 von einem fast 2000 m hohen Berg an der Nordseite der Straße herabdonnerte und vier Passanten unter sich begrub. Von Hope bedarf es nur eines kanadischen Katzensprungs (150 km), um an den Ausgangspunkt der Rundreise durch den Süden von British Columbia zu gelangen.

Yukon und die Northwest Territories

Kanadas Fläche von rund 10 Mio. km^2 entfällt zu fast 40% auf den jenseits des 60. Breitengrads gelegenen, erst 1870 von der Hudson's Bay Company erworbenen Norden. In diese eisige Unendlichkeit wagte sich von jeher nur, wer auf der Suche war – nach einem neuen Weg von Sibirien nach Süden, nach der Nordwestpassage zum Pazifik, nach Robben, Rentieren, Pelzen und Rohstoffen. Geblieben sind rund 80000, etwa 0,3% der kanadischen Bevölkerung, darunter 37 000 Inuit, Dene und Métis. Die Inuit leben weitverstreut an der Küste und im arktischen Archipel, während die Dene und wenige Métis im subarktischen Landesinnern jagen, Fallen stellen und Arbeit annehmen. Die weiße Bevölkerung hält sich fast ausschließlich an die durch planmäßigen Flugverkehr mit dem Süden verknüpften Zentren.

Es wäre falsch, 40% von Kanada gedanklich in den Dauerfrost der Polarregion zu verbannen. Nur ein Küstenstreifen von wechselnder Breite und die zwischen ihm und Grönland gelegenen Inseln entfallen auf die Arktik. Der Rest der Northwest Territories, die allerdings mit 3,5 Mio. km^2 den weitaus größten Teil des kanadischen Nordens ausmachen, liegt südlich der Waldgrenze und damit in der Subarktik.

Yukon Territory

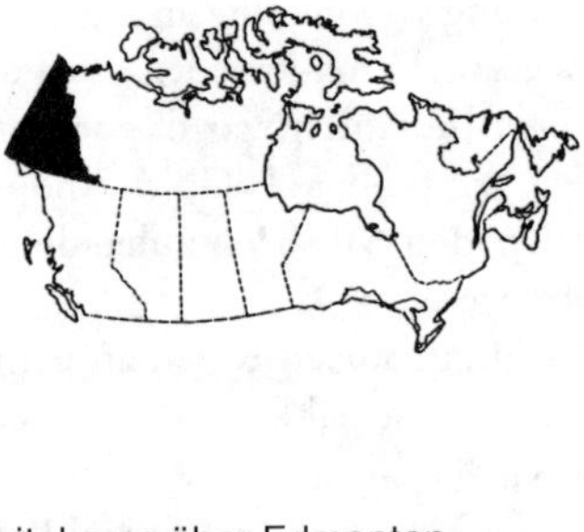

Postalisches Kürzel: YT
Größe: 483 450 km^2
Hauptstadt: Whitehorse
Bevölkerung: 25 000
Wirtschaft: Bergbau
Information: Tourism Yukon, P.O. Box 2703, Whitehorse YT, Y1A 2C6, ✆ 403-667-5340
Verkehrsverbindungen: Alaska Highway; Anflug nach Whitehorse über Edmonton
Reisezeit: Hochsommer

In den Northwest Territories ist wenig von dem, was den Besucher reizt, auf vier Rädern erreichbar. Nur der äußerste Süden um den Großen Sklavensee (Great Slave Lake) ist durch jeweils eine Straße mit British Columbia und Alberta verbunden. Diejenige nach Hay River und Pine Point ist asphaltiert, aber in den **Wood Buffalo National Park** reicht nur eine 260 km lange Kiespiste ohne Tankstellen. Der schöne **Nahanni National Park** ist von Fort Simpson im Charterflug zugänglich. Den Flug zum **Auyuittuq National Park** auf Baffin Island unternimmt man am besten von Montreal.

Verhältnismäßig leicht erreicht man auch auf eigene Faust das mit 483 450 km² weitaus ›handlichere‹ Yukon Territory. Es nimmt die von Einbrüchen arktischen Klimas weitgehend geschützte, zur bewaldeten Kordillere zählende Südwestecke des kanadischen Nordens ein und wird von Alberta und British Columbia durch den Alaska Highway erschlossen. Von dieser Strecke ist es sogar möglich, mit entsprechender Vorbereitung bis nach Inuvik an der Mackenzie-Mündung, also weit in die wirkliche Arktik, vorzustoßen.

Über den Alaska Highway nach Dawson City

Heute spielt es kaum noch eine Rolle, daß der nördlichste der Vereinigten Staaten nicht an die übrigen grenzt. Fracht kommt auf dem Seeweg billiger und Menschen kommen durch die Luft bequemer nach Alaska als zu Land. Im Jahre 1941 aber, als die Japaner drohten, sich über die Aleuten dem damaligen Alaska Territory zu nähern, war die räumliche Trennung ein Problem, nicht weil kanadisches Hoheitsgebiet den Verkehr behinderte, sondern wegen des Fehlens einer Straße durch den Yukon. Dem wurde kurzerhand Abhilfe geschaffen. Drei Monate nach dem japanischen Angriff auf Pearl Harbor waren alle Verträge unterschrieben, im März 1942 begannen sieben amerikanische Pionierregimenter, 16 000

Northwest Territories

Postalisches Kürzel: NT
Größe: 3 380 000 km²
Hauptstadt: Yellowknife
Bevölkerung: 55 000
Wirtschaft: Bergbau, Öl und Gas
Information: Department of Economic Development, Box 1320, Yellowknife NT, X1A 2L9, ✆ 800-661-0788
Verkehrsverbindungen: Anflug nach Yellowknife über Edmonton; Anfahrt über den Alaska Highway
Reisezeit: Hochsommer

Zivilarbeiter und der dazugehörige Maschinenpark mit der Arbeit. Knapp neun Monate und 2300 km später war das bis dahin größte Straßenbauunternehmen der Welt soweit beendet, daß der Alaskan Military Highway von Dawson Creek (British Columbia) bis Fairbanks (Alaska) offiziell für befahrbar erklärt werden konnte.

Noch vor wenigen Jahren sah man der Straße überall die Hast ihrer Planung an. Sie machte jede Geländeneigung mit, Teiche wurden umgangen, Bäche einspurig überbrückt, sommerlicher Gegenverkehr kündigte sich meilenweit durch dichte Staubwolken an, und jedes Überholmanöver hatte einen Steinhagel zur Folge. Jetzt ist der **Alaska Highway** bis auf wenige kurze Strecken asphaltiert, und man findet durchschnittlich alle 80 km Benzin, Unterkunft oder Verpflegung. Trotzdem werden die mehr als 300 000 Touristen, die jeden Sommer diese Route befahren, immer noch angehalten, gute Ersatzreifen mitzuführen, Scheinwerfer vor fliegenden Kieseln zu schützen und die photographische Ausrüstung staubsicher zu verpacken. Dies ist schon deshalb ratsam, weil alle Nebenstraßen ungeteert sind.

Der Alaska Highway beginnt offiziell dort, wo 1942 die Eisenbahn endete, bei der Meile 0 in **Dawson Creek,** British Columbia. Man tut gut daran, sich im Informationsbüro im Bahnhof mit Karten und Broschüren zu versorgen. Empfehlenswert ist auch ein halbstündiger Film über den Bau der Straße, der im Museum im gleichen Gebäude läuft.

In Taylor, wo der Highway den Mighty Peace genannten Fluß überquert, werden alljährlich Anfang August die World Gold Panning Championships abgehalten. Den Rest des Jahres lebt die Stadt vorwiegend vom Schwarzen Gold in den Sedimenten der Peace River-Ebene, die sich Alberta und British Columbia teilen. Auch **Fort St. John** kündet mit einem weithin sichtbaren Bohrturm an, welche Industrie hier vorherrscht. Es ist aber nicht nur der Untergrund fruchtbar. Im Jahre 1910 als die Besiedlung ernstlich begann, war das Peace River Country der letzte große Block landwirtschaftlich nutzbaren Landes, der in Kanada zur Verfügung stand. Trotz der verhältnismäßig isolierten nördlichen Lage werden hier heute noch *homesteads* an all jene vergeben, die bereit sind, zu roden. Neuerdings findet man auf den Ranches in der Umgebung von Fort St. John neben Rindern auch Rentier- und Bisonherden.

Jetzt sind es Kilometer, aber früher waren es Meilen, nach denen der Fortschritt gen Norden gemessen wurde. Nur bis Wonowon (einst Meile 101, wobei die 0 wie der Buchstabe o ausgesprochen wird) reichte noch bis vor wenigen Jahren die Asphaltstraße. Von dort wurde es abenteuerlich. In **Fort Nelson,** 460 km vom Nullpunkt in Dawson Creek, nach dem Admiral benannt und 1805 als Pelzhandelsstation gegründet, gibt es nicht nur die größte Erdgasreinigungsanlage in Nordamerika, sondern auch die größte Eßstäbchenfabrik der Welt. Knapp 30 km westlich von Fort Nelson beginnt der nichtasphaltierte Liard Highway, auf dem man, am Nahanni National Park vorbei, weiter in die Northwest Territories und in das Tal des Mackenzie vorstoßen kann.

Mit dem Aufstieg durch den **Stone Mountain Provincial Park** zum Summit Pass (Kilometer 597) verläßt der Alaska Highway die Foothills, die das Peace River-Flachland im Westen begleiten und führt nun durch die nördlichen Rocky Mountains und dann in die

Ketten der Kordillere, aus denen sich British Columbia und der Yukon zusammensetzen. Bei Kilometer 710 kann man den türkisfarbenen See im **Muncho Lake Provincial Park** mit Ausflugsbooten erkunden, bei Kilometer 764 darf man sich so hoch im Norden ein Bad in den schwefelhaltigen Liard Hot Springs (40–55° Celsius) nicht entgehen lassen. Dicht an der Grenze zum Yukon, am Contact Creek bei Kilometer 967, trafen sich im September 1942 die Bautrupps, welche die Straße kaum ein halbes Jahr vorher von Norden und Süden in Angriff genommen hatten.

Im nächsten Abschnitt schwankt der Highway dreimal über den 60. Breitengrad, bevor er nach fast genau 1000 km schließlich, aber nicht endgültig im Yukon verweilt. Aus dem berühmten Sign Post Forest von **Watson Lake** (Kilometer 1017) zeigen Straßen-, Entfernungs- und Ortsnamenschilder zurück in die Ferne, aus der Soldaten, Arbeiter und Touristen sie über die Jahrzehnte entwendeten (s. Farbabb. 10).

Knapp 30 km westlich von Watson Lake mündet der Highway 37 in den Alaska Highway. Diese schöne, aber nur streckenweise asphaltierte Straße durch den abgelegenen Norden von British Columbia steht auf dem Rückweg nach Süden für alle bereit, denen der Alaska Highway zu zivilisiert ist. Die Hauptroute erreicht nach abermaligem Bogen über die Grenze bei Kilometer 1295 **Teslin,** wo die halbnomadischen, vorzugsweise aber an der Küste lebenden Tlingit ursprünglich den Sommer verbrachten und ihre Nachkommen heute die Mehrheit der Einwohner stellen.

Der Yukon River bei Carmacks

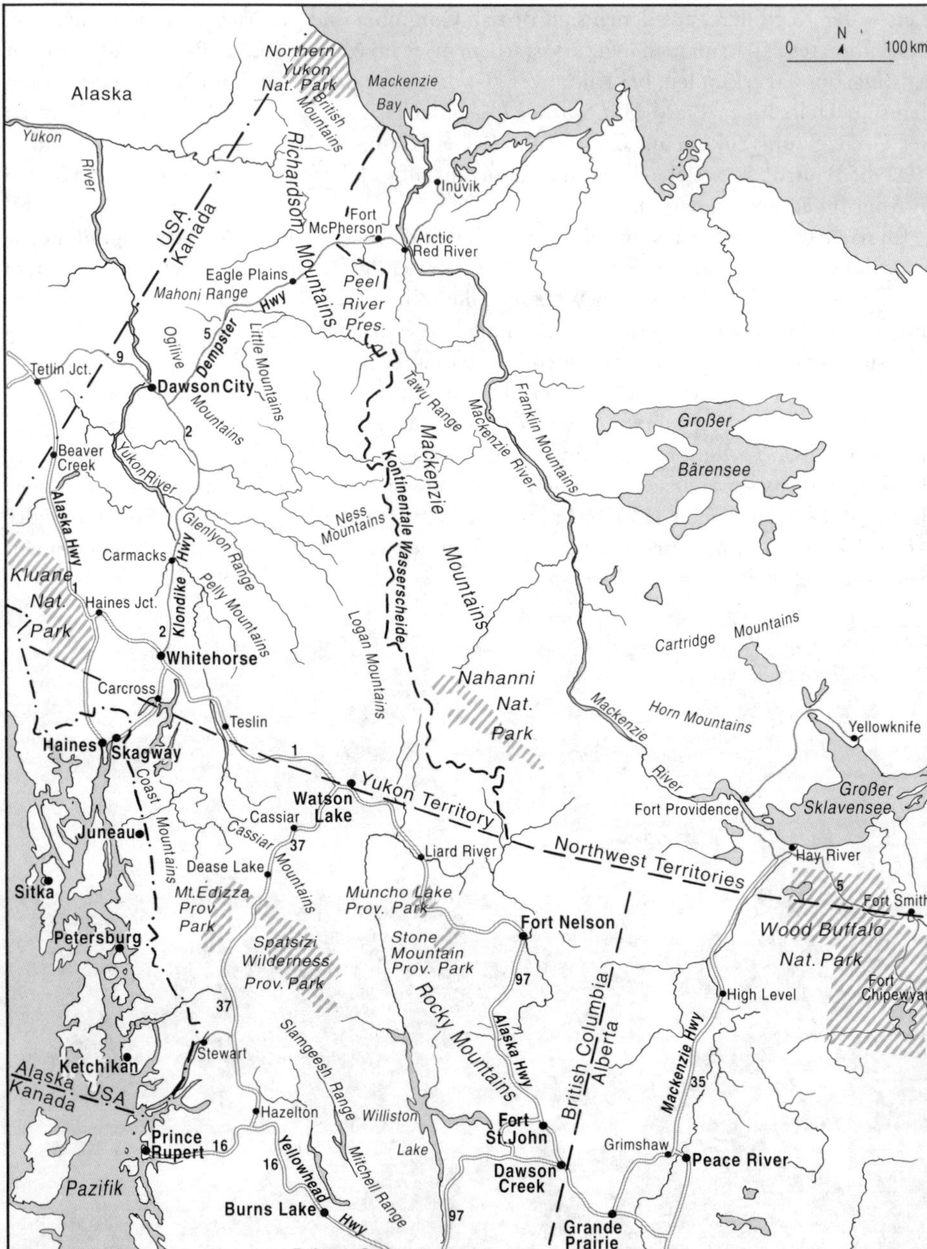
N
0 100 km
Alaska
Yukon River
Northern Yukon Nat. Park
British Mountains
Mackenzie Bay
Richardson Mountains
Inuvik
Fort McPherson
Arctic Red River
USA Kanada
Eagle Plains
Mahoni Range
Dempster Hwy
Peel River Pres.
5
9
Ogilive Mountains
Little Mountains
Tetlin Jct.
Dawson City
Tawu Range
Mackenzie River
Franklin Mountains
Großer Bärensee
2
Beaver Creek
Yukon River
Kontinentale Wasserscheide
Mackenzie Mountains
Alaska Hwy
Glenlyon Range
Ness Mountains
Carmacks
Klondike Hwy
Kluane Nat. Park
1
Haines Jct.
Pelly Mountains
Logan Mountains
Cartridge Mountains
2
Whitehorse
Nahanni Nat. Park
Carcross
Teslin
Mackenzie River
Horn Mountains
Yellowknife
Haines
Skagway
1
Coast Mountains
Watson Lake
Yukon Territory
Großer Sklavensee
Fort Providence
Cassiar
Cassiar Mountains
Juneau
37
Liard River
Northwest Territories
Hay River
Dease Lake
Sitka
Mt. Edizza Prov Park
Muncho Lake Prov. Park
5
Fort Smith
Fort Nelson
Wood Buffalo Nat. Park
Petersburg
Spatsizi Wilderness Prov. Park
Stone Mountain Prov. Park
97
Fort Chipewyan
High Level
37
Rocky Mountains
Alaska Hwy
British Columbia
Alberta
Mackenzie Hwy
Stewart
Slamgeesh Range
Ketchikan
Alaska USA
Kanada
35
Hazelton
Williston Lake
Fort St. John
Prince Rupert
16
16
Yellowhead Hwy
Mitchell Range
Grimshaw
Peace River
Dawson Creek
Pazifik
Burns Lake
97
Grande Prairie
Prince George

Nach weiteren 183 km ist **Whitehorse** erreicht, mit über 20 000 Einwohnern Hauptstadt und Verkehrsknotenpunkt des Yukon Territory. Sehenswert ist hier der restaurierte Heckraddampfer »Klondike«, der in den 30er Jahren auf dem Yukon River verkehrte und dann in dem Fluß versank. Das MacBride Museum besitzt eine reiche Sammlung aus der Pelzhandels- und Goldgräberzeit und zur Naturgeschichte des Yukon.

Der kürzeste Weg von Whitehorse nach Alaska ist der Highway 2, der durch die äußerste Nordwestecke von British Columbia nach Süden führt. An der Grenze liegt der berüchtigte Chilkoot Pass, den einst Tausende von Goldsuchern schwerbepackt erklimmen mußten. Die Straße endet im Alaska Panhandle, dem isolierten ›Pfannenstiel‹ des Staates. In Skagway landeten 1898 auf dem Weg zum Klondike 20 000 Goldsucher. Vor dem Rückgang des Bergbaus im Yukon war der Hafen auch durch eine waghalsige Schmalspurbahn mit Whitehorse verbunden.

Der Alaska Highway geht weiter nach Westen, vorbei am **Kluane National Park**, einem der landschaftlich schönsten, heute immer noch unzugänglichsten aller kanadischen Nationalparks. Im Visitor Reception Centre in **Haines Junction** (Kilometer 1635) kann man sich über Hubschrauberflüge und Wanderungen in den Park unterrichten. Ganz im Westen, hinter den Kluane-Ketten, liegen die Elias Mountains mit Mount Logan (5951 m), Kanadas höchstem Berg. Von Haines Junction sind es noch 300 km bis zur Grenze nach Alaska und weitere 500 km bis zum Ende des Alaska Highway in Fairbanks.

Wer den langen Weg in den Yukon einmal eingeschlagen hat, darf nun nicht umkehren, ohne die berühmten Stätten des Klondike Goldrush besucht zu haben. Dorthin kommt man auch auf dem Umweg durch Alaska, man muß dann aber von Tetlin Junction nach Dawson 270 km mit Steinschlag, Staub oder Schlamm in Kauf nehmen. Für die kurzen Staubstrecken des von Whitehorse nach Norden abzweigenden **Klondike Highway** dagegen steht *dust control* wenigstens auf dem Programm der Straßenbauverwaltung.

Es dauerte fast ein Jahr, bis die Nachricht von den märchenhaften Goldlagerstätten, die im August 1896 am Klondike River gefunden worden waren, in die große Welt durchsickerte, aber dann strömten Prospektoren und Abenteurer zu Zehntausenden herbei. Aus dem Innern des Kontinents kamen sie über Edmonton. Die bequemste Route ging zur See von San Francisco oder Seattle an der Westküste von Alaska entlang und dann den Yukon aufwärts. Wer sich das nicht leisten konnte, die Masse also, landete in der Bucht von Skagway und suchte den kürzesten Weg nach Norden, über den Chilkoot Pass und dann zum Teil zu Fuß, zum Teil mit Kanus oder mit an Ort und Stelle zusammengezimmerten Dampfbooten über Seen und Nebenflüsse zum Yukon und auf diesem abwärts bis dort, wo an der Klondike-Mündung Dawson City aus dem Boden schoß. Aus dem einstmals wochenlangen Treck durch die gleiche Landschaft hat der Klondike Highway eine Tagesreise von 536 km (von Whitehorse) gemacht.

Zum nicht geringen Erstaunen der zügellosen kalifornischen Goldsucher war unter den ersten, die 1897 nach der Eisschmelze am Yukon eintrafen, ein Aufgebot der North West

On Chilkoot Pass

Mounted Police. Im Oktober des gleichen Jahres wurde J. M. Walsh, der 21 Jahre vorher in Saskatchewan mit den Sioux fertig geworden war, zum Regierungskommissar im neuen Yukon Territory ernannt. Damit war auch diesem kanadischen *gold rush* trotz vorwiegend amerikanischer Beteiligung ein wenn nicht idyllischer, so doch wenigstens britisch-gedämpfter Verlauf gesichert.

Kurz vor der Jahrhundertwende war **Dawson City** mit an die 30 000 Einwohnern die größte ›Siedlung‹ westlich von Winnipeg und nördlich von San Francisco. Nun beleben im Sommer Touristen die Stadt. Im Palace Grand Theatre gehen die Gaslight Follies über die Bühne, und in Diamond Tooth Gertie's Gambling Hall kann man sein Geld bei Cancan-Musik verspielen. Die rund 1700 Eingesessenen verdienen ihren Lebensunterhalt zum Teil immer noch damit, das allerletzte Körnchen Gold aus den Talsohlen zu waschen. Ausgedehnte Abraumhalden zeugen von dem mechanischen Aufwand, der heute hierfür notwendig ist.

Im deutschen Sprachraum wurde der Goldrausch von 1896 vor allem durch die Romane des Kaliforniers Jack London bekannt. Die volkstümlichsten Legenden aus der Goldrausch-Zeit stammen von einem gebürtigen Engländer, Robert Service, der allerdings seine schaurigschönen Balladen »The Shooting of Dan McGrew« und »The Cremation of Sam McGee« schrieb, lange bevor er 1904 am Yukon eintraf. Gegenüber seiner Hütte in Dawson wuchs ein echter Sohn des Yukon auf, der 1920 in Whitehorse geborene Autor und Historiker

Goldgräber überqueren den Chilkoot Pass, historisches Photo aus dem Jahre 1898

Dawson City

Pierre Berton. In Bertons unübertroffener Darstellung »Klondike; The Last Great Goldrush 1896–1899« wird die turbulente Atmosphäre jener Jahre in all ihren Höhen und Tiefen lebendig.

Vierzig Kilometer östlich von Dawson beginnt der **Dempster Highway**, der 400 km weiter nördlich den Polarkreis überschreitet und nach insgesamt 740 km in Inuvik im Mackenzie-Delta endet. Die Straße wurde 1979 zur Versorgung der Bohrunternehmen in der Beaufort-See und der erhofften Mackenzie-Pipeline in Dienst gestellt.

Die Strecke ist auf ganzer Länge ungeteert, und selbst die Delta Beaufort Tourism Association weist in ihrer Broschüre darauf hin, daß sie eine *frontier road* mit *gravel, dust, mud and mosquitos* und minimalen *creature comforts* ist. Aber der Dempster ist einmalig. Um den Permafrost nicht durch Erdbewegungen zu stören, damit also die Straße nicht jeden Sommer im Morast versinkt, war es notwendig, sie über weite Strecken durch die subarktische Tundra nördlich der Baumgrenze auf einem Damm zu verlegen.

Ein Abstecher in den ›wirklichen‹ Norden könnte die Krönung der Kanada-Reise sein, aber bevor man sich mit einem Mietfahrzeug auf den Dempster Highway begibt, sollte man sich vergewissern, daß der Verleiher mit diesem nicht ganz alltäglichen Unternehmen einverstanden ist.

Literaturverzeichnis

BANFIELD, A. W. F.: The Mammals of Canada. Toronto 1974

BARMAN, Jean: The West Beyond the West. A History of British Columbia. Toronto 1991

BERTON, Pierre: Klondike. The Last Great Gold Rush. Toronto 1958

DERS.: The National Dream. The Great Railway 1871–1881. Toronto 1970

DERS.: The Last Spike. The Great Railway 1881–1885. Toronto 1971

DERS.: The Invasion of Canada 1812–1813. Toronto 1980

DERS.: Flames Across the Border 1813–1814. Toronto 1981

DERS.: Why we act like Canadians. Toronto 1982

DERS.: The Promised Land. Settling the West 1896–1914. Toronto 1984

DERS.: Niagara. A History of the Falls. Toronto 1992

BROWN, Craig (ed.): The Illustrated History of Canada. Toronto 1987

BRYAN, Liz: The Buffalo People. Prehistoric Archaeology on the Canadian Plains. Edmonton 1991

CANADIAN Automobile Association und Reader's Digest: Heritage Canada (Illustrierte Beschreibung von über 30 historischen Stätten von Newfoundland bis British Columbia) 1978

DONALDSON, Gordon: Battle for a Continent. Quebec 1759. Toronto 1973

GADD, Ben: Handbook of the Canadian Rockies. Geology, Plants, Animals, History and Recreation from Waterton/Glacier to the Yukon. Jasper 1986

GATENBY, Greg (ed.): The Wild is Always There. Canada Through the Eyes of Foreign Writers. Toronto, New York, London 1993

HARRIS, R. C. u. J. WARKENTIN: Canada Before Confederation. A Study in Historical Geography. Ottawa 1991

HOSIE, R. C.: Native Trees of Canada. Ottawa 1969

MCCANN, L. D. (ed.): Heartland and Hinterland. A Geography of Canada. Scarborough ^{2}1987

MCGHEE, Robert: Ancient Canada. Hull 1989

DERS.: Canada Rediscovered. Hull 1991

MCMILLAN, Alan D.: Native Peoples and Cultures of Canada. An Anthropological Overview. Vancouver, Toronto 1988

MORISON, Samuel Eliot: The European Discovery of America. The Northern Voyages A. D. 500–1600. New York 1971

DERS.: Samuel de Champlain. Father of New France. Boston 1972

MORRIS, Jan: City to City. Toronto 1990

NEWMAN, Peter C.: Caesars of the Wilderness. London, Markham 1987

DERS.: Empire of the Bay. Toronto 1989

Abbildungsnachweis

Farbabbildungen

Barnes/Agentur Schuster, Oberursel 21
Bildarchiv Huber, Garmisch-Partenkirchen Umschlaginnenklappe hinten, 11, 13, 16, 20
Wolfgang Burkart, München Titelbild
Fredrik DeWiel, Calgary, Alberta/Kanada Umschlaginnenklappe vorne
Christian Heeb/LOOK, München 6, 7, 9, 10, 14, 18
Jacobs/Agentur Schuster, Oberursel 17
Koene/Transglobe Agency, Hamburg 3
Kummels/Agentur Schuster, Oberursel 2, 4
Günther Lahr, Maisach 5, 12
Leporello/Scheller, Hamburg Umschlagrückseite
Publiphoto/Agentur Schuster, Oberursel 1
Karl-Heinz Raach/LOOK, München 8
Werner Richner, Saarlouis 15
June Sharo/Transglobe Agency, Hamburg 19

Schwarzweißabbildungen

Manfred Braunger, Freiburg S. 100, 101, 175, 213
Fredrik DeWiel, Calgary, Alberta/Kanada S. 21, 31, 71, 81, 84/85, 88, 90 (beide), 111, 118, 125, 144, 148, 157, 165, 170, 202 (beide), 214/15, 219, 249, 257, 264, 274, 305, 307, 313, 315, 316, 340, 348, 355, 392
Douglas Dickins Photo Library, Golders Green/ Großbritannien S. 11, 38, 39, 40, 78, 79, 86/87, 217, 226/27, 231, 239, 272, 275, 331, 353, 358/59
Abbie Enock/Travel Ink Photo & Feature Library, Reading/Großbritannien S. 140/41
Fauner/Transglobe Agency, Hamburg S. 344
Glenbow Archives, Calgary, Alberta/Kanada S. 2/3, 29, 32/33, 45, 62, 69, 120/21, 131, 134, 171, 207, 235, 247, 255, 260/61
Christian Heeb/LOOK, München S. 126, 167
H. M. Lambert/Laenderpress, Düsseldorf S. 359
Laenderpress, Düsseldorf S. 17, 172/73, 203, 269, 297
Günther Lahr, Maisach S. 279, 302/03
Dirk Lübker/Transglobe Agency, Hamburg S. 370
Peter Mertz, Innsbruck/Österreich S. 143, 147, 153, 158, 163, 205, 229, 309
Nova Scotia Tourism and Culture, Halifax/Kanada S. 72
Kurt Jochen Ohlhoff, Hannover S. 8, 36, 82, 95, 96, 108, 115, 129, 154, 209, 224, 232, 243, 252, 266/67, 280, 285, 287, 289, 299, 300, 318, 324/25, 328, 329, 335, 337; Archiv: S. 27, 48, 136, 245
Saskatchewan Economic Development, Regina, Saskatchewan/Kanada S. 277
Siewert/Transglobe Agency, Hamburg S. 365
Jeff Slocomb/Transglobe Agency, Hamburg S. 332/33
Süddeutscher Verlag Bilderdienst, München S. 139
Derek Task/Transglobe Agency, Hamburg S. 98
Karl Teuschl, München S. 64, 77, 123, 162, 238, 347, 371; Archiv: S. 57, 59, 60, 294, 368/69
Ullstein Bilderdienst, Berlin S. 46
R. Waldkirch/Transglobe Agency, Hamburg S. 66/67, 310, 322

Alle übrigen Abbildungen: Archiv DUMONT Buchverlag

Zeichnungen und Karten: DUMONT Buchverlag

Kartenverzeichnis

Raum für Reisenotizen

Praktische Reiseinformationen

Reisevorbereitung und Anreise

Information

Wer über das Katalogprogramm der Reisebüros hinaus an Informationen über Kanada interessiert ist, wende sich an folgende Adresse, die allerdings nur schriftliche oder per Fax eingereichte Anfragen beantwortet:

Kanada-Tourismusprogramm, Postfach 200247, 63469 Maintal 2, Fax 06109-61598

In Kanada unterhalten die einzelnen Provinzen Informationsbüros, die Anfragen interessierter Reisender beantworten:

Travel Alberta, P.O. Box 2500, Edmonton, **Alberta,** T5J 2Z4, ✆ 800-661-8888
Ministry of Tourism, Parliament Building, Victoria, **British Columbia,** V8V 1X4, ✆ 800-663-6000
Travel Information Centre, Room 101, Legislative Building, Winnipeg, **Manitoba,** R3C 0V8, ✆ 800-665-0040
Tourism New Brunswick, P.O. Box 12345, Fredericton, **New Brunswick,** E3B 5C3, ✆ 800-561-0123
Tourism Branch, Department of Development, P.O. Box 8730, St. John's, **Newfoundland,** A1B 4K2, ✆ 800-563-6353
Department of Tourism, P.O. Box 130, Halifax, **Nova Scotia,** B3J 2M7, ✆ 800-341-6096
Department of Economic Development, P.O. Box 1320, Yellowknife, **Northwest Territories,** X1A 2L9, ✆ 800-661-0788
Ministry of Tourism & Recreation, Queens Park, Toronto, **Ontario,** M7A 2E5, ✆ 800-668-2746
Visitor Services, P.O. Box 940, Charlottetown, **Prince Edward Island,** C1A 7M5, ✆ 800-565-0267
Tourisme Québec, P.O. Box 20 000, Quebec, **Quebec,** G1K 7X2, ✆ 800-363-7777
Tourism Saskatchewan, 1919 Saskatchewan Dr., Regina, **Saskatchewan,** S4P 3V7, ✆ 800-667-7191
Tourism Yukon, P.O. Box 2703, Whitehorse, **Yukon Territory,** Y1A 2C6, ✆ 403-667-5340

Diplomatische Vertretungen von Kanada

... in Deutschland: Kanadische Botschaft, Godesberger Allee 119, 53175 Bonn, ✆ 02 28-81 00 60, Fax 02 28-37 65 25

... in Österreich: Kanadische Botschaft, Schubertring 12, 1010 Wien, ✆ 01-5 33 36 91, Fax 01-5 35 44 73

... in der Schweiz: Kanadische Botschaft, Kirchenfeldstr. 88, 3005 Bern, ✆ 031-3 52 63 81, Fax 031-3 52 73 15

Einreise- und Zollbestimmungen

Deutsche, österreichische und schweizer Bürger brauchen für Urlaubsreisen bis zu

90 Tagen kein Visum, ihr Reisepaß muß aber mindestens bis zum Rückreisedatum (und nach den Vorschriften einzelner Reiseveranstalter sechs Monate darüber hinaus) gültig sein. Für Grenzübertritte in die USA ist ein Visum erforderlich. Es dürfen 200 Zigaretten, 50 Zigarren oder 900 g Tabak und 1,1 Liter Spirituosen zollfrei eingeführt werden. Die Einfuhr von Pflanzen und landwirtschaftlichen Produkten ist nicht gestattet.

Gesundheitsvorsorge

Impfungen werden nicht verlangt. Da Arzt- und Krankenhauskosten in Kanada sehr hoch sind (auch aus diesem Grunde empfiehlt sich eine Kreditkarte) und deutsche Krankenscheine keine Gültigkeit haben, sollte man unbedingt eine Reisekrankenversicherung abschließen. Wer regelmäßig Medikamente einnimmt, sollte einen ausreichenden Vorrat mitnehmen bzw. das Rezept, damit ein kanadischer Arzt ein ähnliches Präparat verschreiben kann.

Reisezeit

Für Urlaubsreisen in Kanada kommen vor allem die Sommermonate in Frage. Im kontinentalen Landesinnern können Juli und August heißer, Juni und September kühler sein als in Westeuropa. Im Gebiet der Großen Seen und am St. Lorenz-Strom wird es im Hochsommer oft recht schwül. In der Hauptreisezeit (Ende Juni bis Anfang September) sind Sehenswürdigkeiten wie die Niagara-Fälle und die Nationalparks in den Rocky Mountains stark überlaufen, und es empfiehlt sich überall, schon am frühen Nachmittag für Quartier zu sorgen.

Literarische Reisevorbereitung

Nur wenige Werke von kanadischen Autoren liegen in deutscher Übersetzung vor. Hier eine Auswahl von Romanen und Erzählungen: **Margaret Atwood:** »Lady Orakel«, »Die eßbare Frau«, »Der Report der Magd«, »Die Giftmischer«, »Katzenauge«, »Der lange Traum«, »Die Unmöglichkeit der Nähe«, »Unter Glas«, »Verletzungen«, »Wahre Geschichten« und »Tips für die Wildnis«; **Robertson Davis:** »Der Fünfte im Spiel«, »Das Fabelwesen«, »Rebellische Engel«, »Wandelnde Schatten«, »Was du ererbt von deinen Vätern...«, »Welt der Wunder«; **Brian Moore:** »Schwarzrock«, **Alice Munro:** »Das Bettlermädchen«, »Kleine Aussichten«, »Die Jupitermonde«, »Der Mond über der Eisbahn«, **Mordechai Richler:** »Sohn eines kleineren Helden«, »Solomon Gursky war hier«. **Michael Ondaatjes** vielgelobter Roman »Der englische Patient« spielt nicht in Kanada. Nur auf Englisch erhältlich sind folgende Werke, deren Lektüre sich lohnt: **Hugh MacLennan:** »Two Solitudes«, »Return of the Sphinx«, **W. O. Mitchell:** »Who Has Seen the Wind«, **L. M. Montgomery:** »Anne of Green Gables«, **Robert Service:** »Songs of a Sourdough«, »The Best of Robert Service«.

Karten

Das vielseitige Informationsmaterial der Canadian Automobile Association (CAA) steht Mitgliedern anderer Automobilklubs an zahlreichen Zweigstellen kostenlos zur Verfügung. Ihre Karten und Reiseführer (»TourBooks«) werden jedes Jahr neu herausgegeben, letztere enthalten zuverlässige Angaben über Hotels, Motels, Restaurants und Campingplätze. Außerdem geben alle Provinzen eigene Karten heraus und verteilen sie freigiebig. Wanderkarten sind in den Informationsbüros aller Provinz- und Nationalparks für eine geringe Gebühr erhältlich. Zweigstellen des Geological Survey of Canada sowie Spezialgeschäfte führen preiswerte topographische Karten aller gängigen Maßstäbe.

Reisen mit Kindern

Sobald Eltern und Kinder den langen Anflug überstanden haben, kann das gemeinsame Reisen in Kanada zum Vergnügen werden. Die Kanadier verbringen gern ihren Urlaub mit Kind und Kegel in Ferienwohnungen und auf Campingplätzen, viele gastliche Betriebe sind mit Preisnachlässen, Spielplätzen, Planschbecken, Speisekarten, Hochstühlen und dergleichen auf Familienbesuch eingestellt. In den Provinz- und Nationalparks werden besondere Programme für Schulkinder und Jugendliche angeboten.

Reisen für Behinderte

Fast alle Naturparks haben für behinderte Besucher vorgesorgt. Die meisten öffentlichen Gebäude, Museen und Galerien haben Fahrstühle, Rampen und breite Türen für Rollstuhlbenutzer.

Anreise

Für jede der fünf meistbesuchten kanadischen Großregionen kommt ein direktes Anflugziel in Frage: Halifax für die atlantischen Provinzen, Montreal für Quebec und die Hauptstadtregion (Ottawa/Hull), Toronto für Ontario, Calgary für die Prärieprovinzen und die Rocky Mountains, Vancouver für British Columbia. Fahrten und Flüge in die nördlichen Territorien können von Montreal, Calgary und Vancouver unternommen werden.

Reisen in Kanada

... mit der Bahn

Der Passagierverkehr von Stadt zu Stadt wurde fast völlig eingestellt. Die berühmten Züge, die früher die Ost- und Westküste miteinander verbanden und mit denen die Canadian Pacific und Canadian National Railway Companies um Passagiere konkurrierten, verkehren nicht mehr. Mit VIA Rail, den von beiden Gesellschaften gemeinsam betriebenen Zügen, ist es aber immer noch möglich, dreimal pro Woche in zwei Tagen von Halifax nach Toronto und in vier weiteren Tagen von dort nach Vancouver zu reisen. An Pünktlichkeit, Bequemlichkeit und Gastronomie darf man keine westeuropäischen Maßstäbe anlegen.

Eine interessante und für kanadische Verhältnisse kurze Bahnlinie verbindet Winnipeg, Manitoba, mit dem Hafen Churchill an der Hudson Bay. Die Fahrt dauert einen Tag und zwei Nächte.

... mit dem Auto

Das Straßennetz ist dicht und in durchweg gutem Zustand, der Verkehr ist (außer in den Großstädten) geruhsam, das geeignete Gefährt für eine Kanada-Reise ist deshalb ein Leihwagen, besser noch ein Wohnmobil.

Eigentlich genügt ein europäischer Führerschein, aber ein zusätzlicher internationaler ist anzuraten, damit alle Ordnungshüter ihn entziffern können. Es wird rechts gefahren, die Verkehrszeichen und -ampeln haben die gleiche Bedeutung wie zu Hause, die Entfernungen werden in Kilometern angegeben. Die Höchstgeschwindigkeit selbst auf den besten autobahnähnlichen Super Highways (und nicht in allen Provinzen) liegt bei 120 km/h. Ungewohnt ist die Möglichkeit, auf doppelspurig markierten Fahrbahnen rechts zu überholen.

Mitglieder von Automobilklubs erhalten von der Canadian Automobile Association (CAA) unentgeltliche bzw. preisgünstige Pannenhilfe.

Es ist vorteilhaft, den Leihwagen – eventuell mit der nötigen Anzahl der für Kinder bis zum Alter von sechs Jahren vorgeschriebenen Kindersitze – mit dem Transatlantikflug zu buchen. Der Mietpreis ohne Kilometerbegrenzung und einschließlich der erforderlichen Versicherung ist dann günstiger als in Kanada. Über zusätzliche, von Vermieter zu Vermieter wechselnde und vor Ort zu zahlende Gebühren (etwa für freiwillige Zusatzversicherungen und Verbrauchsmaterial im Wohnmobil) gibt das Reisebüro Auskunft.

Auch die kanadische *Goods and Services Tax* (GST) und zusätzliche, von der jeweiligen Provinz erhobene Steuern sind vor Ort zu bezahlen. Da allein die Provinz Alberta keine eigene Steuer erhebt, lohnt es sich für Besuche in West-Kanada, Fahrzeuge in Calgary zu mieten. Zur Deckung der Kaution, welche die Gesamthöhe des Mietpreises erreichen kann, ist eine Kreditkarte dringend zu empfehlen. Für eine Jahresgebühr von C$ 25 kann man sich in allen Nationalparks beliebig lange aufhalten.

… mit dem Bus

Alle größeren Orte sind durch Buslinien miteinander verbunden. Das Reisen mit dem Bus ist nicht nur billig und bequem, sondern spart, da er immer im Stadtzentrum hält, auch Anfahrtskosten und Zeit. Greyhound bietet Pässe für 7 bis 60 Tage an.

… mit dem Flugzeug

In allen Teilen Kanadas sorgen nationale und regionale Fluglinien für die Verbindung zwischen Orten, die oft nur durch die Luft erreichbar sind. Im Verhältnis zum überseeischen ist aber der interne Flugverkehr sehr teuer. Es ist wahrscheinlich günstiger, alle in Kanada geplanten Flüge in Europa zu buchen.

Organisierte Touren

Wer nicht schon im Ursprungsland Touren gebucht hat, kann das an Ort und Stelle nachholen. Jedes Reisebüro und alle größeren Hotels vermitteln nicht nur Stadtrundfahrten, sondern auch Ausflüge etwa von Toronto zu den Niagara-Fällen oder von Calgary in den Banff National Park.

Essen und Trinken

Es gibt keine kulinarische Geschmacksrichtung, die man als ›kanadische Küche‹ bezeichnen könnte, doch hat jede Region ihre bemerkenswerten gastronomischen Besonderheiten. Am Atlantik sollte man sich die preiswerten Hummermahlzeiten nicht entgehen lassen. Typisch für Newfoundland ist *fish and brewis*, ein deftiges Gericht, in dem Klippfisch und Schiffszwieback die Hauptrolle spielen. Spezialitäten in New Brunswick sind *fiddleheads*, die jungen Schößlinge eines Farnkrauts, und die *poutines rapées* (Speckknödel auf Kartoffelbasis) der akadischen Küste. In Quebec findet man nicht nur die feinste französische Küche, sondern auch solch einfache frankokanadische Kost wie speckgewürzte Erbsensuppe und Fleischpasteten *(tourtières)*. In Ontario und in der Prärie ernten die Indianer wilden Reis, dessen lange, schwärzliche Körner eine schmackhafte Beigabe für Steaks und Fischgerichte bilden. Aus British Columbia ist der Lachs, das Hauptnahrungsmittel der Küstenstämme, nicht wegzudenken.

Selbstverständlich kann man sich überall in Schnellimbissen ernähren und findet in jeder größeren Stadt chinesische, italienische, deutsche, griechische und oft auch mexikanische und südostasiatische Restaurants. Alkoholika gibt es nur in Quebec in Lebensmittelgeschäften. Mit wenigen Ausnahmen behält sich in allen anderen Provinzen die Regierung den Verkauf von Bier, Wein und Spirituosen vor.

Unterkunft

Hotels, Motels, Bed & Breakfast

Das Angebot an Nachtquartieren ist groß, das Preisniveau ist etwa das gleiche wie in Westeuropa. Außer in den billigsten Unterkünften sind Badezimmer mit Wanne oder Dusche selbstverständlich. Wer an bestimmten Orten in bestimmten Hotels übernachten will, läßt das Zimmer am besten schon bei der Buchung der Reise reservieren. Zu beachten ist, daß die großen Hotels in Nordamerika meist im Geschäftszentrum liegen, während die Motels am Stadteingang an den Hauptstraßen aufgereiht sind. Die »TourBooks« der Canadian Automobile Association (CAA) geben Auskunft über Lage, Ausstattung und Preisspanne der empfohlenen Hotels und Motels.

Privathäuser mit Bed and Breakfast bieten die beste Gelegenheit, zwanglos Kontakt mit Kanadiern und Gästen aus aller Welt aufzunehmen. Gerda Pantels »Canadian Bed & Breakfast Guide« ist ein zuverlässiger, aktueller Ratgeber.

Camping

Städte und Straßen vermitteln nur einen sehr oberflächlichen Eindruck von Kanada, dessen Hauptreiz in seinen Wäldern und Bergen und an seinen Seen und Flüssen liegt. In Kanada ist eigentlich nur gewesen, wer einmal die Leidenschaft der Einheimischen für das Camping geteilt und mit einem Wohnmobil das Land erkundet hat.

Eine einmalige Gebühr von C$ 25 verschafft Zutritt zu allen Nationalparks. Nicht nur in den National- und Provinzparks, sondern im ganzen Land und selbst in den Außenbezirken der Städte, findet man Campingplätze aller Zivilisationsgrade von primitiv bis luxuriös. Auch hier geben die Führer (»CampBooks«) der Canadian Automobile Association detaillierte Auskunft.

Kultur und Unterhaltung

Museen

Fortress Louisbourg (Cape Breton Island, s. S. 83), Kings Landing (Fredericton, New Brunswick, s. S. 122), Upper Canada Village (Morrisburg, Ontario, s. S. 218), Sainte-Marie among the Hurons (Midland, Ontario, s. S. 228), Old Fort William (Thunder Bay, Ontario, s. S. 240), Fort Steele (Cranbrook, British Columbia, s. S. 354) und Barkerville (British Columbia,

s. S. 345) gehören zu den schönsten historischen Museumsdörfern.

Museen von Weltruf sind das Royal Ontario Museum (ROM) in Toronto (s. S. 212), das Canadian Museum of Civilization in Ottawa/Hull (s. S. 203), das Royal Tyrell Museum of Paleontology in Drumheller (Alberta, s. S. 288) und das Museum of Anthropology in Vancouver (British Columbia, s. S. 312).

Zur Einführung in die Natur- und Menschheitsgeschichte der einzelnen Provinzen können alle in den Hauptstädten gelegenen Provincial Museums empfohlen werden. Unter ihnen ist das Royal British Columbia Museum in Victoria (s. S. 334) hervorzuheben.

Die folgenden Museen sind von eher regionalem und speziellem Interesse: Maritime Museum of the Atlantic (Halifax, s. S. 73), Fisheries Museum of the Atlantic (Lunenburg, Nova Scotia, s. S. 80), Eskimo Museum (Churchill, Manitoba, s. S. 264), Royal Canadian Mounted Police Museum (Regina, Saskatchewan, s. S. 265), Glenbow Museum (Calgary, Alberta, s. S. 283).

Galerien

In der National Gallery of Canada in Ottawa (s. S. 201) findet man neben zahlreichen bedeutenden europäischen und amerikanischen Werken die umfassendste Ausstellung kanadischer Künstler. Ganz auf kanadische Gemälde, insbesondere die von Tom Thomson und der Group of Seven, ist die McMichael Canadian Collection in Kleinburg, Ontario, spezialisiert (s. S. 212).

Für die bemalten Häuserfronten und Totempfähle des indianischen Kulturkreises der Westküste ist nur in wenigen Museumshallen ausreichend Platz. Größere Sammlungen dieser monumentalen Kulturdenkmäler findet man unter freiem Himmel, etwa im Stanley Park, im Gelände der University of British Columbia in Vancouver (s. S. 323) sowie im Thunderbird Park in Victoria (s. S. 334).

Musik und Theater

Unter den in allen Großstädten von Halifax bis Vancouver unterhaltenen Symphonieorchestern genießen die von Ottawa (National Arts Centre), Toronto und Montreal internationalen Ruf. Auch das National Ballet of Canada und das Royal Winnipeg Ballet sind weit über die Landesgrenzen hinaus bekannt. In Stratford und Niagara-on-the-Lake in Ontario finden allsommerlich Festspiele statt, in deren Spielplänen Shakespeare bzw. Shaw dominieren und die stets mit namhaften Schauspielern aus der englischsprechenden Welt besetzt sind.

Praktische Informationen von A bis Z

Abkürzungen (p = postalisch)

a.m.	Uhrzeit von Mitternacht bis 12 Uhr *(ante meridiem)*
AB (p), Alta.	Alberta
AC	Wechselstrom *(alternating current)*
B & B	Bed & Breakfast
BC (p), B.C.	British Columbia
CBC	Canadian Broadcasting Corporation
CNR	Canadian National Railway
CPR	Canadian Pacific Railway
HBC	Hudson's Bay Company
Hwy	Highway
ID	Personalausweis *(identity card)*
MB (p), Man.	Manitoba
NB (p), N. B.	New Brunswick
NF (p), Nfld.	Newfoundland
NS, N.S.	Nova Scotia
NT (p), N.W.T.	Northwest Territories
ON (p), Ont.	Ontario
PE (p), P.E.I.	Prince Edward Island
p.m.	Uhrzeit von 12 Uhr bis Mitternacht *(post meridiem)*
P.O.	Post Office
PQ (p), Que.	Quebec
RCMP	Royal Canadian Mounted Police
RV	*recreational vehicle* – Wohnmobil
SK (p), Sask.	Saskatchewan
YT (p), Y.T.	Yukon Territory

Ärztliche Versorgung

Kanada verfügt über ein erstklassiges Gesundheitswesen. Alle Hospitäler und viele private *medical centres* erteilen ärztliche Nothilfe, die aber nur für Ansässige unentgeltlich ist. Der Abschluß einer entsprechenden Krankenversicherung vor Reiseantritt ist anzuraten.

Alkohol

Die Provinzregierungen kontrollieren den Alkoholkonsum mit eigenen Vertriebsstellen *(liquor stores)* und Ausschanklizenzen. Nur in Quebec sind Spirituosen in Lebensmittelgeschäften erhältlich. Der Verkauf an Jugendliche unter dem jeweiligen *drinking age* (18 oder 19 Jahre) ist nicht gestattet. Alkoholische Getränke dürfen außer in Restaurants nur im eigenen Wohn- bzw. Campingbereich, verzehrt werden. Autofahren unter dem Einfluß von Alkohol wird streng geahndet. Der zulässige Blutalkoholspiegel ist 0,08 Promille.

Apotheken

Apotheken als solche gibt es nicht. Rezeptpflichtige Arzneien werden in Drug Stores an besonderen Ladentischen *(Pharmacies, prescription counters)* abgegeben.

Auskunft

An den Stationen aller öffentlichen Verkehrsmittel gibt es Auskunftsbüros oder Informationsschalter. Die für den Fremdenverkehr verantwortlichen Ministerien aller Provinzen unterhalten an den Grenzübergängen Information Centres mit meist englisch- und französischsprachigem Personal und einer Fülle von informativen Reisebroschüren. Die Canadian Automobile Association hat in jeder größeren Stadt eine Zweigstelle.

Diplomatische Vertretungen und Konsulate

... von Deutschland:
Embassy of the Federal Republic of Germany, 275 Slater St., Ottawa, ON K1P 5H9
✆ 613-232-1101

... von Österreich:
Austrian Embassy, 445 Wilbrod St., Ottawa, ON K1N 6M7
✆ 613-563-1444

... der Schweiz:
Embassy of Switzerland, 5 Marlborough Ave., Ottawa, ON K1N 8E6
✆ 613-235-1837

In vielen größeren Städten gibt es deutsche, österreichische oder schweizer Konsulate, die man um Rat fragen kann; Rufnummern und Anschriften der jeweiligen diplomatischen Vertretungen sind auf den Gelben Seiten *(yellow pages)* der Telefonbücher unter »Consulates« verzeichnet.

Elektrizität

Die Stromspannung beträgt 110 V, die Steckdosen sind für Blattstecker eingerichtet. Es hat also nur Sinn, umstellbare Geräte mit geeigneten Zwischensteckern mitzunehmen.

Feiertage

1. 1.	New Year's Day
Karfreitag	Good Friday
Ostermontag	Easter Monday (Geschäfte offen)
24. 5.	Victoria Day, gefeiert am letzten Montag vor dem 25. 5.
1. 7.	Canada Day (außer in Quebec)
Erster Montag im September	Labour Day
Zweiter Montag im Oktober	Thanksgiving
11. 11.	Remembrance Day
25. 12.	Christmas Day
26. 12.	Boxing Day (Geschäfte offen)

Festspiele

In allen Provinzen werden jedes Jahr unterhaltsame Treffen, Ausstellungen und Festivals abgehalten. Besonders anziehend in jeder Beziehung sind die folgenden:

- Nova Scotia Tattoo (Juli), Halifax, Nova Scotia
- Highland Games (Juli), Antigonish, Nova Scotia

- Gaelic Mod (August), South Gut St. Ann's, Nova Scotia
- Lobster Festival (Juli), Shediac, New Brunswick
- Acadian Festival (August), Caraquet, New Brunswick
- Festival Orford (Musik, Juli/August), Mount Orford, Quebec
- International Jazz Festival (Juli), Montreal
- Canadian National Exhibition (August/September), Toronto
- Oktoberfest (Oktober), Kitchener, Ontario
- Shaw Festival (Sommer), Niagara-on-the-Lake, Ontario
- Shakespeare Festival (Sommer), Stratford, Ontario
- Calgary Exhibiton & Stampede (Juli), Calgary, Alberta
- Klondike Days (Juli), Edmonton, Alberta
- Sea Festival (Juli) mit Badewannenregatta Nanaimo-Vancouver
- All Sooke Days (Holzfällerspiele, Juli), Sooke, Vancouver Island, British Columbia
- Swiftsure Segelregatta (Mai), Victoria, British Columbia

Im Februar geht es in Quebec City beim Winter Carneval und in Ottawa beim Winterlude hoch her.

Geld und Geldwechsel

Der Wert des kanadischen Dollars (C$) gegenüber anderen Währungen schwankt mit dem Tageskurs. Ein C$ hat 100 Cents. Es gibt Münzen im Wert von 1 Cent *(penny)*, 5 Cents *(nickel)*, 10 Cents *(dime)*, 25 Cents *(quarter)* und 1 Dollar *(loonie,* nach dem darauf abgebildeten Vogel). Die gängigsten Banknoten sind 2, 5, 10, 20, 50 und 100 Dollar wert. Traveller Cheques (kanadische oder amerikanische Dollar) werden überall angenommen und von Geldinstituten zum Nennwert eingetauscht.

Kreditkarten, vor allem American Express, VISA und MasterCard, sind weit gebräuchlicher als in Europa. In vielen Fällen, zum Beispiel bei der Hinterlegung der Kaution beim Autoverleih, erleichtern sie den Geschäftsverkehr erheblich.

Maße, Gewichte und Temperaturen

Kanada mißt seit 1971 offiziell nach dem SI *(Système international d'unités),* also metrisch. Die alten britischen *(imperial)* Einheiten sind aber hier und da noch gebräuchlich.

mile	Meile – 1609 m
yard	Yard – 0,91 m
foot	Fuß – 0,305 m
inch	Zoll – 2,54 cm
pound	Pfund – 454 g
Fahrenheit	Grad Fahrenheit; Umrechnung in Grad Celsius: °F – 32 : 1,8

National- und Provinzparks

Algonquin P.P., Ontario, Wälder, Seen, Kanurouten, s. S. 222
Anchorage P.P., New Brunswick, s. S. 126
Arches P.P., Newfoundland, s. S. 103

Auyuittuq N.P., Northwest Territories, Fjorde am Polarkreis, s. S. 363

Banff N.P., Alberta, ältester Nationalpark in Kanada, s. S. 296

Blow Me Down P.P., Newfoundland, s. S. 104

Bowron Lake P.P., British Columbia, Kanurouten, s. S. 345

Bridal Veil P.P., British Columbia, s. S. 328

Bruce Peninsula N.P., Ontario, mit Unterwasserpark im Lake Huron, s. S. 223

Cape Breton Highlands N.P., Nova Scotia, Hochplateau und Steilküste, s. S. 87

Craigleith P.P., Ontario, s. S. 223

Dinosaur P.P., Alberta, Badlands mit Dinosaurierresten, s. S. 288

Forillon N.P., Quebec, s. S. 164

Fundy N.P., New Brunswick, höchster Tidenhub der Welt, s. S. 114

Glacier N.P., British Columbia, Gletscher, Wildwasser, Grizzlybären, s. S. 351

Green Park P.P., Prince Edward Island, s. S. 110

Gros Morne N.P., Newfoundland, Fjordlandschaft, s. S. 101

Jasper N.P., Alberta, alpin, ausgedehnte Gletscherfelder, s. S. 301

Kejimkujik N.P., Nova Scotia, Flüsse und Seen mit Kanurouten, s. S. 79

Killarney P.P., Ontario, s. S. 225

Kluane N.P., Yukon Territory, s. S. 367

Kootenay N.P., British Columbia, Canyons, heiße Quellen, s. S. 307

Kouchibouguac N.P., New Brunswick, Strand, Dünen, Lagunen, s. S. 117

Lake of the Woods P.P., Ontario, s. S. 241

Lake Superior P.P., Ontario, malerische Uferlandschaft, s. S. 237

Moose Mountain P.P., Saskatchewan, s. S. 267

Mount Revelstoke N.P., British Columbia, Regenwald, alpine Flora, s. S. 351

Muncho Lake P.P., British Columbia, s. S. 365

Nahanni N.P., Northwest Territories, heiße Quellen, Wildwasser, Canyons, s. S. 363

Pacific Rim N.P., British Columbia, Regenwald, Schären, Strand, s. S. 335

Parlee Beach P.P., New Brunswick, s. S. 117

Petroglyphs P.P., Ontario, Steinzeichnungen der Ojibwa, s. S. 222

Point Pelee N.P., Ontario, Marsch, Strand, Vogelschutz, s. S. 230

Prince Albert N.P., Saskatchewan, Wald, Seen, Rentiere, Bisons, Pelikane, s. S. 274

Prince Edward Island N.P., Prince Edward Island, Strand, Dünen, s. S. 109

Pukaskwa N.P., Ontario, Strand, Kanurouten am Lake Superior, s. S. 238

Quetico P.P., Ontario, einsame Seen mit Kanurouten, prähistorische Felsmalerei, s. S. 241

Riding Mountain N.P., Manitoba, Wölfe, Elche, Schwarzbären, s. S. 261

Rocks P.P., New Brunswick, malerische Erosionsformen an der Fundy-Küste, s. S. 128

Roderick Haig-Brown P.P., British Columbia, Lachslaichstätte, s. S. 348

Samuel de Champlain P.P., Ontario, *portage,* Exponate zur Geschichte des Pelzhandels, s. S. 234

Shuswap Lake P.P., British Columbia, s. S. 348

Sleeping Giant P.P., Ontario, s. S. 240

St. Lawrence Islands N.P., Ontario, nur mit Kanus zugängliche Inseln im St. Lorenz, s. S. 216

Stone Mountain P.P., British Columbia, s. S. 364

Terra Nova N.P., Newfoundland, Sümpfe, Seen, Küste, s. S. 100

Valhalla P.P., British Columbia, s. S. 357

Wasaga Beach P.P., Ontario, s. S. 228

Waterton Lakes N.P., Alberta, alpine Seen und Berge am Rand der Prärie, s. S. 312

Whiteshell P.P., Manitoba, Wälder, Seen, Kanurouten am Rand des Kanadischen Schildes, s. S. 256
Wood Buffalo N.P., Alberta/Northwest Territories, große Bisonherden, s. S. 363
Writing-On-Stone P.P., Alberta, indianische Steinzeichnungen, s. S. 287
Yoho N.P., British Columbia, alpin, Eisfelder, Wasserfälle, s. S. 311

Notfälle

In Notfällen kann man an jedem Telefon ✆ 0 wählen und sich mit Polizei und Rettungsdiensten verbinden lassen. Eine noch schnellere Reaktion bekommt man an vielen Orten mit der ebenfalls kostenlosen Notrufnummer ✆ 911.

Öffnungszeiten

Die Öffnungszeiten von Geschäften, öffentlichen Gebäuden und Museen sind in jedem Zuständigkeitsbereich anders und müssen vor Ort erfragt werden. Im Vergleich mit Europa sind Privatunternehmen im allgemeinen länger und ohne Mittagspause geöffnet, in manchen Städten sogar sonntags. Postämter halten sich meist an die Öffnungszeiten der Drug Stores, in denen sie gelegen sind. Jede Bankzweigstelle hat eigene, beschränkte, vom lokalen Geschäftsverkehr abhängige Öffnungszeiten.

Post

Canada Post, eine halbstaatliche Crown Corporation, läßt in puncto Schnelligkeit, Pünktlichkeit und Zuverlässigkeit mehr zu wünschen übrig als westeuropäische Postdienste. Einschreiben *(Registered Mail)* werden besonders langsam befördert. Jede Stadt hat mindestens ein Postamt, auch Zweigstellen in größeren Drug Stores nehmen Briefe und Pakete an und verkaufen Marken. Canada Post hat mit dem Fernmeldewesen nichts zu tun (vgl. S. 390).

Jeder Zustellbereich in Kanada hat einen der Postleitzahl entsprechenden, aus Buchstaben und Zahlen bestehenden sechsstelligen *Postal Code.* Er erscheint hinter bzw. unter Ortsnamen und Provinzkürzel, zum Beispiel: Calgary AB T3L 1N5

Preisniveau

Das meiste, was Urlauber brauchen und zollfrei mit nach Hause nehmen dürfen, ist in Kanada preiswerter als in Westeuropa. Das trifft besonders dann zu, wenn man in großen Kaufhäusern und Supermarkets einkauft, die das ganze Jahr über Sonderangebote anbieten.

Einfache Mahlzeiten sind in den vielen, heftig miteinander konkurrierenden Schnellimbiß-Unternehmen für ein paar Dollar zu haben, aber auch Restaurants sind im allgemeinen etwas billiger als zu Hause. Zu beachten ist, daß Steuern und Bedienungsgeld in den auf der Speisekarte angegebenen Preisen nicht enthalten sind.

Radio und Fernsehen

Die Canadian Broadcasting Corporation (CBC), die einzige Einrichtung, welche die weiten menschenleeren Räume dieses Landes überbrücken kann, ist die kanadische kulturelle Institution schlechthin. Ihr Klang ist es, der Reisende wie Einheimische in der jeweils vorherrschenden Landessprache und ohne kommerzielle Unterbrechung von Küste zu Küste begleitet und im Geist vereint. Was dagegen – mit Reklame – auf ihrem Bildschirm erscheint, hebt die CBC nur wenig über das allgemeine nordamerikanische Fernsehniveau hinaus. Es sei denn, das Programm schlösse Kurz- und Dokumentarfilme des National Film Board ein, das man als die zweitwichtigste kulturelle Institution in Kanada bezeichnen kann.

Kanada wird von zahlreichen Radio- und Fernsehstationen bedient, von denen viele rund um die Uhr senden. Nur in entlegenen Gebieten fehlen die entsprechenden Empfangsgeräte in den Hotel- und Motelzimmern.

Sicherheit

Kanada ist eines der sichersten Länder der Welt. Nur in Montreal, Toronto und Vancouver sollte man vor Taschendieben auf der Hut sein und nachts unbeleuchtete Parks und Straßen vermeiden. Im übrigen kommt man damit aus, niemanden in Versuchung zu führen. Autos dürfen nie unverschlossen geparkt werden, und Wertgegenstände sollten dem Blick entzogen sein.

Sport

Der Nationalsport ist *hockey,* worunter man Eishockey versteht. Der beliebteste Sommersport ist Baseball mit den Abarten Fastball und Softball. Als Zuschauersport ist auch Football beliebt, sowohl nach amerikanischen wie kanadischen Regeln. Als Schulsport für Jungen und Mädchen beginnt sich *soccer*, das europäische Fußballspiel, durchzusetzen. In Metropolen wie Toronto und Vancouver gibt es auch Fußballklubs nach europäischem Muster. Wenn von *sportsmen* gesprochen wird, sind Sportangler gemeint.

Sprache

Kanada hat zwei offizielle Landessprachen, von denen Englisch die weiter verbreitete ist. In Quebec und in einigen Teilen von New Brunswick und Nova Scotia wird vorwiegend, zum Teil nur Französisch gesprochen. Alle Provinzen haben von jeher viele Einwanderer aus Deutschland, Österreich und der Schweiz aufgenommen, so daß Reisende aus diesen Ländern nicht selten in ihrer Muttersprache Rat einholen können.

Steuern

Die im ganzen Land erhobene *Goods and Services Tax* von 7 % ist eine Art Mehrwertsteuer, die im allgemeinen in den angegebenen Verkaufspreisen nicht enthalten ist. Zusätzlich erheben alle Provinzen bis auf Alberta unter verschiedenen Namen Steuern auf Verbrauchsgüter.

Telefon und Telefax

Das Fernmeldenetz, das mit Canada Post nichts zu tun hat, ist gut und preiswert.

Beliebig lange Ortsgespräche kosten 25 Cents. Telefonnummern sind siebenstellig, bei Ferngesprächen in andere Provinzen beziehungsweise *areas* ist ✆ 1 und ein dreistelliger *area code* vorzuwählen. Vorwahlnummern für Deutschland ✆ 011-49, Österreich ✆ 011-43, die Schweiz ✆ 011-41. Bei Gesprächen mit Europa sollte man die Zeitdifferenz berücksichtigen.

Selbstgewählte oder vom *operator* (über ✆ 0) vermittelte Ferngespräche werden nach Minutendauer berechnet, am Münzfernspecher *(pay phone)* hält man daher am besten eine Handvoll *quarters* bereit. Neben direkten Ferngesprächen *(station-to-station calls)* vermitteln *operators* auch Überseegespräche *(overseas calls)*, R-Gespräche *(collect calls)* und Voranmeldungen *(person-to-person calls)*. Auskünfte von einigen Regierungsstellen, Transportbetrieben und Hotel- und Motelketten kann man mit der kostenlosen Vorwahlnummer ✆ 800 bekommen.

Trinkgeld

Je nach Bedienung zahlt man im Restaurant ein nicht in der Rechnung enthaltenes Trinkgeld von 10 bis 20%, im Durchschnitt also 15%, auf den Preis (ohne Steuern). Taxifahrer sind im allgemeinen zufrieden, wenn man auf den nächsten Dollar aufrundet. Für Gepäckträger und Hotelpagen sind je nach Entfernung 50 Cents bis 1 Dollar pro Stück angemessen.

Zeitungen und Zeitschriften

Im Durchschnitt stehen die kanadischen Tageszeitungen auf einem niedrigeren, und die illustrierten Wochenzeitschriften auf einem höheren Niveau als ihre europäischen Gegenstücke. Die beste Tageszeitung und die einzige, die im ganzen Land gelesen wird, ist die »Globe and Mail«. »Maclean's« ist das nationale Wochenmagazin.

Zeitzonen

Kanada erstreckt sich über sieben Zeitzonen: Yukon West, Pacific, Mountain, Central, Eastern, Atlantic und Newfoundland. Deren Grenzen fallen nur selten mit Provinzgrenzen zusammen, Mountain Time gilt zum Beispiel nicht nur in Alberta, sondern auch in der Südost- und Nordostecke von British Columbia und in West-Saskatchewan. Newfoundland Time unterscheidet sich nur um 30 Minuten von der Atlantic Time. In allen Provinzen außer Saskatchewan wird die Uhr am ersten Sonntag im April um eine Stunde auf Daylight Saving Time vor-, und am letzten Sonntag im Oktober wieder auf Standard Time zurückgestellt (Merkspruch: *spring forward, fall back*).

Bitte schreiben Sie uns, wenn sich etwas geändert hat!

Alle in diesem Buch enthaltenen Angaben wurden von dem Autor nach bestem Wissen erstellt und von ihm und dem Verlag mit größtmöglicher Sorgfalt überprüft. Gleichwohl sind – wie wir im Sinne des Produkthaftungsrechts betonen müssen – inhaltliche Fehler nicht vollständig auszuschließen. Daher erfolgen die Angaben ohne jegliche Verpflichtung oder Garantie des Verlags oder des Autors. Beide übernehmen keinerlei Verantwortung und Haftung für etwaige inhaltliche Unstimmigkeiten. Wir bitten daher um Verständnis und werden Korrekturhinweise gerne aufgreifen: DuMont Buchverlag, Postfach 10 10 45, 50450 Köln.

Personenregister

Orts- und Sachregister

Um die Zuordnung zu den einzelnen Provinzen zu erleichtern, wurden die Nennungen mit folgenden Kürzeln versehen: Alberta (Alta), British Columbia (BC), Manitoba (Man), New Brunswick (NB), Newfoundland (Nfld), Nova Scotia (NS), Northwest Territories (NWT), Ontario (Ont), Prince Edward Island (PEI), Quebec (Que), Saskatchewan (Sask) und Yukon Territory (YT)

Chicago & die Großen Seen

Von Manfred Braunger. 264 Seiten mit 74 farbigen und 29 einfarbigen Abbildungen, 193 Karten und Plänen, 16 Seiten praktischen Reisehinweisen, Register und Klappenkarten, kartoniert (DuMont Reise-Taschenbücher, Band 2063)

Chicago, die 3 Millionen-Stadt am Lake Michigan, ist ein Mekka für Architketur-Enthusiasten. Die Region der Großen Seen hat noch weitere Metropolen zu bieten, wie etwa die Zwillingsstädte Minneapolis und St. Paul, die Autohochburg Detroit oder die Bierkapitale Wilwaukee. Die Routen durch den mittleren Westen der USA führen zu riesigen Sanddünen und historischen Forts und folgen den Spuren von Indianern und Pelzhändlern. Landschaftlicher Höhepunkt sind die Niagara-Fälle.

»Knapp, aber ungemein präzise werden hier die wichtigsten Informationen zur Vorbereitung der Reise, zu deren Durchführung und viel Wissenswertes mehr aufgelistet. Wir sind restlos begeistert.« *Sport und Verkehr*

Boston und Neu-England

Von Onno Reiners. 270 Seiten mit 11 farbigen und 73 einfarbigen Abbildungen, 19 Karten und Plänen, 31 Seiten praktischen Reisehinweisen, Register und Klappenkarten, kartoniert (DuMont Reise-Taschenbücher, Band 2046)

»Boston und Neu-England heißt ein DuMont Reise-Taschenbuch, welches in recht detaillierten Orts- und Routenbeschreibungen in das Gebiet zwischen den US-Bundesstaaten Connecticut und Maine führt. Besonders eingehend wird die Großstadt Boston behandelt, deren Sehenswürdigkeiten in insgesamt acht Erkundungsgängen vorgestellt werden. Die weiteren Kapitel enthalten Vorschläge für Tagesausflüge – wie etwa in das durch seine berüchtigten ›Hexenprozesse‹ zu einiger Berühmtheit gelangte Salem – und mehrtägige Kurztrips zu entlegenen Zielen. Zu diesen Zielen gehören auch die landschaftlich besonders schönen Gegenden, in denen alljährlich das beeindruckende Naturschauspiel des ›Indian Summer‹ zu bewundern ist. Zahlreiche Karten und Fotografien sowie ein nach Stichworten geordnetes Brevier mit praktischen Reiseinformationen vervollständigen den Band.«

Ti - Geschäftsreise

DuMont Kunst-Reiseführer

- Ägypten und Sinai
- Albanien
- Belgien
- Die Ardennen
- Bhutan
- Brasilien

Bundesrepublik Deutschland
- Aachen
- Das Allgäu
- Das Altmühltal
- Bayerisch Schwaben
- Das Berchtesgadener Land
- Das Bergische Land
- Bodensee und Oberschwaben
- Brandenburg
- Bremen, Bremerhaven und das nördliche Niedersachsen
- Der Chiemgau
- Dresden
- Düsseldorf
- Die Eifel
- Franken
- Hamburg
- Hannover und das südliche Niedersachsen
- Harz
- Hessen
- Nördliches Hessen
- Hunsrück und Naheland
- Köln
- Kölns romanische Kirchen
- Mecklenburg-Vorpommern
- Die Mosel
- Münster und das Münsterland
- Zwischen Neckar und Donau
- Der Niederrhein
- Oberpfalz, Bayerischer Wald, Niederbayern
- Osnabrück, Oldenburg und das westliche Niedersachsen
- Ostfriesland
- Die Pfalz
- Potsdam
- Der Rhein von Mainz bis Köln
- Rheinhessen
- Das Ruhrgebiet
- Saarland
- Sachsen
- Sachsen-Anhalt
- Sauerland
- Schleswig-Holstein
- Der Schwarzwald und das Oberrheinland
- Sylt, Helgoland, Amrum, Föhr
- Thüringen
- Östliches Westfalen
- Volksrepublik China
- Dänemark
- Die Färöer

Frankreich
- Auvergne und Zentralmassiv
- Die Bretagne
- Burgund
- Côte d'Azur
- Dauphiné und Haute Provence
- Das Elsaß
- Frankreich für Pferdefreunde
- Frankreichs gotische Kathedralen
- Romanische Kunst in Frankreich
- Korsika
- Languedoc – Roussillon
- Das Limousin
- Das Tal der Loire
- Lothringen
- Die Normandie
- Paris und die Ile de France
- Périgord und Atlantikküste
- Das Poitou
- Die Provence
- Savoyen

Griechenland
- Athen
- Die griechischen Inseln
- Tempel und Stätten der Götter Griechenlands
- Korfu
- Kreta
- Peloponnes
- Grönland

Großbritannien
- Die Kanalinseln und die Insel Wight
- London
- Die Orkney- und Shetland-Inseln
- Ostengland
- Schottland
- Süd-England
- Wales
- Guatemala

GUS u. a. ehem. Sowjetrep.
- Moskau und St. Petersburg (Sommer '94)
- Sowjetischer Orient
- Holland
- Indien
- Ladakh und Zanskar
- Indonesien
- Bali
- Irland
- Island

Israel
- Das Heilige Land

Italien
- Die Abruzzen
- Apulien
- Elba
- Emilia-Romagna
- Das etruskische Italien
- Florenz
- Friaul und Triest
- Gardasee, Verona, Trentino
- Latium
- Lombardei und Oberitalienische Seen
- Die Marken
- Der Golf von Neapel
- Piemont und Aosta-Tal
- Die italienische Riviera
- Rom – Ein Reisebegleiter
- Rom in 1000 Bildern
- Sardinien
- Sizilien
- Südtirol
- Toscana
- Die ländliche Toscana
- Die Villen der Toscana und ihre Gärten
- Umbrien
- Venedig
- Das Veneto
- Die Villen im Veneto
- Japan
- Der Jemen
- Jordanien
- Kanada
- Karibische Inseln
- Kenya
- Luxemburg
- Malaysia und Singapur
- Malta und Gozo
- Marokko
- Mexiko
- Mexico auf neuen Wegen
- Namibia und Botswana
- Nepal
- Norwegen

Österreich
- Burgenland
- Salzburg, Salzkammergut, Oberösterreich
- Tirol
- Vorarlberg und Liechtenstein
- Wien
- Pakistan
- Polen
- Schlesien
- Portugal
- Madeira
- Rumänien
- Die Sahara
- Sahel: Senegal, Mauretanien, Mali, Niger
- Schweden
- Gotland
- Die Schweiz
- Graubünden
- Tessin
- Das Wallis

Spanien
- Die Kanarischen Inseln
- Katalonien
- Der Prado in Madrid
- Mallorca – Menorca
- Nordwestspanien
- Spaniens Südosten – Die Levante
- Sudan
- Südamerika
- Südkorea
- Die Südsee
- Syrien
- Thailand und Burma
- Tibet
- Tschechische Republik
- Prag
- Tschechoslowakei

Türkei
- Istanbul
- Ost-Türkei
- Ungarn
- USA – Der Südosten
- USA – Der Südwesten
- Vietnam
- Zimbabwe
- Zypern

»Richtig reisen« / »Richtig wandern«

- Ägypten
- Kairo
- Sinai und Rotes Meer
- Arabische Halbinsel
- Australien
- Bahamas
- Belgien und Luxemburg
- Belgien mit dem Rad

Bundesrepublik Deutschland

- »Richtig wandern«: Allgäuer und Ammergauer Alpen
- Berlin
- Richtig wandern«: Bodensee und Oberschwaben (Frühjahr '94)
- Deutsche Ostseeküste
- Richtig wandern«: Eifel (Frühjahr '94)
- »Richtig wandern«: Franken
- München
- »Richtig wandern«: Ostfriesland
- »Richtig wandern«: Sächsische Schweiz
- »Richtig wandern«: Thüringer Wald
- China
- Cuba
- Dänemark
- Bornholm
- Finnland

Frankreich

- »Richtig wandern«: Bretagne
- »Richtig wandern«: Burgund
- »Richtig wandern«: Cevennen und Languedoc
- Elsaß
- Korsika
- »Richtig wandern«: Korsika
- Languedoc und Roussillon
- Paris
- »Richtig wandern«: Provence
- »Richtig wandern«: Pyrenäen
- Griechenland
- Die griechischen Inseln
- Kreta
- »Richtig wandern«: Kykladen
- »Richtig wandern«: Nordgriechenland
- »Richtig wandern«: Peloponnes
- »Richtig wandern«: Rhodos

Großbritannien

- London
- Nord- und Mittelengland
- »Richtig wandern«: Nord-England
- »Richtig wandern«: Schottland
- »Richtig wandern«: Englands Süden
- Süd-England
- Guadeloupe – Martinique
- Holland
- Amsterdam
- Hongkong mit Macau und Kanton

Indien

- Nord-Indien
- Süd-Indien
- Indonesien
- Irland
- »Richtig wandern«: Island
- Italien
- Friaul – Triest – Venetien
- Ischia, Capri, Procida
- Neapel
- Mittelitalien (Frühjahr '94)
- Oberitalien
- Rom
- Sardinien
- »Richtig wandern«: Sardinien
- Sizilien
- Süditalien
- »Richtig wandern«: Südtirol
- Toscana
- »Richtig wandern«: Toscana und Latium
- Venedig
- Jamaica
- Kanada und Alaska
- Ost-Kanada
- Lappland (Frühjahr '94)
- »Richtig wandern«: Lappland

Luxemburg

- Belgien und Luxemburg
- Madagaskar – Komoren
- Malediven
- Marokko
- Mauritius
- Mexiko
- Nepal
- Neuseeland
- »Richtig wandern«: Neuseeland
- Norwegen

Österreich

- Graz und die Steiermark
- »Richtig wandern«: Kärnten (Frühjahr '94)
- »Richtig wandern«: Tirol
- Wien
- Ostafrika
- Philippinen
- Portugal
- Azoren
- Prag
- Réunion
- Schweden
- Seychellen
- Spanien
- Andalusien
- »Richtig wandern«: Andalusien
- Barcelona
- Extremadura
- Gran Canaria
- Ibiza/Formentera
- »Richtig wandern«: Der spanische Jakobsweg
- Katalonien
- Lanzarote
- »Richtig wandern«: La Palma, La Gomera, El Hierro
- Madrid und Kastilien
- »Richtig wandern«: Mallorca
- »Richtig wandern«: Der Osten Spaniens
- »Richtig wandern«: Pyrenäen
- Teneriffa

Südamerika

- Argentinien – Chile – Paraguay – Uruguay
- Peru und Bolivien
- Venezuela, Kolumbien und Ecuador
- Thailand
- Türkei
- Istanbul
- Tunesien

Ungarn

- Budapest

USA

- Florida
- Hawaii und Südsee
- Kalifornien
- Los Angeles
- Neu-England
- Südwesten – USA
- Texas
- USA – Der Westen
- Washington D.C.
- Zentralamerika
- Zypern

DuMont Reise-Taschenbücher

- **Ägypten** Die klassische Nilreise Von Hans-Günter Semsek (Band 2001)
- **Algarve** Von Jochen Heuer (Band 2041)
- **Amazonien** Von Hans Otzen (Band 2033)
- **Andalusien** Von Maria Anna Hälker (Band 2030)
- **Apulien** Von Birgid Hanke (Band 2019)
- **Azoren** Von Rolf Osang und Jessica Leslie (Band 2086) Frühjahr 1994
- **Bahia (Brasilien)** Von Petra Schaeber und Alexander Busch (Band 2071)
- **Bali** Java – Lombok. Von Roland Dusik (Band 2002)
- **Bangkok und Südthailand** Von Rainer Krack (Band 2003)
- **Belgien** Von Ferdinand Dupuis-Panther (Band 2068)
- **Berlin** Von Petra Dubilski (Band 2022)
- **Böhmerwald und Böhmische Bäder** Von Stefan Fröhling und Andreas Reuß (Band 2085) Frühjahr 1994
- **Bordeaux** Von Jörg Zipprick (Band 2065)
- **Boston und Neu-England** Von Onno Reiners (Band 2046)
- **Bretagne** Von Uwe Anhäuser (Band 2027)
- **Budapest** Von Peter H. Jamin und Niklas Stiller (Band 2054)
- **Bulgarien** Von Helmuth Weiß (Band 2066)
- **Burgund** Von Norbert Lewandowski (Band 2031)
- **Champagne** Von Uwe Anhäuser (Band 2053)
- **Chicago & die Großen Seen** Von Manfred Braunger (Band 2063)
- **Côte d'Azur** Von Britta Sandberg (Band 2018)
- **Djerba und Südtunesien** Von Hans-Joachim Aubert (Band 2004)
- **Dominikanische Republik** Von Ulrich Fleischmann (Band 2034)
- **Dresden und die Sächsische Schweiz** Von Ulrike Kraus und Enno Wiese (Band 2084) Frühjahr 1994
- **Elba** Von Eva Gründel und Heinz Tomek (Band 2080)
- **Elsaß** Von Manfred Braunger (Band 2051)
- **Florenz** Von Christoph Hennig (Band 2059)
- **Florida** Von Inga und Günter Zwingelberg (Band 2042)
- **Frankfurt am Main** Von Kristiane Müller-Urban (Band 2075)
- **Goa** Von Alexandra Ardeleanu-Jansen (Band 2044)
- **Gomera** Von Petra Nau (Band 2076)
- **Hamburg** Von Ulrike Krause und Enno Wiese (Band 2035)
- **Heidelberg und die Bergstraße mit Darmstadt** Von Gabriele M. Knoll (Band 2083) Frühjahr 1994
- **Holland** Von Siggi Weidemann (Band 2032)
- **Ibiza und Formentera** Von Gottfried Aigner (Band 2069)
- **Irland** Von Susanne Tschirner (Band 2016)
- **Island** Von Sabine Barth (Band 2064)
- **Istanbul** Von Andrea Gorys (Band 2081)
- **Kärnten** Von Robert Gratzer (Band 2045)
- **Kanalinseln** Von Petra Juling (Band 2088) Frühjahr 1994
- **Kapverdische Inseln** Von Rolf Osang (Band 2029)
- **Korfu und die Ionischen Inseln** Von Klaus Bötig (Band 2017)
- **Kreta** Von Andreas Schneider (Band 2037)
- **Kykladen** Von Beo Scharfenberger (Band 2005)
- **Liparische Inseln** Von Eva Gründel und Heinz Tomek (Band 2077)
- **Lofoten und Vesterålen** Von Claudia Banck (Band 2036)

DuMont Reise-Taschenbücher

- **Lombardei** Von Valerie Junker (Band 2072)
- **London** Von Reinhard Damm (Band 2020)
- **Los Angeles und Süd-Kalifornien** Von Ulf Müller-Moewes (Band 2014)
- **Madeira** Von Susanne Lipps (Band 2048)
- **Mallorca** Von Hans-Joachim Aubert (Band 2073)
- **Malta** Von Hans E. Latzke (Band 2006)
- **Südmarokko** Von Hartmut Buchholz (Band 2013)
- **München** Von Heide Marie Karin Geiss (Band 2024)
- **Namibia** Von Ingeborg Weber und Hans-Otto Wiebus (Band 2043)
- **New Orleans und Umgebung** Von Leo Linder (Band 2025)
- **New York** Von Werner Skrentny (Band 2062)
- **Normandie** Von Manfred Braunger (Band 2028)
- **Norwegens Fjordland** Von Claudia Banck (Band 2082)
- **Südnorwegen/Oslo** Von Michael Möbius und Annette Ster (Band 2067)
- **Paris** Von Uwe Anhäuser (Band 2008)
- **Portugals Norden** Von Rolf Osang (Band 2061)
- **Potsdam** Von Petra Dubilski (Band 2050)
- **Provence** Von Susanne Tschirner (Band 2057)
- **Puerto Rico** Von Norbert Schmitz (Band 2052)
- **Rhodos** Von Hans E. Latzke (Band 2087) Frühjahr 1994
- **Rügen/Hiddensee** Von Bernhard Jendricke und Gabriele Gockel (Band 2056)
- **Samos – Chios – Lesbos** Von Klaus Bötig (Band 2060)
- **San Francisco und Umgebung** Von Ernst P. Rischmüller (Band 2009)
- **Santorin** Von Nicoletta Adams (Band 2038)
- **Schottland** Von Hans-Günter Semsek (Band 2058)
- **Singapur und Westmalaysia** Von Rainer Krack (Band 2026)
- **Teneriffa** Von Gottfried Aigner (Band 2011)
- **Toscana** Von Claudia Aigner und Karl Henkel (Band 2021)
- **Trinidad und Tobago** Von Gerhard Heck (Band 2047)
- **Türkische Südküste** Von Hans E. Latzke (Band 2040)
- **Umbrien** Von Nana Claudia Nenzel (Band 2078)
- **Ungarn** Von Elke Eberhardt (Band 2079)
- **Die schönsten Autorouten durch die USA** Von Hans-R. Grundmann (Band 2012)
- **Venedig** Von Walter M. Weiss (Band 2074)
- **Weimar** Von Gerhard Hendel und Paul Meßner (Band 2049)
- **Wien** Von Walter M. Weiss (Band 2023)
- **Zypern – Der nördliche Landesteil** Von Helmuth Weiß (Band 2070)
- **Zypern – Der südliche Landesteil** Von Lenia und Barnim Heiderich (Band 2039)
- **Medizinisches Handbuch für Fernreisen** Informationen zur Selbsthilfe unterwegs Von Wolf Lieb (Band 2010)
- **Reiseausrüstung – Reisevorbereitung** Von Daniela Schetar-Köthe und Frauke Paul (Band 2055)